# LO QUE OPINAN LOS EXP]
## *COMER PARA VIVıʀ*

«Por fin un libro que analiza la ciencia de la alimentación de forma precisa. La mayoría de los textos de este tipo carecen de suficiente base fisiológica demostrada. El libro del Dr. Fuhrman, *Comer para vivir*, explica por qué ganamos peso, qué debemos hacer para perderlo y cómo podemos mantenernos delgados y sanos durante toda la vida, todo ello respaldado por datos científicos reales. Al terminar de leer el libro, cualquier posible controversia queda eliminada. Será la última palabra en dietas y el único libro que recomendaré a mis pacientes.»

Dr. Thomas Davenport, Hospital General de Massachusetts

«*Comer para vivir*, del Dr. Fuhrman, aborda temas como el peso, la salud y la vitalidad de forma convincente, científica y práctica, convirtiéndose en una original alternativa a la profusión de dietas y métodos para adelgazar que, a pesar de su popularidad, resultan sumamente ineficaces. Un libro de lectura obligatoria para quienes deseen introducir cambios en su dieta que les permitan disfrutar de una salud óptima y un aspecto inmejorable.»

Dr. James Craner, Medicina ocupacional y medioambiental,
Facultad de Medicina de la Universidad de Nevada

«*Comer para vivir* es un exhaustivo y valioso aporte de carácter científico que potencia enormemente la información nutricional y aboga por una vida más sana.»

Dr. Caldwell B. Esselstyn, Jr. Asesor de Cardiología preventiva
de la Clínica Cleveland, Cleveland (Ohio)

«El nuevo libro del Dr. Fuhrman nos ofrece el mapa nutricional que nos conducirá a una salud óptima. La información incluida en sus páginas ha sido minuciosamente investigada y contrastada, y sin embargo Fuhrman presenta los resultados en un estilo en el que predomina la fluidez. Además, expone los hechos con sinceridad y nos educa para que las decisiones que tomemos respecto a nuestra forma de comer nos ayuden a superar enfermedades y recuperar la salud. Este libro marca el comienzo de una verdadera revolución científica en el campo de la salud.»

Mark Epstein, presidente de la Asociación
Norteamericana de la Salud


«Este libro es un mundo de sabiduría nutricional. El Dr. Fuhrman ha demostrado una gran familiaridad con la literatura científica mundial, a la que incorpora su amplia experiencia clínica y su conocimiento, y gracias a ellos su obra se convierte en una lectura obligada para cualquier médico. Fuhrman plantea un método nuevo y más eficaz para el tratamiento de diversas enfermedades, además de estrategias de prevención seguras y eficaces. Recomiendo que todo el mundo recuerde la ecuación de la salud que divulga Fuhrman y la siga de por vida.»

Dr. Alexander Fine, Medicina familiar de Champlost,
Filadelfia (Pensilvania)


«Este es el libro que toda la comunidad científica estaba esperando; un texto sobre cómo conseguir una salud y un peso óptimos que se ha convertido en el 'criterio de referencia' a partir del cual deberíamos juzgar todas las demás dietas. El Dr. Fuhrman reúne la más reciente información científica de miles de estudios de investigación y a partir de ella desarrolla la dieta más eficaz y sana posible. Todo lo demás es de segundo orden.»

Dr. Jeffrey Gilbert, Director médico
del Centro Médico Montefiore, Bronx, Nueva York


«Un trabajo sorprendente que llena el vacío entre la investigación nutricional académica, que resulta difícil de interpretar para el común de la gente, y las reivindicaciones no corroboradas de las propuestas nutricionales *New Age*. Para mí, un libro caído del cielo.»

Dr. Groesbeck P. Parham,
investigador Avon para el control del cáncer,
Comprehensive Cancer Center, Universidad de Alabama

«*Comer para vivir* es una publicación pionera, una guía sin trucos que enseña qué tipo de alimentación y actividad física necesitamos para llevar una vida sana. [...] Fuhrman analiza con destreza las actuales dietas 'relámpago' de alto nivel proteínico, tan populares en nuestros días, y presenta casos reales aplicados que reflejan las satisfactorias respuestas de sus propios pacientes a las sencillas pautas alimentarias y de carácter físico que él recomienda.»

Dr. William Harris, Grupo Médico Permanente, Hawai

«Para escribir un libro estupendo e informativo, sobresaliente en lo que al cuidado de la salud se refiere, un libro que realmente ayude a la gente, se necesita un médico pionero. Ese es el caso de *Comer para vivir*, cuyo autor, el Dr. Fuhrman, se ha adelantado cien años a su tiempo. Afortunado el lector que se encuentre con este libro; desde luego, puede estar seguro de que su estrella de la suerte lo está protegiendo.»

Dr. Roy A. Alterwein, Fort Lauderdale (Florida)

«Simplemente un gran trabajo. El Dr. Fuhrman se ha tomado el tiempo de investigar minuciosamente la siempre creciente montaña de evidencia que prueba que la dieta norteamericana y muchas de las dietas 'relámpago' recomendadas por algunos médicos no solo son nocivas para la salud, sino que contribuyen o son la causa directa del enorme problema norteamericano del cáncer y las enfermedades cardiovasculares. Sus referencias son excelentes y exhaustivas. Como individuos y como nación, no podemos ignorar este libro.»

Dr. Robert J. Warren, miembro de la Facultad Norteamericana<br>de Cirugía y Cirugía Ortopédica

«Si quieres o necesitas perder peso, este libro te resultará de lo más práctico y valioso, puesto que te mostrará exactamente lo que debes hacer para ser una persona esbelta y sana durante el resto de tu vida. Hay muchos libros para bajar de peso en el mercado que ni siquiera valen el papel en el que están impresos. Esta es una rara excepción, que no tiene precio. Es una joya. Cómpralo. Te alegrarás de haberlo hecho.»

John Robbins, autor de *The Food Revolution* y *Diet for a New America*

# LO QUE OPINAN LOS LECTORES SOBRE
## *COMER PARA VIVIR*

«Realmente ha conseguido hacerme retroceder en el tiempo. Es maravilloso tener 52 años y sentirme como si tuviera 25. ¡Me siento más joven cada día!»

Bobby Smith, 6 kg (15 libras) en un mes

«*Comer para vivir* me ha ayudado a recuperar mi vida y a escuchar a mi propio cuerpo. Una vez que empiezas, ¡nunca vuelves atrás!»

Bobbi Freeman, 50 kg (110 libras) en dos años

«¡Empieza hoy y no podrás creer lo rápido que perderás peso!»

Anthony Masiello, 72 kg (160 libras) en veinte meses

«Pasé de estar hinchado y encontrarme muy enfermo a convertirme en un hombre esbelto y enérgico.»

Laurie McClain, 42 kg (105 libras) en once meses

«Gracias a *Comer para vivir* perdí 70 kg, curé mi asma ¡y aprendí a adorar la col rizada!»

Cathy Stewart, 70 kg (155 libras) en cuatro años

«Perdí peso y demostré que mi cardiólogo estaba equivocado. Me dijo que no podría bajar mis niveles de colesterol y triglicéridos sin medicamentos, y conseguí reducirlos en un 62 por 100. [...] ¡Unos resultados verdaderamente sorprendentes!»

Mark Klein, 5,5 kg (12 libras) en seis semanas

«¡Es la 'forma de vida' más rápida, sencilla y agradable que he conocido nunca! Pasé de la talla 42 a la 36 en veintiocho días.»

Terri Newton, 27 kg (60 libras) en tres meses

«*Comer para vivir* es un libro educativo IRREPETIBLE. Ha marcado el renacer de mi salud.»

«Me propuse hacer la prueba de las seis semanas y ahora creo fervientemente en este método. ¡Funciona!»

«*Comer para vivir* no es una dieta milagro. Es un libro educativo sobre la alimentación. Y ahí radica el secreto de su éxito.»

«Soy atleta de la NCAA *(National Collegiate Athletic Association)* y mi peso me impedía mejorar mis marcas. Ahora, después de intentarlo durante años, por fin he conseguido perder kilos.»

«En muchos casos, las enfermedades consideradas 'incurables' no lo son necesariamente, ¡en especial si 'comes para vivir'! Pruébalo: tienes todas las de ganar y la posibilidad de librarte de tu mala salud.»

«Perdí 45 kg (100 libras) y conseguí hacer desaparecer mi acné cístico (algo que no había logrado ninguna medicación). *Comer para vivir* me ha cambiado la vida.»

«*Comer para vivir* me enseñó a recuperarme de mi dolor de espalda crónico, de dos ataques cardíacos e incluso de la diabetes tipo II. Yo había probado los 'mejores' programas dietéticos sin conseguir otra cosa que empeorar. ¡Pero *Comer para vivir* funciona! Ya no tengo problemas de corazón; el dolor de espalda ha desaparecido casi por completo y he eliminado la diabetes.»

«Yo era una vegana excedida de peso, deprimida y enfermiza, y me he transformado en una vegana esbelta, feliz ¡y corredora de un medio maratón!»

Ellen Murray, 61 kg (135 libras) en dos años

«¿Tienes dudas? *Comer para vivir* me ha cambiado la vida en muchos sentidos. Perdí 31 kg (70 libras) en seis meses, ¡y llevo tres años manteniendo este peso!»

Carla Gregston, 31 kg (70 libras) en seis meses

«Ya no necesito insulina. *Comer para vivir* es lo mejor que me ha pasado nunca.»

Tina Brandenburg, 8 kg (18 libras) en tres meses

«El título del libro del Dr. Fuhrman debería ser 'ELIGE vivir'. Haber ELEGIDO seguir este programa curó mi hipotiroidismo.»

Alba Jeanne MacConnell, 8 kg (18 libras) en once meses

«¡Soy un culturista que ha encontrado sus abdominales debajo de 18 kg (40 libras) de grasa! Ahora estoy más fuerte, más sano y en mejor forma física… ¡Gracias, Dr. Fuhrman!»

Joel Waldman, 18 kg (40 libras) en doce semanas

«Me he curado por completo de mi problema de diabetes; mis médicos aseguraron no haber visto a nadie conseguir lo que yo. Mis niveles de energía se han disparado, al igual que mi sensación de bienestar general.»

Jess Knepper, 43 kg (96 libras) en doce meses

«*Comer para vivir* ha sido una bendición: ya no sufro diverticulitis; mi colesterol bajó de 330 a 235 (y sigue bajando), y un extra añadido: he perdido 22 kg (50 libras).»

Jean Nelson, 22 kg (50 libras) en tres meses

«¡Me ha demostrado que la depresión no es el llanto de la mente que sufre, sino el llanto del cuerpo que reclama una buena nutrición!»

Jamie Baverstock, 7,7 kg (17 libras) en cuatro semanas

«¡No sabía que me sentía mal hasta que comencé a sentirme genial! Descubrí que puedo oler y sentir los sabores con más claridad. Ahora tengo energía, puedo correr hasta 6 km (4 millas) diarios. Excelentes pautas alimentarias para seguir de por vida.»

Brad Kruse, 34 kg (76 libras) en ocho meses

«Perdí 36 kg (80 libras), conseguí reducir mi presión arterial y me convertí en profesora de fitness grupal en la asociación cristiana de jóvenes en que vivo.»

Marjorie Wimmersberger, 36 kg (80 libras) en dos años

«Después de más de veinte años de luchar contra una enfermedad incapacitante y de probar todo 'lo habido y por haber' para mejorar, he descubierto que seguir el programa nutricional del Dr. Fuhrman es la ÚNICA manera de mejorar.»

Jean Mau, 6 kg (15 libras) en cinco semanas

«No solo perdí 6 kg (15 libras), sino que mis hormonas se estabilizaron, ¡lo cual me permitió concebir a mi hermosa hija!»

Christine Eason, 6 kg (15 libras) en tres meses

«No le tenía fe; lo probé como un experimento. Dejé de tener migrañas, síndrome premenstrual y problemas digestivos; empecé a dormir mejor y prescindí de los antidepresivos. ¡Cinco años más tarde sigo manteniendo mi peso ideal!»

Deborah Bennet, 25 kg (55 libras) en siete meses

«Conseguí controlar mi artritis reumatoide. *Comer para vivir* me dio esperanza, control y un futuro sano. Mi médico respondió: "Sea lo que sea que estés haciendo, sigue así". Ya no tengo síntomas y he dejado de necesitar medicación.»

Cheri Robbins, 20 kg (45 libras) en seis semanas

«Como dietista y paciente de lupus, he conseguido transformar mi salud gracias al esclarecedor programa nutricional que propugna *Comer para vivir*».

Elisa Rodríguez

«Me diagnosticaron la enfermedad de Hashimoto a los 19 años y desde entonces he sufrido urticaria crónica. Leí *Comer para vivir* y perdí 3,5 kg (8 libras), además de todos los accesos de urticaria en dos meses. Esta dieta ha sido un milagro. Si alguien te dice que sufres un problema autoinmune, prueba este dieta.»

Julie Wilding, 3,5 kg (8 libras) en dos meses

«Una magnífica forma de disfrutar realmente de la comida y la vida. Un método simple y fácil de seguir que todo el mundo puede probar, y que además no es costoso.»

Kelly Tresia, 79 kg (175 libras) y todavía perdiendo peso

«El libro del Dr. Fuhrman *Comer para vivir* me proporcionó el apoyo y la claridad que finalmente me han permitido comer y vivir de forma completamente sana. He perdido 18 kg (40 libras) en cuatro meses.»

Bill Welborn, 18 kg (40 libras) en cuatro meses

«*Comer para vivir* no quiere decir "Pasar hambre para vivir". Comer para vivir significa sentirse satisfecho y físicamente más sano, y disfrutar en mente, cuerpo y espíritu.»

John Fleming, 39 kg (87 libras) en once meses

«Come para vivir y apuesta por la salud. ¡Quizás tú también puedas dejar de tomar medicamentos para la hipertensión de una vez por todas!»

Kay Hickman, 27 kg (60 libras) en seis meses

«*Comer para vivir* ha sido la publicación más impactante que he visto en los veinte años que llevo como entrenador profesional de atletas especializados en carreras de resistencia.»

James Herrera, 20 kg (45 libras) en seis meses

«Mis adicciones cambiaron: ¡del queso, la carne y los medicamentos pasé a las verduras, las frutas, los frutos secos y las semillas! ¡Tú también puedes conseguirlo!»

Mark Graves, 22 kg (50 libras) en un año

«¡En cinco meses he perdido mucho más que 19 kilos (43 libras)! También he perdido la sensación de haberme decepcionado a mí misma, mi tristeza, mi depresión, los medicamentos, el acné, las migrañas y, lo mejor de todo…, ¡mis vaqueros de gorda! *Comer para vivir* es genial.»

Jessica Marie Barriere, 19 kilos (43 libras) en cinco meses

«Absoluta e inequívocamente el programa a partir del cual deberían ser juzgados todos los demás. ¡Descubrirás que el plan del Dr. Fuhrman es el mejor que pueda existir!»

Mike Springer, 18 kg (40 libras) en seis semanas

«Perdí 18 kg (40 libras) y me siento mejor de lo que he estado en años. He superado un cáncer y también una hepatitis C. Con *Comer para vivir* […] camino hacia una recuperación total y completa. Parezco más joven y mi aspecto es mucho más saludable.»

Rebecca Grant, 18 kg (40 libras) en dos meses

«Mi colesterol bajó 100 puntos y perdí 16 kg (37 libras). Estoy completamente de acuerdo con el Dr. Fuhrman en que la mala nutrición es un grave problema de salud pública. Animo a todos mis pacientes a leer este libro y a iniciar su viaje hacia una buena salud.»

Dr. Steve Hanor, 16 kg (37 libras) en tres meses

«Probé todas las dietas posibles, y nada me ha dado resultados a largo plazo, excepto *Comer para vivir*. Mis amigos me dicen que ahora que tengo 49 años estoy mejor que cuando tenía 17.»

Jay Kamhi, 15 kg (35 libras) en seis meses

«¿No hay que contar calorías? ¡Me apunto! Me siento genial y he mantenido mi peso durante casi dos años siguiendo estos principios.»

Christopher Hansen, 13 kg (30 libras) en dos meses

«¡La libertad de elección es mucho mejor que las restricciones calóricas! ¡Mis hijos han recuperado a su mamá!»

Stephanie Harter, 12 kg (27 libras) en dos meses

«La salud llega de la manera en que la naturaleza lo requiere, y no del modo en que la humanidad lo desea.»

Gust Andrews, 10 kg (23 libras) en siete semanas

«Siguiendo las instrucciones, el régimen vitamínico y la dieta del Dr. Fuhrman he perdido 11 kilos (24 libras) y he logrado curar mi hepatitis C».

Mike Jourdan, 11 kilos (24 libras) en seis meses

# COMER PARA VIVIR

EL PRODIGIOSO PROGRAMA NUTRICIONAL PARA MEJORAR LA SALUD Y ADELGAZAR RÁPIDA Y PERMANENTEMENTE

## DR. JOEL FUHRMAN

 aia Ediciones

Título original: *Eat to live*

Traducción: Nora Steinbrun Cagigal

Diseño de cubierta: Rafael Soria

© 2003, 2011, Dr. Joel Fuhrman

El editor no se hace responsable de las webs (o de su contenido)
que no sean las propias del editor

Puesto que los gráficos de MyPyramid son de dominio público, no están sujetos a
derechos de autor. Sin embargo, rogamos a los lectores que quieran reproducirlos que
respeten su diseño original y citen su procedencia —el Centro USDA o CNPP— en la
medida de lo posible.

De la presente edición en castellano:
© Gaia Ediciones, 2009
    Alquimia, 6 - 28933 Móstoles (Madrid) - España
    Tels.: 91 614 53 46 - 91 614 58 49 - Fax: 91 618 40 12
    www.alfaomega.es - e-mail: contactos@alfaomega.es

Primera edición: noviembre de 2013

Depósito legal: M. 31.049-2013
ISBN: 978-84-8445-481-6

Impreso en España por: Artes Gráficas COFÁS, S.A. - Móstoles (Madrid)

*Para mi madre, Isabel,*
*por todo su amor y sacrificio,*
*y*
*en memoria de mi padre, Seymour,*
*por transmitirme el interés por la nutrición superior.*

Este libro no pretende en ningún caso sustituir el asesoramiento médico. La persona que esté tomando medicación o sufra cualquier síntoma que pueda requerir un diagnóstico o atención sanitaria debería consultar a un especialista. La presente versión de *Comer para vivir* fue actualizada en octubre de 2010, por lo que cualquier nueva información surgida de la investigación, la experiencia o el cambio en el contenido de ciertos productos podría invalidar algunos de los datos de este libro. El lector debería solicitar a su médico o profesional sanitario la información más actualizada sobre el tratamiento y la atención que pudiera necesitar.

# Índice

*Prólogo* (por el Dr. Mehmet C. Oz) ............................... 17
*Introducción* ................................................... 23

1. Cavamos nuestras propias tumbas con cuchillo
   y tenedor: los efectos de la dieta norteamericana,
   parte I ..................................................... 37
2. Sobrealimentados, y aun así desnutridos: los efectos
   de la dieta norteamericana, parte II ....................... 61
3. Fitoquímicos: las píldoras «mágicas» de la naturaleza .. 93
4. El lado oscuro de la proteína animal ...................... 127
5. La información nutricional te hace adelgazar ......... 171
6. Cómo librarse de la adicción a la comida ............... 219
7. *Comer para vivir* planta cara a la enfermedad .......... 249
8. Tu plan para conseguir una reducción de peso
   considerable ............................................... 301
9. Labremos nuestro futuro en la cocina: menús
   y recetas .................................................. 339
   Índice de recetas .......................................... 353
10. Preguntas frecuentes ...................................... 405

*Glosario* ...................................................... 445
*Agradecimientos* ............................................... 449
*Notas* ......................................................... 451
*Índice temático* ............................................... 495
*Sinónimos Latinoamericanos* .................................... 501

# Prólogo

S I BIEN ESTADOS UNIDOS es la nación más poderosa del mundo, existe un área en la que este país no destaca especialmente: me refiero al de la salud. Y el futuro tampoco es demasiado prometedor. Casi un tercio de los niños norteamericanos son obesos, y muchos de ellos no practican ninguna actividad física. Por mucha información que se divulgue acerca de los peligros de la vida sedentaria y de una dieta basada mayoritariamente en alimentos procesados, la gente no atiende a razones. Lo ideal sería que los norteamericanos fuésemos capaces de traducir el bienestar económico en hábitos que nos permitieran vivir mejor y durante más tiempo, sin preocuparnos por enfermedades crónicas excesivamente costosas. Sin embargo, en Estados Unidos, así como en Europa occidental, Rusia y muchos otros países prósperos, la mayoría de los adultos padecen de sobrepeso y desnutrición. A pesar de que en Estados Unidos es perfectamente posible acceder a una nutrición de alta calidad, se incita al público norteamericano, ya sea rico o pobre, a tomar alimentos que no son sanos. De hecho, la lista de las principales fuentes de calorías de los norteamericanos incluyen muchos productos que yo no considero alimentos «reales», como leche, refrescos, margarina, pan blanco, azúcar y queso procesado pasteurizado.

Si bien el tabaquismo ha recabado una considerable atención por los peligros que plantea para la salud pública y se ha hecho una gran campaña en contra de los cigarrillos, la importancia de la obesidad como desencadenante de dolencias crónicas y pérdida de calidad de vida supera a la de cualquier otra calamidad pública. En una encuesta reciente llevada a cabo entre 9.500 norteamericanos se constató que el 36 por 100 tenía sobrepeso y el 23 por 100 era obeso, aunque solo el 19 por 100 fumaba a diario y el 6 por 100 era alcohólico. Varias son las razones que han disparado esta epidemia de obesidad en la vida moderna: entre ellas, por ejemplo, el dominante papel de la publicidad en la sociedad occidental, la pérdida de la cohesión familiar y social, la adopción de un estilo de vida sedentario y la falta de tiempo para preparar comida adecuada con productos frescos. En 1978, el 18 por 100 de las calorías se consumían fuera de casa; la cifra actual es del 36 por 100. En 1970, los norteamericanos consumieron 6.000 millones de comidas rápidas. En 2000, la cifra fue de 110.000 millones.

La desnutrición también puede provocar una menor productividad laboral y escolar, cuadros de hiperactividad en niños y adolescentes y cambios de humor, todo lo cual agudiza la sensación de estrés, aislamiento e inseguridad. Incluso resultan afectadas cuestiones básicas de la calidad de vida, como padecer estreñimiento. Y ello provoca que en Estados Unidos se gasten 600 millones de dólares anuales en laxantes.

Con el paso del tiempo, los estragos de la obesidad predisponen al adulto occidental medio a la depresión, la diabetes y la hipertensión, e incrementan los riesgos de muerte en todas las edades y en casi todos los grupos étnicos y de género. El director general de Sanidad de Estados Unidos ha informado que anualmente se producen 300.000 muertes causadas por la obesidad o relacionadas con ella. La incidencia de la diabetes, por sí sola, ha aumentado un tercio desde 1990, y el tratamiento cuesta 100.000 millones de dólares al año. Las enfermedades causadas por la obesidad también producen más jornadas laborales perdidas que cualquier otra dolencia, e incrementan los gastos farmacéuticos y hospitalarios destinados a paliar enfermedades degenerativas para las que no se dispone de tratamiento. La política gubernamental no ha conseguido cortar de raíz la obesidad, pero varios dirigentes políticos norteamericanos han apoyado una serie de informes en los que se emplazaba a un esfuerzo nacional para que la población tomara más conciencia sobre los peligros del sobrepeso. Como parte de la iniciativa *Healthy People 2010* (Personas Sanas 2010), el gobierno federal propuso varios pasos para reducir las enfermedades crónicas asociadas a la dieta y al sobrepeso, promocionando mejores hábitos nutricionales y de salud. Estableció pautas dietéticas y animó a los ciudadanos a practicar más ejercicio físico; pero esos esfuerzos no han conseguido cambiar la mentalidad ni fortalecer los corazones de la mayoría de los estadounidenses. El público en general tiene claro que un cambio mínimo en sus hábitos alimentarios no conseguirá transformar su vida de la noche a la mañana, por lo que prefiere recurrir a curas mágicas, pastillas, suplementos, bebidas y dietas que simplemente no funcionan o no resultan seguras. Por ello, y muy a su pesar, después de unos cuantos fracasos, dan por perdida la causa.

A diferencia de lo que sucede con muchas enfermedades, la cura para la obesidad sí se conoce. Diversos estudios que contaron con miles de participantes han demostrado que la combinación de un cambio radical en los hábitos alimentarios y la práctica diaria de ejercicio físico reducen el peso corporal, además de disminuir en un 60 por 100 las probabilidades de desarrollar enfermedades crónicas, como la diabetes. Divulgar una información detallada sobre estas barreras resulta relativamente sencillo; pero la gran proliferación de libros sobre dietas y la inmensa cantidad de remedios que se publicitan hoy en día han creado una compleja y contradictoria variedad de alternativas para quienes están desesperados por perder peso. Con la publicación del libro del Dr. Fuhrman, que describe una dieta perfectamente racional, directa y sostenible, creo que estamos en presencia de un gran avance médico. Si te comprometes por completo con esta dieta, no me cabe la menor duda de que te dará excelentes resultados.

Al crear este plan, el Dr. Fuhrman —experto mundial en investigación sobre nutrición y obesidad— ha traspasado las pautas dietéticas establecidas por los Institutos Norteamericanos de la Salud y la Asociación Norteamericana del Corazón. Lo más importante es que *Comer para vivir* lleva estos consejos promocionados por el gobierno un paso más allá: y hablo de un paso cualitativo. Si bien las normas convencionales se promueven para el consumo de la mayoría de la población y ofrecen modestas adaptaciones de nuestros hábitos alimentarios actuales, las recomendaciones del Dr. Fuhrman están dirigidas a quienes buscan resultados impactantes y muy innovadores. Yo he derivado a muchos de mis pacientes al Dr. Fuhrman y he presenciado de primera mano lo mucho que sus poderosos métodos entusiasman y motivan a la gente, además de haber observado magníficos resultados tanto en lo relativo a la reducción del peso corporal como a la recuperación de la salud.

Soy un cirujano cardiovascular locamente enamorado de los retos y de la promesa de una medicina y una cirugía de «alta tecnología». Sin embargo, estoy convencido de que la herramienta más ignorada de nuestro arsenal médico es la posibilidad de aprovechar la capacidad que tiene nuestro organismo de curarse a través de correctos hábitos nutricionales.

El Dr. Fuhrman es un maestro fabuloso; consigue que la aplicación de la ciencia nutricional a nuestra propia vida nos resulte una tarea fácil de aprender, irresistible, práctica y divertida. Su propio sentido común y las soluciones de base científica que él propone para revertir dolencias inducidas por una dieta inadecuada permitirán que muchos lectores alcancen con gran rapidez y de forma sencilla inesperados grados de bienestar. Fuhrman nos recuerda que no todas las grasas o los carbohidratos son buenos o malos y que las proteínas animales catalizan muchos efectos secundarios perjudiciales para nuestra salud. Nos anima a evitar los alimentos procesados y a ir en busca de los ricos nutrientes y fitoquímicos presentes en los productos frescos. Por último, nos ofrece un programa de comidas que resulta sabroso y sencillo de seguir. Sin embargo, no te equivoques: la información que encontrarás en este libro te abrirá los ojos, y la evidencia científica que el Dr. Fuhrman cita en estas páginas te hará difícil ignorar el impacto que a largo plazo provoca la típica dieta norteamericana. De hecho, se trata de una llamada de atención para que todos introduzcamos cambios significativos en nuestra vida. Ha llegado el momento de poner toda esta información en acción para que todos alcancemos una salud óptima. ¡A por ello!

Dr. Mehmet C. Oz
Director del Instituto Cardiovascular del Centro Médico
Presbiteriano de la Universidad de Columbia

# Introducción

PERMÍTEME DESCRIBIRTE un día cualquiera en mi consulta privada. Lo normal es que vea entre dos y cinco pacientes nuevos, como Rosalee. La primera vez que esta mujer entró por la puerta pesaba 97 kg (215 libras) y tomaba dos medicamentos (Glucophage y Glucotrol) para controlar su diabetes, más otros dos (Accupril y Maxide) para regular su hipertensión. Había probado todas las dietas del mercado y practicado ejercicio físico, pero aun así no conseguía adelgazar todos los kilos que deseaba. Vino a mí desesperada por recuperar un peso saludable pero escéptica sobre el éxito de mi programa: no creía que mi plan pudiera ofrecerle más que fracaso, que era lo único que había conseguido hasta entonces.

Le pregunté cuál era para ella su peso ideal y cuánto tiempo le llevaría conseguir su meta. Me respondió que creía que debería pesar 56 kg (125 libras) y que su sueño era conseguirlo en el plazo de un año. Sonreí y le dije que le ofrecía dos posibilidades: pautarle una dieta para que perdiera unos 2 kg (5 libras) durante el primer mes, o diseñarle un plan que le permitiera perder 9 kg (20 libras) en los primeros treinta días y, *además*, dejar de tomar tanta medicación. Como no podía ser de otra manera, optó por la segunda propuesta.

Después de escuchar mis explicaciones sobre el régimen que creé para ella, Rosalee estaba superentusiasmada. A pesar de lo mucho que había aprendido de tanto leer sobre el tema, nunca se había dado cuenta de que aquella gran cantidad de mensajes entremezclados la había llevado por mal camino. El plan que preparé para Rosalee le pareció coherente. Me dijo: «Si puedo comer todos esos alimentos tan sabrosos y perder peso, estoy dedicada a seguir sus instrucciones a la perfección». Cuando esta mujer regresó a mi consulta al mes siguiente, ya había perdido 9 kg (20 libras) y llevaba cuatro semanas sin tomar Glucotrol, y dos sin Maxide. Su presión sanguínea era normal y el hecho de que tomara menos medicamentos permitía controlar mejor su glucosa. Ahora tocaba reducir la medicación todavía más y pasar a la siguiente fase de la dieta.

Rosalee es una de los miles de pacientes a las que he ayudado en mi consulta, hombres y mujeres que ya no tienen sobrepeso y han dejado de sufrir enfermedades crónicas. Me entusiasma tanto ayudar a la gente a recuperar la salud y un peso óptimo que decidí escribir un libro para volcar en un documento claro toda la información más relevante sobre cómo adelgazar y volver a ser personas sanas. Necesitaba hacerlo. Si pones en práctica la información incluida en estas páginas, también tú verás resultados que posiblemente salven tu vida.

Veo asimismo a muchas mujeres jóvenes que desean perder entre 9 y 22 kg (20 a 50 libras) porque tienen una boda o han planificado un viaje a la playa. Este invierno traté a una profesora de natación que deseaba tener un aspecto estupendo en traje de baño cuando llegara el verano. Estas personas más jóvenes y sanas suelen venir a mi consulta derivadas por sus médicos, o bien cuentan con suficiente información como para saber que hacer dietas «de choque» puede resultar peligroso. Lo que mi programa ofrece es una dieta sana que no solo ha sido diseñada en base a datos científicos y calculada para aportar una nutrición óptima y bajar de peso, sino que además cumple con las expectativas de quienes desean gozar de una salud y una vitalidad estupendas mientras encuentran su peso ideal. Para obtener resultados sorprendentes es posible combinar mi dieta con un programa de ejercicios, pero lo cierto es que también resulta de lo más eficaz en personas que están demasiado enfermas o con exceso de peso como para realizar suficiente ejercicio físico.

A pesar de los más de 110 millones de dólares que los consumidores gastan todos los días en dietas y programas de «reducción» (más de 40.000 millones al año), los norteamericanos son los individuos más obesos a lo largo de la historia. Para que una persona sea considerada obesa, más de un tercio de su cuerpo debe estar compuesto por grasa. Y el 34 por 100 de los norteamericanos son obesos, un problema que empeora día tras día en lugar de mejorar.

Por desgracia, la mayoría de los planes de adelgazamiento no funcionan, o bien ofrecen pequeños beneficios y habitualmente temporales. Existen infinidad de regímenes de «recuento de calorías», fármacos para adelgazar, programas hiperproteicos, batidos en lata y otras modas pasajeras que podrían permitirte adelgazar un poco durante un tiempo. El problema es que no puedes seguir esos programas para siempre. Y lo peor de todo es que muchos de ellos resultan peligrosos.

Por ejemplo, las dietas hiperproteicas (y otras ricas en productos animales y de bajo contenido de fruta y carbohidratos no refinados) pueden aumentar significativamente el riesgo de desarrollar cáncer de colon. Diversos estudios científicos muestran una clara y fuerte relación entre los cánceres del tracto digestivo, vejiga y próstata con el bajo consumo de fruta. ¿Qué beneficios puede aportarte una dieta que te hace perder peso, pero también incrementa drásticamente tus posibilidades de desarrollar un cáncer? Debido a tan graves inconvenientes, cada vez son más las personas que recurren a los fármacos y los procedimientos quirúrgicos como último recurso para adelgazar.

He atendido a más de diez mil pacientes, la mayoría de los cuales llegaban a mi consulta deprimidos, enfermos y con sobrepeso después de haber probado todas las dietas de moda sin conseguir nada. Tras seguir mi fórmula para recuperar la salud y adelgazar, todos consiguieron el peso que siempre habían soñado y no volvieron a engordar. Por primera vez en sus vidas, estos pacientes contaron con un plan dietético que no les exigía pasar hambre todo el tiempo.

Casi todas las personas que acuden a mi consulta me aseguran que no logran adelgazar por mucho que lo intenten. No son las únicas. Ya está casi universalmente aceptado que los pacientes obesos no consiguen alcanzar un peso ideal ni tan siquiera un peso aceptable a través de los programas de adelgazamiento tradicionales. En un estudio de 60 mujeres con sobrepeso que participaron en un programa universitario de dieta y ejercicio físico, ninguna alcanzó su peso ideal.

Mi programa y mis recetas han sido creados para los casos más difíciles, para esas personas que con ningún otro plan han conseguido perder tanto peso como deseaban. Si sigues los consejos dietéticos que planteo en este libro conseguirás resultados sorprendentes a pesar de las experiencias que hayas tenido en el pasado. La pérdida de peso oscila entre unos 6 kilos (15 libras) durante el primer mes y 4,5 kg (10 libras) en cada uno de los meses subsiguientes. Algunas personas pierden hasta 0,5 kg (1 libra) al día. Nadie pasa hambre, y puedes comer la cantidad de alimentos que quieras (por lo general, más de lo que has comido nunca). Funciona para todo el mundo.

Mis pacientes experimentan también otros beneficios. Muchos de ellos sufrieron alguna vez una enfermedad crónica que les exigía tomar varios medicamentos. Un número sustancial de estos individuos han conseguido interrumpir su medicación en cuanto se recuperaron de su angina, hipertensión, hipercolesterolemia, diabetes, asma, fatiga, alergias y artritis (por mencionar unas pocas). Más del 90 por 100 de mis pacientes diabéticos que dependen de la insulina en el momento de su primera visita, dejan de necesitarla en cuestión de pocos meses.

Cuando vi a Richard Gross por primera vez, ya lo habían sometido a una angioplastia y a una cirugía de bypass, y sus médicos le recomendaban una segunda intervención porque su dolor en el pecho había reaparecido y la cateterización mostraba que dos de los tres vasos sanguíneos con bypass se encontraban gravemente obstruidos. Puesto que este hombre había sufrido daño cerebral durante la primera cirugía, no quería someterse a una segunda intervención quirúrgica. Así que no hace falta decir que estaba muy motivado para intentar cualquier método no invasivo. Siguió mis recomendaciones al pie de la letra, y en dos meses sus dolores en el pecho habían desaparecido. Su tensión arterial se normalizó, su colesterol total descendió (sin medicación) a 135 y dejó de necesitar los seis medicamentos para la angina y la hipertensión que llevaba mucho tiempo tomando. Ahora, siete años más tarde, continúa sin dar muestra alguna de insuficiencia vascular.

A mi consulta llega también una gran cantidad de pacientes cuyos médicos les han recomendado someterse a una angioplastia o a una cirugía de bypass, pero que han decidido probar primero mi agresivo plan nutricional. Quienes han seguido la fórmula descrita en este libro invariablemente notan que su salud mejora y que sus dolores en el pecho disminuyen gradualmente hasta desaparecer. De los cientos de pacientes cardíacos que he tratado de esta manera, todos, a excepción de unos pocos, han conseguido resultados magníficamente buenos, y en prácticamente todos los casos el dolor pectoral se ha resuelto (si bien solo una persona volvió a someterse a una angioplastia por la persistencia de sus síntomas). Ninguno de ellos ha muerto de paro cardíaco.

Con la ayuda de sus médicos, la mayoría de estos individuos han conseguido reducir poco a poco —hasta finalmente eliminar— su dependencia de los fármacos. Este programa suele permitir que mis pacientes eviten la cirugía a corazón abierto, así como otros procedimientos invasivos. Con mucha frecuencia les salva la vida.

Pero por muchos detalles que te ofrezca sobre el éxito de las personas a las que trato, tienes razón en ser escéptico. Los resultados positivos de miles de pacientes no necesariamente tienen que traducirse en tu éxito personal. Después de todo, podrías argumentar: ¿acaso a esas personas no las motivaba el hecho de sufrir alguna enfermedad grave o el miedo a morir? En realidad, muchos de ellos eran individuos relativamente sanos que vinieron a verme para una revisión rutinaria y acabaron encontrando un beneficio «escondido» que les llevó a decidir «comer para vivir» más y de forma más sana, además de perder el exceso de peso con el que no necesitaban cargar (aunque se tratase solo de 4 a 8 kg [10 a 20 libras]). Cuando dispusieron de la información contenida en estas páginas, simplemente cambiaron.

## La ecuación de la salud, según el Dr. Fuhrman

Estos resultados suenan fantásticos, y lo son. También son verdaderos y predecibles en quien sigue mi programa. La clave de esta dieta extraordinaria es mi simple fórmula: S = N/C.

$$Salud = Nutrientes / Calorías$$

*Tu salud se predice en función de tu ingesta de nutrientes dividida por tu ingesta de calorías.*

S = N/C es un concepto con el que yo describo la *densidad de nutrientes* de la dieta. Los alimentos en general nos aportan tanto nutrientes como calorías (energía), y todas las calorías provienen únicamente de tres elementos: los carbohidratos, las grasas y las proteínas. Los nutrientes, por su parte, derivan de factores alimentarios no calóricos, incluidos las vitaminas, los minerales, las fibras y los fitoquímicos. Estos nutrientes no calóricos resultan de vital importancia para la salud. *La clave para lograr una pérdida de peso estable radica en consumir predominantemente alimentos que contengan una proporción más elevada de nutrientes (factores alimentarios no calóricos) que de calorías (carbohidratos, grasas y proteínas). En física, una fórmula fundamental y básica es la de Einstein: $E = mc^2$. En nutrición, la fórmula es $S = N/C$.*

Todos los alimentos pueden ser evaluados según esta fórmula. Una vez que empieces a distinguir qué alimentos cumplen con los requisitos —es decir, cuáles contienen una proporción mayor de nutrientes que de calorías—, el control del peso y la buena salud de por vida estarán cada vez más al alcance de tu mano.

Tomar grandes cantidades de alimentos ricos en nutrientes es el secreto de la óptima salud y el control permanente del peso. De hecho, el poder tomar raciones mucho más grandes de las habituales es una de tantas cosas positivas del plan *Comer para vivir*. Comes más, lo que sacia eficazmente tu apetito, y pierdes peso… de forma permanente.

Comer para vivir no significa privarse. De hecho, no tienes que dejar de comer totalmente ningún alimento. Sin embargo, a medida que tomes raciones cada vez más abundantes de productos beneficiosos para la salud y ricos en nutrientes, tus ganas de consumir productos de menor valor nutricional decrecerán y poco a poco dejarás de ser adicto a ellos. Así podrás comprometerte por completo con este estilo de dieta durante el resto de tu vida.

Al basar tu alimentación en las sabrosas recetas de mis menús, tu dieta contendrá un porcentaje significativamente mayor de productos ricos en nutrientes y tu sobrepeso comenzará a desaparecer de forma rápida y radical. Y todo ello te motivará a seguir adelante con el programa. Este método no te exige renunciar a nada ni pasar hambre. Puedes perder la cantidad de peso que quieras, aunque hasta ahora ninguna dieta te haya dado resultado.

Este libro permitirá que todo aquel que cumpla con el programa se convierta en una persona más esbelta, sana y de aspecto más juvenil. Te embarcarás en una aventura que transformará tu vida entera. No solo perderás peso, sino que dormirás mejor, te sentirás fenomenal desde el punto de vista físico y emocional y tendrás más energía. También disminuirán tus posibilidades de contraer enfermedades graves en el futuro. Aprenderás por qué las dietas no te han funcionado en otras ocasiones y por qué tantos planes de adelgazamiento que gozan de gran popularidad simplemente no cumplen los criterios científicos de seguridad y eficacia.

Te hago una promesa triple: bajarás de peso de manera sustancial y saludable en un período breve; lograrás prevenir o revertir muchas enfermedades crónicas y potencialmente mortales, y adquirirás nuevos conocimientos sobre los alimentos y la salud que continuarán aportándote beneficios durante toda tu vida.

## TODA LA INFORMACIÓN QUE NECESITAS PARA CONSEGUIR EXCELENTES RESULTADOS

*El principio fundamental de este libro es que para conseguir una salud óptima y una pérdida de peso adecuada debes seguir una dieta que contenga un elevado índice de nutrientes por caloría.* Muy pocas personas —médicos y dietistas incluidos— entienden el concepto de nutrientes por caloría. Por eso, mi principal objetivo es que lo comprendas y aprendas a aplicarlo a lo que comes, si bien para ello debes leer este libro *entero.* Aquí no hay atajos.

Me he dando cuenta de que para que mis pacientes consigan los resultados deseados que buscan es fundamental que dispongan de una formación completa en el tema, ya que, una vez que entienden los conceptos, los «hacen suyos» y les resulta mucho más sencillo cambiar.

Así que no te equivoques: para conseguir resultados significativos es fundamental que adquieras un conocimiento completo del tema que nos ocupa, aunque sé que cuando termines de leer estas páginas dirás: «Sí, tiene sentido». Serás un experto en pérdida de peso y nutrición, y al final adquirirás un conocimiento muy sólido que te será de gran utilidad (tanto a ti como a tu nuevo yo esbelto) para siempre.

¿Por qué esperar a que una crisis ponga en peligro tu vida para desear unos hábitos correctos en el ámbito de la salud? Casi todo el mundo elegiría ahora mismo proteger su cuerpo de las enfermedades y conseguir un aspecto estupendo..., aunque a nadie se le había ocurrido que pudiera conseguirse tan fácilmente. Imagínate con una salud fenomenal, un estado físico excelente y un peso corporal ideal. Lo bueno es que no solo perderás grasa de la cintura, sino que tu corazón quedará libre de placa.

De todos modos, cambiar no es tan fácil: el acto de comer tiene matices emocionales y sociales. Resulta especialmente difícil erradicar una adicción. Como comprobarás en estas páginas, la dieta norteamericana es adictiva, aunque no tanto como fumar cigarrillos. Dejar de fumar es muy difícil, y sin embargo muchas personas lo consiguen. He oído infinidad de excusas a lo largo de los años, tanto de fumadores que intentan dejar el tabaco como de personas que no consiguen bajar de peso. Como ya he dicho, realizar cualquier cambio es complicado. Lógicamente, la mayoría de la gente sabe que si cambia su dieta lo suficiente y practica ejercicio físico puede perder peso. Pero aun así no lo consigue.

Después de leer este libro entenderás mejor por qué hasta el momento te ha resultado tan extremadamente difícil cambiar y de qué manera puedes hacerlo ahora con mayor facilidad. También descubrirás resultados impactantes que te animarán a cambiar porque demuestran que se trata de un proceso fascinante que bien merece la pena. No obstante, debes ahondar en lo más profundo de ti y tomar la firme decisión de hacerlo.

Te pido que me dejes exponer mis argumentos y pruebes este plan durante seis semanas. Después de ese período —el más difícil del plan—, todo se vuelve mucho más fácil. De todas formas, es posible que ya tengas fuertes razones para comprometerte con el programa *Comer para vivir*, porque de lo contrario no estarías leyendo estas páginas.

Incluso a los pacientes que están decididos a dejar de fumar les insisto en que si se enfrentan a un elevado grado de estrés laboral, se ven envueltos en una discusión, sufren un accidente de coche o experimentan cualquier otra desgracia, no vuelvan a fumar ni utilicen el cigarrillo como una herramienta para mitigar el estrés. Les aconsejo: «Llámame, despiértame en mitad de la noche si hace falta; yo te ayudaré, incluso te recetaré algún medicamento si es necesario, pero no te automediques con cigarrillos». La situación no es muy diferente con las adicciones a los alimentos, así que ninguna excusa es válida para bajarse del carro en las primeras seis semanas. Solo puedes romper la adicción si ofreces a tu cuerpo una buena alternativa. No digas que *vas a probar* mi plan. No lo *pruebes*; comprométete a hacerlo bien.

¿Acaso cuando te casas el representante religioso o el juez de paz te pregunta «Juras probar a esta persona»? Cuando alguien me dice que lo va a probar yo le respondo que ni se moleste, que ya ha decidido fracasar. Para dejar las adicciones se necesita mucho más que «probar» o «intentarlo»; hace falta comprometerse. Y un compromiso es una promesa que se cumple, pase lo que pase.

Sin ese compromiso, estás destinado a fracasar. Así que esta vez ofrécete la oportunidad de triunfar de verdad. Si te comprometes a solo seis semanas de este programa, cambiarás tu vida para siempre y volver atrás te resultará mucho más difícil.

Decide claramente lo que quieres: conseguir tu objetivo o fracasar. Solo tienes que dar tres simples pasos. Uno, comprar el libro; dos, leerlo; tres, comprometerte.

El tercer paso es la decisión más difícil, pero al fin y al cabo no es más que eso: otra decisión. Pero no llegues a ese punto todavía; primero lee todo el libro. Estúdialo, porque solo así te resultará más sencillo y lógico dar el tercer paso, que es comprometerte a seguir el plan durante al menos seis semanas. Primero tienes que leer la información que he descrito con sumo detalle en estas páginas para que ese compromiso del que hablamos tenga sentido para ti. Es como casarse. No te comprometas a casarte hasta que conozcas bien a tu pareja; contraer matrimonio es una decisión inteligente, tomada tanto desde la emoción como desde la razón. Lo mismo es aplicable a la nutrición.

Permíteme agradecerte por comenzar tu viaje al bienestar. Yo me lo tomo muy en serio. De verdad aprecio a todas las personas que se interesan por mejorar y cuidar mejor de su salud, y por eso me comprometo a ayudarte a alcanzar tu meta. Me doy cuenta de que cada gran triunfo es el resultado de un esfuerzo intenso y sostenido. No aspiro a cambiar a todas las personas de Estados Unidos; ni siquiera a una mayoría. Pero considero necesario que al menos la gente tenga una alternativa, que es lo que este libro ofrece a todo el que lo lee.

Tu destino no tiene por qué ser una vida de escasa salud, porque este plan funciona, y lo hace de maravilla. Si en el pasado no estabas seguro de poder hacerlo, permíteme repetirte que dar ese gran paso hace que todo el trabajo duro merezca la pena, porque es entonces cuando consigues los resultados que deseas.

Tienes todo mi respeto y aprecio por tomar la decisión de re-cuperar la salud, puesto que así te ayudas a ti mismo, a tu familia e incluso a tu país.

Comprueba la veracidad de mis ideas durante estas seis semanas de prueba antes de evaluar tu progreso o decidir si te sientes sano o no. Ve a hacer la compra. Si tienes que perder mucho peso, comienza por mis menús más intensos y sigue mis instrucciones al pie de la letra durante las seis semanas. Notarás que la fisiología de tu cuerpo cambia de forma tan significativa que nunca volverás a ser el mismo. Tus papilas gustativas desarrollarán una mayor sensibilidad, prácticamente dejarás de comer en exceso, te sentirás mucho mejor y verás resultados tan notables en la báscula que te resultará difícil volver a tu manera anterior de comer. Si estás tomando medicación para la diabetes o incluso para la hipertensión, informa a tu médico en cuanto decidas iniciar el plan. Él o ella necesitarán controlar las dosis para evitar medicarte en exceso. Encontrarás más información sobre este tema en el capítulo 7.

Te explico ahora cómo funciona el libro: los capítulos 1 a 4, considerados una unidad, son un compendio sobre nutrición humana, y la información científica contenida en esos cuatro capítulos representan los cimientos sobre los que erigirás tu éxito. En el capítulo 1 conocerás los problemas que acarrea la dieta norteamericana estándar y aprenderás de qué manera los alimentos que consumes tienen el poder de restar o añadir muchos años a tu vida. Tal vez pienses que todo esto ya lo sabes, pero déjame sorprenderte con lo que desconoces. En el capítulo 2 explico por qué la obesidad y la enfermedad crónica son las consecuencias inevitables de nuestra mala alimentación. Describo el vínculo entre los alimentos de bajo contenido nutricional y la enfermedad crónica y/o la muerte prematura, y también la conexión entre la salud superior y la longevidad y los alimentos ricos en nutrientes. En el capítulo 3 conocerás esos fitoquímicos fundamentales y alimentos secretos que permiten alcanzar la longevidad y el control del peso corporal, y también aprenderás por qué intentar controlar el peso comiendo menos casi nunca funciona. El último capítulo de esta sección del libro explica el problema de las dietas ricas en productos animales y analiza todos los mensajes publicitarios engañosos sobre los alimentos, que todo el mundo ha aceptado como verdades.

Los dos capítulos siguientes aplican los conceptos aprendidos en los primeros cuatro, evaluando otros planes dietéticos y abordando muchas de las actuales controversias sobre la nutrición humana. A través del capítulo 5 profundizarás tus conocimientos sobre las cuestiones más esenciales, a fin de que comprendas la información fundamental que te permitirá mantener la pérdida de peso a largo plazo, que es tu objetivo primordial. El capítulo 6 explica la adicción a los alimentos y las diferencias entre hambre verdadera y hambre tóxica.

El capítulo 7 ilustra de qué manera el plan *Comer para vivir* consigue revertir enfermedades, y te enseña a aplicar este programa para que soluciones tus problemas de salud y encuentres tu peso ideal. La posibilidad de aplicar la fórmula *Comer para vivir* con el fin de revertir y prevenir las enfermedades cardíacas, las enfermedades autoinmunes, y mucho más, te dará a conocer una nueva forma de abordar tu bienestar. El cuidado de la salud se convierte en el cuidado de uno mismo, y los alimentos, en una nueva herramienta para prevenir y curar enfermedades. Este es un capítulo clave, no solo para quienes sufren problemas médicos crónicos, sino para todos aquellos que quieren vivir una vida más larga y sana.

Los capítulos 8, 9 y 10 ponen en práctica los consejos ofrecidos y te enseñan a hacer que el saludable plan dietético de este libro te sepa de maravilla. El capítulo 8 explica las reglas para conseguir una pérdida de peso rápida y sostenida y te ofrece las herramientas que necesitas para adaptar tu dieta a fin de conseguir los resultados que deseas. En esa sección encontrarás pautas y un programa para planificar menús diarios. El capítulo 9 contiene consejos de cocción, menús y recetas, incluido el plan de seis semanas agresivo que he creado para quienes desean perder peso rápidamente, así como opciones vegetarianas y no vegetarianas. Las preguntas más habituales y sus correspondientes respuestas aparecen en el capítulo 10, donde asimismo aporto información más práctica para ayudarte en tu viaje hacia la recuperación de la salud.

Mi misión es ofrecer a todo el mundo las herramientas que les permitan alcanzar la esbeltez de por vida y una salud radiante. Eso es lo que espero conseguir. Continúa leyendo y aprende a poner mi fórmula de la salud a tu servicio.

## CAPÍTULO 1

# Cavamos nuestras propias tumbas con cuchillo y tenedor

## Los efectos de la dieta norteamericana, parte I

---

**CASO DE ESTUDIO**
**Robert perdió más de 27 kg (60 libras) y salvó su vida.**

*Yo fui bastante delgado hasta los 32 años de edad, aproximadamente. En ese momento gané unos 13 kg (30 libras), al parecer de la noche a la mañana. A los 34 comencé a respirar con dificultad y me diagnosticaron sarcoidosis, una enfermedad que desarrolló una significativa superficie de tejido cicatrizal en gran parte de mis pulmones. Así que comencé el tratamiento estándar, que consiste en someterse a una biopsia y tomar esteroides.*

*A los 37 años ya tenía un sobrepeso de 22 kg (50 libras). Mi vida cambió una tarde en un bufé libre: comí tanto que saltó el botón de mi último par de pantalones cómodos y se rompió la cremallera. Fue divertido, embarazoso y terriblemente grave al mismo tiempo. Ese día decidí que tenía que cambiar y fui a la librería a buscar algunas soluciones. Allí encontré el libro del doctor Fuhrman, y me pareció que su propuesta tenía sentido.*

*Seis meses más tarde pesaba 27 kilos (60 libras) menos, pero mi*

*esposa me descubrió un lunar en el cuello. El lunar había estado allí durante años, pero con toda la grasa que tenía alrededor había resultado prácticamente invisible. Yo había supuesto que mis jadeos se debían a la sarcoidosis, pero lo que tenía en realidad era un quiste tiroideo masivo que me obstruía la tráquea y reducía la cantidad de aire que entraba a mis pulmones. Entonces los médicos decidieron que había que extirparlo. Un par de días antes de la cirugía me dieron los resultados de una resonancia magnética que demostraba que no tenía ningún vestigio de sarcoidosis. Había desaparecido por completo, tal como había predicho el Dr. Fuhrman.*

*Durante la cirugía el quiste explotó en cuanto el cirujano intentó cortarlo con el escalpelo, lo cual me produjo un shock anafiláctico. Si el médico no hubiese drenado el fluido con una aguja, yo podría haber muerto. Incluso más aleccionador todavía es el hecho de que si no hubiese seguido el consejo del Dr. Fuhrman, el quiste habría permanecido oculto y habría explotado por sí solo. Y en ese momento no habría tenido la ventaja de encontrarme sobre una mesa de operaciones.*

*Ahora tengo 46 años, corro alrededor de 32 km a la semana y tengo una energía increíble. Mi presión sanguínea sistólica descendió de 140 a 108, y mi nivel actual de colesterol LDL es 40 (no, no es un error de impresión). Me siento genial. Parezco diez años más joven que hace dos y ya no tomo ninguna medicación. He competido en varios triatlones y me estoy preparando para mi primer maratón.*

*Poco después de que me operaran me puse en contacto con el Dr. Fuhrman para darle las gracias. Tú también puedes alcanzar tu peso ideal, revertir tu enfermedad y, sí, incluso ralentizar el proceso de envejecimiento.*

LOS NORTEAMERICANOS FIGURAN entre los primeros ciudadanos de todo el mundo que han tenido «el lujo» de bombardearse a sí mismos con alimentos exentos de nutrientes y excesivamente calóricos, comúnmente llamados *comida basura* o *productos de calorías vacías*. Con la expresión «de calorías vacías» quiero decir que se trata de alimentos que carecen de nutrientes y fibra. En la actualidad, muchos más norteamericanos que nunca están consumiendo estos alimentos hipercalóricos al tiempo que permanecen inactivos. Y esa combinación es de lo más peligrosa.

El problema de salud número uno de Estados Unidos es la obesidad, y si la tendencia actual continúa, para el año 2048 todos los adultos de dicho país estarán excedidos de peso o serán obesos[1]. Los Institutos Nacionales de la Salud estiman que la obesidad está asociada a un incremento exponencial de la mortalidad, lo que cuesta a la sociedad más de 100.000 millones de dólares al año[2]. Este dato resulta especialmente descorazonador para quienes están haciendo dieta, porque después de invertir tanto dinero intentando perder peso, el 95 por 100 de todos ellos recuperan todos los kilos perdidos e incluso añaden algunos más en un período de tres años[3]. Esta tasa de fracaso increíblemente alta es real en la inmensa mayoría de los esquemas, programas y dietas para perder peso.

La obesidad y sus secuelas plantean un serio reto a los médicos. Tanto los profesionales de atención primaria como los especialistas en el tratamiento de la obesidad fracasan a la hora de mejorar la salud de la mayoría de sus pacientes a largo plazo. En efecto, los estudios demuestran que tras la pérdida de peso inicial se produce la recuperación de los kilos perdidos[4].

Aquellas personas que por su genética almacenan la grasa de forma más eficaz posiblemente tuvieron cierta ventaja desde el punto de vista de la supervivencia hace miles de años, cuando los alimentos escaseaban, o durante las hambrunas, pero en la despensa moderna son quienes sufren las mayores desventajas. Los individuos cuyos padres son obesos están expuestos a un riesgo diez veces mayor de ser obesos también. Por otro lado, las familias obesas tienden a tener mascotas obesas, lo cual lógicamente no se debe a cuestiones genéticas. De esto se desprende que lo que determina la obesidad es la combinación de estilo de alimentación, inactividad y genética[5]. Es evidente que no podemos cambiar nuestros genes, así que echarles la culpa no soluciona el problema. Pero en lugar de analizar sinceramente las causas de la obesidad, los norteamericanos todavía buscan una cura milagrosa, una dicta mágica o cualquier otro truco que no suponga ningún esfuerzo.

La obesidad no es solamente una cuestión estética; el exceso de peso provoca una muerte más temprana, tal como confirman numerosos estudios[6]. Los individuos con sobrepeso tienen más probabilidades de morir de todas las causas posibles, incluidas las enfermedades cardíacas y el cáncer. Dos tercios de las personas que sufren problemas de sobrepeso también padecen hipertensión, diabetes, enfermedad cardíaca u otra dolencia relacionada con la obesidad[7]. Se trata de una importante causa de mortalidad prematura en Estados Unidos[8]. Puesto que las dietas casi nunca funcionan y los riesgos para la salud que plantea la obesidad son tantos y tan peligrosos, cada vez son más las personas que recurren, desesperadas, a los fármacos y los procedimientos quirúrgicos para perder peso.

## Complicaciones de la obesidad

- incremento de la mortalidad prematura
- diabetes del adulto
- hipertensión
- artritis degenerativa
- cardiopatía coronaria
- cáncer
- trastornos lipídicos
- apnea obstructiva del sueño
- cálculos biliares
- infiltración grasa del hígado
- enfermedad pulmonar restrictiva
- enfermedades gastrointestinales

Los resultados que tantos de mis pacientes han conseguido en los últimos veinte años siguiendo las pautas de *Comer para vivir* están a la misma altura de lo que puede lograrse mediante técnicas quirúrgicas de reducción de peso, pero sin la morbidez ni la mortalidad asociadas a ellos[9].

## LA CIRUGÍA DE REDUCCIÓN DE PESO Y SUS RIESGOS

Según los Institutos Nacionales de la Salud de Estados Unidos (NIH), algunos de los efectos secundarios más habituales del bypass gástrico y la gastroplastia son las heridas y las complicaciones provocadas por los coágulos de sangre. El NIH también ha informado que quienes se han sometido a un tratamiento quirúrgico para la combatir la obesidad sufrieron complicaciones metabólicas y nutricionales sustanciales, además de gastritis, esofagitis, estenosis pilórica y hernias abdominales. Más del 10 por 100 requirieron una segunda operación para solucionar problemas derivados de la primera intervención quirúrgica[10].

| COMPLICACIONES DE LA CIRUGÍA DE BYPASS GÁSTRICO: SEGUIMIENTO DE 14 AÑOS[11] | | |
|---|---|---|
| Deficiencia de vitamina $B_{12}$ | 239 | 39,9 % |
| Readmisión por diversas razones | 229 | 38,2 % |
| Hernia incisional | 143 | 23,9 % |
| Depresión | 142 | 23,7 % |
| Fallo del grapado gástrico | 90 | 15,0 % |
| Gastritis | 79 | 13,2 % |
| Colecistitis | 68 | 11,4 % |
| Problemas anastomóticos | 59 | 9,8 % |
| Deshidratación, desnutrición | 35 | 5,8 % |
| Dilatación de la bolsa gástrica | 19 | 3,2 % |

## Dietas peligrosas

Además de sufrir riesgos quirúrgicos extremadamente arriesgados, los norteamericanos han sido bombardeados con una batería de trucos dietéticos que prometen combatir la obesidad. Casi todas las dietas son ineficaces. No funcionan porque, por mucho peso que pierdas mientras las estás siguiendo, lo recuperas en cuanto las dejas. Medir las raciones e intentar consumir menos calorías, lo que típicamente se conoce como «estar a dieta», casi nunca provoca una pérdida de peso permanente y en realidad no hace otra cosa que complicar el problema en el futuro. Este tipo de «dietas» ralentiza temporalmente tu índice metabólico, por lo que enseguida ganas más kilos de los que has perdido, y al final pesas más de lo que pesabas antes de empezar la dieta. Esto provoca que muchas personas se quejen: «Lo he probado todo y nada funciona. Debe ser una cuestión genética. ¿Quién no se rendiría frente a semejante panorama?».

A estas alturas ya debes saber que la solución «convencional» al sobrepeso —las dietas de bajo contenido calórico— no funciona. Pero es posible que no sepas por qué. Se debe a esta simple e ignorada razón: para la inmensa mayoría de la gente, el sobrepeso no deriva de la cantidad de alimentos que come, sino del tipo de alimentación que sigue. La idea de que la gente engorda porque consume un gran volumen de alimentos es un mito. Tomar grandes cantidades de alimentos adecuados es la clave del éxito y lo que hará que este plan te funcione toda la vida. El sobrepeso no suele deberse a lo mucho que come la gente, sino al hecho de que un porcentaje superior de las calorías consumidas provienen de grasas y carbohidratos refinados, o en su mayor parte de alimentos de bajo contenido nutricional. Y esta dieta carente de nutrientes desarrolla un entorno celular favorable para que surjan enfermedades.

Al margen de cuál sea tu metabolismo o tu genética, una vez que comienzas una dieta de alto contenido nutricional siempre puedes alcanzar un peso normal. Dado que la mayoría de los norteamericanos están excedidos de peso, el problema no es principalmente genético. Si bien los genes son un ingrediente importante, la actividad física y la elección de los alimentos ingeridos desempeñan un papel significativo. En estudios llevados a cabo sobre gemelos idénticos con tendencia al sobrepeso, los científicos han llegado a la conclusión de que la actividad física es el factor medioambiental más importante en la determinación de la grasa corporal total y abdominal[12]. Incluso aquellas personas con una historia familiar de obesidad pierden peso sin problemas con una mayor actividad física y una serie de modificaciones dietéticas apropiadas.

En la mayoría de los casos, la razón por la que la gente tiene sobrepeso es la falta de actividad física combinada con una dieta hipercalórica de bajo contenido nutricional. Seguir una dieta compuesta mayoritariamente por alimentos de bajo contenido de fibra y una gran cantidad de calorías, como el aceite y los carbohidratos refinados, es la principal causa de obesidad.

Mientras consumas alimentos grasos y carbohidratos refinados, será imposible que pierdas peso de forma sana. De hecho, esta viciosa combinación de vida sedentaria y alimentación típicamente norteamericana (mucha grasa y poca fibra) es la principal razón por la que tenemos una población increíblemente excedida de peso.

## MATAR A LA PRÓXIMA GENERACIÓN

Posiblemente este libro no sea del agrado de quienes se niegan a admitir los peligros de sus hábitos alimentarios y los de sus hijos. Muchos harán lo que sea por continuar su romance con determinados productos perjudiciales que causan enfermedades, y sacrificarán su salud en el proceso. Hay personas que prefieren no conocer los riesgos que encierra su perjudicial dieta porque creen que perturbará el placer que sienten al comer. Pero se equivocan. Comer sano puede provocar incluso más placer todavía.

Si tienes que dejar algo que te provoca placer, es posible que tu subconsciente prefiera hacer caso omiso de las pruebas irrefutables en su contra, o bien que respalde posturas ilógicas. Muchos defienden con uñas y dientes sus perjudiciales prácticas alimentarias; y otros simplemente aseguran: «Ya sigo una dieta sana», incluso aunque no lo hagan.

Por lo general, nos resistimos al cambio. Por eso sería mucho más sencillo que nos inculcaran prácticas alimentarias sanas en la infancia, y que nos enseñaran la importancia científica de la excelencia nutricional. Por desgracia, en la actualidad los niños comen peor que nunca.

La mayoría de los norteamericanos ignoran que con la dieta que ofrecen a sus hijos les están garantizando una elevada probabilidad de sufrir cáncer en algún momento de sus vidas[13]. Ni siquiera se les pasa por la cabeza que permitir que esos niños consuman comida rápida pueda resultar igual de peligroso (o más) que dejarles fumar cigarrillos[14].

El Estudio Bogalusa del Corazón, de 1992, confirmó la existencia de placas y estrías grasas (que indican el comienzo de la aterosclerosis) en la mayoría de los niños y adolescentes.

Tú nunca permitirías que tus hijos se sentaran a la mesa a fumar cigarrillos y a beber whisky, porque no se trata de una práctica socialmente aceptable, pero sí es posible que frecuentemente les permitas beber refrescos de cola, tomar patatas fritas elaboradas con grasas trans y comer hamburguesas con queso. Muchos niños toman donuts, galletas, magdalenas y caramelos a diario. El problema es que a los padres les cuesta mucho entender que el consumo de este tipo de alimentos provoca una insidiosa y lenta destrucción del potencial genético de sus hijos y sienta las bases para una enfermedad grave[15].

Sería poco realista mostrar optimismo por la salud y el bienestar de la próxima generación cuando se aprecia un crecimiento sin precedentes en el peso medio de los niños norteamericanos, así como niveles récord de obesidad infantil. Los resultados que arrojó en 1992 el Estudio Bogalusa del Corazón fueron realmente siniestros. Tras estudiar las autopsias practicadas a niños fallecidos en accidentes, el estudio confirmó la existencia de placas y estrías grasas (el comienzo de la aterosclerosis) en la mayoría de los niños y adolescentes[16]. Los investigadores explicaron: «Estos resultados resaltan la necesidad de instaurar la cardiología preventiva a temprana edad». Imagino que «cardiología preventiva» es un término confuso que significa alimentación saludable.

Otro estudio de autopsias publicado en el *New England Journal of Medicine* llegó a la conclusión de que más del 85 por 100 de los adultos de entre 21 y 39 años de edad presentan cambios ateroscleróticos en sus arterias coronarias[17]. En los sujetos estudiados, extensas áreas de dichas arterias aparecían cubiertas de estrías grasas y placas fibrosas. Todo el mundo sabe que la comida basura no es sana, pero pocos conocen sus consecuencias, que no son otras que enfermedades graves potencialmente mortales. Sin lugar a duda, la dieta que seguimos de niños ejerce una enorme influencia sobre nuestra salud futura y nuestra eventual muerte prematura[18].

Contamos con un considerable volumen de datos que sugieren que la incidencia de ciertos cánceres está mucho más determinada por la dieta que se sigue en la infancia que por los efectos de una dieta inapropiada en la adultez[19]. Se estima que, en la actualidad, hasta el 25 por 100 de los niños en edad escolar son obesos[20]. La obesidad infantil prepara el terreno a la obesidad del adulto, y un niño con sobrepeso desarrolla enfermedades cardíacas en una etapa más temprana de su vida. Los datos de mortalidad sugieren que el sobrepeso durante los primeros años de la adultez resulta más peligroso que un grado similar de sobrepeso en la vida adulta[21].

## Los fármacos no son la solución

Continuamente aparecen nuevos fármacos que intentan reducir los efectos del destructivo comportamiento alimentario norteamericano. Con mucha frecuencia, la sociedad piensa en el tratamiento una vez que la enfermedad degenerativa ha aparecido, sin reconocer que dicha dolencia es el resultado de entre treinta y sesenta años de abuso nutricional.

Las empresas farmacéuticas y los investigadores intentan desarrollar y comercializar medicamentos para cortar de cuajo la epidemia de obesidad, pero este planteamiento está condenado al fracaso. El organismo siempre pagará un precio por tomar medicamentos, que por lo general tienen efectos tóxicos. Los efectos «secundarios» no son los únicos aspectos tóxicos de los fármacos. Durante el curso de introducción a la farmacología, en la facultad de Medicina se aprende que todos los medicamentos son tóxicos en diversos grados, y que pueden provocar efectos secundarios o no. Los profesores de farmacología recalcan que nunca hay que olvidarlo. Cuando se ingieren sustancias medicinales es imposible escapar de las inmutables leyes biológicas de causa y efecto.

Si no introducimos cambios significativos en los alimentos que elegimos consumir, tomar fármacos recetados por nuestros médicos no mejorará nuestra salud ni alargará nuestra vida. Si de verdad deseamos proteger nuestra salud, debemos eliminar la causa del problema. Tenemos que dejar de abusar de nuestro cuerpo exponiéndolo a alimentos que lo enferman.

### ¡SORPRESA! LA GENTE DELGADA VIVE MÁS

En el Estudio de la Salud de las Enfermeras (Nurses' Health Study) los investigadores analizaron la relación entre el índice de masa corporal y la mortalidad general o la mortalidad por causas específicas en más de 100.000 mujeres, todas ellas enfermeras. Después de limitar el análisis a no fumadoras, resultó evidente que quienes más vivían eran las más delgadas[22]. La conclusión fue que las pautas de peso cada vez más permisivas que propone Estados Unidos están injustificadas y son potencialmente perjudiciales.

La Dra. I-Min Lee, de la Facultad de Salud Pública de Harvard, dijo que tras estudiar a 19.297 hombres durante veintisiete años determinó que describir a un individuo como «demasiado delgado» no es válido. (Obviamente, sí que se puede estar demasiado delgado; sin embargo, es un cuadro infrecuente habitualmente llamado anorexia que no entra en la temática de este libro.) Entre los hombres que nunca habían fumado, la tasa de mortalidad más baja se observó entre el 20 por 100 de menor peso corporal[23]. Quienes formaban parte del 20 por 100 más delgado a comienzos de los años 60 resultaron tener dos veces y media menos probabilidades de haber muerto de enfermedad cardiovascular en 1988, en comparación con el 20 por 100 de los hombres con mayor peso. Lee afirmó: «Observamos una relación directa entre el peso corporal y la mortalidad. Con esto quiero decir que el 20 por 100 de los hombres más delgados experimentó el índice más bajo de mortalidad, y que esta fue incrementándose progresivamente en relación con el aumento de peso». La cuestión aquí es que no debes determinar tu peso ideal mediante las tablas tradicionales de adelgazamiento, puesto que se basan en los promedios de sobrepeso de los norteamericanos. Después de analizar cuidadosamente los 25 estudios más importantes publicados sobre este tema, he descubierto que la evidencia indica que el peso óptimo, tal como lo determinan las personas que viven más, es al menos un 10 por 100 más bajo del que se indica en las tablas de peso corporal medio[24]. La mayoría de los gráficos sobre pautas de peso ponen al público en riesgo porque refuerzan un parámetro de sobrepeso que no es sano. Según mis cálculos, los norteamericanos con sobrepeso no representan el 70 por 100 de la población, sino un 85 por 100[25].

## Cuanto mayor sea el perímetro de tu cintura, más corta será tu vida

Una buena regla general: para disfrutar de una salud óptima y de los beneficios de la longevidad, un hombre no debería poder pellizcar más de 1,25 cm (1/2 pulgada) de piel debajo del ombligo, y una mujer, no más de 2,50 cm (1 pulgada). Casi cualquier grasa en el cuerpo por encima de este mínimo supone un riesgo para la salud. Incluso si desde que tenías 18 o 20 años has cogido tan poco peso como 4,5 kg (10 libras), podrías estar expuesto a un riesgo superior de sufrir problemas de salud como enfermedades cardíacas, hipertensión y diabetes. Lo cierto es que la mayoría de la gente que cree estar en su peso realmente tiene mucha grasa corporal.

Una fórmula para determinar el peso ideal es la siguiente:

**Mujeres**: A los primeros 152 cm de altura les corresponderían aproximadamente 43 kg, más 1,8 kg por cada 2,5 cm adicionales (o 95 libras por cada 5 pies de altura, más 4 libras por cada pulgada adicional). Observa los siguientes ejemplos:

162 cm aprox. → 43 + 7,2 = 50,2 kg  ‖  5'4" → 95 + 16 = 111 lb
168 cm aprox. → 43 + 10,8 = 53,8 kg  ‖  5'6" → 95 + 24 = 119 lb

**Hombres**: A los primeros 152 cm de altura les corresponderían 47 kg, más 2,2 kg por cada 2,5 cm adicionales (o 105 libras por cada 5 pies de altura, más 5 libras por pulgada adicional). Por consiguiente, un hombre de 178 cm de estatura (5'10") debería pesar aproximadamente 70 kg (155 libras).

Todas las fórmulas que ofrecen pesos ideales aproximados son solo pautas generales, dado que todos tenemos diferentes tipos de cuerpos y estructuras óseas.

El índice de masa corporal (IMC) se utiliza como un adecuado indicador de riesgo de sobrepeso y suele aplicarse en investigaciones médicas. Se calcula:

$$IMC = \frac{\text{masa (peso en kilos)}}{\text{estatura en metros al cuadrado (m}^2)}$$

Otra manera de calcularlo es:

$$IMC = \frac{\text{peso en libras} \times (703)}{\text{estatura en pulgadas al cuadrado}}$$

Un IMC superior a 24 se considera sobrepeso, y superior a 30, obesidad. Sin embargo, a todos nos resulta igual de fácil analizar la circunferencia de nuestra cintura.

Yo prefiero medir la circunferencia de la cintura y de la grasa abdominal, porque el IMC puede resultar incorrectamente elevado si la persona es atlética y posee una considerable masa muscular. Como ejemplo, yo soy un hombre de estatura y contextura media (178 cm y alrededor de 70 kg de peso) y mi IMC es 21,5. La circunferencia de mi cintura es de 77 cm (30,5 pulgadas). Debe medirse a la altura del ombligo.

La idea tradicional es que los hombres cuyo perímetro de la cintura sea superior a 101 cm (40 pulgadas) y las mujeres cuya cintura supere los 88 cm (35 pulgadas) de circunferencia se encuentran significativamente excedidos de peso y corren un elevado riesgo de sufrir problemas de salud y ataques cardíacos. La evidencia sugiere que la medición de la grasa abdominal predice mejor el riesgo que el peso total o las dimensiones generales[26]. Los depósitos de grasa alrededor de la cintura suponen un mayor riesgo para la salud que el exceso de grasa en otras partes del cuerpo, como las caderas y los muslos.

¿Y si piensas que eres demasiado delgado? Si tienes demasiada grasa en el cuerpo pero consideras que estás demasiado delgado, deberías practicar ejercicio para desarrollar *músculo* y así subir de peso. Con frecuencia mis pacientes me dicen que creen estar muy delgados, o que sus amigos y familiares les hacen ese tipo de comentarios, a pesar de que claramente tienen sobrepeso. Ten en cuenta que, según sus parámetros, tú podrías estar demasiado delgado, o al menos más delgado que ellos. La pregunta, entonces, es: ¿su parámetro es saludable? Lo dudo. En otras palabras: *¡no intentes obligarte a comer de más para ganar peso!* Come solo la cantidad de comida que demande tu apetito, y no más. Si practicas ejercicio, tendrás más hambre. No deberías intentar ganar peso solo comiendo, porque eso te cargará de grasa, pero no de músculo. La grasa adicional, independientemente de que te guste tu aspecto cuando estás más gordo o no, reducirá tus años de vida.

Una vez que empieces a comer de forma sana, es posible que notes que adelgazas más de lo que esperabas. La mayoría de la gente pierde kilos hasta que llega a su peso ideal y ahí se detiene. El peso ideal es una cuestión individual, pero es más difícil perder músculo que grasa; así que, una vez que te libres de esta, tu peso se estabilizará. La estabilización en un cuerpo delgado y con músculo se produce porque el organismo envía fuertes señales de que la persona debe comer, señales que yo llamo «hambre verdadera». El *hambre verdadera* mantiene la reserva de músculo, pero no la grasa.

## LA ÚNICA MANERA DE INCREMENTAR
## SIGNIFICATIVAMENTE LA EXPECTATIVA DE VIDA

La evidencia que ratifica la posibilidad de incrementar la expectativa de vida a partir de la restricción dietética es enorme e irrefutable. La reducción de la ingesta calórica es la única técnica experimental que amplía de forma consistente la expectativa de vida. Ha quedado demostrado en *todas* las especies estudiadas, desde insectos y peces a ratas y gatos. Existen tantos cientos de estudios que solo citaré unos pocos.

Los científicos saben desde hace mucho tiempo que los ratones que consumen menos calorías viven más. La investigación ha demostrado el mismo efecto en los primates (es decir, en ti). Un estudio publicado en *Proceedings of the National Academy of Sciences* descubrió que restringir las calorías en un 30 por 100 incrementaba significativamente la expectativa de vida en los monos[27]. La dieta experimental, si bien aportaba una nutrición *adecuada*, ralentizaba el metabolismo de los monos y reducía su temperatura corporal, cambios similares a los que se observan en los ratones delgados que viven más. También se observó que en estos sujetos descendían los niveles de triglicéridos y aumentaba el colesterol HDL (bueno). Con el paso de los años, diversos estudios de muchas especies diferentes han confirmado que los animales que recibían menos alimentos vivían más. De hecho, permitir que un animal coma todo lo que desea puede reducir su expectativa de vida incluso a la mitad.

Una alimentación rica en nutrientes y de bajo contenido calórico provoca un impresionante aumento de la expectativa de vida, así como de la prevención de enfermedades crónicas. Desde los roedores hasta los primates, los efectos observados son los siguientes:

- resistencia a cánceres inducidos de forma experimental;
- protección frente a cánceres espontáneos y de predisposición genética;
- retraso en la aparición de enfermedades al final de la vida
- no aparición de aterosclerosis ni diabetes;
- disminución del nivel de colesterol y triglicéridos y aumento de HDL;
- mayor sensibilidad a la insulina;
- mejora del mecanismo corporal de conservación de la energía, incluida la reducción de la temperatura corporal;
- reducción del estrés oxidativo;
- reducción en los parámetros de envejecimiento celular, incluida la congestión celular;
- mejora de los mecanismos de reparación celular, incluidas las enzimas de reparación del ADN;
- reducción en la respuesta inflamatoria y la proliferación de inmunocitos;
- mejora de las defensas contra factores de estrés medioambiental;
- supresión de las alteraciones genéticas asociadas al envejecimiento;

- protección de los genes asociados a la eliminación de radicales de oxígeno;
- inhibición en la producción de metabolitos que son potentes agentes de entrecruzamiento;
- ralentización del índice metabólico[28].

El vínculo entre la delgadez y la longevidad, y la obesidad y una menor expectativa de vida, es concreto. Otra importante consideración surgida de diversos estudios sobre animales es que la restricción de grasas y proteínas ejerce un efecto adicional sobre la expectativa de vida: la amplía[29]. Al parecer, una ingesta elevada de grasas y proteínas fomenta la producción hormonal, acelera la disposición reproductiva y otros indicadores de envejecimiento, y facilita el crecimiento de ciertos tumores. Por ejemplo, se ha demostrado que una ingesta excesiva de proteínas eleva los niveles del factor de crecimiento insulínico (FCI-1)[30], un proceso vinculado a un mayor índice de cáncer de mama y cáncer de próstata[31].

En el amplio campo de la investigación sobre la longevidad existe un único descubrimiento que se ha mantenido a lo largo de los años: que comer menos prolonga la vida, siempre que la ingesta de nutrientes sea la adecuada[32]. Todas las demás ideas sobre la longevidad son simplemente conjeturas no probadas hasta ahora[33]. Entre estas teorías figuran, por ejemplo, tomar hormonas como estrógeno, DHEA, hormonas del crecimiento y melatonina, o suplementos nutricionales. Hasta hoy, no existe evidencia sólida que indique que aportar al cuerpo elementos nutricionales adicionales —más allá de los contenidos en las cantidades adecuadas de alimentos ricos en nutrientes— consiga prolongar la vida. Esto contrasta con la abrumadora evidencia relativa a la restricción proteínica y calórica.

Tan importante e irrefutable descubrimiento es un elemento crucial de la ecuación $S = N/C$. Hemos de reconocer que si queremos alcanzar el límite de la expectativa de vida humana, no debemos consumir una cantidad excesiva de alimentos de alto contenido calórico. Tomar alimentos de calorías vacías hace imposible conseguir una salud óptima y maximizar nuestro potencial genético.

## PARA EVITAR TOMAR UN EXCESO DE ALIMENTOS HIPERCALÓRICOS, SÁCIATE CON ALIMENTOS RICOS EN NUTRIENTES

Un importante corolario del principio de la limitación de los alimentos hipercalóricos es que la única forma en que un ser humano puede disfrutar de forma segura de los beneficios de la restricción calórica, y al mismo tiempo tener la certeza de que su dieta es adecuada desde el punto de vista nutricional, es evitando en todo lo posible los alimentos exentos de nutrientes.

De hecho, esa es la consideración crucial a la hora de decidir qué comer. Debemos tomar alimentos que contengan una cantidad adecuada de nutrientes para no vernos en la necesidad de consumir un exceso de calorías «vacías» con el fin de cumplir con nuestros requisitos nutricionales. Tomar alimentos ricos en nutrientes y fibra, y bajos en calorías, «nos llena», por así decirlo, y por consiguiente impide que comamos en exceso.

Para entender por qué esta fórmula funciona, analicemos de qué manera el cerebro controla nuestro impulso de comer. Un complicado sistema de quimiorreceptores de los nervios que recubren el tracto intestinal controla minuciosamente la densidad calórica y nutricional de cada bocado que tomamos y envía dicha información al hipotálamo cerebral, que controla nuestro instinto de alimentarnos.

## UNA MAYOR CANTIDAD DE NUTRIENTES Y FIBRA REDUCE EL INSTINTO DE CONSUMIR CALORÍAS

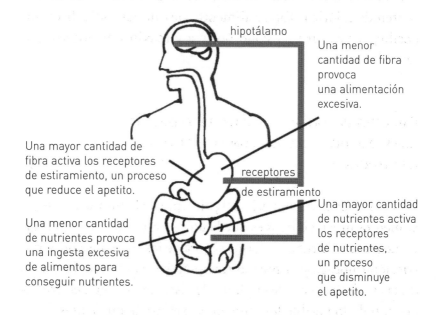

hipotálamo

Una menor cantidad de fibra provoca una alimentación excesiva.

Una mayor cantidad de fibra activa los receptores de estiramiento, un proceso que reduce el apetito.

Una menor cantidad de nutrientes provoca una ingesta excesiva de alimentos para conseguir nutrientes.

receptores de estiramiento

Una mayor cantidad de nutrientes activa los receptores de nutrientes, un proceso que disminuye el apetito.

También existen receptores de estiramiento en el estómago que envían señales de saciedad al detectar el *volumen* de alimentos ingeridos, y no el *peso* de la comida. Si los nutrientes y la fibra no te sacian, el cerebro emitirá señales que te incitarán a consumir más alimentos, es decir, a comer de más.

De hecho, si consumes suficientes nutrientes y fibra, te encontrarás bioquímicamente saciado (de nutrientes) y mecánicamente saciado (de fibra), y tu deseo de consumir calorías se reducirá o desaparecerá. Un factor clave que determina con claridad si tendrás sobrepeso o no es el hecho de que no consumas suficiente fibra y nutrientes. Diversos estudios científicos lo han explicado en detalle[34].

¿Y cómo funciona esto en la práctica? Imaginemos que dirigimos un experimento científico y calculamos el promedio de calorías que consume un grupo de personas en cada comida. A continuación les ofrecemos una naranja y una manzana enteras antes de comer. El resultado deducible es que la ingesta calórica de los participantes se reduzca en una cantidad aproximada al número de calorías contenidas en la fruta. Ahora, en lugar de darles dos frutas, les ofrecemos la misma cantidad de calorías, pero en forma de zumo de fruta.

¿Qué sucederá? Que comerán exactamente la misma cantidad de alimentos que cuando no toman nada antes de cada comida. En otras palabras, el zumo no reduce las calorías consumidas en la comida, sino que aporta calorías adicionales. Se ha demostrado que esto es lo que sucede con la cerveza, los refrescos y otras fuentes de calorías líquidas[35].

Las calorías líquidas, exentas de la fibra presente en el alimento entero, no producen prácticamente ningún efecto sobre la supresión del impulso de consumir calorías. Diversos estudios demuestran que el zumo de fruta y otras bebidas dulces también provocan obesidad en los niños[36].

Si te tomas en serio tu objetivo de perder peso, no te bebas la fruta: cómetela. Al preparar zumos se pierde una gran cantidad de nutrientes y fibra, y muchos de los nutrientes que quedan desaparecen asimismo al procesar, calentar y conservar el producto final. Si no tienes sobrepeso, beber zumo de fruta recién exprimido es aceptable, siempre que no reemplace el hábito de comer fruta y verdura frescas. No existe ningún sustituto para los alimentos frescos enteros.

Muchas personas tienden a creer en la magia. En efecto, quieren creer que, a pesar de sus «deslices» y excesos, podrán mantener una salud óptima tomando una pastilla, un polvo o cualquier otra poción. Sin embargo, se trata de una falsa esperanza, una ilusión que ha quedado silenciada por una inmensa cantidad de evidencia científica. La magia no existe. No existen las pastillas para perder peso milagrosamente. Lo único que existe es el mundo natural de la ley y el orden, la causa y el efecto. Si quieres salud y longevidad, debes comprometerte con la causa. Y si deseas perder grasa de forma segura, tienes que seguir una dieta compuesta predominantemente por alimentos no refinados ricos en nutrientes y fibra.

## ¿Y SI TENGO UN ÍNDICE METABÓLICO LENTO?

La genética puede afectar ligeramente al peso corporal, pero su efecto no es excesivo. Además, estoy convencido de que heredar un índice metabólico lento con la tendencia a ganar peso no es un defecto, sino un regalo genético del que se puede sacar partido. ¿Cómo es eso posible? El metabolismo lento está asociado a una expectativa de vida superior en todas las especies animales. Podríamos especular que si hubiésemos vivido hace 60.000 años, o incluso hace unos pocos siglos, tener un índice metabólico más lento podría haber incrementado nuestras oportunidades de supervivencia, dado que era difícil conseguir suficientes calorías. Por ejemplo, la mayoría de los peregrinos que llegaron a las costas norteamericanas en el *Mayflower* murieron durante el primer invierno[37]. No consiguieron preparar ni encontrar suficientes alimentos para comer, así que solo lograron sobrevivir aquellos dotados de un índice metabólico más lento.

Como puedes ver, no siempre es malo tener un índice metabólico lento. Puede ser bueno. Sin lugar a dudas, resulta negativo en el entorno actual en el que nos alimentamos de forma incesante, o si seguimos una dieta hipercalórica de bajo contenido nutricional. Evidentemente estaremos más expuestos a sufrir diabetes, alguna dolencia cardíaca y cáncer, dados los patrones actuales de consumo de alimentos. Sin embargo, si se toman las decisiones correctas para mantener un peso normal, el individuo con un metabolismo más lento puede envejecer también más despacio.

Nuestro cuerpo es como una máquina. Si constantemente lo utilizamos a alta velocidad, se desgastará antes. Puesto que los animales con índices metabólicos más lentos viven más, consumir más calorías —que es lo que acelera nuestro índice metabólico— nos hará envejecer más deprisa. Al contrario de lo que puedas haber oído y leído en el pasado, nuestro objetivo debería ser el contrario: comer menos, solo lo que necesitamos para mantener nuestro peso muscular sin grasa y nada más, a fin de que el índice metabólico se mantenga relativamente lento.

Así que deja de preocuparte por tu índice metabólico lento. La causa principal de tu problema de peso no es ese. Ten en cuenta estos tres puntos fundamentales:

1. Los índices metabólicos en reposo se reducen ligeramente durante los períodos de menor ingesta calórica, pero no lo suficiente como para inhibir significativamente la pérdida de peso.

2. Los índices metabólicos en reposo se normalizan poco después de que la ingesta calórica deja de estar restringida. El índice metabólico más lento no se ralentiza de forma permanente, lo cual dificulta seguir otras dietas en el futuro.

3. Una repentina ralentización del índice metabólico derivada de la dieta no explica los ciclos de aumento/pérdida de peso que experimentan muchas personas con sobrepeso. Estas fluctuaciones derivan principalmente del hecho de empezar e interrumpir programas dietéticos. Resulta especialmente difícil seguir una dieta de bajo contenido calórico si nunca consigue satisfacer realmente la necesidad bioquímica de nutrientes, fibra y fitoquímicos del individuo[38].

Quienes presentan una tendencia genética al sobrepeso podrían tener la posibilidad de vivir más que el resto de la gente gracias a sus genes. La clave para dicha longevidad radica en que se decanten por una dieta rica en nutrientes y fibra y de bajo contenido calórico, y que además realicen una adecuada actividad física. Si adaptas a tu índice metabólico la densidad de nutrientes por caloría de tu dieta, puedes sacar provecho de tu metabolismo lento. Cuando consigas mantener un peso normal a pesar de ello, tu longevidad será significativamente mayor.

## UNA OPORTUNIDAD SIN PRECEDENTES EN LA HISTORIA HUMANA

La ciencia, los sistemas de refrigeración y los métodos de transporte modernos nos han permitido acceder a alimentos de alta calidad ricos en nutrientes. En la sociedad actual tenemos a nuestra disposición la mayor variedad de alimentos frescos y congelados naturales de la historia; así que, basándonos en los alimentos que podemos conseguir fácilmente en la actualidad, tenemos la posibilidad de diseñar dietas y menús de una densidad y diversidad de nutrientes nunca vistas.

Este libro te aporta la información y la motivación que necesitas para aprovechar la oportunidad de mejorar tu salud y maximizar tus posibilidades de vivir sin sufrir enfermedades.

Tu elección es clara. Puedes vivir más y de forma más saludable que nunca, o bien puedes hacer lo que hace la mayoría de las poblaciones modernas: comer para enfermar y morir de forma prematura. Dado que estás leyendo este libro, es evidente que has optado por vivir más y de forma más sana. «Come para vivir» y tendrás una vida más feliz y placentera.

## CAPÍTULO 2

# Sobrealimentados, y aun así desnutridos

## Los efectos de la dieta norteamericana, parte II

---

**CASO DE ESTUDIO**
Charlotte perdió 58 kilos (130 libras) y consiguió
revertir su enfermedad cardíaca y su diabetes.

*Yo había sido corpulenta desde la infancia. Y sería fácil acha-
car mis problemas a mi historial familiar, ya que está plagado de
casos de obesidad, enfermedad cardíaca y diabetes por parte de ambas ramas de mi familia.*

*A lo largo de los años probé muchas dietas, pero solo conseguí re-
sultados mínimos y poco duraderos. Alcancé un peso máximo de 119
kilos (263 libras) con una estatura de 1,63 m (5'4"), y me había
resignado a ser una mujer de talla extragrande para siempre.*

*Me diagnosticaron diabetes tipo II (además de hipertensión y
colesterol elevado) después de sufrir un ictus a los 56 años. Para
controlar todas estas dolencias los médicos me recetaron fármacos
que supuestamente yo debía tomar de por vida. Alrededor de un
año después de sufrir el ictus, me diagnosticaron una modalidad
grave de taquicardia que requería atención médica inmediata.*

*Acabé con dos stents cardíacos porque los médicos encontraron una obstrucción del 95 por 100, y por supuesto tuve que tomar más medicamentos.*

*Yo evitaba las visitas a los médicos, porque si bien ellos me habían advertido sobre los peligros de mi peso, la única solución que me ofrecían era una versión de la dieta norteamericana estándar, aunque con una mayor restricción calórica, con lo cual siempre me sentía desdichada y hambrienta. Mi marido, Clarence, buscó en Internet otras maneras de ayudarme a recuperar la salud y allí fue donde encontró el libro del doctor Fuhrman,* Comer para vivir, *que proclamaba la posibilidad de alcanzar resultados sorprendentes a través de una serie de cambios dietéticos.*

*Enseguida empecé a perder peso y los resultados de mis analíticas mejoraron. Si bien mi diabetes estaba controlada para satisfacción de mis médicos, el Dr. Fuhrman me dijo que mi máxima prioridad era deshacerme por completo de la enfermedad a través de la excelencia nutricional. Ningún médico de los que había visto había mencionado jamás esa posibilidad.*

*Ahora, alrededor de un año medio más tarde, he dejado de ser diabética y no he vuelto a tener problemas cardíacos. Mi azúcar en sangre en ayuno se mantiene en un nivel promedio de 79 sin tratamiento. Desde el 29 de julio de 2003 mi colesterol total ha caído de 219 a 130, los triglicéridos bajaron de 174 a 73 y mi colesterol LDL ha pasado de 149 a 70.*

*Mi peso actual es de alrededor de 58 kilos (130 libras), ligeramente menos que la mitad de mi peso máximo. Por difícil que resulte imaginarlo, la última vez que tuve este peso fue cuando ni siquiera había cumplido los 12 años.*

*He descubierto también otros beneficios menos cuantificables pero igual de importantes, como que ya no ronco, tengo más energía y soy más resistente a los resfriados y la gripe que en el pasado me provocaban un gran malestar. Ahora hay muchas cosas que puedo hacer con más facilidad en comparación con las épocas en que estaba tan excedida de peso.*

*Debo todos estos cambios positivos al programa* Comer para vivir *del doctor Fuhrman. Todavía tengo un gran apetito, pero mi relación con la comida es menos adictiva. La gente puede pensar que he perdido peso gracias a mi fuerza de voluntad, pero no es cierto. Si hubiese tenido tanta fuerza de voluntad, jamás habría llegado a pesar tanto.*

*El programa* Comer para vivir *lleva tiempo y esfuerzo, pero para mí ha merecido la pena, a la vista de los resultados que he conseguido.*

AHORA YA CONOCES mi fórmula para la longevidad (S = N/C) y has aprendido que la clave de esta fórmula es la densidad de nutrientes de tu dieta. En otras palabras, debes seguir una dieta rica en nutrientes y fibra, con un porcentaje muy bajo de alimentos que no presenten una alta densidad nutricional y de fibra. Es la misma fórmula que te permitirá tener un cuerpo esbelto.

Para que aprendas a aplicar esta fórmula a tu vida, lo primero que necesitas entender es por qué debes seguir este plan, explorando las relaciones entre dieta, salud y enfermedad. Y para ello debes analizar realmente cómo se alimenta la mayoría de la gente y qué ganan o pierden con tales prácticas alimentarias.

## LOS PROS Y LOS CONTRAS DE NUESTRA «AFICIÓN NATURAL POR LO DULCE»

Si bien los humanos tenemos muchos rasgos únicos de nuestra especie, estamos muy relacionados genéticamente con los grandes simios y otros primates. Los primates son los únicos animales en la faz de la tierra que pueden saborear el dulce y ver el color. Por naturaleza hemos sido creados para ver, coger, comer y disfrutar del sabor de las frutas dulces y coloridas.

La fruta es un elemento fundamental de nuestra dieta, un requisito indispensable para mantener un elevado nivel de salud. Numerosos estudios han demostrado que el consumo de fruta nos ofrece una fuerte protección contra ciertos cánceres, en especial los de tipo bucal y esofágico, pulmonar, prostático, pancreático y colorrectal[1].

Afortunadamente, nuestra afición natural por lo dulce nos conduce hacia esos alimentos «diseñados» idealmente para nuestros ancestros primates: la fruta. La fruta fresca nos ofrece importantes beneficios para la salud.

Los investigadores han descubierto en la fruta una serie de sustancias que ejercen efectos únicos en la prevención del envejecimiento y el deterioro cerebral[2]. Algunas frutas, en especial los arándanos, presentan un alto contenido de antocianinas y otros compuestos con claros efectos antienvejecimiento[3]. Diversos estudios continúan aportando evidencias de que, por encima de cualquier otro alimento, la fruta está asociada a un índice más bajo de mortalidad provocada por todos los cánceres combinados[4]. En otras palabras, el consumo de fruta es vital para nuestra salud, bienestar y longevidad.

La pena es que nuestro deseo humano de tomar alimentos dulces suele quedar satisfecho con el consumo de productos que contienen azúcar, como caramelos y helado, en lugar de fruta fresca. El Departamento Norteamericano de Agricultura (USDA) estima que el norteamericano típico consume en la actualidad la increíble cantidad de 30 cucharaditas de azúcar añadido al día[5]. Sí, efectivamente, en un solo día.

Como veremos más adelante, necesitamos satisfacer nuestra afición por lo dulce consumiendo fruta fresca y natural y otras sustancias vegetales que nos aportan no solo carbohidratos para conseguir energía, sino también todas las sustancias complementarias indispensables para prevenir enfermedades.

## LOS «PESOS LIGEROS» NUTRICIONALES: LA PASTA Y EL PAN BLANCO

A diferencia de los frutos que nos ofrece la naturaleza —dotados de una amplia variedad de nutrientes—, los carbohidratos procesados (como el pan, la pasta y los bizcochos) carecen de una cantidad adecuada de fibra, fitonutrientes, vitaminas y minerales, que se han perdido durante su elaboración.

**En comparación con los productos de trigo integral, al pan y la pasta típicos les falta:**

- el 62 % del cinc
- el 72 % del magnesio
- el 95 % de la vitamina E
- el 50 % del ácido fólico

- el 72 % del cromo
- el 78 % de la vitamina B$_6$
- el 78 % de la fibra

En un estudio de seis años de duración realizado sobre 65.000 mujeres, quienes seguían una dieta de alto contenido de carbohidratos refinados provenientes del pan blanco, el arroz blanco y la pasta, mostraban una incidencia dos veces y media superior de diabetes tipo II, en comparación con aquellas que tomaban alimentos ricos en fibra, como pan de trigo integral y arroz integral[6]. Estos descubrimientos fueron confirmados en un estudio llevado a cabo sobre 43.000 hombres[7]. La diabetes no es un problema trivial; es la séptima causa de muerte por enfermedad en Estados Unidos, y su incidencia es cada vez mayor[8].

El Dr. Walter Willett, presidente del Departamento de Nutrición de la Facultad de Salud Pública de la Universidad de Harvard y coautor de esos dos estudios, considera que los resultados son tan convincentes que le gustaría que el gobierno norteamericano cambiara la pirámide alimentaria, que recomienda entre 6 y 11 raciones de cualquier tipo de carbohidrato. Asegura: «Deberían pasar los cereales refinados, como el pan blanco, a la categoría de dulces, puesto que desde el punto de vista metabólico son básicamente lo mismo».

Estos alimentos ricos en almidón (harina blanca) a los que se ha desprovisto del «paquete» natural que los contenía, ya no son alimentos reales. Se les ha desprovisto de la fibra y de la mayor parte de los minerales, por lo que son absorbidos demasiado rápidamente, provocando que se dispare la glucosa en el torrente sanguíneo. Para mantener ese ritmo, el páncreas se ve obligado entonces a bombear insulina a mayor velocidad. El exceso de grasa corporal también provoca que necesitemos más insulina y el páncreas trabaje más. Con el paso del tiempo, esta excesiva demanda de insulina desencadenada por el consumo de alimentos refinados y un mayor volumen de grasa corporal conduce a la diabetes. Los carbohidratos refinados, la harina blanca, los dulces e incluso los zumos de fruta, debido a que entran en el torrente sanguíneo a demasiada velocidad, también pueden elevar los niveles de triglicéridos e incrementar así el riesgo de que los individuos susceptibles a ello sufran un ataque cardíaco.

Cada vez que comes estos alimentos procesados estás excluyendo de tu dieta no solo los nutrientes esenciales que ya conocemos, sino cientos de otros fitonutrientes aún no descubiertos que son cruciales para que el organismo humano funcione con normalidad. Cuando al trigo integral le quitas la cubierta exterior rica en nutrientes para convertirlo en harina blanca, estás eliminando la parte más nutritiva. La porción externa del grano de trigo contiene oligoelementos, fitoestrógenos, lignanos, ácido fítico, indoles, compuestos fenólicos y otros fitoquímicos, así como la mayor parte de la vitamina E contenida en el alimento. Los alimentos verdaderamente integrales, asociados a una mayor longevidad, son completamente diferentes de los alimentos procesados que aportan una inmensa cantidad de calorías de la dieta norteamericana moderna (MAD)[9].

Las investigaciones médicas demuestran claramente los peligros de consumir la enorme cantidad de alimentos procesados que tomamos en la actualidad. Y puesto que estos cereales refinados carecen de la densidad de fibra y nutrientes necesaria para satisfacer nuestro apetito, también provocan obesidad, diabetes,

enfermedades cardíacas, e incrementan significativamente el riesgo de desarrollar cáncer[10].

Un estudio de nueve años de duración en el que participaron 34.492 mujeres de entre 55 y 65 años demostró que, en
aquellas que comían cereales refinados, el riesgo de muerte por
enfermedad cardíaca se elevaba en un 75 por 100[11]. Después de
resumir 15 estudios epidemiológicos, los investigadores llegaron a la conclusión de que las dietas que incluyen cereales refinados y dulces igualmente refinados están claramente vinculadas al cáncer de estómago y de colon, y al menos 15 estudios
sobre el cáncer de mama conectan las dietas de bajo contenido en
fibra con un incremento en los riesgos[12]. Seguir una dieta que
contenga una cantidad significativa de azúcar y harina refinada
no solo provoca un aumento de peso, sino que también conduce a una muerte prematura.

---

### Los alimentos refinados están vinculados a enfermedades como:

- cáncer de la cavidad bucal
- cáncer de estómago
- cáncer colorrectal
- cáncer intestinal
- cáncer de mama
- cáncer de tiroides
- cáncer del tracto respiratorio
- diabetes
- enfermedad de la vesícula biliar
- afecciones cardíacas[13]

---

Si quieres perder peso, los alimentos más importantes que
debes evitar son los procesados: condimentos, caramelos, aperitivos y productos horneados; y recuerda que el hecho de que no
contengan grasa no tiene nada que ver. Casi todas las autorida-

des expertas en adelgazamiento concuerdan en lo siguiente: debes dejar los carbohidratos refinados, incluidas las roscas de pan (*bagels*), la pasta y el pan en general. En lo que respecta al cuerpo humano, los carbohidratos de bajo contenido de fibra como la pasta son casi tan perjudiciales como el azúcar blanco. La pasta no es un alimento sano: es un alimento perjudicial.

Ahora puedo imaginar lo que estás pensando tú y muchos otros lectores: «Pero, Dr. Fuhrman, a mí me encanta la pasta. ¿Tengo que dejarla?». A mí también me encanta comer pasta. En ocasiones es posible consumirla en pequeñas cantidades como parte de una receta que incluya un gran porcentaje de verduras de hoja verde, cebollas, champiñones y tomates. Es mucho más recomendable decantarse por las pastas integrales y las elaboradas a base de judías, de venta en herbolarios o tiendas dietéticas, que consumir pasta de harina blanca. Lo que debes recordar es que todos los cereales refinados deben entrar en la categoría de «limitados», es decir, que se trata de alimentos que deberían representar solo un pequeño porcentaje de nuestra ingesta calórica total.

¿Y las roscas de pan? ¿La rosca de harina integral que acabas de comprar en la tienda realmente es integral? No; en la mayoría de los casos está compuesta principalmente por harina blanca. A veces es muy difícil determinarlo. El 99 por 100 de las pastas, panes, galletas, pretzels y otros productos de cereales están elaborados con harina blanca. A veces se le añade un poco de harina integral o colorante de caramelo y el producto es comercializado como integral para hacerte creer que así es. Pero es mentira. La mayoría de los panes integrales están preparados con harina blanca «bronceada» artificialmente. Para empezar, el trigo cultivado en suelo norteamericano no es tan rico en nutrientes, y, para peor, los productores de alimentos les quitan la parte más valiosa y le agregan blanqueadores, conservantes, sal, azúcar y colorante alimentario para preparar panes, cereales de desayuno y otros alimentos de consumo cotidiano. Sin embargo, muchas personas los consideran alimentos sanos simplemente porque contienen poca grasa.

## EL PROBLEMA NO ES QUE EL SUELO CAREZCA DE NUTRIENTES, SINO LO QUE ELEGIMOS COMER

Al contrario de lo que cuentan muchas historias de terror, el suelo en Estados Unidos no está enteramente desprovisto de nutrientes. California, Washington, Oregón, Tejas, Florida y otros estados todavía cuentan con una tierra rica y fértil que produce la mayor parte de las frutas, verduras, judías, frutos secos y semillas que se consumen en el país. De hecho, generan algunos de los productos más ricos en nutrientes del mundo.

El gobierno norteamericano publica periódicamente los análisis nutricionales de los alimentos. Se toman en cuenta productos a la venta en diversos supermercados del país, se analizan y por último se publican los resultados. Contrariamente a lo que afirman muchos entusiastas de la comida sana y los suplementos, los productos de este país son ricos en nutrientes y oligoelementos, en especial las judías, los frutos secos, las semillas, la fruta y la verdura[14]. Sin embargo, los cereales producidos en Estados Unidos no presentan la misma densidad mineral que las verduras. Los cereales y las cosechas de los estados del sudeste destinados a la elaboración de alimento para animales son los productos más deficientes, pero incluso en dichas regiones solo una pequeña parte de las cosechas presenta una deficiencia de minerales[15].

Afortunadamente, al seguir una dieta compuesta por una amplia variedad de alimentos vegetales naturales provenientes de diferentes suelos, la amenaza de la deficiencia nutricional como resultado de la mala calidad de la tierra queda completamente eliminada. Los norteamericanos no presentan una deficiencia nutricional por culpa del suelo de su país, tal como aseguran algunos defensores de los suplementos nutricionales: su deficiencia nutricional se debe a que no comen suficientes productos frescos. Más del 90 por 100 de las calorías que consumen provienen de alimentos refinados o productos animales. Así que con un porcentaje tan pequeño de productos vegetales no refinados, ¿cómo no iban a sufrir una deficiencia nutricional?

Puesto que más del 40 por 100 de las calorías de la dieta norteamericana derivan del azúcar o los cereales refinados —carentes de nutrientes—, los estadounidenses se encuentran gravemente desnutridos. Los azúcares refinados provocan una desnutrición directamente proporcional al elevado consumo de este producto en el país. Así pues, en parte, podemos culpar a estos azúcares de los elevados índices de cáncer y ataques cardíacos que se observan en Estados Unidos.

El azúcar no debería preocuparnos solo por las caries. Si permitimos que la mayor parte del aporte calórico de nuestros hijos y también del nuestro provenga del consumo de azúcar, aceite y productos elaborados con harina blanca, como hacen la mayoría de las familias norteamericanas, estaremos condenados a una vida con enfermedades, problemas médicos e incluso una muerte prematura.

Los azúcares refinados incluyen el azúcar de mesa (sucrosa), el azúcar de la leche (lactosa), la miel, el azúcar moreno, el sirope de maíz de alto contenido de fructosa, la melaza, los edulcorantes de maíz y los concentrados de zumo de fruta. Incluso los zumos embotellados o en brik que beben muchos niños son alimentos deficientes, que carecen de una densidad nutricional significativa y conducen a la obesidad y la enfermedad[16]. El zumo

de manzana procesado, que desde el punto de vista del valor nutricional representa poco más que agua azucarada, representa casi
el 50 por 100 del total de raciones de fruta consumidas por los
alumnos de preescolar[17]. Por ejemplo, el zumo de manzana no
contiene nada de la vitamina C original presente en el fruto completo. Las naranjas son las frutas que producen el zumo más nutritivo, pero en ningún caso el zumo de naranja es comparable a
la naranja original. En los cítricos, la mayoría de los compuestos anticancerígenos están presentes en las membranas y la pulpa, que son precisamente los elementos que retiramos al preparar el zumo. Por otro lado, el zumo de naranja que se comercializa
en brik contiene menos del 10 por 100 de la vitamina C presente en una naranja, e incluso un porcentaje menor de fibra y
fitoquímicos. El zumo no es fruta, y los zumos envasados no contienen ni siquiera una décima parte de los nutrientes presentes
en la fruta fresca.

> Los carbohidratos procesados, que carecen de fibra, no
> consiguen ralentizar la absorción del azúcar y provocan am-
> plios vaivenes en los niveles de glucosa.

Las calorías vacías son calorías vacías. Las galletas, las mer-
meladas y otros alimentos procesados (incluso aquellos que se
venden en los herbolarios) endulzados con «zumo de fruta» apa-
rentan que son más sanos, pero en realidad son tan perjudiciales
como los productos que contienen azúcar blanco. Cuando el zumo
de fruta se concentra y utiliza como edulcorante, sus componentes nutricionales más saludables desaparecen, y lo que queda es
simplemente azúcar. Para tu organismo no hay mucha diferencia
entre el azúcar refinado, los edulcorantes a base de zumo de fru-

ta, la miel, el concentrado de zumo de fruta y cualquier otro edulcorante. Nuestra afición a lo dulce ha sido creada por la naturaleza para hacernos disfrutar y consumir fruta real, no una imitación. El zumo de naranja recién exprimido y otros zumos de fruta y verdura fresca son alimentos relativamente sanos que contienen la mayoría de las vitaminas y los minerales originales. Pero los zumos de frutas dulces e incluso el zumo de zanahoria deberían ser consumidos con moderación, puesto que todavía contienen una alta concentración de calorías provenientes del azúcar y nada de fibra. No son un alimento ideal para quienes intentan perder peso. Yo suelo incorporarlos a las recetas de aderezos para ensaladas y otros platos en lugar de consumirlos solos, como bebida. La fruta fresca, e incluso la fruta deshidratada, contiene una variedad de nutrientes y fitoquímicos protectores; así pues, siempre es preferible que consumas productos reales.

### El control anual de Lester Traband

Mi paciente Les Traband vino a mi consulta para realizarse un control anual. No tenía sobrepeso y llevaba años siguiendo una dieta vegetariana. Al hacer un repaso de lo que consumía regularmente, descubrí que tomaba gofres «sanos» de semillas de lino para el desayuno, mucha pasta, pan de trigo integral y comidas congeladas preparadas de tipo vegano (sin productos animales) con mucha asiduidad.

Pasé alrededor de 30 minutos indicándole que desde luego no estaba siguiendo mis recomendaciones dietéticas para conseguir una salud excelente y le propuse algunas sugerencias de menús y un resumen de mi prescripción nutricional para conseguir una salud superior, que se comprometió a seguir.

Doce semanas más tarde Les había perdido alrededor de 3,5 kilos (8 libras); así pues, decidí volver a comprobar su perfil lipídico porque no me habían gustado los resultados del análisis de sangre realizado el día de su control.

Las cifras hablan por sí mismas:

|                            | 1/2/2001 | 2/5/2001 |
|----------------------------|----------|----------|
| Colesterol                 | 230      | 174      |
| Triglicéridos              | 226      | 57       |
| HDL                        | 55       | 78       |
| LDL                        | 130      | 84       |
| Proporción colesterol/HDL  | 4,18     | 2,23     |

## ENRIQUECER CON NUTRIENTES ES CONSTRUIR UNA CASA DE PAJA

El arroz blanco o «enriquecido» es tan malo como el pan blanco y la pasta. Es la bancarrota nutricional. Para el caso, podrías comerte la caja de cartón que lo contiene. Al refinar el arroz se le quitan los importantes factores de siempre: fibra, minerales, fitoquímicos y vitamina E. Por tanto, cuando consumas cereales, opta por los integrales.

Los productos refinados pierden tanto valor nutricional que el gobierno norteamericano exige que se les añadan unas pocas vitaminas y minerales sintéticos. Esos alimentos reciben el nombre de «enriquecidos» o «fortificados». Cuando veas esas palabras en un envase significa que el producto carece de nutrientes importantes. Al refinar los alimentos se los priva de cientos de nutrientes conocidos, aunque por lo general se les vuelven a añadir entre cinco y diez para fortificarlos.

Cuando modificamos los alimentos procesándolos y refinándolos, les robamos ciertas sustancias saludables y por lo general creamos compuestos que no lo son, convirtiéndolos de esa manera en productos inadecuados para el consumo humano. Por regla general, cuanto más próximos a su estado natural se encuentren los alimentos que consumimos, más saludables serán.

## No todos los productos de trigo integral son iguales

Los alimentos «integrales» no siempre son ricos en nutrientes y, por consiguiente, sanos. Muchos cereales integrales que se consumen en frío (como los de desayuno) están tan procesados que no contienen una proporción significativa de fibra por ración y han perdido la mayor parte de su valor nutricional.

Consumir alimentos fragmentados y no equilibrados provoca muchos problemas, en especial para quienes intentan perder peso.

El trigo integral molido fino es absorbido por el torrente sanguíneo con bastante rapidez, por lo que no debería ser considerado tan sano como los cereales integrales de molido más grueso, es decir, de una textura más arenosa. El incremento de la glucosa activa las hormonas con mayor lentitud, satisfacen mejor nuestro apetito.

Los cereales integrales que se consumen en caliente están menos procesados que los que se consumen en frío y tienen mejores valores nutricionales. Puedes remojarlos en agua toda la noche para no tener que cocerlos por la mañana.

A diferencia de lo que sucede al comer alimentos elaborados con cereales integrales, tomar productos procesados puede restar nutrientes y en realidad crear deficiencias nutricionales, puesto que nuestro organismo utiliza los nutrientes para digerir y asimilar los alimentos. Si las demandas de minerales durante el proceso digestivo y de asimilación son mayores que los nutrientes que aportan los alimentos, podemos acabar con un déficit, es decir, con una merma en nuestros fondos de reserva de nutrientes.

Durante la mayor parte de su vida, muchos norteamericanos adultos y niños siguen dietas con una acusada deficiencia de nutrientes de origen vegetal. Yo he controlado los niveles de nutrientes de miles de pacientes y me he quedado asombrado frente a las desfavorables cifras observadas en personas supuestamente «sanas». Nuestros organismos no son inmunes a las leyes biológicas inmutables que rigen el funcionamiento celular; así que, con el tiempo, surgirá alguna enfermedad. Incluso unas ligeras deficiencias son capaces de provocar varios defectos sutiles en la salud humana, que se manifiestan como ansiedad, trastornos autoinmunes, cáncer y mala visión, por nombrar unos pocos[18].

## GRASAS Y CARBOHIDRATOS REFINADOS: CASADOS CON TU CINTURA

El organismo convierte la grasa de los alimentos en grasa corporal de forma rápida y sencilla: con 100 calorías de grasa ingerida forma 97 calorías de grasa corporal, quemando unas míseras 3 calorías. La grasa es un estimulante del apetito: cuanto más comes, más quieres. Si fuese posible manipular científicamente un alimento para crear una sociedad obesa, ese producto sería la grasa —como la mantequilla— mezclada con azúcar y harina.

¡Más insulina significa más GRASA en TU CUERPO!

El mayor consumo de cereales y azúcares refinados provoca picos en la producción de insulina.

La insulina conduce el azúcar hacia las células.

A medida que disminuye el nivel de azúcar en sangre, el apetito aumenta.

La insulina promueve la acumulación de grasa.

Una mayor cantidad de grasa corporal provoca el aumento de los niveles de insulina.

## ALIMENTOS REFINADOS + GRASA =
# = SOBREPESO

La combinación de grasa y carbohidratos refinados produce un efecto extremadamente potente en la activación de las señales que promueven la acumulación de grasa en el cuerpo. Los productos refinados provocan un cambio y un aumento excesivo en el nivel de azúcar en sangre, lo que a su vez dispara la producción de insulina para evitar que el azúcar entre en la sangre y de allí pase a nuestras células. Por desgracia, la insulina promueve asimismo el almacenamiento de grasa en el cuerpo y estimula el crecimiento de las células grasas.

Cuanto más se acumula la grasa en el cuerpo, más interfiere con la absorción de insulina en los tejidos musculares. Nuestro páncreas entonces percibe que el nivel de glucosa en el torrente sanguíneo continúa siendo demasiado alto y bombea más insulina todavía. Un ligero exceso de grasa alrededor de la parte central de nuestro cuerpo altera de tal manera la efectividad de la insulina que es posible que una persona con sobrepeso segregue de dos a cinco veces más insulina que una persona delgada.

El incremento del nivel de insulina promueve, a su vez, una conversión más eficiente de nuestra ingesta calórica en grasa corporal, y este círculo vicioso continúa. En consecuencia, a medida que pasa el tiempo, la gente aumenta más y más su peso.

Consumir carbohidratos refinados —que son lo opuesto a los carbohidratos complejos en su estado natural— provoca que el «punto de equilibrio» del peso corporal aumente. El «punto de equilibrio» es el peso que tu cuerpo intenta mantener mediante el control cerebral de los mensajeros hormonales. Cuando consumes grasas refinadas (aceites) o carbohidratos refinados como harina y azúcar, se produce un exceso de hormonas almacenadoras de grasa y el punto de equilibrio se eleva. Y para complicar más el problema, dado que gran parte del contenido vitamínico y mineral de estos alimentos ha desaparecido durante su elaboración, de forma natural quieres comer más de esos mismos productos para compensar la deficiencia de nutrientes.


UN PAÍS RICO EN ACEITE..., O DE LA BOCA A LA CADERA

Una forma muy eficaz de sabotear tu objetivo de perder peso es recurrir a los aliños y las salsas de alto contenido graso. Los norteamericanos consumen 60 g de grasa añadida en forma de aceites, lo que supone más de 500 calorías diarias de esta variedad de calorías vacías exentas de fibra[19]. Los aceites refinados o extraídos, incluido el aceite de oliva, contienen muchas calorías pero muy pocos nutrientes.

Los aceites son 100 por 100 grasa. Al igual que otros tipos de grasa, contienen 9 calorías por gramo en comparación con las 4 calorías por gramo de los carbohidratos. Un poquito de aceite contiene una gran cantidad de calorías:

| ANÁLISIS DE UNA CUCHARADA DE ACEITE DE OLIVA | |
|---|---|
| Calorías | 120 |
| Fibra | nada |
| Proteína | nada |
| Grasa | 13,5 g |
| Grasa saturada | 1,8 g |
| Minerales | nada (oligoelementos, menos de 0,1 mg de todos los minerales) |
| Vitaminas | nada (traza de vitamina E, menos de 1 UI) |

La grasa, como el aceite de oliva, puede almacenarse en el cuerpo en cuestión de minutos sin exigirle ningún coste calórico: simplemente se acumula (sin sufrir alteraciones) en la cadera y la cintura. Si hiciéramos una biopsia de la grasa de tu cintura y la observáramos bajo un microscopio electrónico, podríamos ver en realidad de dónde proviene. Porque se almacena como grasa de cerdo, grasa láctea y grasa de aceite de oliva, tal como se encontraba en el alimento original. En otras palabras, la grasa va de tu boca a tu cadera. En realidad, alrededor de la cintura se deposita más cantidad de grasa de la última comida que en la cadera, tanto en los hombres como en las mujeres[20]. El análisis de estos depósitos de grasa corporal se convierte en un método preciso que permite a los científicos discernir la ingesta de alimentos a lo largo del tiempo[21]. Pedir que los sujetos de investigación recuerden lo que han comido (recuerdo de ingesta de alimentos) no resulta tan preciso como practicar una biopsia de tejido, puesto que esta informa exactamente lo que se ha consumido en realidad.

Los alimentos elaborados en aceite o rociados con aceite absorben mucho más de esta sustancia de lo que tú crees. Un alimento «sano» de bajas calorías fácilmente se convierte en un alimento graso. La mayoría de los norteamericanos consumen cantidades ridículas de verduras, pero cuando se deciden a tomar una ensalada pequeña consumen alrededor de tres hojas de lechuga iceberg y luego proceden a echarle por encima alrededor de cuatro cucharadas de un aliño elaborado a base de aceite. Puesto que el aceite contiene aproximadamente 120 calorías por cucharada, están consumiendo 400 calorías (vacías) provenientes del aliño y aproximadamente 18 de la lechuga. Es posible que incluso se olviden de la lechuga y simplemente se beban el aliño directamente de la botella. Una clave para el éxito es consumir aliños para ensalada sanos, como los que propongo en mis recetas del capítulo 9, o bien utilizar opciones de bajo contenido calórico y de sal.

El mensaje que los medios y los profesionales de la salud transmiten a los norteamericanos en la actualidad es que no es necesario seguir una dieta de bajo contenido graso, sino simplemente reemplazar las grasas malas (grasas saturadas en su mayor parte provenientes de productos animales y grasas trans derivadas de alimentos procesados) por aceite de oliva. Todavía están confundidos y reciben mensajes incorrectos y contradictorios. El aceite de oliva y otros aceites para ensalada y para cocinar no son alimentos sanos y, desde luego, no son dietéticos.

Todas las evidencias apuntan a que el consumo de grasas monoinsaturadas como el aceite de oliva resulta menos destructivo para la salud que la ingesta de las peligrosas grasas saturadas y grasas trans. Pero una dieta de bajo contenido graso podría resultar más peligrosa que otra cargada de grasa si la primera incluyera más grasas saturadas y grasas trans. Hemos de tener en cuenta también que reducir nuestro consumo de grasa y añadir más carbohidratos de bajo contenido nutricional como pan, harina blanca, pasta, arroz blanco y patatas blancas no mejorará de forma significativa la calidad nutricional de nuestra dieta. «Bajo en grasa» no es sinónimo de nutritivo y sano.

En los años 50 las personas que vivían en el Mediterráneo, especialmente en la isla de Creta, eran delgadas y prácticamente no sufrían enfermedades cardíacas. Sin embargo, más del 40 por 100 de su ingesta calórica provenía de la grasa, principalmente del aceite de oliva. Si analizamos la dieta que los cretenses consumían por aquel entonces, comprobaremos que se alimentaban principalmente de frutas, verduras, judías y algo de pescado. La grasa saturada representaba menos del 6 por 100 de su consumo total de grasa. Es cierto, tomaban una gran cantidad de aceite de oliva, pero el resto de su dieta era excepcionalmente sano. También trabajaban duro en el campo, y caminaban alrededor de 14 km (9 millas) al día, por lo general empujando un arado o trabajando con cualquier otro equipamiento manual para labores agrícolas. El problema es que los norteamericanos no se quedaron con el mensaje de que hay que comer mucha verdura, judías y fruta y hacer enormes cantidades de ejercicio; simplemente aceptaron que el aceite de oliva es un alimento sano.

Actualmente los habitantes de Creta son gordos, como casi todos nosotros. Todavía utilizan mucho aceite de oliva, pero su consumo de frutas, verduras y judías ha bajado considerablemente. La carne, el queso y el pescado son ahora sus nuevos alimentos básicos, y su nivel de actividad física ha caído en picado. En la actualidad, las enfermedades cardíacas se han disparado y más de la mitad de la población de Creta, tanto de adultos como de niños, tiene sobrepeso[22].

Incluso dos de los más entusiastas defensores de la dieta mediterránea, el epidemiólogo Martijn Katan, de la Universidad Agrícola de Wageningen, Holanda, y Walter Willett, de la Facultad de Salud Pública de la Universidad de Harvard, aceptan que es viable únicamente para aquellas personas que se encuentran próximas a su peso ideal[23]. Y eso excluye a la mayoría de los norteamericanos. ¿Cómo puede resultar saludable una dieta que gira en torno a un alimento tan cargado de grasa y exento de nutrientes como el aceite?

Gota a gota, el aceite de oliva es uno de los alimentos con mayor densidad de grasas y calorías del planeta; contiene incluso más calorías por cada 450 g (1 libra) que la mantequilla (mantequilla: 3.200 calorías; aceite de oliva: 4.020).

La conclusión es que el aceite añadirá grasa a la línea de tu cintura, de por sí ya bastante extensa, e incrementará el riesgo de que sufras alguna enfermedad, como diabetes y ataques cardíacos. El aceite de oliva contiene un 14 por 100 de grasa saturada; así pues, cuanto más aceite de este tipo consumas, más aumentarás la cantidad de grasa capaz de obstruir tus arterias. En mi opinión, si añades a tu dieta una mayor  proporción de aceite de oliva acabarás por elevar tu colesterol LDL (malo) en lugar de bajarlo. El aumento de peso sube el colesterol; pero los alimentos no procesados como los frutos secos, las semillas y las verduras, utilizados como una fuente de grasas y calorías en lugar del aceite, contienen fitosteroles y otras sustancias naturales que reducen los niveles de colesterol[24]. Recuerda también que en Italia, donde consumen todo ese aceite de oliva supuestamente sano, la gente tiene el doble de posibilidades de contraer cáncer de mama que en Japón, donde el consumo de aceite es significativamente menor[25].

La dieta mediterránea siempre ha parecido mejor que la norteamericana por el mayor consumo de verdura que fomenta, pero no por el aceite en sí. Las personas que utilizan aceite de oliva por lo general lo vierten sobre verduras, ensaladas y tomates; por ello, su uso está relacionado con un mayor consumo de dichos productos. Sus dietas son mejores *a pesar* del aceite que consumen, y no *gracias* a ello.

Si eres delgado y haces mucho ejercicio, una cucharada de aceite de oliva al día no te perjudicará, pero la mejor alternativa para la mayoría de los norteamericanos excedidos de peso es no consumir aceite en absoluto.

## LA POPULARIDAD DE LA DIETA MEDITERRÁNEA

Solo tengo unas pocas cosas que decir a los defensores de la dieta mediterránea. Primero, ellos aseguran que cocinar en aceite de oliva incrementa la absorción de fitoquímicos y que consumir verduras sin un aliño de alto contenido graso no resulta tan nutritivo, puesto que no se produce la absorción de fitoquímicos antes mencionada. Cuando las verduras se cocinan o se comen con grasa, algunos de sus nutrientes son absorbidos de forma más eficaz, y otros, sensibles al calor, se pierden o resultan más difíciles de absorber. Numerosos estudios demuestran que la fruta y la verdura en crudo generan niveles más elevados de nutrientes anticancerígenos en sangre y una mayor protección contra el cáncer que cualquier otro alimento, incluidas las verduras cocidas[26]. Cualquier recomendación que no reconozca que las verduras y las frutas crudas representan las dos categorías más importantes de alimentos anticancerígenos queda totalmente fuera de lugar. Además, cuando utilizas semillas y frutos secos crudos en lugar de aceite, su alto contenido de micronutrientes te aporta increíbles beneficios para la salud, pero no te carga de calorías vacías.

El Dr. Paul Talalay, del Laboratorio Brassica de Quimioprotección de la Facultad de Medicina Johns Hopkins, participa en la investigación de los efectos de la cocción sobre los fitoquímicos. Y habla de «efectos totalmente diferentes sobre los compuestos de las verduras que protegen contra el cáncer»[27]. En otras palabras, los distintos métodos de cocción activan y destruyen estos compuestos.

Reconozco que la verdura y la fruta cruda (es decir, no sometida a ningún tipo de cocción) ofrece la más importante protección contra las enfermedades, y por eso animo a mis pacientes a consumir grandes ensaladas y al menos cuatro piezas de fruta fresca al día. Las dietas que contienen pocos alimentos crudos distan mucho de ser ideales. Sin embargo, a medida que una persona aumenta la cantidad de fruta y verdura cruda en su dieta, más sencillo le resulta perder peso y reducir su presión arterial[28].

Además, los alimentos crudos contienen enzimas, algunas de las cuales consiguen sobrevivir al proceso digestivo en el estómago y pasar al intestino delgado. Estos elementos sensibles al calor pueden ofrecer significativas ventajas nutricionales que se traducen en una mayor protección frente a las enfermedades, según los investigadores del Departamento de Bioquímica de la Facultad de Medicina de la Universidad Estatal de Wright[29]. Los científicos llegaron a la conclusión de que «cuando se los cocina y/o se los procesa, la mayoría de los alimentos experimentan una disminución en su valor nutricional, además de la consabida pérdida de vitaminas». La mayor parte de las vitaminas son sensibles al calor; por ejemplo, entre el 20 y el 60 por 100 de la vitamina C se pierde, dependiendo del método de cocción[30]. Al cocer las verduras también se pierde entre el 30 y el 40 por 100 de sus minerales[31]. Por eso, consumir una significativa cantidad de alimentos crudos es esencial para alcanzar una salud excelente.

Si quieres alcanzar increíbles resultados, tu dieta debería contener una enorme cantidad de alimentos crudos, una gran cantidad de verduras cocidas de menor densidad calórica y una cantidad menor de verduras y cereales ricos en almidón, cocidos. Cocinar los alimentos en aceite hará que tu dieta resulte menos efectiva y te impedirá perder peso con facilidad. Es posible incluso que no pierdas ni un gramo.

Recuerda que con el paso del tiempo cada vez pierde menos peso. La mayoría de las personas que comienzan cualquier tipo de dieta después de comer de forma anárquica pierden algunos kilos al principio. Resulta relativamente sencillo adelgazar un poco simplemente contando calorías, pero muchos individuos con sobrepeso que tienen una fuerte tendencia genética a la obesidad y un metabolismo lento posiblemente se deshagan de unos pocos kilos, o de nada, cuando en realidad lo que necesitan perder es una gran cantidad de peso. Algunos llegan a perder inicialmente entre 2 y 6 kilos (5 a 15 libras), pero luego, cuando seguir adelgazando se les hace demasiado cuesta arriba, lo dejan.

Otro problema de la dieta mediterránea es la preponderancia que se concede a la pasta y al pan italiano, cuyo consumo no solo dificulta el control del peso, sino que se convierte también en un importante factor de riesgo de cáncer de colon entre las poblaciones que siguen este tipo de alimentación[32].

Para el individuo que está notablemente excedido de peso, la dieta mediterránea, como cualquier otro programa convencional de adelgazamiento, no resulta lo suficientemente restrictiva ni le aporta una sensación de saciedad que le permita alcanzar los resultados que desea. Puesto que el aceite de oliva añade tantas calorías a su dieta, se ve obligado a contar las calorías minuciosamente y a consumir porciones diminutas. Todas las calorías provenientes del aceite de oliva —casi un tercio de la ingesta calórica total— provocan que la dieta resulte significativamente pobre en nutrientes y fibra.

Siempre puedes perder peso practicando más ejercicio físico, y yo defiendo esa postura. Sin embargo, muchos de mis pacientes extremadamente obesos se encuentran demasiado enfermos y son demasiado pesados como para realizar actividades físicas. Yo, que he sido atleta, y ahora soy médico, soy un fanático del ejercicio y de recomendarlo a mis pacientes, pero es cierto que muchas personas no pueden seguir un programa de ejercicios elemental hasta que recuperan un poco la salud o pierden algo de peso. Por eso necesitan una dieta que les haga perder kilos de forma eficaz *aunque no estén en condiciones de practicar mucho ejercicio.*

Yo he comprobado el efecto de mi recomendación en más de dos mil pacientes. El individuo medio pierde la mayor parte del peso en las primeras cuatro a seis semanas, promediando los 9 kilos (20 libras). El proceso de adelgazamiento continúa luego a buen ritmo: quienes siguen mi programa siguen perdiendo alrededor de 4,5 kilos (10 libras) durante el segundo mes y, de ahí en adelante, aproximadamente 680 gramos (1,5 libras) a la semana. Y mantienen ese ritmo comparativamente rápido hasta que consiguen alcanzar su peso ideal.

La conclusión sobre las grasas saludables es que los frutos secos, las semillas y los aguacates en crudo contienen grasas «buenas». Sin embargo, deberías consumir una cantidad limitada de estos alimentos, en especial si deseas perder peso. También recuerda que el aceite, incluido el de oliva, no contiene los nutrientes ni los fitonutrientes presentes en la aceituna. En efecto, el aceite contiene pocos nutrientes (a excepción de una reducida cantidad de vitamina E) y un porcentaje insignificante de compuestos fitoquímicos. Si consumes las cantidades de aceite permitidas en la típica dieta mediterránea, donde todas las verduras se cocinan con este tipo de grasa, tendrás muchas dificultades para librarte de los kilos que necesitas perder.

Puedes añadir un poquito de aceite de oliva a tu dieta si eres delgado y haces mucho ejercicio. Sin embargo, es mejor y más sano que utilices una pequeña cantidad de semillas y frutos secos en crudo para aliñar tus ensaladas y cremas (*dips*). Además, cuanto más aceite añadas, más disminuirás la densidad de nutrientes por caloría de tu dieta, y ese no es tu objetivo, puesto que no promueve la salud.

## LA «MAGIA» DE LA FIBRA, UN NUTRIENTE FUNDAMENTAL

Cuando hablamos de fibra, normalmente pensamos en el salvado o en algún suplemento que tomamos para evitar el estreñimiento y sabe fatal, como el Metamucil. Deshazte de esa idea. La fibra es un nutriente vital, esencial para la salud humana. Por desgracia, la dieta norteamericana presenta un déficit muy peligroso de fibra, y dicha deficiencia provoca numerosos problemas de salud (por ejemplo: hemorroides, estreñimiento, varices y diabetes) y se ha convertido en una importante causa de cáncer. Como puedes ver, si obtienes fibra de forma natural a partir de la inclusión de productos sabrosos en tu dieta, consigues mucho más que el alivio del estreñimiento.

**CÓMO SE BENEFICIA TU ORGANISMO CON LA FIBRA PRESENTE EN LOS PRODUCTOS DE ORIGEN VEGETAL**

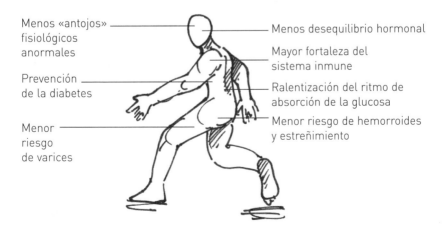

Menos «antojos» fisiológicos anormales

Prevención de la diabetes

Menor riesgo de varices

Menos desequilibrio hormonal

Mayor fortaleza del sistema inmune

Ralentización del ritmo de absorción de la glucosa

Menor riesgo de hemorroides y estreñimiento

Cuando comes principalmente productos vegetales naturales, como frutas, verduras y judías, obtienes grandes cantidades
de distintos tipos de fibra. Estos alimentos son ricos tanto en carbohidratos complejos como en fibras insolubles y solubles en
agua. Las fibras ralentizan la absorción de la glucosa y controlan
el ritmo de la digestión. La fibra de las plantas produce efectos
fisiológicos complejos en el tracto digestivo y ofrece una variedad de beneficios, como la reducción del colesterol[33].

Gracias a la fibra, y a que los valiosos componentes de los alimentos no se han perdido durante su procesamiento, los productos vegetales naturales te sacian y no te provocan «antojos»
fisiológicos anormales ni desequilibrios hormonales.

## CONFUSIÓN EN EL MERCADO EN CUANTO AL PAPEL
## QUE DESEMPEÑA LA FIBRA

Algunas personas están tan confundidas que ya no saben qué
creer. Por ejemplo, los estudios sobre la fibra recibieron una co-
bertura sensacional por parte de los medios tras su aparición en
el *New England Journal of Medicine*[34], y los periódicos proclama-
ron en grandes titulares: LA DIETA DE ALTO CONTENIDO DE FIBRA
NO OFRECE PROTECCIÓN CONTRA EL CÁNCER DE COLON. No es de
extrañar que los mensajes contradictorios que recibe nuestra población sobre temas nutricionales causen semejante desconcier-
to. Algunas personas en realidad han dejado de intentar comer
sano porque un día oyen una cosa y al día siguiente justamente
la contraria. Entonces, aquí hay una lección que debes aprender:
no dejes que los medios de comunicación se conviertan en tus
consejeros en cuestiones de salud.

Traigo este tema a colación para que te des cuenta de que no
debes sacar conclusiones en base a un estudio o a una noticia de-

terminados. Ya sabes que, en los medios, la información relacionada con las investigaciones suele acabar tergiversada. Yo he analizado más de dos mil artículos de investigación nutricional mientras preparaba este libro y muchos más en años anteriores, y puedo asegurar que en realidad no hay datos contradictorios. Después de infinidad de pruebas, la evidencia es abrumadora e irrefutable: los alimentos ricos en fibra ofrecen una significativa protección contra el cáncer (incluido el de colon) y las enfermedades cardíacas. No he dicho *fibra*, sino *alimentos ricos en fibra*. No podemos agregar fibra a un caramelo ni salpicar nuestro donut y nuestras patatas fritas con un poco de suplemento de fibra como el Metamucil y esperar cosechar los beneficios del consumo de alimentos ricos en fibra. Y, sin embargo, eso es prácticamente lo que hizo el estudio del que hablamos al principio.

Las investigaciones antes mencionadas no demostraron que una dieta rica en frutas y verduras frescas, judías, cereales integrales y frutos secos y semillas crudos no proteja contra el cáncer de colon. Ya ha quedado suficientemente demostrado en cientos de estudios de observación que una alimentación de este tipo ofrece protección contra el cáncer en muchísimas partes del cuerpo, incluido el colon.

El estudio del que nos estamos ocupando ahora simplemente añadió un suplemento de fibra a la dieta estándar. Yo no esperaría conseguir nada añadiendo un suplemento de fibra de 13,5 gramos a la perjudicial dieta norteamericana; en realidad, me sorprende que un estudio de este tipo se llevara a cabo. Porque, evidentemente, añadir un suplemento de fibra a lo que comemos no capta la esencia de una dieta rica en alimentos de origen vegetal, tan sumamente protectores.

El segundo estudio comparó los controles efectuados a un grupo de personas a las que se les aconsejó mejorar su dieta. La consigna fue que los participantes continuaran con su dieta habitual (esa que provoca enfermedades) y solo realizaran un cambio dietético moderado: una ligera reducción en el consumo de grasas, con un modesto incremento en las frutas y las verduras durante cuatro años. Cuatro años más tarde, el número de adenomas colorrectales resultó similar. Los adenomas colorrectales no son cáncer de colon, sino pólipos benignos. Solo un muy pequeño porcentaje de estos pólipos llegan a convertirse en cáncer de colon, y la relevancia clínica de los pequeños adenomas benignos no está clara. En cualquier caso, hay una gran diferencia entre asegurar que una dieta rica en fruta y verdura no protege contra el cáncer. Este estudio ni siquiera intentó centrarse en el cáncer de colon, sino en los pólipos benignos que, como ya he explicado, rara vez resultan cancerosos.

En ambos estudios, incluso los grupos que supuestamente consumían una gran cantidad de fibra seguían una dieta pobre en este elemento, según mis pautas. El grupo que más fibra consumía solo tomaba 25 gramos al día. La ingesta de una gran cantidad de fibra actúa como marcador de numerosas propiedades anticancerígenas propias de los alimentos naturales, en especial de los fitoquímicos. El plan alimentario que yo recomiendo no se basa en un único estudio, sino en más de dos mil, y además tiene en cuenta los resultados que he visto en miles de mis propios pacientes. Si sigues este plan, consumirás entre 50 y 100 gramos de fibra (de alimentos reales, no de suplementos) cada día.

En un editorial, publicado sobre el mismo tema en el *New England Journal of Medicine*, el Dr. Tim Byers se mostró básicamente de acuerdo al asegurar: «Diversos estudios de observación de todo el mundo continúan notando que el riesgo de cáncer colorrectal es inferior entre las poblaciones que consumen gran cantidad de fruta y verdura, y que dicho riesgo cambia en cuanto se adopta una dieta diferente»[35]. Explicó además que el período de tres o cuatro años evaluado por estas pruebas es demasiado breve y no puede cuantificar los efectos a largo plazo de unos patrones dietéticos que ya han demostrado ofrecer protección frente al cáncer colorrectal.

La realidad es que los alimentos sanos y nutritivos son también muy ricos en fibra y que los productos que están asociados a un alto riesgo de enfermedad por lo general carecen de este elemento. La carne y los productos lácteos no contienen nada de fibra, y los alimentos elaborados con cereales refinados (como el pan blanco, el arroz blanco y la pasta) ya han sido desprovistos de su fibra. Claramente, debemos reducir de forma considerable el consumo de estos alimentos deficientes en fibra si esperamos perder peso y disfrutar de una vida sana y prolongada.

La ingesta de fibra a través de los alimentos es un buen marcador del riesgo de enfermedad. La cantidad de fibra consumida puede predecir mejor el aumento de peso, los niveles de insulina y otros factores de riesgo cardiovascular que la cantidad total de grasa consumida, según diversos estudios publicados en el *Journal of the American Medical Association*[36]. Una vez más, los datos demuestran que eliminar la fibra de los alimentos resulta extremadamente peligroso.

Las personas que consumen alimentos muy ricos en fibra son las que disfrutan de mejor salud, según lo que demuestran las mediciones de su cintura, sus bajos niveles de insulina y otros marcadores de riesgo de enfermedad. De hecho, este es uno de los temas fundamentales de mi libro: para que una dieta pueda ser considerada sana, debe estar compuesta predominantemente por alimentos naturales ricos en fibra.

No es la fibra extraída de la planta la que tiene propiedades milagrosas para la salud: es la planta entera considerada como un todo, porque contiene nutrientes anticancerígenos naturales, y además es rica en fibra.

# CAPÍTULO 3

# Fitoquímicos: las píldoras «mágicas» de la naturaleza

## CASO DE ESTUDIO
### Julia perdió más de 45 kilos (100 libras) y ha dado un vuelco completo a su vida.

*Después de sufrir tres ataques cardíacos en tres meses y de haberme sometido a cinco angioplastias en un período de tres años, yo sabía que mi salud se encontraba en estado crítico. Estuve a punto de morir después de la última intervención y sufrí una hemorragia interna que resultó muy difícil detener. La tortura que suponían para mí todos mis problemas médicos llegó a hacerme pensar que habría sido preferible perecer en el quirófano. Pesaba 102 kilos (225 libras), sufría de angina inestable y no podía andar ni siquiera una calle. Tomaba diez medicamentos y a los 60 años de edad me consideraba una enferma con incapacidad cardíaca.*

*Afortunadamente oí hablar del doctor Fuhrman y leí sus libros. Sentí que era mi última oportunidad para intentar recuperar algo de calidad de vida. Estaba decidida. Después de tres meses de seguir su plan el dolor en el pecho desapareció y, así como antes no podía ca-*

*minar ni 100 m, empecé a caminar 3 km (2 millas) sin problemas. En el plazo de siete meses ya pesaba 61 kilos (135 libras): ¡había perdido 40 kilos (90 libras) sin haber tan siquiera intentado adelgazar! Yo solo quería estar más sana y volver a vivir. Continué con el plan y seguí perdiendo peso.*

*Siempre me había considerado vegetariana, pero en realidad nunca me habían gustado las verduras. Por tanto, al principio, todo el tema de los vegetales me resultó bastante difícil. En los primeros tiempos comía mucho de lo mismo una y otra vez porque era el producto que más me gustaba. Probablemente me llevó un mes superar los «antojos» tóxicos. Después empecé a disfrutar de los sabores naturales de la comida, y me gustaba todo. La col rizada, que jamás había probado, se convirtió en mi verdura favorita. Nunca tenía hambre.*

*Ahora disfruto cada día de mi vida. Practico ejercicio. Cuido de mi jardín. Cocino. Hago todo lo que no pude hacer durante más de diez años de mi vida. Me siento sana y mi aspecto lo confirma. Es maravilloso. Estoy viviendo un apasionado romance con una dieta a base de productos vegetales. Cuando pienso en lo enferma que estaba, me asusto. Además de mis dolencias cardíacas, sufría migrañas a diario y tenía úlceras sangrantes provocadas por todos los medicamentos que debía tomar. En la actualidad peso 54 kilos (120 libras), camino casi 5 km al día (3 millas), voy a clase de yoga y disfruto de la vida inmensamente. Sé que no estaría viva si no fuese por el programa del Dr. Fuhrman. Por eso le estoy sumamente agradecida. Tienes que hacer la dieta sin perder de vista el premio final. Yo me decía eso todos los días: «Piensa en lo que tienes por delante».*

E XISTEN RAZONES CLARAS por las que los ataques cardíacos y el cáncer ocupan el primer y segundo lugar, respectivamente, en la lista de enfermedades mortales. Analicemos por qué.

## LA DIETA NORTEAMERICANA:
### DISEÑADA PARA CAUSAR ENFERMEDADES

En la actualidad, el 25,5 por 100 de las calorías que consumen los norteamericanos provienen de productos animales carentes de fibra, y el otro 62 por 100, de carbohidratos refinados altamente procesados y aceites extraídos[1]. Casi la mitad de todas las verduras consumidas son patatas, y el 50 por 100 de esas patatas consumidas están fritas. Además, las patatas son uno de los productos vegetales menos nutritivos.

Los mismos estudios que muestran los efectos anticancerígenos de las verduras de hoja verde y de las frutas y las judías sugieren que las dietas ricas en patata no son saludables y muestran una positiva asociación con el cáncer de colon[2]. Posiblemente esta vinculación existe por la forma en que se consumen las patatas; es decir, fritas o con mantequilla u otras grasas peligrosas. Excluyendo las patatas, un mísero 5 por 100 de las calorías consumidas por los norteamericanos provienen de las frutas, las verduras y las judías.

**CONSUMO DE ALIMENTOS EN ESTADOS UNIDOS
SEGÚN SUS CALORÍAS**[3]

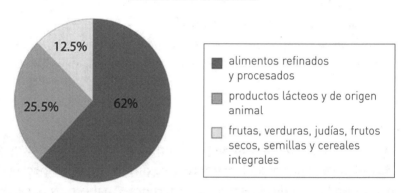

| 100 calorías de... | patata asada | boniato asado | espinaca congelada |
| --- | --- | --- | --- |
| Proteína | 2,1 g | 1,7 g | 12,2 g |
| Fibra | 1,6 g | 3,0 g | 17,36 g |
| Calcio | 5,4 mg | 28 mg | 462 mg |
| Hierro | 0,38 mg | 0,45 mg | 8,5 mg |
| Magnesio | 27 mg | 20 mg | 242 mg |
| Cinc | 0,31 mg | 0,29 mg | 1,8 mg |
| Selenio | 0,32 mcg | 0,7 mcg | 5,8 mcg |
| Vitamina C | 13,8 mg | 24 mg | 100 mg |
| Vitamina E | 0,43 mg | 0,28 mg | 4 mg |
| Vitamina A | casi 0 | 21,822 UI | 32,324 UI |
| Volumen | 1 taza | 1/2 taza | 3 tazas |

El consumo de queso se incrementó en un 180 por 100 entre 1970 y 2003, y este producto es la principal fuente de grasa saturada de nuestra dieta[4]. Los alimentos precocinados son probablemente la fuerza impulsora de este incremento. De hecho, las dos terceras partes de la producción de queso en Estados Unidos tienen como destino diferentes alimentos precocinados de uso comercial, como pizza, tacos, nachos, comidas rápidas, cremas para untar, salsas y aperitivos envasados.

Entre los platos precocinados y los restaurantes de comida rápida, la vertiginosa sociedad norteamericana se ha divorciado de la alimentación saludable. Es posible que resulte «cómodo» tomar refrescos, hamburguesas, patatas fritas o pizza, pero esa conveniencia tiene un precio: el resultado es que estamos más enfermos que nunca y que los gastos médicos están totalmente fuera de control.

Insisto en que nuestro bajo consumo de alimentos vegetales no refinados es en gran medida responsable de nuestras deprimentes estadísticas de mortalidad[5]. La mayoría de nosotros perecemos prematuramente como resultado de este disparate dietético.

| LOS PRINCIPALES FACTORES CAUSANTES DE MUERTE ENTRE LA POBLACIÓN NORTEAMERICANA | |
| --- | --- |
| | Porcentaje de todas las muertes[6] |
| Ataques cardíacos, diabetes e ictus | 40 |
| Todos los cánceres | 22 |

| PRINCIPALES ALIMENTOS: CONSUMO PER CÁPITA, 2008[7] | |
|---|---|
| | Porcentaje por calorías |
| Carnes | 14,7 |
| Huevos | 1,4 |
| Lácteos | 11,9 |
| **Frutas y verduras** | 5,4 |
| Patatas blancas | 2,5 |
| Aceites refinados | 21,1 |
| Edulcorantes | 17,2 |
| Harina blanca (más del 95 por 100 blanca) | 16,3 |
| Otros alimentos procesados | 9,6 |

Más del 75 por 100 de las calorías consumidas por las poblaciones con bajos índices de muerte derivados de las enfermedades más letales —poblaciones cuyos miembros casi nunca tienen sobrepeso— provienen de sustancias vegetales no refinadas. Esta cantidad es por lo menos diez veces superior a la que consume el norteamericano medio.

Entonces, ¿por qué pasa todo esto? ¿Por qué vemos tantas enfermedades cardíacas y cánceres en las sociedades más ricas? ¿Es porque los productos animales son realmente perjudiciales? ¿O porque los carbohidratos refinados son los únicos culpables? ¿Se trata acaso de que los productos vegetales son milagrosamente eficaces a la hora de protegernos frente a las enfermedades? ¿No será una combinación de las tres cosas?

Está claro que las regiones económicamente más pobres del mundo tienen importantes problemas de salud pública: un saneamiento deficiente; pobreza y desnutrición; elevadas tasas de mortalidad infantil y altos índices de enfermedades infecciosas, incluido el sida, además de enfermedades parasitarias, e incluso tuberculosis. Sin embargo, a pesar de todos estos factores que provocan una muerte prematura, si analizamos las estadísticas presentadas por la Organización Mundial de la Salud (OMS) sobre las causas de muerte entre las personas de entre 55 y 75 años, notamos una menor incidencia de muertes por cáncer y ataque cardíaco en dichas sociedades más pobres.

Las enfermedades de la pobreza son principalmente de carácter infeccioso y se localizan en áreas del mundo con una clara deficiencia nutricional. Los ataques cardíacos y los cánceres más comunes (mama, colon, próstata) aparecen en sociedades ricas en las que la extravagancia nutricional está a la orden del día. Actualmente, en ninguna parte del mundo podemos encontrar una sociedad que combine la riqueza económica con un alto y variado consumo de productos vegetales no refinados.

**CONSUMO DE PRODUCTOS VEGETALES NO REFINADOS *VERSUS* ENFERMEDADES LETALES[8]**

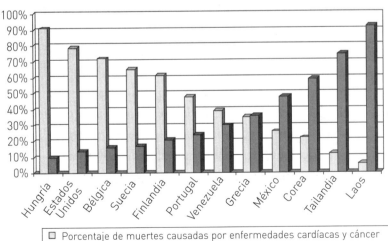

☐ Porcentaje de muertes causadas por enfermedades cardíacas y cáncer
■ Porcentaje de calorías provenientes de productos vegetales no refinados

¿Te imaginas el elevado nivel de salud del que podría disfrutar una sociedad dotada de instalaciones sanitarias adecuadas, cuidados médicos de urgencias, refrigeración, agua potable, cisternas y productos frescos todo el año, y que aun así fuera capaz de evitar la ignorancia y la extravagancia nutricional? Hoy en día podemos conseguirlo; tenemos una oportunidad sin precedentes en la historia humana, la ocasión de vivir una vida más prolongada y sana sin miedo a sufrir enfermedades. Sin lugar a dudas, podemos hacerlo realidad.

## ALIMENTOS DE ORIGEN VEGETAL: NUESTRAS FACTORÍAS NUTRICIONALES

Los alimentos vegetales naturales, si bien suelen ser ricos en carbohidratos, también contienen proteínas y grasas. En promedio, el 25 por 100 de las calorías presentes en las verduras provienen de la proteína. La lechuga romana, por ejemplo, es rica tanto en proteína como en ácidos grasos esenciales, por lo cual nos aporta las grasas saludables que nuestro cuerpo necesita. Encontrarás más información sobre las grasas esenciales y el contenido proteínico de las verduras y muchos otros alimentos en el capítulo 5.

Numerosos estudios epidemiológicos a gran escala han demostrado de forma concluyente que ciertos productos de origen vegetal desempeñan un papel destacado en la protección del organismo frente a enfermedades que afectan —y matan— al menos a 500.000 norteamericanos cada año. Ya no cabe duda de la extrema importancia de las frutas y las verduras en nuestra dieta. Cuanto mayor sea la cantidad y la variedad de fruta y verdura que consumamos, menor será la incidencia de ataques cardíacos, ictus y cáncer entre la población[9]. Todavía sigue existiendo cierta controversia sobre qué alimentos provocan cada tipo de cáncer, y aún se debate si determinados tipos de grasa son culpables de la aparición de algunos cánceres específicos. Pero hay una cosa que sabemos seguro: las verduras crudas y las frutas frescas contienen agentes anticancerígenos. Diversos estudios han demostrado en repetidas ocasiones la correlación entre el consumo de estos alimentos y una menor incidencia de varios cánceres, incluidos el de mama, colon, recto, pulmón, estómago, próstata y páncreas[10]. Esto significa que el riesgo de cáncer disminuye a medida que se incrementa la ingesta de fruta y verdura, y que cuanto antes una persona empiece a consumir grandes cantidades de estos alimentos, más protección conseguirá para el resto de su vida.

Los seres humanos estamos genéticamente adaptados para ingerir grandes cantidades de sustancias naturales de origen vegetal no procesadas. Y si no lo hacemos, desarrollamos enfermedades como el cáncer, que es el producto de una mala adaptación. En efecto, el cáncer surge principalmente porque el organismo carece de sustancias críticas para la salud presentes en diferentes tipos de productos vegetales —muchas de las cuales todavía no hemos descubierto—, cuya presencia es metabólicamente necesaria para el normal funcionamiento de protección. Los alimentos naturales no adulterados por el hombre son sumamente complejos; tanto, que no conocemos con precisión la estructura exacta ni la mayor parte de los compuestos que contienen. Un tomate, por ejemplo, contiene más de 10.000 fitoquímicos diferentes.

Es posible que nunca logremos determinar la sinfonía precisa de nutrientes contenidos en los productos vegetales ni consigamos concentrarlos todos en un comprimido. Los nutrientes aislados extraídos de los alimentos posiblemente no ofrezcan jamás el mismo nivel de protección frente a la enfermedad que los alimentos naturales completos, tal como la naturaleza los «diseñó». Las frutas y las verduras contienen una variedad de nutrientes que actúan en sinergias sutiles, y muchos de estos nutrientes no pueden ser aislados ni extraídos del producto que los contiene. Los fitoquímicos de diversos productos vegetales actúan en conjunto para neutralizar los carcinógenos y proteger frente al cáncer, y lo hacen de un modo mucho más potente que si se los toma de forma individual, como compuestos aislados.

## LAS AUTORIDADES SE UNEN A LA CAUSA DE LOS PRODUCTOS VEGETALES NO REFINADOS

Después de años de analizar pruebas cada vez más numerosas, ocho organizaciones de sanidad de máximo nivel unieron fuerzas y acordaron animar a los ciudadanos a tomar una mayor cantidad de productos vegetales no refinados y a reducir el consumo de productos de origen animal, tal como revelan las pautas dietéticas publicadas en el *Journal of the American Heart Association*. Estas autoridades son el Comité de Nutrición de la Asociación Norteamericana del Corazón, la Sociedad Norteamericana del Cáncer, la Academia Norteamericana de Pediatría, el Consejo de Enfermedad Cardiovascular en la Juventud, el Consejo de Epidemiología y Prevención, la Asociación Dietética Norteamericana, la División de Investigación Nutricional de los Institutos Nacionales de la Salud y la Sociedad Norteamericana de Nutrición Clínica.

Sus pautas unificadas representan un paso gigantesco en la dirección correcta. Su objetivo es ofrecer protección frente a las principales enfermedades crónicas que afectan a la población estadounidense, como la enfermedad cardíaca y el cáncer, entre otras. «Hacemos hincapié en el consumo de alimentos variados, en su mayor parte frutas y verduras, y una cantidad muy reducida de azúcar simple y alimentos de alto contenido graso, en especial productos animales», dijo la Dra. Abby Bloch, que por aquel entonces era presidenta de la Sociedad Norteamericana del Cáncer. Basándose en las conclusiones extraídas tras años de investigación, estos expertos en salud determinaron que el exceso de alimentos de origen animal es una de las principales causas de enfermedad cardíaca, cáncer, ictus, diabetes, obesidad, etc., que son las principales dolencias crónicas que se cobran la vida de 1,4 millones de norteamericanos cada año (más de 2/3 de todas las muertes producidas en el país).

## La revolución fitoquímica

Nos encontramos a un paso de la revolución. Una serie de sustancias descubiertas recientemente en el brócoli y el repollo eliminan las toxinas de las células. Ciertas sustancias presentes en los frutos secos y las judías evitan que nuestro ADN celular resulte dañado. Otros compuestos presentes en la remolacha, los pimientos y los tomates combaten los cambios cancerígenos de las células. Las naranjas y las manzanas protegen nuestros vasos sanguíneos de daños que podrían acabar en enfermedades del corazón. El ejército quimioprotector de la naturaleza está alerta y listo para protegernos de las enfermedades.

Prácticamente no pasa ni un día sin que algún nuevo estudio proclame las saludables propiedades de la fruta, la verdura y las judías. Los productos vegetales no procesados contienen miles de compuestos —la mayoría de los cuales aún no han sido descubiertos— que resultan esenciales para mantener la salud y maximizar el potencial genético. Así que bienvenido a la revolución fitoquímica.

Los fitoquímicos, o químicos derivados de las plantas, se encuentran en los vegetales de forma natural (de hecho, *fito* significa «planta»). Estos nutrientes, que los científicos están empezando a descubrir y a identificar con nombres, producen efectos enormemente beneficiosos sobre la fisiología humana. Pero el efecto de *no* consumir suficientes cantidades de estas sustancias es incluso más sorprendente: hablo de morir de forma prematura por cáncer y ateroesclerosis.

Consumir una amplia variedad de alimentos de origen vegetal, ya sea crudos o cocidos con métodos que conserven sus nutrientes (como por ejemplo al vapor), es la única manera de asegurarnos una suficiente cantidad de estos elementos esenciales que protegen nuestra salud. Recurrir a los suplementos de vitaminas y minerales o añadir algunas vitaminas a los alimentos procesados no impedirá el desarrollo de las numerosas enfermedades asociadas a las dietas con un porcentaje insuficiente de calorías derivadas de alimentos naturales completos.

Como comprenderás, ¡los científicos no pueden diseñar comprimidos de nutrientes que todavía no han descubierto! Si los comprimidos contuviesen suficientes cantidades de todos los fitonutrientes y otras sustancias esenciales para la salud, tendríamos que tragar un cuenco, como los de sopa, repleto de comprimidos y polvos. Hasta la fecha, los investigadores han descubierto más de 10.000 fitoquímicos, de lo que se desprende que ningún suplemento puede contener una cantidad suficiente de todos ellos. La buena noticia es que puedes conseguirlos *hoy mismo* comiendo una amplia variedad de alimentos de origen vegetal.

Te ruego que entiendas que yo no estoy en contra de los suplementos nutricionales. De hecho, recomiendo varios de estos productos a muchos de mis pacientes que sufren distintos problemas de salud, y un complejo multivitamínico y multimineral de alta calidad a casi todo el mundo.

Lo que *no* recomiendo es que la mayoría de la gente consuma suplementos que contengan vitamina A, betacaroteno aislado o ácido fólico, ya que el consumo excesivo de estos nutrientes encierra importantes riesgos. Lo que tenemos que resaltar aquí es que los suplementos por sí solos no pueden ofrecer una óptima protección contra la enfermedad, y que no puedes convertir una dieta no saludable en una dieta sana simplemente consumiendo suplementos.

## NO PUEDES COMPRAR SALUD EN UNA BOTELLA. ¡DEBES GANÁRTELA!

Cuando la ingesta de nutrientes se desequilibra, es posible que aparezcan algunos problemas de salud. Por ejemplo, se ha pregonado que el betacaroteno es una poderosa vitamina antioxidante y anticancerígena. Sin embargo, en los últimos años hemos descubierto que el betacaroteno es solo uno de los alrededor de 500 carotenoides existentes. Los científicos están notando que tomar suplementos de betacaroteno no está exento de riesgos, y que los suplementos desde luego son un mal sustituto del producto real, que son los distintos compuestos carotenoides presentes en las plantas.

La razón por la que los investigadores creyeron que el betacaroteno tenía tanto poder anticancerígeno fue que las poblaciones con altos niveles de esta sustancia en su torrente sanguíneo presentaban índices de cáncer notablemente bajos. Sin embargo, más recientemente hemos descubierto que esas personas estaban protegidas contra el cáncer gracias a *cientos* de carotenoides y fitoquímicos presentes en la fruta y la verdura que consumían. En otras palabras, el responsable de la baja incidencia de cáncer no era el betacaroteno, cuya única función era actuar como una «bandera» indicadora de aquellas poblaciones que consumían una gran proporción de fruta y verdura. Por desgracia, muchos científicos confundieron el mensaje.

Recientemente, diversos estudios a gran escala han demostrado que tomar betacaroteno (o vitamina A) en forma de suplemento posiblemente no sea una idea tan fantástica como se creía[11].

En pruebas finlandesas, el consumo de suplementos de betacaroteno no consiguió prevenir el cáncer de pulmón y en realidad incrementó su incidencia[12]. Este estudio fue suspendido cuando los investigadores descubrieron que el índice de muerte por cáncer de pulmón era un 28 por 100 más alto entre los participantes que habían tomado grandes cantidades de betacaroteno y vitamina A. Además, la tasa de mortalidad derivada de enfermedades cardíacas resultó un 17 por 100 más elevada en aquellos que habían tomado los suplementos que entre las personas que habían recibido un placebo[13].

Otro estudio demostró una correlación similar entre la suplementación de betacaroteno y una mayor incidencia del cáncer de próstata. En este punto, como resultado de dichos estudios europeos, así como de investigaciones similares llevadas a cabo en Estados Unidos, artículos aparecidos en el *Journal of the National Cancer Institute*, *Lancet* y el *New England Journal of Medicine* recomiendan evitar los suplementos de betacaroteno[14]. Un metaanálisis de los estudios sobre este tema llevado a cabo en 2007 reconoció una mortalidad 16 por 100 superior entre las personas que tomaban suplementos de vitamina A y un incremento del 7 por 100 de la mortalidad entre los sujetos que tomaban suplementos de betacaroteno[15].

De esta investigación podemos aprender una lección. Un consumo  excesivo de betacaroteno aislado suele dificultar la absorción de otros carotenoides. Tomar betacaroteno o vitamina A puede perjudicar la actividad anticancerígena carotinoide de la zeaxantina, el alpha caroteno, el licopeno, la luteína y muchos otros carotenoides derivados de las plantas, de importancia crucial. Cuando mis pacientes me preguntan qué complejo multi-vitamínico deberían tomar, yo les respondo que preferiría que tomaran uno de alta calidad que no contenga vitamina A ni betacaroteno simple. (En mi página web DrFuhrman.com encontrarás un listado de productos recomendados.)

Una ingesta elevada de un único nutriente, cuando la naturaleza lo ha combinado con muchos otros, puede empeorar las cosas en lugar de mejorarlas. Los humanos, en especial los médicos, destacamos por interferir con la naturaleza, creyendo que sabemos muy bien lo que hacemos. A veces es así, pero en la mayoría de los casos no. Solo con el paso del tiempo, cuando posiblemente ya es demasiado tarde, nos damos cuenta de que en realidad hemos empeorado las cosas.

Si bien es posible que aún nos lleve décadas comprender la manera en que los alimentos completos promueven la salud, debemos aceptar el hecho de que los productos que nos provee la naturaleza cuentan con los componentes ideales para satisfacer las necesidades biológicas de las especies. «La evidencia más convincente de la última década ha destacado la importancia de los factores protectores presentes en las frutas y las verduras, si bien prácticamente aún no han sido identificados por completo», aseguró el Dr. Walter C. Willett, presidente del Departamento de Nutrición de la Facultad de Salud Pública de la Universidad de Harvard y conferenciante de la Asociación Norteamericana para la Investigación del Cáncer[16].

En otras palabras, una dieta en la que las frutas, las verduras y otros productos naturales de origen vegetal aportan la gran mayoría de las calorías nos ofrece una poderosa protección contra las enfermedades. Los fitoquímicos en su estado natural son potentes inhibidores del cáncer; por ejemplo, un estudio publicado en el *Journal of the National Cancer Institute* reveló que los hombres que comían tres o más raciones de verduras crucíferas a la semana reducían en un 41 por 100 su riesgo de sufrir cáncer de próstata en comparación con aquellos que consumían menos de una ración semanal[17]. Las crucíferas, como por ejemplo el brócoli y el repollo, son ricas en isotiocianatos, que activan las enzimas presentes en todas las células que neutralizan los carcinógenos. Comer una variedad de otras verduras disminuye el riesgo todavía más. Las verduras de hoja verde, las cebollas y los puerros también contienen fitonutrientes organosulfurados que inhiben los cambios celulares anormales que finalmente conducen al cáncer. La única estrategia real anticáncer consiste en consumir una amplia variedad de alimentos saludables de origen vegetal.

### Algunas sustancias anticancerígenas presentes en los productos vegetales naturales

| | |
|---|---|
| Ácido cafeico | Indoles |
| Ácido elágico | Inhibidores de proteasa |
| Ácido felúrico | Isoflavonas |
| Ácidos fenólicos | Isotiocianatos |
| Alcohol perílico | Lignanos |
| Antocianinas | Liminoides |
| Catequinas | Pectinas |
| Compuestos de allium | Poliacetilenos |
| Cumarinas | Polifenoles |
| Ditioltionas | Saponinas |
| Esteroles | Sulforafano |
| Fitosteroles | Sulfuro de alilo |
| Flavonoides | Terpenos |
| Glucosinolatos | |

La lista que acabas de leer es solo una pequeña muestra de los beneficiosos compuestos que contienen las plantas, y cada día se descubren más. En la actualidad continúan llevándose a cabo estudios sobre la prevención del cáncer que intentan diseccionar los ingredientes precisos o la combinación de ingredientes que contienen las frutas y las verduras; pero estos estudios, como todos los que los precedieron, posiblemente supongan un inmenso desperdicio de recursos. Lo que sucede es que existen demasiados factores protectores que actúan de forma sinérgica, por lo cual resulta inútil esperar un beneficio significativo por tomar únicamente algunas sustancias de forma aislada. Estos compuestos tan beneficiosos tienen mecanismos de acción complementarios que se superponen. Inhiben el envejecimiento celular, inducen la producción de enzimas que eliminan la toxicidad, rodean a los carcinógenos en el tracto digestivo e impulsan los mecanismos de reparación celular[18].

## El cáncer es mucho más prevenible que tratable

El proceso de carcinogénesis supone una acumulación de mutaciones o daño en nuestro ADN (marca celular) en el curso de 20 a 40 años. Por eso debes comenzar a protegerte hoy, y no una vez que descubres que tienes cáncer. Esta es una enfermedad mucho más prevenible que tratable. Pero muchos intentan cavar un pozo para extraer agua una vez que la casa ya se ha incendiado.

El proceso de desintegración celular es extremadamente prolongado, y sabemos que muchas lesiones preneoplásticas (anormales, pero que todavía no son cáncer) desaparecen de forma espontánea[19]. Estudios llevados a cabo tanto con humanos como con animales han revelado que los nutrientes derivados de las plantas son capaces de prevenir el daño al ADN (que más tarde

## CINCO MANERAS EN QUE LOS FITOQUÍMICOS PREVIENEN EL CÁNCER

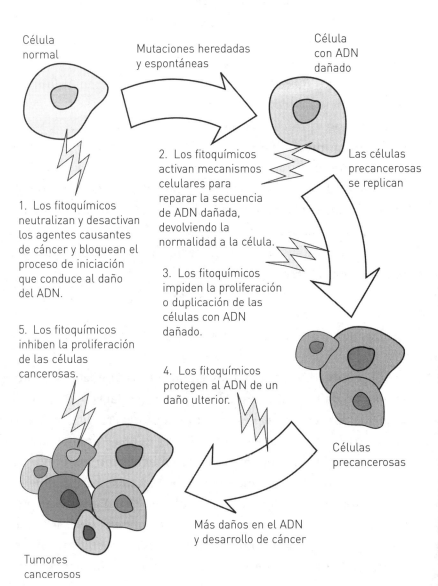

Célula normal

Mutaciones heredadas y espontáneas

Célula con ADN dañado

1. Los fitoquímicos neutralizan y desactivan los agentes causantes de cáncer y bloquean el proceso de iniciación que conduce al daño del ADN.

2. Los fitoquímicos activan mecanismos celulares para reparar la secuencia de ADN dañada, devolviendo la normalidad a la célula.

Las células precancerosas se replican

3. Los fitoquímicos impiden la proliferación o duplicación de las células con ADN dañado.

5. Los fitoquímicos inhiben la proliferación de las células cancerosas.

4. Los fitoquímicos protegen al ADN de un daño ulterior.

Células precancerosas

Más daños en el ADN y desarrollo de cáncer

Tumores cancerosos

puede provocar cáncer) o incluso de revertirlo[20]. Por fortuna, tenemos la posibilidad de suprimir la progresión del cáncer en sus primeras etapas eligiendo la manera en que comemos. La capacidad de eliminar y reparar esas células parcialmente dañadas es proporcional a su exposición a los fitoquímicos.

Cuando consumimos suficiente variedad y cantidad de sustancias fitoquímicas para «armar» al máximo nuestras defensas inmunológicas contra el cáncer, desarrollamos la habilidad de reparar el daño del ADN, neutralizar los agentes causantes del cáncer y resistir la enfermedad en general. Estas mismas sustancias activan asimismo otros mecanismos que mejoran el sistema inmunológico y, por ende, aumentan nuestras defensas contra los virus y las bacterias, haciendo que nuestro organismo desarrolle más resistencia a las enfermedades en general.

## ALIMENTOS DE ORIGEN VEGETAL *VERSUS* ALIMENTOS DE ORIGEN ANIMAL

Ahora sabes que no es simplemente el exceso de grasa lo que provoca enfermedades. No es simplemente el consumo de alimentos vacíos en calorías lo que causa enfermedades. Y no es simplemente el elevado consumo de productos animales, como los lácteos, la carne, el pollo y el pescado, lo que conduce a tanta gente a una muerte prematura en Estados Unidos. Estos factores son importantes, evidentemente, pero lo más crucial es lo mucho que se pierden los norteamericanos al no incluir una cantidad suficiente de productos de origen vegetal en su dieta. Analicemos otras razones por las que los alimentos vegetales resultan tan protectores y esenciales para la salud humana.

Para ilustrar la poderosa densidad de nutrientes de las verduras de hoja verde, comparemos la densidad nutricional de un filete de carne roja y la densidad nutricional del brócoli y otras verduras.

Ahora bien: ¿qué alimento contiene más proteínas, él brócoli o la carne roja? Te has equivocado si pensabas que era la carne.

> Un filete de carne roja contiene solo 6,4 g de proteína por cada 100 calorías, y el brócoli contiene 11,1 g; por consiguiente, casi es el doble[21].

Ten en cuenta que la mayoría de las calorías de la carne provienen de la grasa, y que las verduras de hoja verde son en su mayor parte proteínas. (Todas las calorías deben provenir de la grasa, los carbohidratos o las proteínas.)

POPEYE TENÍA RAZÓN: LO VERDE PEGA FUERTE

Los animales de mayor tamaño —elefantes, gorilas, rinocerontes, hipopótamos y jirafas— se alimentan predominantemente de verduras de hoja verde. ¿De dónde sacan la proteína para adquirir semejante tamaño? Obviamente, de las verduras de hoja verde, que encierran una gran cantidad de proteína. De hecho, toda la proteína del planeta se formó a partir del efecto de la luz solar sobre las plantas verdes.

La vaca no se comió otra vaca para formar proteína en sus músculos, que es lo que llamamos filete. Tampoco la proteína se formó del aire: la vaca comió hierba. No es que la proteína sea tan importante ni represente un nutriente especial al que debamos tener en gran estima. Estoy hablando de este tema porque la mayoría de las personas cree que los productos animales

| NUTRIENTES PRESENTES EN RACIONES DE 100 CALORÍAS DE ALIMENTOS SELECCIONADOS[22] | | | |
|---|---|---|---|
| | Brócoli | Filete de carne roja | Lechuga romana | Col rizada |

| | Brócoli | Filete de carne roja | Lechuga romana | Col rizada |
|---|---|---|---|---|
| Proteína | 11 g | 6 g | 7 g | 7 g |
| Calcio | 118 mg | 2 mg | 194 mg | 257 mg |
| Hierro | 2,2 mg | 0,8 mg | 5,7 mg | 3,2 mg |
| Magnesio | 46 mg | 6 mg | 82 mg | 64 mg |
| Potasio | 507 mg | 74 mg | 1.453 mg | 814 mg |
| Fibra | 11 g | 0 | 12 g | 7,1 g |
| Fitoquímicos | Muy alto | 0 | Muy alto | Muy alto |
| Antioxidantes | Muy alto | 0 | Muy alto | Muy alto |
| Folato | 200 mcg | 2 mcg | 800 mcg | 46 mcg |
| Riboflavina | 0,29 mg | 0,06 mg | 0,40 mg | 0,25 mg |
| Niacina | 1,6 mg | 1,1 mg | 1,8 mg | 1,8 mg |
| Cinc | 1,0 mg | 1,2 mg | 1,4 mg | 0,9 mg |
| Vitamina C | 143 mg | 0 | 141 mg | 146 mg |
| Vitamina A | 3.609 UI | 0 UI | 51.232 UI | 48.641 UI |
| Betacaroteno | 2.131 mcg | 0 | 30.739 mcg | 29.186 mcg |
| Vitamina E | 4,7 mg | 0,07 mg | 0,76 mg | 3 mg |
| Colesterol | 0 | 22 mg | 0 | 0 |
| Grasa saturada | 0 | 3,1 g | 0 | 0 |
| Peso | 357 g (12,6 onzas) | 29 g (1 onza) | 588 g (20,7 onzas) | 357 g (12,6 onzas) |

son necesarios para que una dieta incluya la cantidad necesaria de proteína. Simplemente estoy ilustrando lo fácil que resulta consumir una cantidad más que suficiente de proteína evitando al mismo tiempo los efectos peligrosos, y posiblemente cancerígenos, del exceso de productos animales. Además, consumir más proteínas vegetales es clave para conseguir una pérdida de peso segura y eficaz.

Y ahora, ¿qué producto contiene más vitamina E o vitamina C: el brócoli o un filete? Estoy seguro de que ya sabes que la carne roja no contiene vitamina C ni vitamina E; y también que carece casi por completo de fibra, folato, vitamina A, betacaroteno, luteína, licopeno, vitamina K, flavonoides y miles de otros fitoquímicos protectores. Lo que la carne *sí* contiene son ciertas vitaminas y minerales; pero, incluso teniendo en cuenta esos nutrientes, el brócoli tiene más. En efecto, en lo relativo a numerosos nutrientes importantes, el brócoli contiene más de diez veces la cantidad contenida en un filete de carne. La única excepción es la vitamina $B_{12}$, que no está presente en el mundo vegetal.

Si tienes en cuenta la fibra, los fitoquímicos y demás nutrientes esenciales, las verduras de hoja verde se llevan el primer premio al alimento de mayor densidad nutricional de todos. Daremos a las verduras de hoja verde una puntuación de 100 y juzgaremos todos los demás alimentos a partir de dicho criterio.

EL SECRETO DE LA EXTREMA LONGEVIDAD

Curiosamente, hay un alimento que según las investigaciones científicas ha demostrado estar asociado positivamente al incremento de la longevidad en los humanos. ¿De qué alimento crees que se trata?

La respuesta es: las hojas verdes crudas, normalmente llamadas ensalada[23]. Las hojas verdes como la lechuga romana, la col rizada, el repollo, la acelga y la espinaca son los alimentos con mayor densidad nutricional de todos.

Casi todas las verduras contienen más nutrientes por caloría que cualquier otro alimento y son ricas en todos los aminoácidos que necesita el organismo humano. Por ejemplo, la lechuga romana, que obtiene el 18 por 100 de sus calorías a partir de la grasa y casi el 50 por 100 de la proteína, es una poderosa factoría de cientos de fitonutrientes que combaten el cáncer y nos protegen de varias enfermedades peligrosas. Tener buena salud y un organismo resistente a la enfermedad no es una cuestión de suerte: tienes que ganártelo.

En una revisión de 206 estudios de la población humana quedó de manifiesto que el consumo de verduras crudas ejercía un efecto protector contra el cáncer mucho más alto que el de cualquier otro alimento beneficioso[24]. Sin embargo, menos de uno de cada cien norteamericanos consume suficientes calorías provenientes de las verduras para asegurarse esta defensa.

A mis pacientes les digo que en la nevera cuelguen un gran cartel con la frase: LA ENSALADA ES EL PLATO PRINCIPAL.

La palabra *ensalada* aquí significa cualquier verdura consumida cruda; pero un cuenco de pasta fría con aceite de oliva y un poquito de verduras *no es* una ensalada. Yo animo a mis pacientes a que tomen dos ensaladas enormes diarias, con el objetivo de que lleguen a consumir una planta entera de lechuga romana o de otro tipo cada día. Te sugiero que escribas el cartel y lo pegues en tu nevera ahora mismo, y luego vuelvas. Si tienes pensado hacerlo más tarde, es probable que lo olvides. Si este libro te enseña algún hábito práctico, que sea este.

La ensalada verde contiene menos de 100 calorías
por cada 0,450 g (1 libra)

¿Has notado que 100 calorías de brócoli suponen aproximadamente 340 g (12 onzas) de alimento, y que 100 calorías de solomillo molido son solamente 28 g (1 onza) de producto? Con
las verduras de hoja verde puedes quedar muy satisfecho, incluso sentirte «lleno», y sin embargo no estarás consumiendo un
exceso de calorías. Los productos animales, por el contrario, contienen una alta densidad calórica y relativamente pocos nutrientes, en especial aquellos de vital importancia que nos protegen contra el cáncer.

¿Qué sucedería si intentaras comer como un gorila de montaña, cuya dieta está compuesta aproximadamente por un 80 por 100
de hojas verdes y alrededor de un 15 por 100 de frutas? Imagi-
nando que eres mujer y necesitas alrededor de 1.600 calorías al
día, si intentaras conseguir 1.200 de esas calorías a partir del
consumo de verduras, deberías comer más de 6 kg (15 libras) de
estos alimentos. ¡Y eso sí que es una ensalada grande! Pero dado
que tu estómago solo puede contener aproximadamente 1 litro
de alimento (o un poco más de 900 ml), probablemente tendrías
muchos problemas para tomar semejante volumen de verduras.

A partir de esta dieta del gorila seguramente obtendrías una
gran cantidad de proteína. De hecho, con solo 2,2 kg (5 libras)
de verduras de hoja verde superarías la cantidad diaria recomendada (CDR) de proteína y obtendrías un gran aporte de otros
nutrientes importantes. El problema con esta dieta es que desa-
rrollarías una *deficiencia calórica*. En otras palabras, estarías demasiado delgada. Lo creas o no, yo no espero que comas exactamente como un gorila. Sin embargo, el mensaje con el que debes
quedarte es que cuanta más verduras de hoja verde comas (tanto crudas como cocidas), más sana estarás, y más delgada.

Ahora contrastemos este ejemplo simple y extremo del gorila con otra forma de comer también ilógica y extrema: la dieta norteamericana.

Si intentaras seguir la pervertida dieta que consumen la mayoría de los norteamericanos, o incluso si siguieras al pie de la letra las recomendaciones de la pirámide de los alimentos —de ocho a once raciones de pan, cereal, arroz y pasta (que representan el 98 por 100 de los cereales refinados que se consumen en Estados Unidos), más entre cuatro y seis raciones de lácteos, carne de vaca, ave o pescado—, estarías siguiendo una dieta rica en calorías, pero extremadamente baja en nutrientes, antioxidantes, fitoquímicos y vitaminas. Te convertirías en una persona sobrealimentada y desnutrida, que es precisamente el perfil nutricional que causa enfermedades cardíacas y cáncer.

## PESAR LOS ALIMENTOS E INTENTAR COMER RACIONES MÁS PEQUEÑAS NO SIRVE DE NADA

Anteriormente comparé 100 calorías de verduras de hoja verde con 100 calorías de carne. Observa que, a diferencia de lo que se hace habitualmente, yo no las contrasté por el peso ni por el tamaño de la ración.

Si preferí comparar raciones calóricas idénticas es porque no tiene sentido comparar alimentos por su peso o por el tamaño de la ración. Permíteme ponerte un ejemplo para explicarte la razón. Piensa en una cucharadita de mantequilla derretida, cuyas calorías derivan completamente de la grasa. Si cojo esa cucharadita de mantequilla y la vierto en un vaso de agua caliente, ahora puedo decir que, por su peso, está libre de grasa en un 98 por 100. Sin embargo, la totalidad de sus calorías sigue proviniendo de la grasa, así que no importa cuánta agua o cuánto peso le añada, ¿correcto?

De hecho, si el peso de un alimento fuese importante, adelgazar resultaría muy sencillo: solo tendríamos que beber más agua. El agua activaría los receptores del peso en el tracto digestivo y nuestro apetito disminuiría. Pero, por desgracia, no es así como se controla el *appestat*, que es el centro cerebral situado en el hipotálamo que controla la ingesta de alimentos. Como he explicado en el capítulo 1, la fibra, las calorías y los nutrientes —y no el peso de la comida— son los factores que «desactivan» nuestro *appestat*. Puesto que los alimentos que consume la sociedad norteamericana son tan ricos en calorías, lo que se ha hecho hasta ahora es intentar seguir una dieta basada en pequeñas raciones de alimentos de bajo contenido nutricional. Pero esa estrategia no solo provoca hambre, sino unas ansias exageradas de comer ciertos alimentos, porque, para colmo de males, dicho plan alimentario provoca una deficiencia nutricional.

Para sentirnos satisfechos debemos consumir un determinado número de calorías al día, así que te ruego que vuelvas a definir lo que consideras una porción típica. Para alcanzar una salud superior y un físico esbelto de forma permanente, deberías tomar grandes raciones de verduras de hoja verde. Por eso, cuando pienses en comer cualquiera de estos productos, recuerda el tamaño de la ración tiene que ser enorme en comparación con los parámetros convencionales. Tomar grandes cantidades de estos alimentos supersanos es la clave del éxito.

## LA CONFABULACIÓN ENTRE LOS NUTRIENTES, EL PESO... Y LOS «MICHELINES»

La proporción entre nutrientes y peso esconde la deficiencia nutricional de los alimentos procesados y, como si eso fuera poco, incita a creer que los alimentos de origen animal no son tan grasos. ¿Podría ser esta la razón por la que la industria alimentaria y el USDA (Departamento de Agricultura de Estados Unidos) han elegido este método? ¿Podría tratarse de una conspiración para que los consumidores no se dieran cuenta de lo que están comiendo en realidad?

Por ejemplo, una hamburguesa doble con queso y beicon no es, claramente, un alimento de bajo contenido graso. Si calculamos su porcentaje de grasa por peso e incluimos el ketchup y el pan, podemos asegurar con toda precisión que solo contiene el 18 por 100 de grasa (¡es decir, que es un producto libre de grasa en más del 80 por 100!). Sin embargo, en porcentajes calóricos, tiene un 54 por 100 de grasa, y la hamburguesa solamente, un 68 por 100. La hamburguesa de McDonald's llamada «McLean Deluxe» era anunciada a principio de los años 90 como un producto 91 por 100 libre de grasas utilizando el mismo truco con las cifras, cuando de hecho el 49 por 100 de sus calorías provenía de la grasa.

Del mismo modo, la leche que se comercializa como un producto con un 2 por 100 de grasa en realidad no cumple con ese requisito, ya que el 35 por 100 de sus calorías son de origen graso. Si puede decirse que la leche está libre de grasa en un 98 por 100 (teniendo en cuenta su peso), es solamente debido a su contenido de agua. La leche de bajo contenido graso no es en absoluto un producto sin grasa, ni tampoco los quesos ni cualquier otro producto animal que se comercializan bajo dicha denominación: puedes comprobarlo fácilmente si, en lugar de tener en cuenta su peso, calculas su porcentaje de grasa por caloría. Este es solo uno de los tristes engaños a los que se somete a los norteamericanos. A propósito: el 49 por 100 de las calorías de la leche entera provienen de la grasa.

## El Departamento norteamericano de la Carne, la Leche y el Queso

La mención del peso en lugar de las calorías en las tablas de análisis nutricional se ha convertido en una estratagema para esconder lo poco nutritivos que resultan muchos de los alimentos que consumimos. En sus orígenes, el papel del USDA (Departamento de Agricultura de Estados Unidos) era promover los productos de la industria agrícola y ganadera[25]. Hace más de 50 años, esta institución comenzó entonces a promocionar los llamados cuatro grupos básicos de alimentos, entre los que la carne y los lácteos ocupaban los números uno y dos de la lista. Financiado por la industria cárnica y láctea y respaldado por científicos nutricionales pertenecientes a esas mismas industrias, pero que a su vez cobraban nómina del estado, el USDA fomentó una forma de alimentación que ignoraba lo postulado por la ciencia[26].

El programa en cuestión debería ser llamado en realidad «los cuatro mitos de los alimentos». Todas las escuelas de Estados Unidos lo enseñaban, y en las aulas se colgaban carteles que incitaban a seguir una dieta atestada de proteína animal, grasa y colesterol. Los resultados de este programa fraudulento fueron dramáticos en más de un sentido: los norteamericanos comenzaron a comer cada vez más alimentos animales, la campaña disparó el inicio de la epidemia de cáncer con mayor velocidad de crecimiento de la historia, y las tasas de ataques cardíacos alcanzaron niveles nunca antes conocidos.

Durante años y años, el USDA se resistió a reducir los niveles de grasa y colesterol recomendados en la dieta a pesar de la irrefutable evidencia de que los norteamericanos se estaban suicidando con lo que comían. La combinación de una enorme presión política, la acción de los activistas y el interés económico bloqueaban el camino hacia el cambio[27].

Promover el análisis nutricional de los alimentos a partir de su peso en lugar de sus calorías se convirtió en una excelente manera de mantener un consumo excesivo de calorías, colesterol y grasa saturada, una estrategia fantástica para crear una nación azotada por epidemias de obesidad, enfermedades cardíacas y cáncer. Un enemigo extranjero deseoso de destruir Estados Unidos no podría haber creado un plan más eficaz e insidioso. Qué irónico que este fuera el programa diseñado por el propio gobierno, promovido con el dinero de los impuestos de los ciudadanos y justificado con la excusa de que se trataba de una cuestión de interés público.

Con la cantidad de datos científicos de los que disponemos hoy en día, incluidos diversos estudios de investigación masiva sobre la salud humana y la dieta, sería lógico pensar que la gente sabría qué alimentos resultan más convenientes a consumir y por qué, pero casi todo el mundo sigue muy confundido en lo que a la dieta y la nutrición se refiere. ¿Por qué?

Porque el problema es que la mayoría de nosotros tardamos mucho en introducir cambios, en especial si tienen que ver con hábitos personales y tradiciones familiares. A casi nadie le gusta cambiar. La gente se encuentra más a gusto con aquello a lo que está acostumbrada y se aferra a una información incorrecta, pero que conoce desde hace mucho tiempo. A pesar de que la información nutricional es cada vez más abundante, gran parte de ella es contradictoria y ha provocado más de una confusión.

El gobierno norteamericano invierte una cifra superior a los 20.000 millones de dólares para mantener estables los precios de los productos lácteos y cárnicos, beneficiando así a estas dos industrias[28]. El dinero es entregado a los granjeros con el fin de reducir artificialmente el coste de las cosechas empleadas para alimentar al ganado, lo cual permite bajar el precio que pagamos por los productos lácteos, las aves y la carne. Las frutas y las verduras cultivadas principalmente para el consumo humano quedan específicamente excluidas de los planes de mantenimiento de precios establecidos por el USDA.

De uno de los bolsillos de los ciudadanos salen miles de millones de dólares para impuestos que mantienen la producción de alimentos caros y que, para peor, provocan enfermedades. Y del otro bolsillo salen los dólares que pagan las facturas médicas, que resultan demasiado elevadas porque la población obesa consume una excesiva cantidad de esos alimentos grasos que tantas enfermedades le provoca. El dinero de los impuestos se utiliza en realidad para enfermar a la sociedad y mantener elevados los costes del seguro de salud.

## LAS PIRÁMIDES DE LOS ALIMENTOS QUE TE CONVERTIRÁN EN UNA MOMIA

La pirámide de los alimentos diseñada por el USDA (figura 1) estuvo vigente hasta el año 2005, cuando fue reemplazada por MiPirámide (MyPyramid, figura 2). MiPirámide incluye 12 niveles de consumo, desde 1.000 calorías/día hasta 3.200/día, y está diseñado para ayudar a los consumidores a encontrar el equilibrio calórico correcto.

Las recomendaciones de MiPirámide para una dieta de 2.000 calorías son:

— cereales: 170 g (6 onzas) al día
— verduras: 5 raciones o 2 tazas y media al día
— frutas: 4 raciones o 2 tazas al día
— aceite: 6 cucharaditas al día
— leche: 3 tazas al día
— carne y judías: 155 g (5,5 onzas) al día

Desde la primera infancia nos han bombardeado con consejos nutricionales incorrectos, y desafortunadamente hoy en día el escándalo continúa. Incluso después de décadas de investigación científica que rebate sus recomendaciones, la última sugerencia del USDA (MiPirámide) no representa más que una ligera mejoría. Porque si bien se recomienda una mayor ingesta diaria de fruta y verdura y la práctica de ejercicio, todavía refuerza errores dietéticos mortales que la gente se ha acostumbrado a cometer.

La pirámide de los alimentos incita a un nivel de consumo de productos animales que provoca las enfermedades que matan a la población, como por ejemplo ataques cardíacos y cáncer.

Los alimentos también están agrupados en categorías que no tienen sentido. La carne y las judías se encuentran en el mismo grupo de alimentos porque son considerados productos de alto contenido proteínico. Los frutos secos y las semillas ni siquiera figuran. Sin embargo, si bien se ha demostrado que los frutos secos, las semillas y las judías reducen los niveles de colesterol y el riesgo de padecer ataques cardíacos, la carne está directamente relacionada con un riesgo superior.

MiPirámide incita a la gente a creer que la leche es un producto que debería consumirse a diario. Indicar que por sí sola representa un grupo destacado implica que se trata de una par-

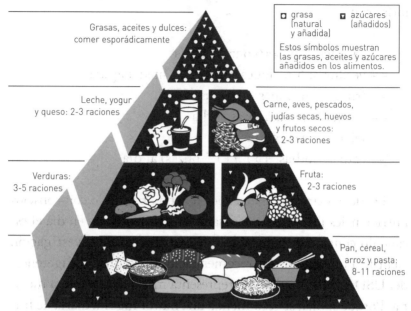

**PIRÁMIDE DE LOS ALIMENTOS DEL USDA**

Grasas, aceites y dulces:
comer esporádicamente

☐ grasa    ☒ azúcares
(natural    (añadidos)
y añadida)

Estos símbolos muestran
las grasas, aceites y azúcares
añadidos en los alimentos.

Leche, yogur
y queso: 2-3 raciones

Carne, aves, pescados,
judías secas, huevos
y frutos secos:
2-3 raciones

Verduras:
3-5 raciones

Fruta:
2-3 raciones

Pan, cereal,
arroz y pasta:
8-11 raciones

Departamento de Agricultura de Estados Unidos
Departamento de Salud y Servicios Humanos de Estados Unidos

**Figura 1**

**MyPyramid.gov**
**PASOS HACIA TU YO MÁS SANO**
Figura 2

te esencial de una dieta sana, algo que se aleja totalmente de
la verdad, en especial dada la fuerte asociación que existe entre
la leche y el cáncer de próstata[29]. La pirámide ofrece poca ayuda
para quienes realmente desean reducir los riesgos para su salud.

Este es un ejercicio de corrección política, no de ciencia nutricional. ¿Será que tal vez el USDA continúa bajo la indebida influencia de la presión política proveniente de los grupos de la industria alimentaria? ¡Una pirámide basada en la ciencia y únicamente en la ciencia colocaría los productos de origen vegetal en la base!

A pesar de que, durante años y años, a la población norteamericana se le aconsejara incrementar el consumo de productos frescos, la mitad de estas personas sigue sin tomar tres raciones de verduras al día. Ese total incluye incluso ciertos alimentos que provocan ataques cardíacos porque son elaborados con grasas trans: me refiero a las patatas fritas. La mitad de los norteamericanos puede pasarse días enteros sin comer ni una sola fruta.

En 2010, el Instituto Norteamericano del Cáncer presupuestó alrededor de 4 millones de dólares para promocionar las virtudes de las frutas y las verduras. ¡Compara esa cifra con los 1.200 millones de dólares que se gastó McDonald's en marketing solo en el territorio de Estados Unidos! La mayor causa de todas las enfermedades que afectan a los norteamericanos hoy en día es la falta de suficientes productos frescos en su dieta.

Basándome en el análisis exhaustivo de numerosas investigaciones realizadas en todo el mundo durante los últimos quince años, mi recomendación es que más del 90 por 100 de las calorías de tu dieta provenga de alimentos vegetales no refinados. Este elevado porcentaje de productos de origen vegetal de alta densidad nutricional permite predecir la desaparición del cáncer, los ataques cardíacos, la diabetes y el sobrepeso. Las frutas, las verduras y las judías deben constituir la base de la pirámide alimentaria; de lo contrario, la población tendrá muchos problemas.

Las enfermedades que afectan, y eventualmente matan, a la mayoría de los norteamericanos pueden evitarse. Puedes vivir una vida de alta calidad y exenta de enfermedades, al tiempo que te mantienes físicamente activo y sano. Y puedes morir tranquilamente y sin incidentes a una edad avanzada, tal como ha establecido la naturaleza.

Para poder prevenir y revertir enfermedades y alcanzar un peso corporal saludable y permanente, debemos preocuparnos por la *calidad nutricional* de nuestra dieta.

La situación es cada vez más clara: lo que te hará perder peso también te convertirá en una persona sana. Una vez que aprendas a «comer para vivir», la esbeltez y la salud irán de la mano para siempre.

## CAPÍTULO 4

# El lado oscuro
# de la proteína animal

## CASO DE ESTUDIO
### Robert perdió más de 90 kilos (200 libras)
### y se ha recuperado de la diabetes y la artritis; además,
### ahora puede caminar con normalidad.

*Nunca olvidaré el día en que mi médico me comunicó que era diabético de tipo II resistente a la insulina y que mi presión arterial estaba muy elevada, mis niveles de triglicéridos y colesterol también, y que mis articulaciones se encontraban en mal estado debido a la artritis reumatoide, la osteoartritis y mi inmenso peso.*

*Hasta aquel momento yo había pasado muchos años evitando por todos los medios que los médicos me sometieran a la revisión que suele llevarse a cabo alrededor de los 40 años, en la que te piden una analítica de sangre completa y todo eso. Pero acababa de cumplir 44 años y me encontraba realmente en muy mal estado. Cuando me diagnosticaron diabetes tipo II en 2010, yo medía 1,88 m (6'2") y pesaba más de 180 kilos (400 libras). Había pasado de usar un bastón parte del día a utilizarlo casi prácticamente en todo momen-*

to, *además de una silla eléctrica para desplazarme a cualquier si-tio que me exigiera permanecer más de cinco minutos de pie. Así que allí me encontraba yo, en la consulta de mi médico: un desastre de más de 180 kilos de reúma, osteoartritis, hipertensión, triglicéridos elevados, colesterol alto y diabetes resistente a la insulina.*

*Aquel día me marché de la consulta con varias recetas nuevas, una tonelada de literatura sobre la diabetes y la obligación de comprobar mi nivel de glucosa en sangre tres veces al día. Mientras conducía hacia casa literalmente tuve una visión de mí mismo reunido con mi numerosa fa-milia, todos sentados a la mesa de Acción de Gracias engullendo postres y comparando medicamentos y dosis para el tratamiento de la diabetes. Ante semejante visión, tomé la decisión muy consciente de que jamás man-tendría ese tipo de conversación con ellos. Me planteé controlar la diabe-tes en lugar de permitir que la enfermedad me controlara a mí.*

*Me di cuenta entonces de que tenía que modificar algunas realidades básicas de mi vida. En primer lugar, llegué a la conclusión de que tenía que quererme a mí más de lo que adoraba la comida. Quienes, como yo, fueron o son adictos a la comida sabrán exactamente de lo que hablo. La comida era mi droga, la que yo había elegido. Siempre estaba esperando la próxima dosis.*

*Segundo, tomé conciencia de que no estaba solo, de que la noticia impactaría a todos los miembros de mi familia. Si he aprendido algo sobre hablar con la gente para adoptar un estilo de vida más sano es que el mayor obstáculo, preocupación y miedo que tiene todo el mundo es cómo reaccionará su familia. Yo sabía que si mi esposa, Darlene, no me acompañaba, yo embarcaría solo en el Titanic.*

*Por suerte encontré al Dr. Fuhrman en la televisión pública y de inmediato compré sus libros y DVD. ¡Adoptar una dieta nutritiva me ha salvado la vida! Gracias al Dr. Fuhrman he perdido las adicciones a la comida, he recuperado mi salud y realmente disfruto de comer sano. He perdido más de 90 kilos (200 libras), mi ritmo cardíaco en reposo es de aproximadamente 50, mi presión arterial se mantiene en un promedio de 90/60, mis triglicéridos y colesterol están donde deberían estar, ya no tomo medicamentos y he dejado de ser diabético. ¡Me siento increíblemente bien!*

UN DÍA OÍMOS DECIR que una dieta de alto contenido graso causa cáncer, y al día siguiente un estudio demuestra que quienes siguen dietas de bajo contenido graso no muestran índices inferiores de cáncer. El público está tan confundido y harto que ya come cualquier cosa, y el número de personas con sobrepeso continúa creciendo.

### ¿Cuánto sabes sobre nutrición?
### ¿Verdadero o falso?

1. Necesitamos leche para obtener una suficiente cantidad de calcio que nos proteja de la osteoporosis.
2. Una dieta rica en proteínas es saludable.
3. La mejor fuente de proteína son los alimentos de origen animal, como la carne, el pollo, los huevos, el pescado y los lácteos.
4. Los alimentos de origen vegetal no poseen suficientes proteínas.
5. Para obtener suficientes proteínas a partir de una dieta basada en productos vegetales, deberías combinar ciertos alimentos para asegurarte de recibir en cada comida la totalidad de los aminoácidos que necesitas.
6. Podemos protegernos del cáncer pasándonos a una dieta que contenga alimentos de origen animal bajos en grasa, como el pollo, el pescado y la leche desnatada, pero excluyendo la carne roja.

(Las respuestas aparecen más adelante.)

## EL PROYECTO CHINA

Por fortuna, las pruebas aportadas por una enorme cantidad de investigaciones científicas han arrojado un poco de luz sobre tanta confusión. El Proyecto China-Cornell-Oxford (también conocido como Proyecto China) es el estudio más exhaustivo sobre la conexión entre la dieta y la enfermedad realizado jamás en la historia médica. El *New York Times* describió esta investigación como el «*Grand Prix* de todos los estudios epidemiológicos» y «el estudio más exhaustivo jamás realizado sobre la relación entre la dieta y el riesgo de desarrollar cáncer»[1].

Encabezado por el Dr. T. Colin Campbell, de la Universidad de Cornell, este estudio ha revelado descubrimientos que han puesto patas arriba a la comunidad nutricional. Para sorpresa de muchos, el Proyecto China ha revelado que muchas de las llamadas «verdades nutricionales» son falsas y que es posible demostrarlo. Por ejemplo, la respuesta a todas las preguntas que aparecen en el cuestionario anterior es «falso».

China era un campo de pruebas excelente para este proyecto exhaustivo porque los habitantes de un área de dicho país seguían una dieta determinada y los pobladores que vivían a unos pocos kilómetros de allí comían de un modo totalmente distinto. A diferencia de lo que sucede en Occidente, donde todos nos alimentamos de forma muy similar, la China rural era un «laboratorio viviente» perfecto para estudiar la compleja relación entre dieta y enfermedad[2].

El Proyecto China resultó válido porque estudió a poblaciones que disponían de *un abanico completo de posibilidades dietéticas*, desde una alimentación enteramente basada en productos vegetales hasta dietas que incluían una significativa cantidad de productos animales. La incorporación de pequeñas cantidades de una variable permite a los científicos detectar de manera más precisa el riesgo o el valor de una práctica dietética. Es el mismo principio aplicable a la comparación de individuos no fumadores con personas que fuman medio paquete de cigarrillos al día para observar mejor los peligros del tabaquismo. Si se compara el hábito de fumar 50 cigarrillos diarios con el de fumar 60, posiblemente esos 10 últimos cigarrillos no permitan descubrir ningún daño adicional considerable.

En China, la gente vivía siempre en la misma población en la que había nacido y rara vez emigraba, por lo que los efectos dietéticos que los investigadores deseaban analizar eran apreciables durante toda la vida de los sujetos. Además, como resultado de significativas diferencias regionales en la forma de comer, se observaban contrastes radicales en la preponderancia de enfermedades entre una región a otra. Los índices de enfermedad cardiovascular podían incrementarse veinte veces de un lugar a otro, y la incidencia de ciertos cánceres era cientos de veces más elevada. En Estados Unidos hay muy poca diferencia en la forma de comer de sus habitantes; por consiguiente, entre una ciudad y otra no se observa un contraste tan abismal.

Este estudio obtuvo descubrimientos fascinantes. Los datos mostraron enormes disparidades en los índices de enfermedad a partir de la cantidad de alimentos de origen vegetal consumidos y la disponibilidad de productos animales. Los investigadores comprobaron que a medida que crecía el consumo de productos animales, incluso aunque se tratase de un incremento relativamente pequeño, también aumentaba la aparición de formas de cáncer comunes en Occidente. La mayor parte de los cánceres surgía en relación directa con la cantidad de productos animales consumidos.

En otras palabras, a medida que el consumo de productos animales se acercaba a cero, las tasas de cáncer caían. Las áreas del país con un consumo extremadamente bajo de productos animales estaban totalmente libres de ataques cardíacos y cáncer. Un análisis de las cifras de mortalidad de 65 condados y 130 pueblos demostró una significativa asociación entre la ingesta de proteína animal (a niveles relativamente bajos) y los ataques cardíacos, además de un fuerte efecto protector derivado del consumo de verduras de hoja verde[3].

Todos los productos animales contienen una cantidad muy baja (o completamente nula) de nutrientes que ofrecen protección contra el cáncer y los ataques cardíacos; es decir, de fibra, antioxidantes, fitoquímicos, folato, vitamina E y proteínas vegetales. En lo que sí son ricos es en sustancias que, según han demostrado las investigaciones científicas, están asociadas a la incidencia del cáncer y las enfermedades cardíacas: hablamos de grasa saturada, colesterol y ácido araquidónico[4]. Las dietas ricas en proteínas animales también están asociadas a elevados niveles de la hormona IGF-1 en sangre, un conocido factor de riesgo para diferentes tipos de cáncer[5].

El Proyecto China demostró una fuerte correlación entre el cáncer y la cantidad de proteína animal (y no solo de grasa animal) consumida[6]. El consumo de carnes magras y aves siguió revelando una fuerte correlación con una mayor incidencia de cáncer. Todos estos descubrimientos indican que incluso los alimentos animales de bajo contenido graso, como la pechuga de pollo sin piel, están implicados en el desarrollo de ciertos cánceres.

## LA SALUD DEL CORAZÓN: NO SE TRATA SOLO DE LA GRASA Y EL COLESTEROL

También se observó una relación entre la proteína animal y las enfermedades cardíacas. Por ejemplo, la alipoproteína B en plasma muestra una asociación directa con la ingesta de proteína animal, y está asociada de forma inversa (es decir, disminuye) con el consumo de proteínas vegetales (judías y verduras de hoja verde). Los niveles de alipoproteína B se correlacionan directamente con la cardiopatía coronaria[7]. Lo que muchos no saben es que la proteína animal también aumenta de forma significativa los niveles de colesterol, en tanto que la proteína vegetal los disminuye[8].

Diversos estudios científicos demuestran que el efecto de la proteína animal sobre el colesterol en sangre puede ser considerable. Esta es una de las razones por las que las personas que se pasan a una dieta de bajo contenido graso no experimentan el descenso del colesterol que esperaban, a menos que también dejen de comer productos animales de bajo contenido graso. Lo que sorprende a la mayoría de la gente es que sí, incluso los lácteos bajos en grasas y la pechuga de pollo sin piel, suben el colesterol.

Yo lo compruebo permanentemente en mi consulta. Muchos individuos no consiguen comprobar una caída muy significativa en sus niveles de colesterol hasta que eliminan radicalmente la proteína animal de su dieta.

La carne roja no es el único problema. El consumo de pollo y pescado también está vinculado al cáncer de colon. Un completo estudio analizó los hábitos alimenticios de 32.000 adultos durante seis años y luego observó la incidencia de cáncer en estos sujetos en los seis años siguientes. Quienes evitaban la carne roja pero comían carne blanca con regularidad demostraron tener un 300 por 100 más de probabilidades de enfermar de cáncer de colon que quienes no consumían carne blanca[9]. El mismo estudio corroboró que al consumir judías, guisantes o lentejas al menos dos veces a la semana, el riesgo era un 50 por 100 más bajo que si el consumo de dichos productos era nulo.

| Contenido de colesterol en... | filete de lomo | pechuga de pollo sin piel[10] |
| --- | --- | --- |
| 100 g | 90 mg | 85 mg |
| 100 calorías | 33 mg | 51 mg |

El pollo contiene aproximadamente la misma cantidad de colesterol que un filete de carne roja, y la producción de esos potentes compuestos cancerígenos, llamados aminas heterocíclicas (HCA), es incluso más concentrada en el pollo a la plancha que en un filete de carne roja[11]. Otro estudio llevado a cabo en Nueva Zelanda que investigó las aminas heterocíclicas de la carne, el pescado y el pollo descubrió que el alimento que más contribuye a elevar el riesgo de cáncer es el pollo[12]. Siguiendo esta misma línea, otros muchos estudios indican que el pollo es casi tan peligroso como la carne roja para el corazón. Independientemente del colesterol, no tiene ningún sentido comer carne blanca magra en lugar de carne magra roja[13].

Lo mejor para la salud general es limitar o eliminar significativamente todos los tipos de carne: roja y blanca. El Dr. Campbell explica además su idea de que la proteína animal (además de las grasas animales) está implicada en la aparición de enfermedades:

> En lo que a los niveles de colesterol se refiere, realmente estoy convencido de que tanto el tipo como la cantidad de proteína de la dieta resultan más significativos que la grasa saturada. Desde luego, tienen más relevancia que el colesterol de la dieta. Sabemos que la proteína animal ejerce un rápido e importante impacto sobre las enzimas involucradas en el metabolismo del colesterol. Ya afecte al sistema inmune, distintos sistemas enzimáticos, la aparición de carcinógenos en las células o las actividades hormonales, la proteína animal por lo general solo hace trastadas[14].

Probablemente resulte imposible determinar cuál de los componentes de los productos animales provoca el peor perjuicio. Sin embargo, está claro que si bien los norteamericanos luchan en vano incluso por reducir marginalmente la cantidad de grasa de su dieta, continúan consumiendo altos niveles de productos animales y muy pocos productos frescos no refinados.

> Es posible disminuir los niveles de colesterol reduciendo tanto la grasa saturada como la proteína animal al tiempo que se incrementa el consumo de proteína de origen vegetal.

Recuerda que aquellos países del mundo y regiones de China que presentaban tasas increíblemente bajas de enfermedades en Occidente no debían su buena salud al simple hecho de incluir una ínfima cantidad de grasa en su dieta, sino a su costumbre de tomar principalmente productos vegetales no refinados. Esas personas no se dedicaban a comer tarta de queso y patatas fritas «sin grasa».

Nunca olvides que la cardiopatía coronaria y su resultado final —que son los ataques cardíacos, causa de muerte número uno entre todos los hombres y las mujeres norteamericanos— es casi un 100 por 100 evitable. Estudiando a fondo los datos de mortalidad país por país recogidos por la Organización Mundial de la Salud, descubrí que en la mayoría de los países más pobres, que invariablemente consumen pocas cantidades de productos animales, menos del 5 por 100 de la población adulta muere a causa de ataques cardíacos[15]. El Proyecto China confirmó que las poblaciones que siguen una dieta casi vegetariana durante toda su vida virtualmente no sufren ataques cardíacos, y que también están prácticamente exentas de este problema las poblaciones que siguen una dieta rica en alimentos naturales de origen vegetal, en las que menos del 10 por 100 de las calorías provienen de productos animales.

Mi observación de los datos mundiales está sustentada por estudios de norteamericanos vegetarianos y no vegetarianos[16]. Estas investigaciones demuestran que los mayores factores de riesgo asociados a las enfermedades del corazón —tabaquismo, inactividad física, consumo de alimentos procesados y de alimentos de origen animal— son perfectamente evitables. Cada muerte provocada por un ataque cardíaco es una tragedia todavía mayor porque posiblemente podría haber sido prevenida.

## CÓMO ENTENDER LOS CONTRADICTORIOS Y CONFUSOS ESTUDIOS SOBRE EL CÁNCER

Los datos del Proyecto China también ayudan a explicar algunos descubrimientos derivados del Estudio de la Salud de las Enfermeras de Boston, como por ejemplo que las mujeres norteamericanas que reducían su consumo de grasas sorprendentemente no quedaban expuestas a un riesgo menor de sufrir cáncer de mama[17]. En primer lugar, el 29 por 100 de las calorías consumidas por las participantes que seguían la dieta de bajo contenido graso provenían de la grasa. Y esa sigue siendo una dieta de alto contenido graso (al menos según mis parámetros), incluso más que la que seguía el grupo que más grasa consumía en China. Es como dejar de fumar tres paquetes al día y fumar dos con la esperanza de que el riesgo de sufrir cáncer de pulmón disminuya significativamente. A propósito: el grupo de chinos que consumía menor cantidad de grasa, cuya dieta estaba compuesta casi en su totalidad por productos vegetales, obtenía el 6 por 100 de sus calorías de la grasa; y en el caso del grupo que seguía una dieta rica en grasas, las calorías derivadas de esta sustancia representaban un 24 por 100 del total.

Segundo, las mujeres que aseguraban consumir menos grasa en el Estudio de la Salud de las Enfermeras en realidad consumían tantas o más calorías derivadas de la proteína animal que aquellas que seguían la dieta con mayor contenido graso, y la cantidad de productos frescos vegetales no refinados no aumentaba. El grupo que consumía menos grasa en China no tomaba ni remotamente la cantidad de alimentos procesados que consumimos en Occidente. Sus tasas de cáncer eran tan bajas no solamente porque su dieta contenía muy poca grasa y proteína animal, sino también porque, a diferencia de los norteamericanos, ellos comían una gran cantidad de verduras.

Hablando en términos generales, la razón por la que la evidencia del Proyecto China resulta tan convincente es que los resultados de los estudios sobre la población realizados en Occidente no son muy precisos. Por lo general, estudian a sujetos que han introducido algún cambio moderado en su dieta ya entrados en la adultez, lo que implica que en todos los casos estas personas han superado la edad en la que la influencia dietética ejerce su mayor efecto. Ciertos cánceres, como el de mama y próstata, están sumamente determinados por la forma en que hemos comido en nuestros primeros años de vida, en especial justamente antes y después de la pubertad.

Después de estudiar múltiples enfermedades, no simplemente un tipo de cáncer, los investigadores que participaron en el Proyecto China llegaron a la siguiente conclusión: «Al parecer, no existe un umbral más allá del cual una mayor ingesta de alimentos de origen vegetal o la reducción del consumo de productos animales deje de prevenir enfermedades. Estos descubrimientos sugieren que incluso el empleo moderado de alimentos de origen animal está asociado a un incremento significativo en la concentración de colesterol en el plasma, lo que a su vez está vinculado a un considerable aumento en las tasas de mortalidad derivadas de enfermedades degenerativas crónicas»[18]. En otras palabras, las poblaciones con muy bajos niveles de colesterol no solo presentan una incidencia muy baja de enfermedades cardíacas, sino también de cáncer.

Lo que revela esta investigación es simple: si los norteamericanos continúan practicando la indiferencia nutricional, sufrirán las consecuencias. No esperes ninguna protección significativa derivada de cambios marginales.

## EL CÁNCER ES UNA ENFERMEDAD CAUSADA POR UN DÉFICIT DE FRUTAS Y VERDURAS

Las frutas y las verduras son los dos tipos de alimentos que mejor se correlacionan con la longevidad humana. Ningún pan de trigo integral, ningún salvado, ni ninguna dieta vegetariana muestran una relación tan poderosa con la longevidad como un elevado consumo de fruta y verdura cruda en ensalada[19]. El Instituto Norteamericano del Cáncer recientemente amplió la información sobre 337 diferentes estudios; todos ellos exponían la misma información básica[20]. A saber:

1. Las verduras y las frutas protegen contra todos los tipos de cáncer si se las consume en raciones suficientemente cuantiosas. Cientos de estudios científicos documentan este hecho. Los cánceres más predominantes en Estados Unidos son, en su mayoría, enfermedades causadas por la deficiencia de productos de origen vegetal.

2. Las verduras crudas son los alimentos que mayores propiedades anticancerígenas ofrecen.

3. Los estudios llevados a cabo para determinar si los comprimidos vitamínicos, que contienen múltiples nutrien-

tes (como folato, vitamina C y vitamina E), consiguen reducir la incidencia del cáncer dan resultados poco claros;
a veces muestran un efecto ligeramente provechoso, pero
en la mayoría de los casos parecen no aportar ningún beneficio. Ocasionalmente algunos estudios muestran que
tomar nutrientes de forma aislada resulta perjudicial,
como ya explicamos en el capítulo 3 al referirnos al betacaroteno.
4. Las judías en general, no solo las habas de soja, poseen
   cualidades anticancerígenas adicionales; en concreto, en
   cuanto a los cánceres que afectan a los órganos reproduc-
   tores, como el de mama y próstata[21].

La mayoría de los norteamericanos preferirían tomar un comprimido para poder seguir adelante con lo que están acostum-
brados a comer. ¿Te imaginas un comprimido producido por una
empresa farmacéutica que pudiera reducir las tasas de cáncer en
un 80 por 100 o más? ¿No sería el producto médico de mayor
éxito económico de todos los tiempos? Estarías loco si no toma-
ras ese producto para vivir más.

Las propiedades anticancerígenas y protectoras que nos aportan los alimentos revelan el punto crucial del fracaso de la medicina moderna. Después de asignar y donar miles y miles de millones de dólares a la investigación del cáncer, no tenemos nada
que mostrar. Estamos perdiendo la guerra contra esa enfermedad
porque nos hemos embarcado en la búsqueda incesante de una
cura imposible de hallar, cuando en realidad la única manera en que
podemos salir victoriosos es mediante la eliminación de las causas
que desencadenan la enfermedad.

Puedes cerrar este libro y guardarlo ahora mismo, siempre que
seas capaz de incorporar a tu vida este cambio dietético fundamental: consumir elevados niveles de frutas, verduras de hoja verde y

judías. Esta es la clave tanto para perder peso como para disfrutar de una buena salud. En el capítulo 8 te enterarás de qué cantidad exacta de verduras y judías tienes que comer y aprenderás a incorporarlas a tu dieta convirtiéndolas en platos de lo más sabrosos.

## UNA DIETA VEGETARIANA NO GARANTIZA LA BUENA SALUD

Las personas que omiten la carne roja, las aves y los productos lácteos pero se llenan de pan, pasta, pretzels, rosquillas de pan, tortitas de arroz y galletas saladas posiblemente estén siguiendo una dieta de bajo contenido graso, pero dado que contiene tan pocas vitaminas, minerales, fitoquímicos, ácidos grasos esenciales importantes y fibra, resulta evidentemente inadecuada y nadie debería esperar una adecuada protección contra el cáncer a partir de esa forma de alimentarse. Además, puesto que estos cereales refinados contienen muy poca fibra, no provocan sensación de saciedad hasta después de que el organismo haya absorbido sus excesivas calorías. En otras palabras, sus proporciones entre nutrientes y calorías y nutrientes y fibra son extremadamente bajas.

Permíteme repetir esto una vez más para que te quede claro: seguir una dieta estrictamente vegetariana no es tan importante como seguir una dieta rica en fruta y verdura. Un vegetariano cuya dieta consiste principalmente en cereales refinados, cereales para desayuno de consumo en frío, productos procesados de herbolario, comidas rápidas vegetarianas, arroz blanco y pasta tendrá una salud bastante peor que la de una persona que consume un poco de pollo o huevos, por ejemplo, pero lo compensa con una gran cantidad de fruta, verduras y judías.

Varios estudios han confirmado este hecho; en efecto, muchos han demostrado que los vegetarianos viven bastante más que los no vegetarianos[22]. Pero cuando analizamos los datos más minuciosamente, notamos que los sujetos que no seguían la dieta de forma tan estricta presentaban estadísticas de longevidad igualmente impresionantes siempre que consumieran un gran volumen y variedad de productos vegetales no refinados. Recuerda que los veganos (vegetarianos estrictos que no consumen lácteos ni ningún alimento de origen animal) casi nunca sufren ataques cardíacos a largo plazo. Si tienes alguna enfermedad del corazón o una marcada historia familiar de cardiopatía, deberías considerar la posibilidad de evitar todos los productos de origen animal. Citaré a una autoridad respetable, el Dr. William Castelli, director del afamado Estudio Framingham de Corazón, de Massachusetts:

> Tendemos a burlarnos de los vegetarianos, pero a ellos les va mucho mejor que a nosotros. Los veganos tienen niveles de colesterol tan bajos que casi nunca sufren ataques cardíacos. El promedio de su colesterol en sangre es 125, y en el estudio Framingham jamás hemos visto que nadie sufra un ataque cardíaco con un nivel inferior a 150.

La investigación demuestra que aquellos que evitan la carne y los lácteos presentan tasas inferiores de enfermedades del corazón, cáncer, hipertensión, diabetes y obesidad[23]. Los datos no dejan lugar a duda: los vegetarianos viven más. Probablemente, mucho más.


## ¿Cuánto más viven los vegetarianos?

Se trata de una pregunta difícil de responder con precisión, puesto que existen pocos estudios de personas que sigan una dieta vegetariana de por vida y residan en países dotados de electricidad, refrigeración, buenos servicios de saneamiento y una nutrición adecuada. Los estudios norteamericanos llevados a cabo en 1984 sobre los Adventistas del Séptimo Día, un grupo religioso que enseña a sus miembros a comer adecuadamente y a llevar una vida sana, arrojan algo de luz sobre esta cuestión. Los adventistas desaconsejan tomar carne roja, aves y huevos, pero prohíben el cerdo. Puesto que incorporar productos animales a su dieta solo está desaconsejado y no necesariamente prohibido, las cifras que reflejan el consumo de este tipo de alimentos entre este grupo social varían considerablemente. Algunos adventistas nunca comen carne ni huevos, mientras que otros los toman a diario. Al analizar minuciosamente los datos de estos sujetos se aprecia que los que vivieron más tiempo fueron quienes habían seguido durante más años la dieta vegetariana, y que el subgrupo que había seguido una dieta vegetariana durante al menos la mitad de su vida al parecer había vivido unos 13 años más que el resto de los californianos no fumadores[24]. La mayoría de las personas que participaron en este estudio se habían convertido a la religión en la edad adulta; no habían nacido en dicha fe. Por esa razón el estudio no incluye datos sobre individuos que hubiesen seguido esa dieta desde la infancia. Sin embargo, los datos de tan minuciosa investigación resultan sumamente convincentes, y lo que me resulta de mayor interés a mí es la asociación entre el consumo de ensaladas de hojas verdes y la longevidad[25]. Las verduras de hoja verde, que son los alimentos más ricos en nutrientes del planeta, actuaron en este estudio como el mejor elemento de predicción de la longevidad extrema.

Algunos expertos en nutrición argumentarían que un vegetariano estricto que sigue una dieta rica en productos vegetales naturales, sin cereales refinados, tiene un potencial de longevidad incluso mayor, tal como indica la evaluación de los datos del Proyecto China junto a cientos de estudios menores sobre el consumo alimentario. Pero, por supuesto, esto sigue siendo una especulación, aunque fundamentada. No vamos a discutir si es aconsejable comer algo de productos animales o no, para no distraer la atención del punto sobre el que no puede existir contradicción ni desacuerdo:

> Ya sigas una dieta vegetariana o le incluyas una pequeña cantidad de alimentos de origen animal, para conseguir una salud óptima, la mayoría de tus calorías debe provenir de los alimentos vegetales no refinados. El consumo de una gran cantidad de alimentos vegetales no refinados es lo que garantiza la mayor protección frente al desarrollo de enfermedades graves.

## EL MISTERIO DEL CÁNCER DE MAMA Y DE PRÓSTATA HA QUEDADO RESUELTO

Se ha escrito muchísimo sobre las causas del cáncer de mama (existen libros enteros dedicados a este tema), pero aun así las mujeres continúan confundidas. Esta sección deberían leerla también los hombres, sin saltársela. Porque los hombres tienen madres, hijas, hermanas y esposas a las que deben ayudar a protegerse, y además porque los mismos factores que causan cáncer de mama provocan cáncer de próstata. Los hombres con un historial de cáncer de mama en su familia presentan un riesgo mayor de desarrollar cáncer de próstata, y las mujeres con historia familiar de cáncer de próstata corren un riesgo más elevado de sufrir cáncer de mama[26]. Es decir, que existe un fuerte vínculo entre estos dos cánceres sensibles a las hormonas.

Las mujeres norteamericanas presentan ahora un riesgo dos veces superior de desarrollar cáncer de mama que hace cien años, y la mayor parte de este incremento ha tenido lugar en los últimos cincuenta. A pesar de todo el miedo y la publicidad, las mujeres norteamericanas siguen teniendo muy poco claro lo que pueden hacer para protegerse, y los investigadores que buscan una causa simple no han hecho más que frustrarse. La razón es que el cáncer de mama, como la mayoría de los cánceres, es multicausal. Resulta fundamental considerar los numerosos factores que contribuyen simultáneamente a la aparición de la enfermedad para comprender el rápido crecimiento de la incidencia del cáncer de mama en las últimas décadas. En la actualidad sabemos mucho más que antes sobre las causas del cáncer de mama, y la buena noticia es que la genética desempeña un papel menor y que la enfermedad no aparece de forma aleatoria. Eso quiere decir que podemos ganar la guerra contra el cáncer de mama.

## Comprendamos los factores que participan en el desarrollo del cáncer

La carcinogénesis, que es el proceso que conduce al cáncer, al parecer tiene lugar a través de una serie de pasos. Se trata de un proceso de múltiples etapas que comienza con un daño celular precanceroso y gradualmente deriva en cambios de mayor malignidad. El primer paso es el desarrollo de anomalías celulares, que eventualmente derivan en cáncer. Esto suele ocurrir durante la adolescencia, y poco después de la pubertad[27]. Recuerda que las prácticas nutricionales poco sanas durante la infancia causan una excesiva producción de hormonas sexuales y cambios patológicos prematuros en el tejido mamario que preparan el terreno para el cáncer muchos años después.

Sabemos que la pubertad a una edad temprana es un marcador significativo de riesgo, y también sabemos que una abrumadora cantidad de evidencia demuestra que las hormonas ováricas desempeñan un papel crucial, en todas las etapas, en el desarrollo del cáncer de mama[28]. Los médicos sabemos que cuanto antes madura una mujer, teniendo en cuenta la edad de su primer período menstrual, mayor es el riesgo de que desarrolle cáncer de mama[29]. Tanto la menarquia prematura (el inicio de la menstruación) como un peso corporal excesivo son marcadores de un mayor riesgo de cáncer de mama[30].

Pero no solo las mujeres están afectadas por las hormonas sexuales; una madurez prematura en el hombre también es un marcador de riesgo de cáncer de próstata y de cáncer testicular[31]. Si crecemos y maduramos más rápidamente, incrementamos nuestro riesgo de sufrir cáncer y envejecemos a mayor velocidad. Lo mismo se observa en los animales de laboratorio: si los alimentamos para que crezcan con mayor rapidez, mueren más jóvenes[32].

El mal dato es que la aparición de la menstruación cada vez se produjo a edades más tempranas en las sociedades occidentales durante el pasado siglo[33]. La edad promedio en Estados Unidos es actualmente de 12 años. Según la Organización Mundial de la Salud, la edad promedio en la que comenzaba la pubertad en 1840 eran los 17[34].

Durante el período en el que la edad de la menarquia ha bajado de los 17 a los 12 años en el mundo occidental y en Estados Unidos, se ha producido un cambio concomitante en los hábitos alimentarios occidentales. Ha aumentado el consumo de grasas, carbohidratos refinados, queso y carne, y ha descendido enormemente el consumo de carbohidratos complejos, como plantas ricas en almidón. Estudios modernos llevados a cabo sobre niños que siguen dietas vegetarianas caracterizadas por un elevado consumo de carbohidratos complejos y nada de carne demuestran que la menarquia aparece más tarde y que, como era de esperar, la incidencia del acné se reduce considerablemente[35]. Un mayor consumo de alimentos animales produce un mayor nivel de hormonas relacionadas con la función reproductora y el crecimiento prematuro[36]. Estas anomalías hormonales persisten hasta la adultez[37].

Los fibromas uterinos también se desarrollan a partir de un déficit dietético de frutas y verduras y una elevada ingesta de carne. A medida que sube el consumo de carne y disminuye el de productos vegetales, el riesgo de desarrollar fibromas aumenta de forma proporcional[38]. En otras palabras, lo que en nuestros primeros años de vida prepara el terreno para la enfermedad son nuestros malos hábitos alimentarios. El cáncer de mama y de próstata resultan claramente afectados por nuestras prácticas dietéticas durante la juventud.

## EDAD DE LA PUBERTAD A TRAVÉS DE LOS AÑOS

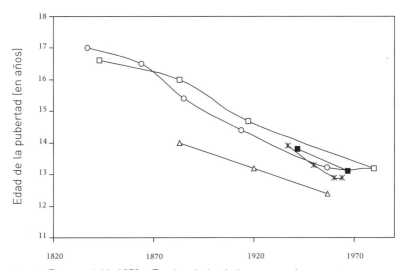

*Fuente*: Tanner, J. M. 1973. «Tendencia hacia la menarquia prematura en Londres, Oslo, Copenhague, Holanda y Hungría»; *Nature*, 243: 75-76.

Diversos estudios, primero europeos y luego norteamericanos, han indicado que la riqueza proteínica de la dieta es un marcador más sensible de menarquia prematura que el mayor peso corporal[39]. Esta conclusión encaja con los datos que relacionan la menarquia prematura con un mayor consumo de proteína animal en niñas de Sudáfrica[40]. Luego, en los años 90, cuando se analizaron minuciosamente los datos del colosal Proyecto China-Cornell-Oxford, comprobamos una vez más la alta correlación entre la incidencia del cáncer de mama y el consumo de productos animales[41].

En China, la ingesta de productos de origen animal se relacionaba perfectamente con la menarquia prematura y unos niveles más elevados de hormonas sexuales. Los niveles de testosterona en suero mostraban la correlación con el cáncer de mama incluso mejor que los de estrógeno. Digno de mención es el hecho de que cuanto más suben los niveles de testosterona, más crece el riesgo de desarrollar cáncer, tanto de mama como de próstata. La testosterona sube también con mayores niveles de obesidad, así que tener sobrepeso se convierte en otro factor de riesgo importante[42].

Lo que hace que los datos del Proyecto China resulten tan fascinantes es que la incidencia de cáncer de mama en China es muy baja en comparación con la de los países occidentales, y que el consumo de productos animales es muchísimo más bajo que en Estados Unidos. Incluso aquellas personas que en China comen mayoritariamente productos animales, lo hacen en menor medida que la mitad de los norteamericanos. El estudio demostró que a medida que el consumo de productos animales subía desde alrededor de una vez a la semana en el tercio más bajo hasta aproximadamente cuatro veces a la semana en el tercio más alto, el índice de cáncer de mama se incrementaba en un 70 por 100. Es importante destacar que la única diferencia entre las dietas era la incorporación de carne en diferentes cantidades. El consumo de verduras frescas en todos los grupos era aproximadamente el mismo, lo cual reducía considerablemente las posibilidades de que surgieran variables confusas. En resumen, lo que se observó fue un fuerte incremento en la incidencia de la mortalidad por cáncer de mama cuanto mayor era el consumo de productos de origen animal.

En Estados Unidos se come una ingente cantidad de queso. El récord de crecimiento en el consumo de este producto es alarmante: un 182 por 100 en los últimos 30 años[43]. El queso contiene más grasa saturada y más sustancias cargadas de hormonas que ningún otro alimento, razón por la cual la incidencia de los cánceres sensibles a las hormonas se ha disparado.

A pesar de los estudios que no muestran una marcada asociación entre la enfermedad y la introducción de pequeñas modificaciones en el consumo de grasa a una edad más avanzada, los grandes cambios llevados a cabo en la juventud tienen enormes repercusiones[44]. Cuando analizamos la dieta que seguimos durante toda nuestra vida, la carne y los lácteos continúan representando un importante factor en el desarrollo del cáncer de mama[45].

En aquellas poblaciones en las que menos del 10 por 100 de sus calorías derivan de productos animales, prácticamente no se observan casos de este tipo de cáncer[46]. Tras revisar numerosos estudios sobre este tema publicados en el *Journal of the National Cancer Institute* de Estados Unidos, un grupo de prominentes científicos llegó a la conclusión de que las investigaciones que no conseguían establecer la relación entre el consumo de productos animales y el cáncer de mama conllevaban problemas metodológicos[47].

## Desvelamos el mito de la proteína

Desde la infancia nos han inducido a creer que la proteína animal es un nutriente que deberíamos valorar mucho. Hemos crecido con la idea de que los alimentos son buenos para nosotros si nos ayudan a crecer más y más rápido. Pero nada se aleja más de la realidad.

El público y también los medios están bastante confundidos sobre este tema, puesto que continúan vinculando el concepto de una *mejor nutrición* a la madurez prematura y a una estatura superior, que en realidad se deben a nuestro elevado consumo de proteína y grasa animal. Estas desfavorables tendencias son señaladas una y otra vez como hechos positivos. En el pasado, varios escritores y nutricionistas han equiparado el crecimiento rápido con la salud. Yo creo que un índice superior de crecimiento no es bueno. Cuanto más lentamente crezca un niño, más lentamente estará envejeciendo. Un crecimiento más pausado, que requiera más tiempo para alcanzar la madurez, predice una vida más larga según diversos estudios realizados en animales[48]. Y estamos descubriendo que lo mismo sucede con los humanos: un crecimiento anormalmente rápido y una pubertad prematura son factores de riesgo de cáncer y otras enfermedades en etapas posteriores de la vida. Continuamente surge nueva evidencia que demuestra que los mismos factores que conducen a una madurez prematura y a un crecimiento excesivo en la infancia aumentan la incidencia del cáncer en general, no solo de mama y de próstata[49]. Excluyendo la desnutrición o las enfermedades graves, cuanto más lentamente crecemos y maduramos, más vivimos.

La otra cara de la historia es que no solo la grasa de los productos animales causa cáncer y enfermedades cardíacas. La proteína animal también se está forjando una mala reputación entre los investigadores y científicos nutricionales por culpa de los resultados de múltiples estudios. En efecto, se ha descubierto un vínculo entre la proteína animal y el cáncer, tanto en laboratorio como en estudios epidemiológicos realizados en humanos, y existen pruebas de que reducir el consumo de proteína animal ralentiza el proceso de envejecimiento[50].

La ingesta de productos animales en general está proporcionalmente asociada a múltiples tipos de cáncer. Un riguroso y amplio estudio internacional que recogió datos de 59 países diferentes demostró que los hombres que consumían principalmente carne roja, aves y productos lácteos eran los que más probabilidades tenían de morir de cáncer de próstata, mientras que aquellos que se alimentaban a base de productos vegetales no refinados y frutos secos eran los menos expuestos a sucumbir a dicha enfermedad[51].

Otro estudio llevado a cabo en Alemania descubrió que la incidencia del cáncer de colon y el cáncer rectal se reducía en aproximadamente un 50 por 100 entre los vegetarianos adultos. Sin embargo, el hecho de seguir una dieta vegetariana durante más de 20 años estaba vinculado a una reducción considerablemente mayor (aproximadamente del 75 por 100) de los cánceres y la mortalidad por causas múltiples[52]. En otras palabras, el grado de protección guardaba relación directa con el número de años de dieta vegetariana. Otros estudios sobre este mismo tema en diferentes países revelan prácticamente lo mismo[53]. Las causas de enfermedad comienzan a acumularse de forma temprana.

Ya está más que probado que la exposición a ciertos químicos ilegalizados, especialmente el PCB y el DDT, puede promover cambios patológicos incluso mayores. Las mujeres que desarrollan cáncer de mama muestran una concentración más elevada de estos químicos en su tejido mamario que las mujeres que no tienen cáncer[54]. Esto también ha sido observado en Long Island, Nueva York, donde la tasa de cáncer de mama es particularmente alta. Los investigadores plantean la hipótesis de que el consumo de pescado costero produce una mayor exposición a estos químicos, que todavía permanecen en el medio ambiente. Además de todo esto, debemos tener en cuenta la exposición a las grasas trans y a los compuestos cancerígenos que se liberan al preparar la carne roja, el pescado o las aves a la parrilla, fritos o a la barbacoa[55]. Claramente, la determinación de la causa del cáncer es una cuestión complicada y multifactorial.

---

### Cánceres asociados a un mayor consumo de productos animales[56]

- cáncer de cerebro
- cáncer de colon
- cáncer de estómago
- cáncer de hígado
- cáncer de mama
- cáncer de ovario
- cáncer de piel
- cáncer de próstata
- cáncer de pulmón
- cáncer de vejiga
- cáncer endometrial
- cáncer intestinal
- cáncer orofaríngeo
- cáncer pancreático
- leucemia
- linfoma

---

## El ejercicio reduce considerablemente el riesgo de cáncer

Científicos de la Universidad de Tromsø (Noruega) confirman que las mujeres que practican ejercicio físico con regularidad reducen sustancialmente su riesgo de desarrollar cáncer de mama. En su investigación participaron más de 25.000 mujeres, cuyas edades en el momento de incorporarse al estudio oscilaban entre los 20 y los 54 años. Los investigadores comprobaron así que el índice de riesgo en las mujeres premenopáusicas más jóvenes (de menos de 45 años de edad) que se ejercitaban regularmente era un 62 por 100 más bajo que en las mujeres sedentarias, y que la reducción de dicho riesgo era todavía más evidente entre las mujeres delgadas que practicaban ejercicio físico más de cuatro veces a la semana, puesto que en su caso alcanzaba el 72 por 100.

La dieta y el ejercicio desempeñan un papel mucho más importante en la prevención del cáncer que las mamografías y otros métodos de detección. Recuerda que las mamografías simplemente detectan, no previenen, el cáncer; muestran la enfermedad solo cuando las células cancerosas llevan varios años proliferándose[57]. Para ese entonces, la mayoría de los cánceres ya se han extendido desde su localización original y extirpar el tumor quirúrgicamente no cura. Solo una minoría de mujeres a las que se les detecta el cáncer de mama mediante una mamografía demuestra un porcentaje superior de supervivencia, debido precisamente a la detección temprana[58]. A la mayoría les habría dado igual detectarlo más tarde. No estoy intentando disuadir a las mujeres de entre 50 y 65 años de que se hagan las correspondientes mamografías; en realidad, mi mensaje es que *eso solo* resulta insuficiente. Las mamografías, que no hacen nada por prevenir el cáncer de mama, tienen una gran publicidad, mientras que las mujeres no oyen hablar en absoluto sobre lo mucho que pueden hacer para prevenir y protegerse del cáncer de mama.

No subestimes el efecto que causa una dieta superior sobre la eliminación y reparación gradual del daño causado por años de abusos. No te desanimes simplemente porque no puedas disminuir tu riesgo a cero por culpa de errores cometidos en el pasado. Lo mismo podría decirse de los fumadores. ¿Tendrían que seguir fumando simplemente porque su riesgo de desarrollar cáncer no pueda reducirse a cero? En realidad, los índices de cáncer de pulmón son considerablemente más bajos (alrededor de una quinta parte) en los países que consumen una gran cantidad de productos vegetales, a pesar de que allí fuman como locos[59]. Las verduras y las frutas crudas ofrecen una poderosa protección; y entre ellos, las verduras de hoja verde son los productos más protectores de todos[60].

A lo que apunto principalmente es a que la población occidental ha estado ignorando estas intervenciones capaces de salvar vidas. Si buscamos más respuestas es porque las que hemos encontrado no nos gustan. Nuestra más poderosa artillería en la guerra contra el cáncer de mama, y el cáncer en general, es seguir el consejo general que presenta este libro y comenzar a una edad lo más temprana posible.

## Incrementar la supervivencia de los pacientes de cáncer

Sería difícil para cualquiera negar que la nutrición superior ejerce un efecto protector contra el cáncer. Lo que tenemos que preguntarnos ahora es: ¿una nutrición óptima o una intervención nutricional pueden convertirse en métodos terapéuticos eficaces en pacientes que ya padecen cáncer? ¿La dieta que consumes puede marcar la diferencia si ya has desarrollado un cáncer? Los datos científicos indican que la respuesta es afirmativa.

En busca de respuestas a estas preguntas, varios grupos de investigadores estudiaron a mujeres con cáncer y descubrieron que la grasa saturada presente en su dieta repercutía en una extensión más rápida de la enfermedad[61]. Otros estudios arrojaron resultados similares. En una mujer con cáncer, su riesgo de morir se incrementaba en un 40 por 100 por cada 1.000 g de grasa consumida al mes[62]. Otras investigaciones también indicaron

que un elevado consumo de fruta y verdura mejoraba la supervivencia, y que la grasa en el cuerpo incrementaba el riesgo de
muerte prematura[63].

En la literatura científica aparecen resultados similares en relación con el cáncer de próstata y la dieta, lo cual refuerza la idea
de que los alimentos consumidos ejercen un poderoso efecto sobre la supervivencia de quienes padecen cáncer de próstata[64].
Para los humanos, *consumir una excesiva cantidad de alimentos procesados y una excesiva cantidad de productos animales resulta tóxico,
sin duda.*

| Proteína animal | Proteína vegetal |
| --- | --- |
| eleva el colesterol | reduce el colesterol |
| promueve el cáncer | protege contra el cáncer |
| promueve la pérdida de hueso | promueve la fortaleza ósea |
| promueve las enfermedades renales | ningún efecto |
| acelera el envejecimiento | ningún efecto |
| | |
| *Cargada de:* | *Cargada de:* |
| grasa saturada | fibra |
| colesterol | fitoquímicos |
| ácido araquidónico | antioxidantes |

Cuando se la consume en un volumen significativo, la proteína animal —y no solo la grasa— se convierte en un  nutriente tóxico para los humanos, una reputación que se está ganando
a pulso. Pero cada vez son más los libros que enumeran los beneficios de las dietas de alto contenido proteico para perder peso,
y lo peor es que están obteniendo mucha publicidad. El proble-

ma añadido es que un gran número de norteamericanos desea mantener su adicción a los productos animales de alto contenido graso y pocos nutrientes, y que dichos consumidores forman un enorme mercado para tanta charlatanería, que suena científica, pero es todo lo contrario.

En la actualidad, el vínculo entre el consumo de productos animales y un gran número de enfermedades está tan firmemente establecido en la literatura científica como el vínculo entre el tabaquismo y el cáncer de pulmón. Por ejemplo, un estudio minucioso descubrió que los sujetos que comían carne, incluyendo aves y pescado, tenían el doble de probabilidades de desarrollar demencia (pérdida de la función intelectual con el envejecimiento) que sus iguales vegetarianos[65]. Esta discrepancia se amplió todavía más cuando se tomó en cuenta el consumo de carne en años pasados. La misma dieta cargada de productos animales que causa enfermedades cardíacas y cáncer también provoca la mayoría de las enfermedades que prevalecen en el mundo occidental, incluidas las piedras en el riñón, la insuficiencia renal y el fallo renal, la osteoporosis, los fibromas uterinos, la hipertensión, la apendicitis, la diverticulosis y la trombosis[66].

## ¿LOS PRODUCTOS LÁCTEOS NOS PROTEGEN DE LA OSTEOPOROSIS?

Los productos lácteos tienen una excelente fama en Estados Unidos; de hecho, la mayoría de la gente considera que una dieta sin lácteos es poco saludable. ¿Cómo podríamos obtener suficiente calcio para nuestros huesos si no dispusiéramos de estos productos? Analicemos ahora esta sabiduría que aceptamos sin cuestionarla: ¿es cierta, o nos han lavado el cerebro tras años y años de información incorrecta y campañas de publicidad?

Las fracturas de cadera y la osteoporosis son más frecuentes en las poblaciones que consumen habitualmente productos lácteos y cuya ingesta de calcio suele ser alta. Por ejemplo, las mujeres norteamericanas beben entre 30 y 32 veces más leche de vaca que las de Nueva Guinea, y sin embargo sufren 47 veces más fracturas de cadera. Un análisis realizado en diversos países sobre la incidencia de las fracturas de cadera y el consumo de productos lácteos descubrió que, estadísticamente, el consumo de leche está muy vinculado a una tasa superior de fracturas de huesos[67].

¿Este dato sugiere que tomar leche de vaca produce osteoporosis? Desde luego, cuestiona el continuo mensaje publicitario del Consejo Norteamericano de Productos Lácteos, que asegura que beber leche de vaca previene dicha enfermedad. El principal descubrimiento del Estudio de la Salud de las Enfermeras, que incluyó a 121.701 mujeres de entre 30 y 55 años cuando se inició la investigación en 1976, fue que los datos no sustentan la hipótesis de que tomar leche proteja contra las fracturas de cadera o antebrazo[68]. De hecho, quienes bebían tres o más raciones de leche al día mostraban un índice ligeramente superior de fracturas que las mujeres que tomaban poca leche o nada en absoluto.

Esto no significa que los lácteos provoquen osteoporosis. Sin embargo, sí sugiere que los productos lácteos *no* nos protegen de ella, tal como nos han hecho creer desde la infancia. Es más bien lo contrario: varios estudios demuestran que lo que sí refuerza nuestro tejido óseo es el consumo de frutas y verduras[69].

La osteoporosis tiene una compleja etiología que implica otros factores como el equilibrio ácido-alcalino de la dieta, los oligoelementos, los petroquímicos de las plantas, el ejercicio, la exposición a la luz solar y más. El Dr. Campbell, director de investigación nutricional del Proyecto China, explicó: «Irónicamente, la osteoporosis tiende a ocurrir en países donde la ingesta de calcio es más elevada y la mayor parte de dicha sustancia proviene de productos lácteos ricos en proteínas. Los datos chinos indicaron que las personas necesitan menos calcio de lo que creemos y que es posible conseguir cantidades adecuadas de esta sustancia a partir de alimentos de origen vegetal». Y refirió al *New York Times* que en China básicamente no existía la osteoporosis, a pesar de que la ingesta de calcio en dicho país oscilaba entre los 241 y 943 mg al día (en promedio, 544). Las cifras en Estados Unidos son otras: 841 a 1.435 mg al día (en promedio), que en su mayor parte proviene de fuentes lácteas. Por supuesto, en Norteamérica la osteoporosis es un importante problema de salud pública.

Para comprender las causas de la osteoporosis, es necesario entender el concepto del balance negativo de calcio. Imaginemos que consumes alrededor de 1.000 mg al día. Aproximadamente un tercio de ese calcio ingerido se absorbe. Así que si absorbes aproximadamente 300 mg, los restantes 700 mg permanecen en tu tracto digestivo y finalmente los excretas con la materia fecal. Si, en este mismo período de 24 horas, has excretado 350 mg de calcio a través de la orina, ¿hablaríamos de un balance de calcio positivo o negativo?

|  | Balance negativo | Balance positivo |
|---|---|---|
| Ingerido | 1.000 mg | 500 mg |
| Absorbido | 300 mg | 200 mg |
| Excretado | 350 mg | 100 mg |
| Retenido | − 50 mg | + 100 mg |

Un balance negativo de calcio refleja que se excreta más cantidad de esta sustancia en la orina de la que se absorbe a través de la digestión. Por el contrario, un balance positivo de calcio significa que se absorbe más calcio del que se excreta. Con el paso del tiempo, un balance negativo provoca pérdida ósea, ya que para abastecernos del calcio adicional que necesitamos acabamos recurriendo a nuestro almacén primario de calcio, que son nuestros huesos.

Diversos estudios epidemiológicos han vinculado la osteoporosis a varios factores nutricionales que provocan una excesiva pérdida de calcio en la orina, y no a una baja ingesta de calcio. Esto quiere decir que la continua merma de nuestras reservas de calcio a lo largo de los años, derivada de una excesiva excreción de calcio a través de la orina, es la principal causa de la osteoporosis. Ahora analicemos los factores que contribuyen a esta excesiva excreción urinaria de calcio.

### Factores dietéticos que inducen la pérdida de calcio en la orina[70]

- proteína animal
- sal
- cafeína
- azúcar refinado
- alcohol
- nicotina
- antiácidos con contenido de aluminio
- fármacos como antibióticos, esteroides y hormona tiroidea
- suplementos de vitamina A

Los datos publicados vinculan claramente la mayor excreción de calcio en la orina con la ingesta de proteína animal, pero no con la ingesta de proteína vegetal[71]. Los productos de origen vegetal, si bien en algunos casos pueden incluir una alta proporción de proteína, no forman ácido. Por el contrario, la ingesta de proteína animal provoca una gran carga ácida en la sangre y esto desencadena una serie de reacciones en las que se extrae calcio de los huesos para ayudar a neutralizar el ácido. Los aminoácidos que contienen azufre, propios de los productos animales, contribuyen significativamente a la producción urinaria ácida y a la consiguiente pérdida de calcio[72]. El Estudio de la Salud de las Enfermeras descubrió que, en las mujeres que consumían 95 g de proteína al día, el riesgo de sufrir fracturas de antebrazo era un 22 por 100 más alto que entre aquellas que consumían menos de 68 g[73].

El estudio epidemiológico más exhaustivo relacionado con las fracturas de cadera y la alimentación fue llevado a cabo en el año 1992[74], y sus autores se encargaron de buscar información sobre la incidencia de la fractura de cadera en todos los informes geográficos contrastados llevados a cabo hasta la fecha. Fue así como localizaron 34 estudios publicados sobre mujeres de 16 países. Después de analizarlos, demostraron que las dietas ricas en proteína animal presentaban la mayor correlación con las fracturas de cadera, y específicamente que la correlación entre el consumo de proteína animal y la incidencia de fracturas era de un 81 por 100.

La cantidad adicional de calcio añadida a los productos lácteos simplemente no consigue contrarrestar el poderoso efecto de todos los demás factores que aparecen en el cuadro anterior. El norteamericano medio no solo consume una gran cantidad de proteína, sino también de sal, azúcar y cafeína, y consume muy poca fruta y verdura. Las frutas y las verduras pueden contribuir a neutralizar la carga ácida de toda la proteína animal y a reducir la pérdida de calcio[75]; así pues, necesitamos consumir mucho más calcio para compensar la poderosa combinación de factores que inducen a la pérdida de calcio en la orina.

| País | Ingesta de proteína animal (aproximada gramo/día) | Tasa de fractura de cadera (cada 100.000 personas) |
|---|---|---|
| Sudáfrica (población negra) | 10,4 | 6,8 |
| Nueva Guinea | 16,4 | 3,1 |
| Singapur | 24,7 | 21,6 |
| Yugoslavia | 27,3 | 27,6 |
| Hong Kong | 34,6 | 45,6 |
| Israel | 42,5 | 93,2 |
| España | 47,6 | 42,4 |
| Holanda | 54,3 | 87,7 |
| Reino Unido | 56,6 | 118,2 |
| Dinamarca | 58 | 165,3 |
| Suecia | 59,4 | 187,8 |
| Finlandia | 60,5 | 111,2 |
| Irlanda | 61,4 | 76 |
| Noruega | 66,6 | 190,4 |
| Estados Unidos | 72 | 144,9 |
| Nueva Zelanda | 77,8 | 119 |

Algunos investigadores consideran que es posible compensar nuestra alta ingesta proteínica simplemente consumiendo más calcio[76]. Esta podría ser una solución si nuestro único exceso fuese consumir demasiada proteína animal, pero en el contexto de todo lo demás que hacemos mal en la dieta occidental y en nuestra forma de vida, sinceramente, no tiene mucho sentido.

Un consumo más elevado de leche sencillamente no se traduce en un mayor efecto protector. Tomar suplementos de calcio puede ayudar a reducir un poco la pérdida de esta sustancia y a ralentizar el ritmo de pérdida ósea, pero no lo suficiente: lo que debemos hacer es reducir también las otras causas. Incluso le agregamos vitamina A a la leche, y muchas mujeres toman suplementos de dicha vitamina, lo cual contribuye a que pierdan todavía más calcio[77].

Todos estos factores ayudan a explicar por qué la ingesta de calcio no se correlaciona con una menor tasa de fracturas de cadera en el mundo. Los esquimales son un ejemplo perfecto. Ellos consumen una inmensa cantidad de calcio, más de 2.000 mg diarios, proveniente de todo el cartílago que consumen, y sin embargo presentan el mayor índice de fracturas de cadera del mundo porque consumen un exceso de proteína animal derivada del pescado[78].

## Los mejores alimentos para los huesos: las frutas y las verduras

Las verduras de hoja verde, las judías, el tofu, las semillas de sésamo e incluso las naranjas contienen una gran cantidad de calcio utilizable, sin los problemas asociados a los lácteos. Recuerda que la mejor manera de retener el calcio y no necesitar tanta cantidad es siguiendo una dieta que incluya pocos productos animales, sodio, azúcar y cafeína.

Muchas verduras de hoja verde poseen un índice de absorción de calcio de más del 50 por 100, comparado con el 32 por 100 de la leche[79]. Además, puesto que la proteína animal induce la excreción de calcio en la orina, la retención de esta sustancia a partir del consumo de productos vegetales es mayor. Todas las verduras de hoja verde contienen una elevada proporción de calcio.

La dieta norteamericana basada en el pollo y la pasta contiene una cantidad significativamente baja de calcio; por ello, añadir lácteos a esta dieta pobre en minerales ofrece una solución superficial. Desde luego, es mejor que seguir una dieta que no contenga nada de calcio; sin embargo, lo que allí hace falta es mucho más que calcio. La única razón por la que la leche de vaca está considerada una importante fuente de calcio es que la dieta norteamericana se basa en el consumo de productos animales, cereales refinados y azúcar, todo lo cual carece de calcio. Cualquier dieta sana que contenga una cantidad razonable de productos vegetales no refinados ofrecerá suficiente calcio aunque no incluya leche. Las frutas y las verduras fortalecen los huesos. De hecho, se ha descubierto que quienes consumen grandes cantidades de fruta y verdura presentan una mayor densidad ósea[80]. Los investigadores que observaron este fenómeno llegaron asimismo a la conclusión de que estos productos no solo son ricos en potasio, magnesio, calcio y otros nutrientes esenciales para la salud ósea, sino que, por ser alcalinos (no producen ácido), no ocasionan la pérdida de calcio a través de la orina. Las verduras de hoja verde en particular ejercen un poderoso efecto en la reducción de las fracturas de cadera, puesto que son ricas no solo en calcio, sino en otros nutrientes, como la vitamina K, que es fundamental para la salud ósea[81].

## Niveles letales de vitamina D

Una gran cantidad de estudios ha demostrado que la mayoría de los norteamericanos presentan una grave deficiencia de vitamina D, una condición que no solamente causa osteoporosis, sino una mayor incidencia de enfermedades del corazón, cáncer y enfermedades autoinmunes.

La vitamina D ayuda a mantener niveles saludables de calcio en la sangre, asegurando que esta sustancia esté siempre disponible para el tejido corporal. Incrementa la absorción de calcio en el intestino delgado, disminuye su excreción a través la orina y facilita la liberación de esta sustancia desde el hueso. Una deficiencia de vitamina D puede causar una mayor desmineralización ósea, lo cual implica que los huesos se muestren más débiles y blandos. Está claramente demostrado que tres de cada cuatro norteamericanos deberían tomar un suplemento de vitamina D para prevenir las fracturas y las caídas, además de posiblemente otros objetivos de salud pública, como la salud cardiovascular, la diabetes y el cáncer[82].

Al parecer, la cantidad óptima de vitamina D debe oscilar entre los 35 y los 50 ng/ml[83]. Sin embargo, casi el 80 por 100 de los norteamericanos se sitúa por debajo de ese nivel, y aproximadamente la mitad de la población presenta un nivel de vitamina D por debajo de los 20 ng/ml, lo que resulta peligrosamente bajo. Llevo quince años recomendando a la gente que se haga análisis de sangre para determinar sus niveles de vitamina D y que tome suplementos de esta sustancia. Estas recomendaciones han sido corroboradas recientemente por la Junta de Alimento y Nutrición del Instituto de Medicina y la Academia Norteamericana de Pediatría.

Los estudios de investigación médica que demuestran la efectividad de los suplementos de vitamina D en la reducción del riesgo de fracturas óseas y cánceres depende de dosis significativamente más elevadas que las recomendadas habitualmente, que son de 400 UI al día[84]. La mayoría de las personas necesitan tomar más de 1.000 UI de suplemento de vitamina D para alcanzar adecuados niveles de esta sustancia en sangre y obtener una protección importante frente a la osteoporosis, así como otras enfermedades potencialmente mortales como el cáncer y las cardiopatías. Algunos podrían necesitar tomar dosis incluso más elevadas al principio, a fin de restablecer unos niveles óptimos de esa sustancia en sangre.

La vitamina D está presente de forma natural en muy pocos alimentos; sus principales fuentes son el sol, los productos lácteos fortificados, las setas y los suplementos. Yo no recomiendo el consumo de productos lácteos, y la exposición al sol supone un riesgo innecesario de cáncer de piel, aparición de arrugas y envejecimiento cutáneo. Independientemente del mayor o menor daño que pueda sufrir la piel, lo cierto es que la población occidental simplemente no puede permitirse una adecuada exposición al sol porque trabaja en sitios cerrados y vive en latitudes septentrionales. Por eso, tomar un suplemento diario es la mejor alternativa para establecer y mantener niveles óptimos de vitamina D.

## ¿Entonces, tomo leche o la dejo?

Lo ideal es tomar una cantidad mínima de productos lácteos. Y hay muy buenas razones para limitar su consumo. Por ejemplo, se ha descubierto una fuerte asociación entre la lactosa y la cardiopatía isquémica[85]. También existe un claro vínculo entre los alimentos que propician un alto nivel de crecimiento, como los lácteos, y el cáncer. Se ha apreciado asimismo una correlación entre el consumo de leche y los cánceres de vejiga, próstata, colorrectal y testicular[86]. Por otra parte, la grasa láctea está cargada de diferentes toxinas y es la principal causa de la elevada exposición de las sociedades occidentales a la dioxina[87]. La dioxina es un compuesto químico altamente tóxico que incluso la Agencia de Protección Medioambiental de Estados Unidos admite como causa destacada de muchos tipos de cáncer en quienes consumen productos lácteos, como mantequilla y queso[88]. El queso es también un poderoso inductor de acidez, lo cual incrementa todavía más la pérdida de calcio[89]. Considerando que el queso y la mantequilla son los alimentos con mayor contenido de grasa saturada y la principal causa de nuestra exposición a la dioxina, el queso se convierte en una opción bastante desacertada para obtener calcio.

La leche de vaca está «diseñada» para resultar un alimento perfecto para el ternero durante su crecimiento, pero, como ya he mencionado, los alimentos que estimulan un crecimiento rápido, también provocan el cáncer. Existen pruebas claras que apuntan al consumo de productos lácteos como factor causante de cáncer de próstata y cáncer de ovario[90]. En abril de 2000, el Estudio de la Salud de los Médicos informó que tomar 2,5 raciones de lácteos al día incrementaba en más del 30 por 100 el riesgo de desarrollar cáncer de próstata[91]. Otro estudio controlado llevado a cabo en Grecia ha demostrado una fuerte asociación entre los productos lácteos y el cáncer de próstata[92]. Tras analizar los datos, los autores calcularon que, si la población griega incrementara el consumo de tomate y redujera el de productos lácteos, la incidencia del cáncer de próstata se reduciría en un 41 por 100, y en Estados Unidos sería posible una reducción incluso mayor porque el riesgo inducido por la dieta es todavía superior. Otros estudios han constatado que las probabilidades de desarrollar cáncer prostático se elevaban con un mayor consumo de leche de bajo contenido graso, lo cual sugiere que la potencial amenaza a la salud prostática podría estar más relacionada con la proteína láctea que con la grasa láctea[93].

La proteína láctea dispara la cantidad de IGF-1 en sangre. La IGF-1 está presente en la leche de vaca y se ha demostrado que se concentra en elevadas proporciones en la sangre de aquellos individuos que consumen productos lácteos con regularidad[94]. Se sabe que la IGF-1 estimula el crecimiento tanto de las células normales como de las cancerígenas. Estudios de casos y controles de diversas poblaciones han demostrado una fuerte y consistente asociación entre las concentraciones de IGF-1 en suero y el riesgo de padecer cáncer prostático[95]. Un estudio demostró que los hombres que presentaban los mayores niveles de IGF-1 tenían un riesgo de desarrollar cáncer de próstata cuatro veces superior al de los hombres que mostraban niveles más bajos[96].

Tras investigar el vínculo entre la lactosa (el azúcar de la leche) y el cáncer ovárico entre las 80.326 participantes en el Estudio de Salud de las Enfermeras, la Dra. Kathleen Fairfield y sus asociados informaron que las mujeres que consumían la mayor cantidad de lactosa (una o más raciones de lácteos al día) estaban expuestas a un riesgo 44 por 100 más elevado de sufrir todo tipo de cáncer ovárico invasivo que aquellas que consumían la cantidad más baja (tres o menos raciones al mes). La leche desnatada y de bajo contenido graso resultaron ser los productos que más incitaban al consumo de lactosa[97]. Desde luego, los productos lácteos no son la fuente más sana de calcio.

Quizás el argumento más contundente contra la incorporación de productos lácteos en nuestra dieta es que muchos de nosotros somos intolerantes a la lactosa. Las personas intolerantes a la lactosa, que no digieren bien los lácteos, están expuestas a un permanente bombardeo de información que les hace creer que perderán sus huesos si no consumen productos lácteos en cualquiera de sus formas. Pero en realidad estarían mucho mejor sin ellos.

Si eliges consumir productos lácteos, minimiza la ingesta a cantidades más pequeñas. Recuerda la regla del 90 por 100: debes consumir un 90 por 100 de alimentos de origen vegetal que mejorarán tu salud. Los lácteos pueden formar parte del 10 por 100 restante, pero no son esenciales para una buena salud y, además, acarrean posibles riesgos.

No necesitas consumir productos lácteos para obtener suficiente calcio si sigues una dieta sana. Todos los productos naturales no procesados son muy generosos en calcio; incluso una naranja entera (no en zumo) contiene aproximadamente 60 mg de calcio.

| Calcio en 100 calorías de... | |
|---|---|
| col china | 775 |
| hojas de nabo | 685 |
| col berza | 539 |
| tofu | 287 |
| con rizada | 257 |
| lechuga romana | 194 |
| leche | 189 |
| semillas de sésamo (con cáscara) | 170 |
| brócoli | 114 |
| pepino | 107 |
| zanahorias | 81 |
| coliflor | 70 |
| habas de soja | 59 |
| semillas de lino | 48 |
| pescado | 33 |
| huevos | 32 |
| chuleta de cerdo | 4 |
| chuletón (carne roja) | 3 |

Las autoridades sanitarias en Estados Unidos aconsejan consumir 1.500 mg de calcio al día, lo cual es una cantidad tremendamente elevada. Pero si la recomiendan es por todos los factores que he mencionado anteriormente. Sin embargo, a pesar de que una dosis tan alta de calcio no evitará la aparición de la osteoporosis en una población expuesta a tantos otros factores que sí la provocan, la ingesta extra de esta sustancia conseguirá que el balance negativo resulte menor y, además, ralentizará parcialmente la incidencia de la enfermedad. De todas maneras, la única forma de prevenir la osteoporosis y tener huesos fuertes es hacer ejercicio y eliminar las causas que impulsan una elevada excreción de calcio a través de la orina.

*Comer para vivir* describe una dieta que sí defiende al organismo de la osteoporosis.

# CAPÍTULO 5

# La información nutricional te hace adelgazar

---

**CASO DE ESTUDIO**

¿Te imaginas llegar a perder 151 kilos (333 libras)? Scott se dio cuenta de que la cirugía bariátrica no era una solución para él y, después de mucha investigación, se embarcó en la dieta del Dr. Fuhrman, *Comer para vivir.*

*Empecé a ganar peso en la pubertad. A pesar de que participaba en competiciones de natación, iba en bicicleta a todas partes y jugaba partidos de fútbol y béisbol, seguía engordando.*

*Luego me casé y me convertí en un padre «amo de casa», lo cual era un privilegio, pero también me obligaba a sobrellevar una vida sumamente aislada y solitaria. En esa época mi peso subió de forma radical, pero aun así yo me empeñaba en negar la gravedad del problema. Un día desperté y por fin admití que había caído en un pozo negro y profundo. En noviembre de 2005 ya pesaba 227 kilos (501 libras).*

*Era incapaz de caminar más que unos pocos metros. Mis rodillas, el tercio inferior de mi espalda y mis pies sufrían enormemen-*

te, con lo cual mi independencia de movimiento acabó por esfumarse del todo. Mi esposa, que es enfermera, tenía que ayudarme a ducharme, vestirme, caminar, etc., y a consecuencia de todo eso perdí la autoestima. Fue mi mujer quien se percató también de que había desarrollado una apnea del sueño grave. En resumen, la vida era insoportable para mí. Con todo el peso que tenía, no podía moverme sin sentir dolor y un agotamiento extremo. Salía de mi casa, como mucho, entre cuatro y seis veces al año.

Fui a consultar a tres cirujanos diferentes para recibir información sobre la cirugía bariátrica, pero no pude ni quise seguir ese camino. Me parecía estar pasándole el problema a otra persona para que me lo solucionara. Pero como el problema era mío y yo tenía que resolverlo o vivir con sus negativas consecuencias, elegí solucionarlo.

Fue entonces que descubrí Comer para vivir y tomé la decisión de comprometerme con el programa. Después de años de probar dietas de moda para perder peso, ya no me interesaba ese mundo. Sin embargo,

Comer para vivir *no me marcaba un objetivo de peso, sino que hacía hincapié en que me decantara por aquellos productos que fueran sanos para mi cuerpo. Por eso pensé que ese plan daría resultado, ¡y así fue! En febrero de 2009 había perdido 151 kilos (333 libras) y había recuperado mi salud y mi vida.*

|  | Antes | Después |
|---|---|---|
| **Peso** | 227 kilos | 76 kilos |
|  | (501 libras) | (168 libras) |
| **Colesterol** | 170 | 65 |
| **Presión arterial** | 126/72 | 109/65 |
| **Ritmo cardíaco en reposo** | 88 | 50 |
| **Grasa corporal** | 62% | 10% |

*Volví a hacer ejercicio. Para mí, montar en bicicleta tenía mucho sentido porque era una manera de moverme sin destrozar lo que quedaba de mi cuerpo. También me reconecté con los mejores recuerdos de mi infancia, como la sensación de aventura y libertad. Fue, es y siempre será fantástico para mí. Durante el primer año recorrí en bicicleta aproximadamente 2.250 km (1.400 millas). El año pasado recorrí 31.700 km (19.700 millas) y este año voy a por los 40.000 km (25.000 millas). Ahora, como familia, hacemos todos nuestros recados en bicicleta. Donde antes íbamos en coche, ahora vamos en bici.*

*Cuando yo era un obeso mórbido me sentía indigno, sucio, estúpido, inaceptable y rechazado. Comer para vivir me regaló una nueva vida. Desde el punto de vista físico me siento genial; ¡mi esposa incluso admite que ya no puede seguirme el ritmo!*

*Así que haz un pacto sagrado para comprometerte con este nuevo estilo de vida. Hazlo a cualquier precio. Es la única salida.*

AHORA QUE HE ACLARADO algunos malentendidos popula-res sobre cuestiones nutricionales, podemos continuar ana-lizando los componentes de los alimentos. Después de leer este capítulo, entenderás por qué comer una gran cantidad de productos ricos en nutrientes te hará adelgazar.

## LOS CARBOHIDRATOS NO REFINADOS ESTIMULAN LA PÉRDIDA DE PESO

Nuestro organismo necesita carbohidratos, más que ninguna otra sustancia. Y el motivo es que las células musculares y cerebrales están diseñadas para funcionar a partir de los carbohidratos. Los alimentos ricos en estas sustancias, cuando se consumen en su estado natural, contienen pocas calorías y una elevada cantidad de fibra en comparación con los productos grasos, procesados o de origen animal.

La grasa contiene alrededor de nueve calorías por gramo, mientras que la proporción en la proteína y los carbohidratos es de aproximadamente 4 calorías/gramo. Por eso cuando consumes alimentos ricos en carbohidratos, como por ejemplo fruta fresca y legumbres, puedes tomar más cantidad de comida y aun así mantener una ingesta calórica relativamente baja. El alto contenido de fibra de los productos ricos en carbohidratos (no refinados) es otra de las razones fundamentales por las que te sentirás más satisfecho y no ansiarás comer nada más en cuanto conviertas los carbohidratos no refinados en la principal fuente de calorías de tu dieta.

Por lo general, lo que hace que los carbohidratos naturales engorden tanto es la pequeña cantidad de grasa refinada o aceites que les agregamos. Por ejemplo, una taza de puré de patatas contiene solo 130 calorías. Ponle una cucharada de mantequilla por encima y le habrás añadido otras 100.

La proteína, la grasa y los carbohidratos reciben el nombre de macronutrientes, y las vitaminas y los minerales son conocidos como micronutrientes. Todos los alimentos de origen vegetal son una mezcla de proteínas, grasas y carbohidratos (macronutrientes). Incluso un plátano contiene aproximadamente un 3,5 por 100 de proteína, casi lo mismo que la leche materna. Las frutas y las verduras ricas en almidón, como los boniatos, el maíz y la calabaza, son predominantemente carbohidratos, pero también contienen algo de grasa y proteína. En las verduras de hoja verde la proporción es aproximadamente el 50 por 100 de proteína, un 25 por 100 de carbohidrato y el otro 25 por 100 de grasa. Y en el caso de las legumbres y las judías, aproximadamente la mitad es carbohidrato, un cuarto es proteína y el resto es grasa.

Uno de los principios que sustentan la fórmula de la salud y la pérdida de peso que expongo en este libro es que no hay que preocuparse excesivamente por el equilibrio de macronutrientes; en efecto, si consumes alimentos sanos, automáticamente obtendrás una cantidad suficiente de los tres macronutrientes..., siempre que no consumas demasiadas calorías derivadas de la harina, el azúcar blanco y el aceite. Así que no temas comer alimentos ricos en carbohidratos ni te prives de comer fruta porque contenga azúcar. Incluso los alimentos de origen vegetal ricos en carbohidratos contienen suficiente fibra y nutrientes y una cantidad considerablemente baja de calorías como para ser considerados nutritivos. Siempre que no estén refinados, no deberían quedar excluidos de tu dieta. De hecho, es imposible obtener todos los nutrientes que necesitamos para disfrutar de una óptima salud si nuestra dieta no incluye una gran cantidad de productos ricos en carbohidratos.

La fruta fresca, las judías y las legumbres, los cereales integrales y las verduras de raíz son ejemplos de alimentos cuyas calorías provienen principalmente de los carbohidratos. Lo que determina el valor alimentario de estos productos es su proporción de nutrientes por calorías. Los carbohidratos no tienen nada de malo; los responsables de su mala reputación son los carbohidratos refinados, cargados de calorías vacías.

## COMPRENDAMOS EL CONCEPTO DE DENSIDAD CALÓRICA

Puesto que las carnes, los lácteos y los aceites presentan una densidad calórica tan elevada, resulta prácticamente imposible tomarlos sin consumir una cantidad excesiva de calorías. Pero lo peor es que estos alimentos nos aportan una enorme cantidad de calorías incluso antes de que nuestros estómagos estén llenos y hayamos saciado nuestro apetito. Por el contrario, el consumo de alimentos con una mayor proporción de nutrientes y fibra y un porcentaje bajo de calorías nos permite sentirnos satisfechos manteniendo un consumo calórico moderado.

Al realizar una comparación entre un grupo de sujetos que comía alimentos de baja densidad calórica, como fruta y verdura, y otro que tomaba alimentos ricos en calorías, se comprobó que quienes seguían planes alimentarios con concentraciones calóricas más elevadas consumían el doble de calorías al día para satisfacer su apetito[1].

Para convertir la glucosa en grasa, el organismo debe quemar aproximadamente el 23 por 100 de las calorías consumidas provenientes de los carbohidratos, pero es capaz de transformar la grasa de los alimentos en grasa corporal de forma rápida y sen-

## MÁS CANTIDAD SIGNIFICA MENOS CALORÍAS

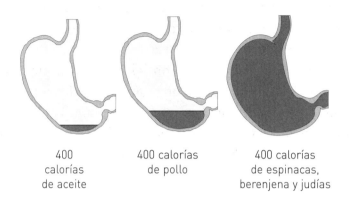

| 400 calorías de aceite | 400 calorías de pollo | 400 calorías de espinacas, berenjena y judías |

cilla. Cien calorías de grasa ingerida pueden convertirse en 97 calorías de grasa corporal, con lo que la cantidad de calorías quemadas asciende solamente a 3. Cuando consumes grasa proveniente de productos animales o del aceite, tu organismo la almacena rápida y fácilmente.

Convertir la grasa animal en grasa corporal es sencillo; el proceso ni siquiera modifica las moléculas. Tanto es así que los investigadores científicos en realidad pueden tomar muestras de materia grasa de las caderas o la cintura de un individuo y especificar con precisión su procedencia: del cerdo, de la leche, del pollo o del aceite de oliva. Sigue siendo exactamente la misma grasa que cuando estaba en el plato, solo que ahora se encuentra debajo de la piel. La frase «de tu boca a tu cadera» es literalmente verdad. La grasa es también un estimulante del apetito: cuanto más comes, más quieres.

## LOS ALIMENTOS QUE TE HACEN ADELGAZAR

El apetito no se controla a través del peso de los alimentos, sino de su fibra, densidad nutricional y densidad calórica. Incluso resulta útil calcular la cantidad de calorías por volumen. Dado que el estómago puede contener aproximadamente 1 litro de alimentos, analicemos cuántas calorías contiene un estómago lleno de un producto en particular.

Está más que claro cuáles son los alimentos que te harán sentir satisfecho consumiendo una mínima cantidad de calorías: las frutas y las verduras. Las verduras de hoja verde, la fruta fresca y las legumbres nuevamente se llevan las medallas de oro, plata y bronce. Ningún otro producto tan siquiera se les aproxima.

| PROPORCIÓN CALÓRICA DE ALIMENTOS COMUNES | | |
|---|---|---|
| | Calorías (cada 450 g o 1 lib) | Calorías por litro | Gramos de fibra (cada 450 g o 1 lib) |
| Aceites | 3.900 | 7.700 | 0 |
| Patatas fritas | 2.600 | 3.000 | 0 |
| Carne | 2.000 | 3.000 | 0 |
| Queso | 1.600 | 3.400 | 0 |
| Pan blanco | 1.300 | 1.500 | 0 |
| Pollo y pavo (carne blanca) | 900 | 1.600 | 0 |
| Pescado | 800 | 1.400 | 0 |
| Huevos | 700 | 1.350 | 0 |
| Cereales integrales (trigo y arroz) | 600 | 1.000 | 3 |
| Verduras ricas en almidón (patatas y maíz) | 350 | 600 | 4 |
| Judías | 350 | 500 | 5 |
| Fruta | 250 | 300 | 9 |
| Verduras de hoja verde | 100 | 200 | 5 |

Las verduras de hoja verde tienen tan pocas calorías y una cantidad tan sorprendente de nutrientes y fibra que cuanto más de estos alimentos comes, más peso pierdes. Uno de mis secretos para conseguir la excelencia nutricional y una salud superior es la regla «450 g - 450 g» (una libra - una libra), que implica que tienes que intentar comer al menos 450 g de verdura cruda al día y otros 450 g de verduras de hoja verde o no verde cocidas en agua o al vapor o congeladas, puesto que aportan una gran cantidad de nutrientes. Recuerda: 450 g crudos y 450 g cocidos. Ese es el objetivo que debes proponerte mientras preparas y consumes cada comida. Es posible que a muchos nos parezca una meta demasiado ambiciosa, pero si te lo propones te asegurará el equilibrio dietético y los resultados que deseas. Cuantas más verduras consumas, más peso perderás. Comer un elevado volumen de verduras de hoja verde no solo se convertirá en tu secreto para mantener una cintura estrecha, sino que simultáneamente te protegerá de enfermedades muy peligrosas para la salud.

## LA LISTA DE LA DENSIDAD NUTRICIONAL

**Las puntuaciones de densidad nutricional que aparecen a continuación se basan en los fitoquímicos identificados, la actividad antioxidante y el contenido total de vitaminas y minerales.**

Mayor densidad nutricional = 100 puntos

Menor densidad nutricional = 0 puntos

100  verduras de hoja verde oscuro
*col rizada, mostaza parda, col berza, acelga, berro, espinaca, rúcula*

95 otras verduras de hoja verde
*lechuga romana, col china, repollo, coles de Bruselas, espárragos, brócoli, judías verdes, guisantes*

50 verduras ricas en nutrientes pero no verdes
*remolacha, berenjena, setas, cebolla, rabanito, brotes de soja, pimientos rojos y amarillos, achicoria, coliflor, tomate, alcachofa, zanahoria cruda*

45 fruta fresca
*fresas, arándanos, otras bayas, ciruelas, naranjas, melones, kiwis, manzanas, cerezas, piña, melocotones, peras, uvas, plátanos*

40 judías
*lentejas, alubias rojas, frijoles grandes del norte, adzuki, judías negras, judías pintas, guisantes partidos, edamame, garbanzos*

30 frutos secos crudos y semillas
*girasol, calabaza, sésamo, lino, almendras, anacardos, pistachos, nueces, pacanas, avellanas*

25 verduras de colores diversos, ricas en almidón
*calabaza y otros tipos de zapallo, boniatos, maíz, nabo*

20 cereales integrales/patatas blancas
*copos de avena, cebada, arroz integral y salvaje, trigo sarraceno, mijo, quinoa, trigo bulgur, pan integral, patatas blancas*

18 pescado

15 lácteos sin grasa

15 huevos

15    carnes y aves silvestres

8     lácteos con su contenido completo de grasa

6     carne roja

6     productos elaborados con cereales refinados

3     quesos

1     aceites refinados

0     dulces refinados
      *galletas, bizcochos, caramelos, refrescos*

---

Una de las más fascinantes áreas de investigación de los últimos años ha estado relacionada con el valor terapéutico de las crucíferas, un grupo de verduras de la familia del repollo que incluye también otras variedades como la col rizada, la col berza, el berro, la rúcula, la coliflor y la col china. Las crucíferas son los alimentos que más protección ofrecen contra el cáncer. La mayoría de los fitonutrientes actúan como antioxidantes en el organismo, lo que significa que neutralizan los radicales libres, convirtiéndolos en elementos inofensivos y reduciendo así el riesgo de desarrollar cáncer. En el caso de los fitonutrientes de las crucíferas, además de todo lo anterior, activan el sistema corporal de control de los antioxidantes. Estos compuestos únicos circulan por el organismo durante tres a cinco días después de ser consumidos, ofreciendo protección y sustento a numerosos sistemas corporales y permitiéndoles funcionar de forma más eficaz.

Las verduras contienen grandes niveles de carotenoides y otros nutrientes que evitan las enfermedades relacionadas con la edad. Por ejemplo, la principal causa de ceguera relacionada con el envejecimiento en Estados Unidos es la degeneración macular. En

| LUTEÍNA Y/O ZEAXANTINA EN LOS ALIMENTOS[2] (en microgramos) | |
|---|---|
| 1 taza de col rizada cocida | 28.470 |
| 1 taza de col berza cocida | 27.710 |
| 1 taza de espinaca cocida | 23.940 |
| 1 taza de acelga cocida | 19.360 |
| 1 taza de mostaza parda | 14.850 |
| 1 taza de pimiento rojo cocido | 13.600 |
| 1 taza de hojas de remolacha cocidas | 11.090 |
| 1 taza de quimbombó cocido | 10.880 |
| 4 tazas de lechuga romana | 12.770 |

la actualidad se considera que los bajos niveles de carotenoides en la mácula representan un factor de riesgo de degeneración macular[3]. Si consumes verduras de hoja verde al menos cinco veces a la semana, tu riesgo disminuye en más del 86 por 100. La luteína y la zeaxantina son carotenoides con poderosas propiedades preventivas. En una investigación se descubrió que las personas que presentaban elevados niveles de luteína en sangre tenían vasos sanguíneos más sanos, en los que la incidencia de aterosclerosis era baja o prácticamente nula[4].

LAS PROPORCIONES ENTRE NUTRIENTES Y PESO SON CONFUSAS

El Dr. William Harris llevó a cabo un análisis de los principales grupos alimentarios y lo tituló *Menos cereales, más verduras* [5], si bien no se centró en la actividad fitoquímica. El doctor Harris explica en detalle por qué ordenar y analizar los alimentos según su proporción de nutrientes por peso —que es el método nutricional habitual— resulta desaconsejable y de lo más confuso[6].

La gente no deja de comer cuando consume una determinada cantidad de gramos de comida, sino cuando se siente satisfecha desde el punto de vista calórico y nutricional. Harris compara un análisis de la espinaca con otro de la espinaca con agua añadida (sopa de espinaca) y demuestra que el peso (agua añadida) no cambia los nutrientes aportados por la verdura. Sin embargo, si analizamos los nutrientes por peso, incorrectamente pensamos que la espinaca con agua añadida es mucho menos nutritiva.

Harris explica además por qué la industria alimentaria —en especial los fabricantes de productos animales— se opone al análisis basado en la proporción de nutrientes por calorías. La razón es que la clasificación de nutrientes por peso esconde la gran deficiencia nutricional de los productos animales, que carecen especialmente de nutrientes anticancerígenos, cuya importancia para la salud es vital. Tal como asegura el doctor Harris, la clasificación de nutrientes por peso es «una buena manera de mantener un exceso de calorías, colesterol y grasa saturada en la dieta, lo cual a su vez es una espléndida maniobra para crear una nación arteriosclerótica, obesa y devastada por el cáncer, que es lo que sucede en Estados Unidos».

## Comer para incrementar la densidad de nutrientes por caloría en la dieta

- produce una pérdida de peso permanente
- promueve la longevidad
- elimina el hambre y el deseo desesperado de comer
- incrementa la función inmune y la resistencia a las enfermedades
- encierra efectos terapéuticos que revierten enfermedades

- protege contra las afecciones cardíacas, los ictus y la demencia
- activa los mecanismos de reparación celular que protegen contra el cáncer

## LAS GRASAS SON ESENCIALES

Es cierto que casi todos consumimos demasiada grasa, pero la investigación científica está revelando que una cantidad excesivamente pequeña de esta sustancia también puede convertirse en un problema. En concreto, nos hemos enterado de que no solo comemos un porcentaje muy elevado de grasa, sino que (y esto es más importante todavía) estamos eligiendo las grasas equivocadas. En el caso concreto de la sociedad norteamericana, el consumo de algunas grasas perjudiciales es enorme, y el de otras grasas necesarias para maximizar la salud, absolutamente insuficiente.

Los ácidos grasos esenciales (AGE) son grasas dietéticas poliinsaturadas que el organismo es incapaz de fabricar, por lo cual resultan fundamentales para la salud. Los AGE son importantes para la estructura y el funcionamiento de las membranas celulares y sirven como precursores de las hormonas, que desempeñan un importante papel en nuestra salud. Estas grasas son esenciales no solo para el crecimiento y el desarrollo, sino también para la prevención y el tratamiento de enfermedades crónicas[7].

Los dos ácidos grasos esenciales principales son el ácido linolénico, una grasa omega-6, y el ácido alfalinolénico, que es una grasa omega-3. El organismo sí puede producir otros ácidos grasos, llamadas grasas no esenciales, a partir de estas dos grasas básicas. El primer doble enlace del ácido linolénico está ubicado en su sexto carbono, y esa es la razón por la que se llama ácido graso omega-6. Y el primer doble enlace del ácido alfalinolénico está ubicado en su tercer carbono, por lo que recibe el nombre de ácido graso omega-3.

La óptima salud depende del correcto equilibrio de los ácidos grasos en la dieta. El modelo alimentario que seguimos casi todos hoy en día aporta una excesiva cantidad de grasa omega-6, pero demasiada poca omega-3. Esta relativa deficiencia de grasa omega-3 tiene implicaciones posiblemente graves. Además, el consumo excesivo de grasa omega-6 produce niveles elevados de ácido araquidónico. Cuando los niveles de ácido araquidónico crecen considerablemente, puede producirse inflamación.

| GRASA OMEGA-6 | GRASA OMEGA-3 |
|---|---|
| ácido linolénico | ácido alfalinolénico |
| ▼ | ▼ |
| AGL (ácido gamalinolénico) | EPA (ácido eicosapentaenoico) |
| ▼ | ▼ |
| AA (ácido araquidónico) | DHA (ácido docosahexaenoico) |
| ▼ | ▼ |
| prostaglandinas y leucotrienos proinflamatorios | prostaglandinas y leucotrienos antiinflamatorios |

Cuando no contamos con una cantidad suficiente de grasa omega-3, no producimos suficiente DHA, una grasa omega-3 de cadena larga con efectos antiinflamatorios. La presencia de niveles elevados de ácido araquidónico y de bajos niveles de grasa omega-3 puede contribuir al desarrollo de enfermedades cardíacas, ictus, enfermedades autoinmunes, afecciones cutáneas y depresión, y posiblemente incremente la incidencia del cáncer[8].

La mayoría de los norteamericanos mejorarían su dieta si consumieran más grasa omega-3 y menos grasa omega-6. Recomiendo que tanto los vegetarianos como los no vegetarianos hagan el esfuerzo de consumir entre 1 y 2 g de grasa omega-3 al día.

| AÑADE UNOS GRAMOS DE GRASA OMEGA-3 A TU DIETA | | |
|---|---|---|
| semillas de lino | 1 cucharada | 1,7 g |
| nueces (12 mitades) | 4 cucharadas | 2 g |
| habas de soja (verdes, congeladas o crudas) | 1 taza y media | 2 g |
| tofu | 1 taza y media | 2 g |

Una dieta con un contenido muy elevado de omega-6 empeora las cosas todavía más, porque el organismo produce una cantidad aún más baja de grasa DHA. Y para asegurarnos una salud óptima necesitamos suficiente grasa DHA. Un alto nivel de grasa omega-6 perjudica a las enzimas involucradas en la desaturación del ácido graso (conversión a grasas de cadena más larga) e interfiere con la conversión del ácido alfalinolénico (omega-3) en el EPA y el DHA. Por consiguiente, una alta ingesta de grasa favorece la deficiencia de grasa DHA.

Nuestra dieta moderna, cargada de aceites vegetales y productos animales, contiene una elevada cantidad de grasa omega-6 y muy poca de omega-3; y cuanto mayor es la proporción de omega-6 en relación con la grasa omega-3, más elevado es el riesgo de sufrir afecciones cardíacas, diabetes y enfermedades inflamatorias[9].

La grasa saturada, el colesterol y la grasa trans también perturban la conversión a DHA. Entre los efectos más beneficiosos

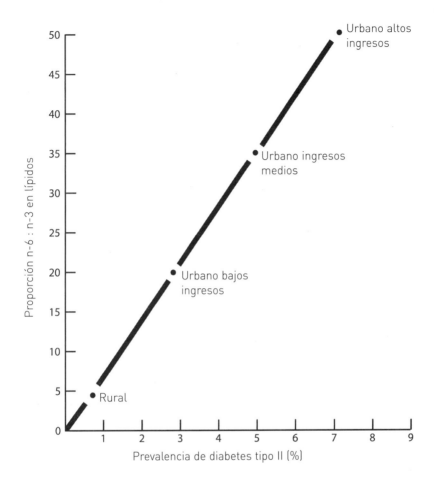

La diabetes es solo una de las muchas enfermedades vinculadas a un exceso de grasas omega-6. *Fuente:* Simopoulos, A. P. 1999. «Ácidos grasos esenciales en la salud y la enfermedad crónica». *American Journal of Clinical Nutrition.* 70(3): 560-69.

de una dieta rica en alimentos de origen vegetal figuran el bajo nivel de grasas saturada y trans (grasas perjudiciales) y el nivel relativamente elevado de ácidos grasos esenciales (grasas beneficiosas). Tanto las dietas que incluyen carne como la de tipo vegetariano son susceptibles de presentar una deficiencia en estas grasas saludables si no contienen suficientes verduras de hoja verde, judías, frutos secos, semillas o pescado. Así que reduce la cantidad de los alimentos grasos que consumes habitualmente y come más nueces, semillas de lino, habas de soja y verduras de hoja verde.

## El diccionario de las grasas

Todas las grasas engordan por igual, puesto que contienen 9 calorías por gramo, en comparación con las 4 calorías por gramo de los carbohidratos y la proteína.

Ácido araquidónico: Es una grasa omega-6 de cadena larga producida por el organismo, aunque también se encuentra en la carne roja, las aves, los lácteos y los huevos. Los productos elaborados con cantidades excesivas de este ácido graso causan enfermedades y podrían aumentar la inflamación. También suben la presión arterial y provocan trombosis, vasoespasmos y reacciones alérgicas. Están vinculados a la artritis, la depresión y otras enfermedades comunes.

Colesterol: Es una grasa cerosa producida por el organismo y presente en productos animales como la carne, las aves, los lácteos y los huevos. Consumir colesterol aumenta el nivel de colesterol en sangre, pero no tanto como consumir grasas saturadas y grasas trans. La cantidad de colesterol de las plantas es tan ínfima que podría considerárselas libres de colesterol.

Grasa DHA: Es una grasa omega-3 de cadena larga producida por el organismo, pero que también está presente en algunas variedades de pescado, como el salmón y la sardina. El DHA se utiliza en la producción de mediadores antiinflamatorios que inhiben el funcionamiento inmunológico normal y previenen una coagulación sanguínea excesiva. El DHA no está considerado una grasa esencial porque el organismo es capaz de fabricar cantidades suficientes si recibe proporciones adecuadas de grasas omega-3 de cadena corta (semillas de lino, nueces, habas de soja, verduras de hoja verde). Sin embargo, debido a las diferencias genéticas en la actividad enzimática y al exceso de grasas omega-6, muchas personas que no consumen pescado graso con regularidad muestran una deficiencia de esta importante grasa.

GRASA HIDROGENADA: La hidrogenación es un proceso que consiste en añadir moléculas de hidrógeno a las grasas insaturadas, lo que por consiguiente transforma estos aceites, que son líquidos a temperatura ambiente, en grasas más sólidas y saturadas como la margarina. Endurecer la grasa extiende su vida útil para que el aceite pueda ser utilizado varias veces para freír patatas en los restaurantes de comida rápida o sea posible añadirlo a alimentos procesados como las galletas saladas (crackers) y las galletas dulces. Si bien la hidrogenación no provoca la saturación completa de la grasa, crea ácidos grasos trans, que actúan como las grasas saturadas. Cada vez se comprueba más evidencia sobre los perjuicios de estas grasas creadas por el hombre, tanto por su vinculación con el cáncer como con las enfermedades cardíacas. Evita todos los alimentos cuyos ingredientes contengan aceites parcialmente hidrogenados o hidrogenados.

GRASA MONOINSATURADA: Estas grasas contienen solo un doble enlace en su cadena de carbono. Son líquidas a temperatura ambiente y se cree que ejercen un efecto positivo sobre la salud, si bien esos supuestos beneficios aparecen solo cuando se las utiliza en lugar de las peligrosas grasas saturadas. Sin embargo, incluso los aceites monoinsaturados reducen el colesterol si se los emplea en lugar de la grasa saturada. La grasa monoinsaturada está presente en los aguacates, las almendras, los cacahuetes y la mayoría de los frutos secos y las semillas. Recuerda que ninguna grasa aislada o refinada, ni siquiera estas monoinsaturadas, debería ser considerada un alimento sano. Los aceites que contienen un mayor porcentaje de grasa monoinsaturada son los de oliva, canola y cacahuete.

GRASA POLIINSATURADA: Estos ácidos grasos contienen más de un doble enlace en su cadena. Entre este tipo de grasa figuran el aceite de maíz, el aceite de soja, el aceite de girasol y el aceite de alazor. A temperatura ambiente son blandos. En animales de laboratorio, estas grasas promueven el crecimiento del cáncer más que el aceite de oliva (que es una grasa monoinsaturada).

GRASA SATURADA: Algunas grasas naturales reciben el nombre de grasas saturadas porque todos los enlaces de su cadena de carbono son sencillos. Estas grasas son sólidas a temperatura ambiente, y por lo general se las reconoce como una significativa causa de enfermedades cardíacas y cáncer. Las grasas saturadas están presentes principalmente en la carne, las aves, los huevos y los productos lácteos. Los aceites de coco y palma son sumamente saturados y, por consiguiente, deberías evitarlos. Los alimentos con mayor contenido de grasa saturada son la mantequilla, la crema y el queso.

GRASA INSATURADA: Estas grasas son una mezcla de grasas monoinsaturadas y poliinsaturadas. Consumir grasas insaturadas reduce los niveles de colesterol cuando sustituyen a las grasas saturadas, pero una excesiva cantidad puede conllevar la aparición de cáncer.

ALGO «HUELE MAL» EN LOS ACEITES DE PESCADO

La mayor parte de la publicidad relativa a los efectos beneficiosos de las grasas esenciales se ha centrado en los aceites de pescado, que son ricos en EPA, una grasa omega-3. Uno de los problemas de los aceites de pescado es que gran parte de su grasa ya se ha vuelto rancia. Si abres una cápsula de aceite de pescado y la pruebas, descubrirás que sabe a gasolina. Muchas personas no solo no toleran los eructos, la indigestión y el olor a pescado, sino que incluso es posible que sufran estrés hepático a causa de la ranciedad de la grasa. Yo he notado un funcionamiento hepático anormal en las analíticas de sangre de unos pocos pacientes míos que tomaban cápsulas de aceite de pescado. Sin embargo, todos ellos consiguieron recuperar el funcionamiento normal de su hígado en cuanto suspendieron el uso de dicha sustancia estresante.

Hace poco, una demanda interpuesta por los medioambientalistas de California contra ocho fabricantes o distribuidores de suplementos argumentó que las marcas populares de suplementos de aceite de pescado contienen niveles no seguros e ilegales de bifenilos policlorados, o PCB, que son químicos carcinogénicos[10]. Las pruebas demostraron que los niveles de PCB de los suplementos de aceite de pescado más populares varían ampliamente, desde alrededor de 12 nanogramos por dosis recomendada a más de 850 nanogramos en los productos más contaminados. La demanda exponía que los fabricantes estaban violando la ley de California por no advertir a los consumidores la cantidad de PCB presente en los productos que comercializaban.

Una elevada ingesta de aceite de pescado inhibe la función inmune[11]. Reducir el funcionamiento de las células asesinas naturales no es bueno, porque nuestras defensas frente a las infecciones y el cáncer decrecen. En consecuencia, debido a esta supresión inmunológica y a las cuestiones de toxicidad que he explicado antes, yo no recomiendo de forma rutinaria que mis pacientes tomen cápsulas de aceite de pescado, si bien hay unas pocas excepciones.

Esta capacidad que tienen los aceites de pescado de disminuir la actividad del sistema inmunológico los hace útiles para determinados pacientes que sufren enfermedades autoinmunes, como artritis reumatoide o enfermedad inflamatoria intestinal[12]. Algunos afectados de artritis reumatoide son «responsables» en cuanto a su consumo de aceites de pescado, pero muchos otros no. Yo suelo hacer una prueba de tres meses con un suplemento de este tipo de aceite para determinar la respuesta del paciente, porque en casos como los que acabo de describir, los riesgos de tomar aceite de pescado son mínimos en comparación con sus posibles beneficios, en especial si con ello se pueden evitar los fármacos tóxicos. Por supuesto, si vas a tomar suplementos de aceite de pescado, debes adquirir únicamente los de tipo altamente purificado, libres de PCB y mercurio.

Otro caso en el que los aceites de pescado pueden resultar de utilidad es el de los individuos que no logran convertir suficientemente bien las grasas omega-3 en DHA. Estas personas suelen ser más proclives a la depresión, las alergias y las enfermedades inflamatorias de la piel, como el eccema. Su médico debería observar el equilibrio de ácido graso en las membranas de los glóbulos rojos a través de un análisis de sangre y así determinar una deficiencia de DHA o grasa omega-3. A estas personas suele darles muy buen resultado tomar aceites de pescado o DHA derivado de plantas. El DHA cultivado en laboratorio, fabricado a partir de microalgas, es una forma pura de DHA sin mercurio ni otras toxinas. Es bien tolerado y no sabe ni huele a rancio.

## ¿EL PESCADO PREVIENE LAS ENFERMEDADES CARDÍACAS?

En los ataques cardíacos o en los ictus intervienen dos factores. El primero es que debe desarrollarse placa aterosclerótica, que se acumula tras muchos años de llevar una dieta deficiente en alimentos vegetales no refinados. Casi todos los norteamericanos presentan esta placa; y las autopsias revelan la presencia de aterosclerosis incluso en la amplia mayoría de los niños norteamericanos[13].

Una vez que esta formación grasa se acumula y obstruye parcialmente una arteria coronaria, es posible que en algún defecto o fisura de la superficie de la placa se forme un coágulo. Este coágulo recibe el nombre de trombo, y puede agrandarse y obstruir completamente el vaso hasta provocar un ataque cardíaco, o bien romperse y viajar por el torrente sanguíneo y obstruir una arteria más distal. Un trombo que se desplaza recibe el nombre de émbolo. Los émbolos y los trombos son las causas de la mayoría de los ataques cardíacos y los ictus.

El pescado contiene ácidos grasos omega-3 (EPA y DHA) que interfieren con la coagulación de la sangre prácticamente de la misma manera que la aspirina. Una vez que se ha alcanzado una aterosclerosis considerable resulta muy beneficioso tomar dichos agentes anticoagulantes, en especial si la persona continúa alimentándose de forma arriesgada. Estas grasas derivadas del pescado también protegen las paredes arteriales de los perjuicios de otras grasas. A los individuos habituados a tomar productos animales con grasa saturada se les recomienda comer una o dos raciones semanales de pescado graso, como sardina, salmón, trucha, halibut o caballa, y reducir el consumo de otros productos animales. No se ha demostrado que incrementar la ingesta de pescado por encima de una o dos raciones a la semana ofrezca protección adicional[14].

Sin embargo, la mejor manera de prevenir un ataque cardíaco o un ictus es seguir una dieta de alto contenido nutricional con pocos o ningún producto animal, eliminando así la formación de dichas obstrucciones. En ese caso, comer pescado dará igual. Es cierto que incrementar los niveles en sangre de estas importantes grasas derivadas del pescado reduce la incidencia de los ataques cardíacos de forma significativa[15]; sin embargo, contrariamente a lo que cree la población en general, no solo las de tipo vegetariano, sino casi todas las dietas que incluyen una cantidad adecuada de material vegetal, obtienen la mayor parte de los ácidos grasos omega-3 de cadena larga a partir de otras fuentes que no son el pescado[16]. De hecho, la razón por la que las grasas EPA y DHA, derivadas del pescado, no son consideradas grasas esenciales es que casi todas las personas poseemos enzimas que convierten rápidamente la grasa omega-3 de origen vegetal en EPA y DHA[17].

El pescado es una espada de doble filo, en especial porque se ha demostrado que incrementa el riesgo de ataque cardíaco si está contaminado con mercurio[18]. No olvides que a pesar de que los finlandeses consumen mucho pescado, su tasa de mortalidad por cardiopatía coronaria es una de las más altas del mundo[19].

Al parecer, los efectos cardioprotectores derivados del consumo de un poco de pescado se pierden cuando tomas grandes cantidades, muy posiblemente porque te expone a mayores niveles de mercurio, que puede promover la peroxidación lipídica[20]. La peroxidación lipídica se produce cuando los lípidos del organismo reaccionan con el oxígeno para crear un compuesto que desempeña un importante papel en el desarrollo de enfermedades como las cardíacas, la diabetes y la artritis.

Además, quienes consumen pescado con la esperanza de reducir su riesgo cardíaco pueden encontrarse con resultados inesperados, es decir, con contaminantes tóxicos, entre los que figuran algunos potencialmente cancerígenos.

El pescado es uno de los alimentos más contaminados de nuestra dieta, y puede exponer a los consumidores a elevados riesgos de diversos cánceres. Los científicos han vinculado directamente los tumores que presentan los peces con las sustancias contaminantes ingeridas en la cadena alimentaria acuática, un descubrimiento confirmado por el Laboratorio de Servicios de Pesca de la Marina Norteamericana. En algunos casos, como el del PCB en la trucha y el salmón de los Grandes Lagos, se puede demostrar que una persona tendría que beber toda el agua del lago durante cien años para acumular la misma cantidad de PCB presente en una sola ración de 200 g (1/2 libra) de dicho pescado, según el informe presentado por el Dr. John J. Black, científico investigador de cáncer del Roswell Park Memorial Institute, ante la Sociedad Norteamericana del Cáncer[21]. Los científicos informan que la contaminación con hidrocarburo presente en el hábitat de los peces se concentra en las distintas especies, desde la platija del Puerto de Boston al lenguado de Puget Sound. En las proximidades de Nueva Orleáns se aprecia un alto índice de cáncer, porque allí el pescado y los mariscos son ingredientes básicos de la cocina local.

| PECES CON LOS MAYORES Y MENORES NIVELES DE MERCURIO | |
|---|---|
| **Mayor nivel** | **Menor nivel** |
| pez azulejo | salmón |
| pez espada | platija |
| caballa | lenguado |
| tiburón | tilapia |
| | trucha |
| | bacalao |

*Fuente:* «Niveles de mercurio en el pescado y el marisco comercial». http://www.fda.gov/food/foodsafety/productspecificinformation/seafood/food bornepathogenscontaminants/methylmercury/ucm115644.htm.

Los importantes niveles de mercurio detectados en las madres que consumen pescado han sido asociados a defectos de nacimiento, apoplejías, retardo mental, discapacidades del desarrollo y parálisis cerebral[22]. Este es principalmente el resultado del consumo de pescado durante el embarazo. Los científicos consideran que los fetos son mucho más sensibles a la exposición al mercurio que los adultos, si bien estos también sufren diversos grados de daño cerebral derivado del consumo de pescado[23]. Incluso la FDA, que normalmente ignora los informes sobre los peligros de nuestras arriesgadas prácticas alimentarias, reconoce que los peces de gran tamaño como el tiburón y el pez espada resultan potencialmente peligrosos. A los investigadores les preocupan asimismo otras toxinas concentradas que pueden causar daño cerebral mucho antes de que los productos químicos que contaminan el pescado produzcan cáncer.

Consumir pescado también puede reducir la efectividad de nuestro sistema inmune. Las personas que siguen dietas con un alto contenido de este producto presentan valores más bajos en los marcadores en sangre que reflejan el funcionamiento de su sistema inmune, lo cual se traduce como una menor defensa frente a la infección y el cáncer[24]. Otro problema con el pescado es que debido a que su aceite inhibe la coagulación sanguínea, dispara la probabilidad de que los delicados vasos cerebrales sangren, provocando un ictus hemorrágico. En otras palabras, al tiempo que reduce el riesgo de ataque cardíaco, incrementa potencialmente el peligro de sufrir un problema hemorrágico. El consumo regular de pescado o de aceite de pescado en forma de suplemento debería evitarse si la persona tiene un historial familiar o es susceptible de sufrir un ictus hemorrágico u otros trastornos similares.

*Conclusión:* Es preferible que te decantes por el pescado antes que por otros productos animales, pero siempre teniendo en cuenta el sitio en el que ha sido capturado y la especie a la que pertenece. No aceptes pescado de aguas dudosas. Tampoco lo consumas si presenta un alto contenido de mercurio. No tomes pescado más de dos veces a la semana, y si tienes un historial familiar de ictus hemorrágico, limítalo a una vez al mes.

## Los aceites extraídos son unos hipócritas

En Estados Unidos se consumen grandes cantidades de aceite, un alimento refinado que se procesa a altas temperaturas. Cuando los aceites son sometidos al calor, la estructura química de sus ácidos grasos esenciales se modifica, dando lugar a unos derivados tóxicos conocidos como peróxidos lipídicos y otros subproductos tóxicos y potencialmente cancerígenos[25]. Por ese motivo se recomienda evitar los alimentos fritos y los aceites en caliente, no solo porque aniquilan las posibilidades de alcanzar un peso normal, sino también porque son potencialmente cancerígenos.

Procura consumir las grasas tal como la naturaleza las ofrece; siempre es mejor que las pequeñas cantidades que necesitamos lleguen a nuestro organismo en sus envases originales, sin procesar y en frío: en otras palabras, a través de alimentos enteros. Las semillas de lino, por ejemplo, son más sanas que el aceite de lino, ya que contienen valiosas cantidades de fibra, lignanos y otros fitonutrientes, y no solo grasa omega-3. Las semillas de girasol crudas, las semillas de calabaza, el maíz y los aguacates son muy saludables, pero los aceites extraídos posiblemente no lo sean tanto. Incluso los aceites prensados en frío están sujetos a los perjudiciales efectos del calor y contienen peróxidos lipídicos. Por este motivo suelo recomendar a mis pacientes que en lugar de consumir aceites, tomen una cucharada de semillas de lino al día, o un poco de nueces, para asegurarse una adecuada ingesta de grasa omega-3.

Recuerda que cuando extraes el aceite del alimento que lo contiene le quitas su entorno protector, que está cargado de antioxidantes y fitoquímicos; acabas convirtiendo un alimento con una proporción moderada de nutrientes por caloría en un producto con una baja relación de nutrientes por caloría, al tiempo que dañas la calidad de la grasa por exponerla al calor. La lechuga romana, la col rizada, los repollos y la acelga son ricos en fibra, vitaminas, minerales, fitoquímicos, proteína vegetal y grasas esenciales, otra razón por la que considero que los productos frescos de hoja verde son «los reyes» de todos los alimentos.

*La dieta que has de seguir no debería ser de bajo contenido graso.* De hecho, resultaría casi imposible que el programa alimentario que yo propongo fuera bajo en grasa, porque incluso las verduras y las judías contienen grasas beneficiosas. Tu objetivo debería ser reducir (o eliminar) las grasas perjudiciales y procesadas, y en su lugar consumir las más saludables, contenidas de forma natural en los alimentos enteros. Las grasas no procesadas presentes en los aguacates, las semillas de girasol y las almendras, por mencionar unas pocas, pueden convertirse en saludables complementos de una dieta compuesta por alimentos naturales. A pesar de que estos productos contienen muchas calorías, encierran una ventaja nutritiva muy destacable: son ricos en vitamina E y otros antioxidantes y no han quedado desprovistos de nutrientes, como sí sucede con el aceite una vez extraído, procesado y envasado.

Ten en cuenta, no obstante, que aunque físicamente seas una persona muy activa y delgada, deberías controlar tu consumo de estos productos vegetales relativamente ricos en grasas porque podrían impedir que alcanzaras tu peso ideal. Si eres delgado y practicas ejercicio físico con regularidad, puedes consumir entre 85 y 110 g (3 a 4 onzas) de frutos secos o semillas al día, un aguacate o un poco de aceite de oliva. Los niños en edad de crecimiento, o un individuo con dificultades para ganar peso, pueden incorporar un poco más de grasa a su dieta, pero incluso en este caso debería tratarse de grasa proveniente de alimentos enteros, tal como acabamos de explicar.

Si tienes sobrepeso, significa que has acumulado una buena cantidad de grasa en tu cuerpo; así que no debería preocuparte tomar poca a partir de ahora. No vas a quedarte sin grasa por más que tus platos contengan una cantidad muy reducida de dicha sustancia, porque mientras pierdes peso estarás siguiendo una dieta «de alto contenido graso» en la que utilizarás como fuente de energía toda esa «gordura» que almacenas en la sección central de tu cuerpo. Tu única preocupación debería ser mantener una proporción saludable de ácidos grasos omega-6 y omega-3; por tanto, te recomiendo que, en la medida de lo posible, ingieras una cucharada de semillas de lino molidas todos los días. A muchas personas les gusta esparcir semillas sobre la fruta, o bien añadirlas a sus ensaladas.

## ¿LAS DIETAS DE BAJO CONTENIDO GRASO INCREMENTAN EL RIESGO DE ICTUS?

Existen pruebas suficientes de que si bien las grasas animales están definitivamente asociadas a un incremento de las enfermedades del corazón, una cantidad superior de grasa podría ofrecer protección frente al ictus hemorrágico[26]. Por supuesto, recientes investigaciones han ratificado los importantes efectos protectores de las frutas y las verduras, pero algunos datos sugieren que la grasa, incluso la grasa animal, ofrece cierta protección a los pequeños vasos intracerebrales que causan el ictus hemorrágico[27].

Existen dos tipos principales de ictus: el isquémico y el hemorrágico. Casi todos los ataques cardíacos y la gran mayoría de los ictus están vinculados a la isquemia (falta de flujo sanguíneo), provocada por la aparición de coágulos. El reducido número de ictus de naturaleza hemorrágica que se producen (aproximadamente el 8 por 100) no se originan en un vaso cargado de colesterol en el que se forma un coágulo, sino en la ruptura de una pequeña arteria cerebral como resultado de años y años de hipertensión[28]. Es probable que algunos de los pequeños y frágiles vasos sanguíneos del cerebro se vuelvan más resistentes a la ruptura cuanto más cargados de grasa estén. Así pues, es absolutamente posible que, en ciertos casos, la misma dieta que produce una formación anormal de coágulos y causa el 99 por 100 de los ataques cardíacos y más del 90 por 100 de los ictus pueda ayudar a los pequeños vasos intracerebrales a resistir la tendencia a la ruptura derivada de años de hipertensión no controlada, consecuencia de una dieta de alto contenido en sal. Esto en ningún caso es una excusa legítima para consumir más productos animales. Tiene mucho más sentido llevar una dieta sana que evite los ataques cardíacos y mantener la presión sanguínea en niveles bajos evitando consumir un exceso de sal añadida.

Los datos resultan confusos porque muchos de los estudios agrupan todos los tipos de ictus en una sola categoría, cuando en realidad se trata de enfermedades muy diferentes con causas totalmente distintas. Si tomamos en consideración los ictus isquémicos (o embólicos), los datos tanto en humanos como en ratas ilustran la importancia de un consumo adecuado de grasa esencial omega-3, incluida una mayor proporción omega-3:omega-6[29]. Estas grasas omega-3 son las mismas que ofrecen protección contra los ataques cardíacos, que también son de naturaleza isquémica. Recuerda ante todo que el consumo de grasa saturada siempre ha estado asociado a un incremento de los ictus en general, dado que la mayoría de ellos son de tipo isquémico (embólico)[30].

Por último, como si esta cuestión no fuese ya lo suficientemente confusa, se sabe que la ingesta controlada de grasa monoinsaturada ofrece cierto grado de protección contra los ictus y no eleva el colesterol ni tiene el resto de efectos negativos de las grasas saturadas[31]. Los estudios que ratifican el valor nutricional de las grasas monoinsaturadas apoyan la dieta mediterránea y a quienes abogan por una forma de alimentación en la que predomine el aceite de oliva.

Obviamente, un poco de grasa omega-6 resulta esencial y necesaria para ofrecer una resistencia normal a las enfermedades. Mi opinión es que los individuos delgados deberían consumir una considerable cantidad de grasas monoinsaturadas provenientes de productos vegetales de alto contenido graso, como los aguacates, los frutos secos crudos y las semillas. Y las personas de más peso, dado que están expuestas a un mayor riesgo de enfermedades cardíacas, diabetes y cáncer, pero a una muy limitada incidencia de ictus hemorrágicos, tendrían que limitar la ingesta de estas grasas. Los sujetos con mayor peso corporal tienen más grasa acumulada en su organismo; así, un consumo superior de esta sustancia no les beneficia tanto como a las personas delgadas. Como he explicado antes, aunque los individuos con sobrepeso pierdan kilos, de todas maneras estarán siguiendo una dieta de alto contenido graso ya que irán consumiendo gradualmente toda la que tienen almacenada en su cuerpo.

Permíteme recordarte que las mejores grasas son las monoinsaturadas y las esenciales (omega-3 y omega-6), presentes en los productos naturales de origen vegetal enteros, incluidos los aguacates, los frutos secos crudos y las semillas. Numerosos estudios continúan demostrando que el consumo de frutos secos crudos ofrece protección contra los ataques cardíacos y los ictus, pero está exento de los riesgos de incrementar la incidencia de enfermedades cardíacas y cáncer, como sucede con un consumo elevado de grasas de origen animal[32]. Cuando las grasas que ingieres provienen de alimentos completos en lugar de aceite, te llevas el paquete completo de protección que ofrece la naturaleza: un equilibrio de vitaminas, minerales, fibras y fitonutrientes.

## LOS FRUTOS SECOS Y LAS SEMILLAS PROTEGEN CONTRA LA MUERTE CARDIOVASCULAR

Los frutos secos crudos y las semillas están cargados de nutrientes. Los lignanos, los bioflavonoides, los minerales y otros antioxidantes protegen la frágil frescura de las grasas contenidas en los frutos secos y las semillas, y las proteínas y los esteroles de las plantas reducen el colesterol de forma natural.

Quizás uno de los descubrimientos más innovadores e inesperados de la epidemiología nutricional en los últimos cinco años ha sido que el consumo de frutos secos y semillas ofrece una importante protección frente a las enfermedades cardíacas. Varios estudios clínicos han observado que las dietas ricas en frutos secos (nueces, cacahuetes, almendras y otros) ejercen beneficiosos efectos sobre la concentración de lípidos en sangre[33]. Un análisis de 23 pruebas de intervención que utilizaban frutos secos y semillas demostró de forma convincente que el consumo diario de estos productos disminuye el colesterol total y el colesterol LDL (malo)[34]. Curiosamente, estos productos pueden ayudar a normalizar un tipo peligroso de molécula de LDL; en concreto, las pequeñas y densas partículas de LDL que dañan los vasos sanguíneos, particularmente las células endoteliales que recubren los vasos sanguíneos[35].

Comparándolos específicamente con los cambios observados en los factores de riesgo conocidos —tales como reducir los niveles de glucosa en sangre o el colesterol—, se ha descubierto que los frutos secos y las semillas disminuyen la muerte cardiovascular y aumentan la esperanza de vida[36]. Hasta la fecha, cinco grandes estudios (Estudio de Salud de los Adventistas, Estudio de Salud Femenina de Iowa, Estudio de la Salud de las Enfermeras, Estudio de la Salud de los Médicos y Estudio CARE) han analizado la relación entre el consumo de frutos secos y semillas y el riesgo de enfermedad cardíaca aterosclerótica. Y todos encontraron una fuerte asociación inversa.

A partir de los datos del Estudio de la Salud de las Enfermeras se estimó que sustituir 28 g (1 onza) de grasa derivada de carbohidratos en una dieta normal por una energía equivalente proveniente de frutos secos reducía en un 30 por 100 el riesgo de desarrollar una enfermedad cardíaca. Reemplazar la grasa saturada por frutos secos disminuía el riesgo en un 45 por 100.

El Estudio de la Salud de los Médicos aportó mucho más a la historia. El descubrimiento más fascinante, y quizás el de mayor importancia, es que los frutos secos y las semillas no solo bajan el colesterol y protegen contra los ataques cardíacos. Al parecer, sus componentes también ejercen un efecto protector frente a las arritmias y la apoplejía, lo cual reduce de forma drástica la incidencia de muerte súbita[37]. Este estudio siguió a 21.454 participantes masculinos durante una media de 17 años. Los investigadores descubrieron un menor riesgo de muerte cardíaca súbita y de otros cuadros derivados de la cardiopatía coronaria después de controlar otros factores de riesgo cardíacos y hábitos dietéticos. En comparación con los hombres que rara vez o nunca consumían semillas o frutos secos, quienes tomaban dos o más raciones a la semana reducían su riesgo de muerte cardíaca súbita en aproximadamente el 50 por 100. La muerte cardíaca súbita no es un ataque cardíaco, sino una arritmia potencialmente mortal llamada fibrilación ventricular o taquicardia ventricular. Las personas que tienen problemas cardíacos no siempre mueren de un ataque al corazón; pueden fallecer también como consecuencia de un ritmo cardíaco irregular que impide que el corazón bombee adecuadamente.

## PARA PERDER PESO DE FORMA MÁS SANA, CONSUME SEMILLAS Y FRUTOS SECOS EN LUGAR DE ACEITE

Numerosos estudios epidemiológicos reflejan una asociación inversa entre la frecuencia del consumo de frutos secos y semillas y el índice de masa corporal. Curiosamente, su consumo puede llegar a suprimir el apetito y a favorecer la erradicación de la diabetes y la pérdida de peso[38]. En otras palabras, las poblaciones que consumen más frutos secos y semillas tienen más probabilidades de ser delgadas, en tanto que las personas que consumen menos semillas y frutos secos posiblemente desarrollen un mayor peso corporal. Una serie de pruebas controladas sobre el consumo de estos productos, cuyo objetivo era verificar si los frutos secos y las semillas promovían el aumento de peso, demostró justamente lo contrario: que tomarlos de forma habitual ayudaba a adelgazar en lugar de incrementar el peso corporal. Varios estudios han demostrado también que tomar una pequeña cantidad de frutos secos o semillas en realidad ayuda a la persona a sentirse saciada, ceñirse a su programa alimentario y perder peso a largo plazo[39].

En contraste, el aceite refinado, que contiene 120 calorías por cucharada, engorda y puede sabotear el adelgazamiento. Además, no ejerce ningún efecto protector sobre el corazón. El secreto aquí es dejar de lado el aceite y preparar aliños para ensalada, cremas (dips) y salsas incorporándoles semillas y frutos secos.

La dieta más sana para todas las edades es aquella que incluye alimentos grasos sanos. Esa misma dieta también evitará y revertirá numerosas enfermedades. Incluso a las personas con sobrepeso les recomiendo tomar 28 g (1 onza) de frutos secos o semillas crudos sin sal al día, como por ejemplo semillas de sésamo, girasol, lino y calabaza, además de nueces, pistachos o almendras.

## GRASA TRANS: UN LOBO CON PIEL DE CORDERO

Las grasas trans no existen en la naturaleza; están producidas en laboratorio y tienen consecuencias adversas para la salud, ya que interfieren con la producción de ácidos grasos beneficiosos en el organismo y provocan las enfermedades cardíacas[40]. Como los ácidos grasos trans no ofrecen beneficios y solo tienen consecuencias metabólicas negativas, cuando veas las palabras parcialmente hidrogenado en un envase de alimentos, considera que lo que está dentro es veneno y échalo al cubo de la basura.

Las grasas trans son sin duda cancerígenas y elevan el colesterol tanto como las grasas saturadas[41]. Considerando que también reducen el colesterol (bueno) HDL, posiblemente sean más aterogénicas que los ácidos grasos saturados[42]. Una serie de convincentes pruebas aportadas tanto por el Estudio de la Salud de las Enfermeras como por otros similares indican que las grasas trans están tan estrechamente vinculadas a los ataques cardíacos como las grasas de los productos animales[43].

La cantidad de grasas trans empleadas en la elaboración de alimentos ha disminuido considerablemente en los últimos años. Muchos fabricantes han reformulado sus productos para reducirlas o eliminarlas por completo; además, ahora están obligados a indicar el contenido de esta sustancia en las etiquetas donde se describen los datos nutricionales del producto. Pero ten cuidado, porque los niveles inferiores a 0,5 g por ración pueden aparecer como 0 g de grasa trans, lo que hace que una persona que toma varias raciones de un producto etiquetado como libre de grasas trans acabe consumiéndolas en una proporción significativa.

## LA GRASOSA CONCLUSIÓN

No cabe duda de que una dieta rica en grasa incrementa el riesgo de desarrollar muchos tipos de cáncer; ha quedado demostrado en cientos de estudios llevados a cabo tanto en animales como en humanos. Lo que eleva el riesgo no es solo la cantidad de grasa, sino el tipo (tal como sucede con el tipo de proteína). Es una cuestión complicada, así que aquí van los puntos esenciales:

1. Cualquier aceite extraído (grasa) puede promover la aparición de un cáncer, porque consumir cantidades desproporcionadas incluso de las grasas más sanas, como el acei-

te de oliva, añade a la dieta demasiadas calorías vacías. El exceso de calorías puede tener efectos tóxicos y contribuir a la obesidad, el envejecimiento prematuro y el desarrollo de alguna forma de cáncer.

2. El exceso de ácidos grasos omega-6 incrementa el riesgo de cáncer, en tanto que las grasas omega-3, que son más difíciles de encontrar, tienden a disminuirlo. Las grasas omega-6 están presentes en los aceites poliinsaturados como el de maíz y el de alazor, mientras que los ácidos grasos omega-3 son abundantes en las semillas, las verduras de hoja verde y ciertas especies de pescado.

3. Las grasas más peligrosas, tanto por promover las enfermedades del corazón como el cáncer, son las grasas saturadas y los ácidos grasos trans, descritos como «parcialmente hidrogenados» en las etiquetas de los productos comerciales. Sería una tontería que no evitaras estas grasas, puesto que son capaces de elevar el riesgo de cáncer de mama en más de un 45 por 100[44].

4. Los productos naturales de origen vegetal (como los cereales integrales, las verduras de hoja verde, los frutos secos y las semillas) aportan al organismo la grasa más adecuada. Si consumes una variedad de productos naturales puedes tener la certeza de que no sufrirás una deficiencia de grasa. Quienes requieren más grasas DHA deberían consumir semillas de lino, semillas de cáñamo, semillas de chía, nueces y suplementos de DHA derivados de productos vegetales, ya que son las fuentes más sanas y limpias de esta sustancia.

Recuerda que una dieta de bajo contenido graso puede ser peor que una dieta rica en grasa si contiene mucha grasa saturada o trans y una cantidad excesiva de carbohidratos refinados.

Observa que la carne magra o la de ave, con un promedio de 2 a 5 g de grasa por cada 28 g (1 onza) de producto, contienen menos grasa, menos grasa saturada y menos calorías que el queso, que tiene de 8 a 9 g de grasa por cada 28 g (1 onza). El queso presenta mucha más grasa saturada (la más peligrosa): alrededor de diez veces más que la pechuga de pollo. En la dieta norteamericana, el queso es el alimento que más grasa saturada aporta. La mayoría de los quesos contienen más de un 50 por 100 de calorías provenientes de la grasa, e incluso en sus versiones *light* resultan sumamente grasos.

Los norteamericanos tienen la costumbre de mirar el contenido graso de un producto y luego olvidarse de todo lo demás que sabemos sobre nutrición. La grasa no lo es todo. Si las grasas que consumes son sanas y proceden de semillas, frutos secos y aguacates crudos, y si tu dieta es rica en productos no refinados, no

| | Porcentaje de calorías por la grasa | Porcentaje de grasa saturada |
|---|---|---|
| queso crema | 89 | 63 |
| queso gouda | 69 | 64 |
| queso cheddar | 74 | 64 |
| queso mozzarella | 69 | 61 |
| queso mozzarella parcialmente desnatado | 56 | 64 |
| Kraft Velveeta para untar | 65 | 66 |
| Kraft Velveeta Light | 43 | 67 |
| Ricotta de leche entera | 68 | 64 |
| Ricotta de leche parcialmente desnatada | 51 | 62 |

tienes que preocuparte tanto por la grasa..., a menos que tengas sobrepeso.

El mensaje con el que te tienes que quedar en relación con la grasa es el siguiente: evita las grasas saturadas y las grasas trans (hidrogenadas) e intenta incorporar a tu dieta algunos alimentos que contengan grasa omega-3.

## DEJAR DE LADO LOS MITOS SOBRE LA PROTEÍNA ES COMO CAMBIAR DE RELIGIÓN

¿Recuerdas aquellos gráficos sobre los «cuatro grupos alimentarios básicos» que veíamos en el colegio? La proteína tenía su propia sección, designada mediante un filete grueso, un pescado entero y un pollo. Los productos lácteos también tenían una sección especial. Una dieta sana, según lo que se nos enseñaba, supuestamente se centraba en el consumo de carne y leche. Se creía que la proteína era el más favorable de todos los nutrientes, y que una gran cantidad de proteína era la clave de la fuerza, la salud y el vigor. Desafortunadamente, las tasas de cáncer se dispararon. Como resultado de las investigaciones científicas sobre las causas de distintas enfermedades nos hemos visto obligados a analizar de nuevo todo aquello que nos habían enseñado. La verdad es que resulta difícil deshacerse de las viejas costumbres; tanto, que la mayoría de los norteamericanos todavía se aferran a aquello que aprendieron de niños. Muy pocos temas están tan distorsionados en la cultura moderna como el de la proteína.

Ten en cuenta que todos necesitamos proteína; no podemos estar sanos sin incluir proteína en nuestra dieta. Y los alimentos vegetales contienen una gran cantidad de esta sustancia. No tienes que ser científico nutricional ni dietista para saber qué tie-

nes que comer, ni tampoco es necesario que mezcles y complementes alimentos para alcanzar la cantidad de proteína que requiere tu organismo. Cualquier combinación de elementos naturales te aportará las proteínas adecuadas, incluidos los ocho
aminoácidos esenciales y los aminoácidos no esenciales.

Lo repito: no hace falta combinar alimentos para conseguir un
nivel adecuado de proteína en cada comida. El organismo almacena y libera los aminoácidos necesarios durante 24 horas. Aproximadamente una sexta parte de la proteína que utilizamos a
diario proviene del reciclaje de nuestro propio tejido corporal.
Este reciclaje, o digestión de las células que revisten el tracto digestivo, equilibra cualquier variación irregular de aminoácidos
entre comida y comida. Así que para obtener un nivel suficiente de proteína no hace falta ninguna sofisticación nutricional,
incluso aunque solo tomes alimentos vegetales.

Únicamente cuando una dieta vegetariana gira en torno al pan
blanco y otros alimentos procesados el contenido de proteína cae
a niveles insuficientes. Sin embargo, en el momento en que introduce alimentos no procesados como verduras, cereales integrales, judías o frutos secos, la dieta se vuelve rica en proteína.

## La hierba dio origen al león

¿Qué contiene más proteína: la avena, el jamón o un tomate?
La respuesta es que los tres contienen aproximadamente la misma cantidad de proteína por caloría. La diferencia es que el tomate y la avena están cargados de fibra y otros nutrientes que
combaten las enfermedades, mientras que el jamón está repleto
de colesterol y grasa saturada.

Algunas personas creen que solo los productos animales contienen todos los aminoácidos esenciales y que las proteínas de las plantas son incompletas. Falso. Les enseñaron que la proteína animal es superior a la proteína vegetal. Falso. Aceptan la antigua idea de que la proteína vegetal debe ser mezclada y combinada de formas muy complicadas que exigen la planificación de un físico nuclear para que una dieta vegetariana resulte adecuada. Falso.

Creo que nunca se han detenido a pensar seriamente cómo fue que el rinoceronte, el hipopótamo, el gorila, la jirafa o el elefante se hicieron tan grandes comiendo únicamente productos vegetales. Los animales no crean aminoácidos del aire; todos los aminoácidos provienen originalmente de las plantas. Incluso los aminoácidos no esenciales que son producidos por el organismo son aminoácidos básicos que de alguna manera nuestro cuerpo modifica ligeramente. De todo esto se desprende que los músculos del león pueden estar formados únicamente por los precursores de proteína y aminoácidos que comían la cebra y la gacela. En otras palabras, que la hierba creó al león.

Cada semana veo entre veinte y treinta pacientes nuevos, y siempre les pregunto: «¿Qué contiene más proteínas: 100 calorías de solomillo o 100 calorías de brócoli?». Cuando les cuento que la respuesta correcta es el brócoli, lo que más habitualmente les oigo decir es: «No sabía que el brócoli contenía proteína». Y entonces vuelvo a preguntar: «¿Y de dónde creías que provenían las calorías del brócoli? ¿Pensabas que estaba compuesto principalmente por grasa, como el aguacate, o en su mayor parte por carbohidrato, como una patata?».

La gente sabe menos de nutrición que de cualquier otro tema. Incluso los médicos y los dietistas que asisten a mis conferencias responden rápidamente: «¡La carne!». Le sorprende saber que el brócoli contiene aproximadamente el doble de proteínas que un filete.

Cuando consumes grandes cantidades de verduras de hoja verde recibes una considerable proporción de proteína. Recuer-

| CONTENIDO PROTEÍNICO DE ALIMENTOS COMUNES EN ORDEN ASCENDENTE DE PROTEÍNAS POR CALORÍA | | | |
|---|---|---|---|
| | Proteína (gramos) | Calorías | Proteína por caloría | Porcentaje de proteína |
| Un plátano | 1,2 | 105 | 0,01 | 5 |
| Una taza de arroz integral | 4,8 | 220 | 0,02 | 9 |
| Una mazorca de maíz | 4,2 | 150 | 0,03 | 11 |
| Una patata asada | 3,9 | 120 | 0,03 | 13 |
| Una taza de pasta normal | 7,3 | 216 | 0,03 | 14 |
| Un yogur de fruta (170 g - 6 onzas) | 7 | 190 | 0,04 | 15 |
| Dos rebanadas de pan de trigo integral | 4,8 | 120 | 0,04 | 16 |
| Una hamburguesa con queso (Burger King) | 18 | 350 | 0,05 | 21 |
| Pastel de carne con salsa (Campbell's) | 14 | 230 | 0,06 | 24 |
| Una taza de judías congeladas | 9 | 120 | 0,08 | 30 |
| Una taza de lentejas (cocidas) | 16 | 175 | 0,09 | 36 |
| Una taza de tofu | 18 | 165 | 0,11 | 44 |
| Una taza de brócoli congelado | 5,8 | 52 | 0,11 | 45 |
| Una taza de espinaca cocida | 5,4 | 42 | 0,13 | 51 |

*Nota:* Comparadas con todos los demás alimentos, las verduras de hoja verde son los productos que contienen la mayor proporción de proteínas por caloría.

da que 280 g de brócoli congelado (10 onzas) contiene más de 10 g de proteína.

## ¿Cuánta proteína necesitamos?

Con el paso de los años, la cantidad de proteína recomendada por las autoridades ha subido y bajado como un yoyó. Solo a partir de la introducción de los cálculos de balance nitrogenado fue posible cuantificar realmente los requerimientos proteínicos humanos.

En la actualidad, la cantidad diaria recomendada (CDR) es 0,8 mg por kilo de peso corporal[45], o aproximadamente 44 g para una mujer de 54 kilos (120 libras) y 55 g para un hombre de 68 kilos (150 libras). Esta es la cantidad recomendada, no el requerimiento mínimo. Se estima que lo necesario son 0,5 mg por kilogramo, pero, con el tiempo, a la CDR se le añadió un gran factor de seguridad que prácticamente duplicó el requerimiento mínimo determinado por los cálculos de balance nitrogenado. En cualquier caso, el norteamericano medio consume más de 100 g de proteína al día, lo cual es una cantidad muy poco saludable.

Solo el 10 por 100 de las calorías totales que ingiere un individuo debería provenir de la proteína. De hecho, posiblemente lo único que necesite una persona sea un 2,5 por 100 de calorías derivadas de la proteína[46]. Al margen de las diversas opiniones sobre cuál es la ingesta proteínica más adecuada u óptima, en la mayoría de los alimentos de origen vegetal, excepto la fruta, al menos el 10 por 100 de las calorías provienen de la proteína, y en el caso de las verduras de hoja verde la cifra promedia el 50 por 100. Las dietas con un alto contenido de nutrientes en las que predominan los alimentos de origen vegetal, como las que yo recomiendo, aportan aproximadamente entre 40 y 70 g de proteína al día en un rango de entre 1.200 a 1.800 calorías diarias. Y eso es mucha proteína.

Además, la anticuada idea de la proteína de «alto valor biológico» se basa en los perfiles de aminoácidos esenciales que con-

ceden a los huevos una calificación máxima basándose en las necesidades nutricionales de los roedores. No debería sorprender-
nos que las necesidades de crecimiento de las ratas no sean exactamente las mismas que las de los humanos porque, por ejemplo,
las aves y las ratas requieren considerables cantidades de metio-
nina y cistina, unos aminoácidos que contienen sulfuro y resultan de suma importancia durante el crecimiento de las plumas
y el pelaje. Más recientemente, los perfiles de aminoácidos esenciales han sido actualizados para reflejar más claramente las necesidades de los humanos. La leche materna, por ejemplo, resulta deficiente si consideramos los requisitos nutricionales de
las crías de ratas, pero es ideal si la cotejamos con las necesidades de los bebés humanos.

En la actualidad, los valores proteínicos se computan de forma diferente que en el pasado. Se basan en las necesidades del
hombre y no en las de las ratas, y a la proteína de soja se le ha
asignado una puntuación superior que a la proteína de la carne roja[47].

Utilizando un programa informático de análisis dietético in-
tenté crear una dieta basada en alimentos naturales que resulta-
ra deficiente en cualquiera de los aminoácidos requeridos por el
hombre. Fue imposible. Casi cualquier variedad de productos
vegetales contenía de 30 a 40 g de proteína por cada 1.000 calorías. Cuando satisfaces tus necesidades calóricas, automáticamente cumples también con tus necesidades proteínicas; así pues,
céntrate en comer productos naturales saludables y olvídate de
obtener suficiente proteína.

¿Y qué sucede con el atleta, el culturista o la mujer embara-
zada? ¿Acaso no necesitan más proteína? Por supuesto que un
atleta que lleve a cabo un entrenamiento agotador necesita más
proteína. A principios de los años 70 yo formaba parte de la se-
lección nacional de patinaje artístico de Estados Unidos y solía

entrenar durante más de cinco horas al día. Además de la extenuante práctica sobre hielo, levantaba pesas y corría; con todo ese ejercicio necesitaba más proteína. En realidad, necesitaba más de todo, en especial de calorías. Cuando consumes más comida, consigues la cantidad extra de proteínas, grasas, carbohidratos y nutrientes que te hace falta. Yo cargaba el asiento de atrás de mi coche con enormes cantidades de frutas, verduras, frutos secos crudos y cereales integrales. Comía mucho, y mientras tanto obtenía más proteína (y todo lo demás). Tus necesidades proteínicas se incrementan en proporción directa con tu mayor demanda calórica y tu apetito más acusado. ¿Y sabes qué? En ese mismo instante consigues lo que necesitas. Lo mismo sucede durante el embarazo.

Cuando satisfaces tus necesidades calóricas con una variedad de alimentos de origen vegetal, recibes la cantidad adecuada de proteína: ni mucha mi poca.

## Analicemos las CDR

Las CDR son una serie de cifras que estipula el gobierno para determinar el consumo más adecuado de varios nutrientes considerados convenientes para la salud. Pero... ¿son correctas? ¿Se trata de recomendaciones apropiadas? ¿Y nos beneficiará consumir niveles incluso más altos de determinados nutrientes? Son preguntas difíciles de responder, aunque primero debemos considerar de dónde provienen las CDR.

Las cantidades diarias recomendadas surgieron cuando el gobierno norteamericano comenzó a cuestionar el valor de las raciones militares distribuidas a sus soldados durante la Segunda Guerra Mundial. Con posterioridad, el Consejo de Alimentos y Nutrición estudió los alimentos que se esperaba que la mayoría de la gente consumiera y, tras analizar la dieta media, llegó a un mínimo recomendado y luego aumentó esa cantidad para, teóricamente, asegurar una salud óptima.

Las CDR, lejos de ser imparciales, se inclinan en favor del consumo convencional. No se basan en cómo debería comer la gente para mantener una salud óptima, sino que, en realidad, han sido formuladas para representar simplemente nuestra manera de comer. Por eso exponen ni más ni menos que la dieta convencional: una alta cantidad de productos animales, muchos productos lácteos y grasa, y una baja proporción de fibra, antioxidantes y otros nutrientes como la vitamina C, que abundan en los productos de origen vegetal. En resumen, las CDR reflejan la dieta que ha causado todos los problemas que persisten hasta hoy.

Observamos entonces una tendencia a mantener bajas las cantidades diarias recomendadas de nutrientes de origen vegetal, y altas las proporciones de nutrientes de origen animal. Piensa, por ejemplo, en la ridícula sugerencia que hace el gobierno norteamericano sobre la vitamina C. Las dietas que yo recomiendo, y que consumo, contienen entre 500 y 1.000 mg de vitamina C al día, proveniente exclusivamente de los alimentos. Si tú siguieras una dieta que fuese la mitad de buena que la que yo recomiendo, estarías consumiendo entre 250 y 500 mg de vitamina C cada día. Pero 60 mg, que es la CDR propuesta por el gobierno, refleja simplemente lo inadecuada que resulta la dieta norteamericana y lo improbable que sería obtener suficiente vitamina C siguiendo una dieta tan pobre en productos naturales de origen vegetal.

Para equilibrar la deficiencia de tu dieta podrías tomar 1.000 mg de vitamina C en forma de comprimido, pero en ese caso te estarías perdiendo todos los demás antioxidantes y fitoquímicos de origen vegetal que vienen en el mismo «paquete» que la vitamina C. Si el gobierno mantiene la CDR de esta sustancia en un nivel ridículamente bajo es porque de lo contrario sería incongruente con el resto de sus absurdas sugerencias dietéticas. Además, con 60 mg resulta imposible alcanzar niveles óptimos sin suplementación.

La mayoría de las recomendaciones dietéticas del gobierno norteamericano han sido descartadas y actualizadas con el paso del tiempo. Dichas sugerencias, como la guía de los «cuatro grupos alimentarios básicos», siempre han estado por lo menos diez años por detrás de la ciencia y sometidas a la enorme influencia de los productores de alimentos. Las CDR actuales deberían seguir idéntico destino, puesto que se basan en opiniones nutricionales pasadas de moda que no concuerdan con el escrutinio científico. Por último, y esto es lo más importante, es necesario aclarar que miles de fitonutrientes carecen de CDR. En los alimentos naturales se observan una serie de matices sutiles e interacciones nutritivas que crean resistencia a las enfermedades a partir de la sinergia de diversas sustancias. Como una orquesta sinfónica cuyos miembros tocan en perfecta armonía, nuestro organismo depende de la proporcionada interacción de todos los nutrientes, tanto los conocidos como los desconocidos. Por eso, al consumir una rica variedad de alimentos naturales maximizamos el funcionamiento de la obra maestra humana.

Recuerda, entonces, los dos mensajes principales de este capítulo. Primero, que al refinar los alimentos y extraer los macronutrientes de su «paquete» natural, el producto final adquiere propiedades que provocan enfermedades. Y segundo, que en las olimpíadas de la densidad nutricional las verduras de hoja verde se han llevado el título de campeonas, y que las legumbres y las frutas frescas han vuelto a casa con una medalla de plata y otra de bronce, respectivamente.

## CAPÍTULO 6

# Cómo librarse de la adicción a la comida

## CASO DE ESTUDIO
### Isabel perdió 36 kilos (80 libras) y lleva más de cuatro años manteniendo su nuevo peso.

*De vez en cuando me quedo asombrada. ¡Me sentía tan deprimida y desesperanzada el día que hice el pedido de* Comer para vivir*! Sin embargo, ahora pienso: «¡Qué bien, estoy haciendo esto y me encanta!».*

*Estaba cansada, triste y furiosa conmigo misma por no lograr perder peso y así mantenerme delgada. Por aquel entonces tenía 31 años y había tenido problemas de peso desde siempre. Solo mido 1,52 m (5 pies), pero pesaba 92 kilos (203 libras). Me dolía la espalda, tenía migrañas y acné, y me pasaba el día tumbada en el sofá. Odiaba tener que vestirme para ir a cualquier sitio porque no tenían nada bonito que ponerme, y además no quería que nadie me viese obesa. Si hubiera podido, me habría encerrado en mi casa. Estaba cansada de las miradas de la gente y de sus burlas. Siempre era la «chica voluminosa», y parecía que en todo momento había alguien a mi alrededor que se encargaba de recordármelo.*

*Probé muchas dietas diferentes, pero ninguna me dio resultado jamás. Al leer el libro del Dr. Fuhrman me impresionó su investigación científica y, sobre todo, su conocimiento, además de todo lo que planteaba, que a mi entender era de lo más coherente. Así que empecé a seguir sus pautas nutricionales de inmediato, y en aquel verano ya había perdido 22 kilos (50 libras). Pero las cosas comenzaron a funcionar realmente bien cuando dejé de prestar tanta atención a las cifras.*

*Me propuse no ponerme objetivos en cuanto al peso que deseaba perder ni preocuparme si no perdía kilos con suficiente velocidad. Confiaba en que cada día que siguiera las pautas de* Comer para vivir *estaría mejorando mi propia salud; así que «permití» que mi cuerpo fuera a su ritmo.*

*A estas alturas ya he perdido 36 kilos (80 libras), y mi grasa corporal general se ha reducido del 47 al 25 por 100. Me siento fantástica, y mis análisis de sangre dan resultados estupendos. In-*

*cluso parezco más joven, al punto de que algunas personas ni siquiera me reconocen. Me siento una mujer nueva.*

*Ahora prácticamente no tengo migrañas y cada vez noto menos dolor en el tercio inferior de la espalda. He dejado de comer para calmar mis problemas emocionales y noto menos dolor en las piernas, donde tenía una incómoda variz que amenazaba con estallar. Tengo la piel más limpia y mejor claridad mental. Mi autoestima y seguridad en mí misma han aumentado de forma evidente.*

*Ahora dispongo de energía para ser una mujer activa, y soy capaz de hacer cosas que antes ni siquiera me apetecía intentar. De hecho, me he convertido en entrenadora personal profesional porque ahora que me encuentro tan bien me apetece ayudar a otras personas a sentirse mejor.*

*Comer para vivir funciona de verdad. Si lo estás pasando mal y has considerado la posibilidad de seguir este programa, ¡no lo dudes! Tienes que poner todo de tu parte y no rendirte jamás.*

*Estos son mis consejos para triunfar:*

- *olvídate de las balanzas y de los plazos;*
- *créate una rutina; practica ejercicio físico de forma regular y constante;*
- *únete al Centro de Socios de DrFuhrman.com, donde recibirás el apoyo que necesites, y*
- *no temas rechazar las reuniones sociales; antes que complacer a los demás, debes prestar atención a tu salud.*

## Un descubrimiento importante

El hambre es una experiencia que muchas personas temen. Y aunque parezca absurdo que el miedo a pasar hambre sea una realidad en la población más sobrealimentada de la historia humana, nuestra obsesión por la comida y por comer es innegable.

Solemos reaccionar con terror cuando nos damos cuenta de que nos estamos quedando sin comida incluso durante períodos breves, pero deberíamos entender que comer en todo momento no solo nos impide perder peso de forma saludable, sino que resulta claramente perjudicial para nuestro organismo. Consumir alimentos equivocados (es decir, de bajo contenido nutricional) provoca lo que yo llamo «hambre tóxica» y el consiguiente deseo de consumir un exceso de calorías. Cuando no satisfacemos nuestras necesidades de micronutrientes, solo nos sentimos bien si mantenemos nuestro tracto digestivo trabajando sin cesar. El hambre tóxica invalida el instinto natural que controla el apetito y en consecuencia conduce a un incremento radical en el consumo calórico.

Según mis observaciones, una dieta con un contenido suficientemente elevado de micronutrientes consigue disminuir las sensaciones que conducen al deseo desesperado de comer y a la sobrealimentación. Las sensaciones que comúnmente se definen como «hambre», y que incluso figuran en los textos médicos como tal, desaparecen prácticamente por completo en aquellos individuos que siguen una dieta rica en micronutrientes. Entonces surge en ellos una nueva sensación, que yo describo como «hambre verdadera». Por eso es importante entender el aspecto científico y la fisiología humana que sustentan esta importante diferencia.

## TODAS LAS PERSONAS QUE CONOCES SON ADICTAS A LA COMIDA

Cuando nuestro organismo se ha acostumbrado a un agente nocivo o tóxico, hablamos de adicción. Entregarnos a la adicción resulta medianamente agradable, pero en cuanto dejamos de consumir la sustancia en cuestión, como por ejemplo la nicotina o la cafeína, nos sentimos mal porque nuestro organismo moviliza los desechos celulares e intenta reparar el daño causado por la exposición a ese agente específico. Este fenómeno recibe el nombre de *abstinencia*. Si tú tomas cuatro tazas de café o de refresco con cafeína al día, cuando cortes ese hábito te dolerá la cabeza como resultado de la abstinencia. Para sentirte mejor, podrías tomar más cafeína (u otras drogas) o comer más y con mayor frecuencia; y eso te ayudaría, porque comer y digerir retarda la desintoxicación o abstinencia. De un modo similar, el hambre tóxica aumenta con el consumo de bebidas cafeinadas, refrescos y alimentos procesados. En la mayoría de los casos, surge una vez que cesa la digestión y el tracto digestivo se encuentra vacío, lo cual suele provocar que la persona se sienta extremadamente incómoda si no come o bebe alguna carga calórica (para inhibir la desintoxicación) con el fin de aliviarse.

### Síntomas de hambre tóxica

- dolor de cabeza
- fatiga
- náuseas
- debilidad
- confusión mental e irritabilidad
- espasmos abdominales y esofágicos
- temblor y calambres en el estómago

La confusión crece porque en cuanto ingerimos esos mismos alimentos pesados o poco saludables que están causándonos el problema nos sentimos mejor, puesto que el proceso de desintoxicación queda detenido o se retrasa. Todo este proceso inevitablemente provoca sobrepeso, porque si dejamos de digerir alimentos, incluso durante poco tiempo, nuestro organismo comienza a experimentar síntomas de desintoxicación o abstinencia. Entonces, para contrarrestar el malestar, tomamos comidas pesadas que requieren un largo período de digestión, o comemos con demasiada frecuencia para mantener nuestro tracto intestinal ocupado y sobrecargado casi de forma permanente, a fin de mitigar la indisposición que nos produce nuestro estresante estilo dietético.

En la fase *anabólica*, digerimos y almacenamos las calorías para utilizarlas en el futuro. En la fase *catabólica*, quemamos las calorías almacenadas.

Nuestro organismo experimenta períodos cíclicos de digestión-asimilación (fase anabólica) y utilización de las calorías almacenadas (fase catabólica), que comienza cuando finaliza el proceso digestivo. Durante la fase anabólica, la glucosa absorbida es almacenada tanto en el hígado como en los tejidos musculares en forma de glucógeno para proceder a su descomposición y utilización en un momento posterior, cuando no estemos comiendo ni digiriendo. Durante la fase catabólica, por el contrario, «vivimos» de los nutrientes acumulados durante la fase anabólica. La descomposición del glucógeno almacenado recibe el nombre de glucólisis, y es durante este proceso que nuestro organismo pasa a una actividad de desintoxicación más acusada.

Mientras estamos descomponiendo nuestras reservas de grasas corporales y glucógeno, nuestro cuerpo queda expuesto a una mayor cantidad de toxinas celulares, y los procesos de eliminación y desintoxicación aumentan de forma proporcional. Esta eliminación de toxinas puede provocar malestar, especialmente si nuestros tejidos soportan una excesiva carga tóxica. Se trata de síntomas desagradables que, si bien no están causados por un «bajón de azúcar en sangre», sí ocurren en paralelo a una disminución del nivel de azúcar en el torrente sanguíneo. Cuando nuestra dieta incluye muy pocos fitoquímicos y otros micronutrientes, acumulamos una mayor cantidad de productos de desecho intracelular. La literatura científica ya acepta que seguir dietas pobres en antioxidantes y micronutrientes provoca que ciertas toxinas —como los radicales libres, los productos finales de glicosilación avanzada (PGA) y el lípido A2E— se acumulen en los tejidos humanos, lo cual favorece la aparición de enfermedades[1].

En diversos estudios sobre individuos con sobrepeso se ha observado que la ingesta de alimentos de bajo contenido nutricional causaba en ellos más estrés oxidativo (como resultado del daño causado por los radicales libres) que en los individuos de peso normal. De hecho, fue posible cuantificar en su orina la presencia de una elevada cantidad de peroxidasas y aldehídos, derivados de los lípidos y las proteínas dañados[2]. Esto indica que las personas proclives a la obesidad experimentan más síntomas de abstinencia que los impulsan a consumir un exceso de calorías, un círculo vicioso que agrava el problema e impide su solución. Por el contrario, los sujetos que seguían dietas más saludables no acumulaban estos marcadores inflamatorios[3]. Cuando consumimos demasiadas proteínas animales (que crean un exceso de desechos nitrogenados) y no comemos una suficiente cantidad de productos vegetales ricos en fitoquímicos, exacerbamos la acumulación de productos de desecho metabólico en nuestro organismo[4].

Si pasan horas sin que hayamos comido, nuestro organismo utiliza sus reservas de glucógeno para obtener energía (glucóli-

## LA CURVA DEL AZÚCAR EN SANGRE

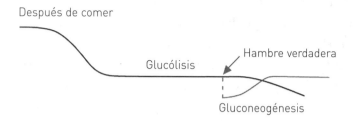

sis). Este proceso tiene lugar una vez finalizada la digestión, y en un individuo sano que sigue una dieta saludable es un estado perfectamente cómodo exento de síntomas. Ahora bien: cuando ya hemos quemado las reservas de glucógeno, el hambre verdadera aparece para indicar que necesitamos recibir calorías antes de que dé comienzo la gluconeogénesis. La gluconeogénesis es la degradación del tejido muscular cuya finalidad es aportar glucosa al organismo cuando ya no queda glucógeno. El cuerpo no puede fabricar la glucosa que necesita para alimentar al cerebro a partir de las grasas acumuladas, pero sí es capaz de producir glucosa a partir de los aminoácidos derivados del tejido muscular. El hambre verdadera protege nuestra masa muscular y nos envía una clara señal de que debemos comer antes de que se desencadene la gluconeogénesis.

### ¿HAMBRE VERDADERA O HAMBRE TÓXICA?

Lo que he observado y cuantificado en miles de individuos es que el impulso de consumir un exceso de calorías se reduce mediante una ingesta elevada de micronutrientes. Los síntomas que creíamos hipoglucemia o incluso hambre, que tienen lugar en cuanto se inicia la glucólisis, simplemente desaparecen después de comer de forma muy sana durante un tiempo. Tras un perío-

do de entre dos a cuatro meses, cuando los tejid
han acumulado micronutrientes, los síntomas de
de cabeza, irritabilidad y calambres estomacales des
la gente vuelve a reconocer el hambre verdadera, que su
principalmente en la garganta. El hambre verdadera con　　.e
el comer en una actividad más agradable, y esa sensación conduce a una ingesta calórica más adecuada a las necesidades biológicas de nuestro organismo.

En nuestro tóxico ámbito alimentario actual, muchos hemos
perdido la habilidad de conectar con las señales corporales que
nos indican qué cantidad de alimentos necesitamos en realidad.
La naturaleza ha aportado a nuestro cuerpo una habilidad magníficamente orquestada para señalar con precisión cuánto debemos comer para mantener un peso ideal y una buena salud a largo plazo. Yo he documentado el proceso, demostrando que este
fenómeno tan poco estudiado es real. Y ha surgido como resultado de la impresionante pérdida de peso de miles de personas.
Cientos de mis pacientes han perdido más de 45 kilos (100 libras) sin ninguna intervención quirúrgica y con un éxito que se
sostiene en el tiempo. Comer sano resulta mucho más eficaz que
controlar las raciones si lo que se desea es controlar el peso a largo plazo. Este método modifica y disminuye las sensaciones de
hambre tóxica, y las personas con sobrepeso se sienten más a gusto consumiendo menos calorías.

El hambre verdadera nos indica en qué momento nuestro organismo necesita calorías para mantener una masa corporal magra. Si comieras únicamente cuando experimentaras hambre verdadera, nunca tendrías exceso de peso. Pero si has desarrollado
una significativa capa de grasa alrededor de la cintura significa
que regularmente consumes alimentos en respuesta al hambre
tóxica, o bien que sueles comer con una finalidad recreativa.
Cuando el organismo sigue una dieta natural saludable y recibe

ჟolo la cantidad de alimento que le exige el hambre verdadera, no almacena grandes cantidades de grasa.

La sensación de hambre verdadera se experimenta en la garganta, el cuello y la boca, y no en el estómago ni en la cabeza. No resulta incómodo sentir hambre verdadera; hace que la comida sepa mejor cuando la consumes, y convierte el acto de comer en una actividad mucho más agradable. No produce temblores ni movimientos extraños, no duele, y sabes en cuanto la percibes que se trata de una reacción normal que señala una necesidad de nutrirte. En efecto, es un indicador de que tu cuerpo está fisiológicamente preparado para digerir alimentos y que las glándulas digestivas han recuperado su capacidad de secretar enzimas de forma adecuada. Como resultado, te sientes mejor y no comes de más.

---

### Síntomas de hambre verdadera

- potenciación del sentido del gusto
- mayor salivación
- sensación persistente en la garganta

---

El hambre verdadera no requiere ningún alimento en especial para satisfacerla; se alivia comiendo prácticamente cualquier cosa. Pero «tener hambre» no significa desear desesperadamente un alimento en particular; por definición, el impulso de comer es de carácter adictivo, y por consiguiente una persona no adicta no lo siente. Recuerda, de todas formas, que casi todos somos adictos a nuestros hábitos tóxicos. Una dieta que causa enfermedades es adictiva; una dieta que sustenta la salud, no. No tienes que ir de un lado a otro con una calculadora y una báscula para hacerte una idea de cuánto comes. Un cuerpo sano te dará las señales correctas. Para alcanzar un peso ideal y consumir la cantidad exacta de calorías que te permitirán mantener una masa corporal magra y prolongar tu vida, debes volver a contactar con el hambre verdadera. Come cuando tengas hambre y no tomes nada cuando estés inapetente.

---

### Cómo conseguir un estado de hambre verdadera

1. No comas cuando no tengas hambre.
2. No «piques», a menos que estés seguro de sentir hambre verdadera.
3. No comas en exceso ni tampoco hasta el límite de sentirte lleno o atiborrado de comida.
4. No sigas comiendo después de cenar. Recoge la cocina, lávate los dientes y pásate hilo dental, y aléjate de la comida. Piensa en lo sabroso que te resultará comer a la mañana siguiente, cuando vuelvas a tener hambre.
5. Reduce o elimina tu consumo de cafeína, sal, alcohol, dulces, mantequilla, queso, alimentos procesados, refrescos, tabaco y drogas legales o ilegales.

---

Se ha demostrado que comer con más frecuencia produce un consumo calórico mayor al final de la semana[5]. Además, según lo observado en estudios científicos, la reducción en la frecuencia de las comidas incrementaba la expectativa de vida tanto en roedores como en monos, incluso cuando las calorías consumidas cada semana eran las mismas en el grupo que comía con más frecuencia que en el que lo hacía de forma esporádica[6]. El organismo necesita tiempo entre una comida y la siguiente para terminar de digerir, porque a fin de desintoxicarse de forma más eficaz y promover la reparación celular debe finalizar por completo el proceso de digestión. Estar permanentemente comiendo y digiriendo alimentos no resulta favorable si lo que se desea es potenciar la salud.

Así que espera a sentir hambre para comer. Intenta tomar menos alimentos durante la cena para así tener hambre para tres comidas al día. Acostumbra a tu cuerpo a un programa regular de tres comidas diarias, pero no comas en exceso en ninguna de ellas. Si no tienes hambre para la siguiente, retrásala o bien sáltatela. Y cuando vuelvas a comer, reduce la cantidad de productos hasta que aprendas a consumir una cantidad apropiada y así sientas hambre en el momento en que te toque comer realmente. Está permitido tomar dos comidas diarias en lugar de tres si solo tienes hambre para eso. Pero en términos generales, entre las personas que realizan ejercicio físico con regularidad suele observarse un consumo de tres comidas al día sin «picar» nada entre medias. Lo cierto es que necesitamos menos comida de lo que la mayoría de la gente cree. Una vez que nos deshacemos de la pervertida hambre tóxica, nuestro sistema nervioso central consigue cuantificar adecuadamente y enviarnos señales correctas para mantener nuestro peso ideal con la cantidad precisa de calorías. Al final aprenderás a determinar la cantidad correcta de alimentos que debes consumir en cada comida, porque notarás que sacian tu apetito, te hacen sentir satisfecho (pero no lleno) y te permiten volver a tener hambre en el momento justo en que te toca volver a comer.

## ES POSIBLE QUE AL PRINCIPIO TE SIENTAS MAL

Si intentas evitar que un adicto al azúcar deje de comer caramelos, o que un adicto a la comida rápida deje de tomar refrescos, pizza y hamburguesas, descubrirás que, efectivamente, se siente fatal. Ese cuadro recibe el nombre de abstinencia. Cuando dejamos de hacer algo que nos perjudica, nuestro organismo intenta reparar el daño que le ha causado la prolongada exposición a sustancias nocivas y reduce su nivel de tolerancia, moviliza los desechos celulares y se enfrenta a receptores vacíos, todo lo cual nos produce malestar físico. Cuando alguien deja de fumar, aunque no le quede ni una molécula de nicotina en el cuerpo, es posible que siga encontrándose mal mientras su organismo se dedica activamente a reparar el daño que le ha causado dicha sustancia perjudicial. Es por ello que la persona que lleva años fumando nota que se encuentra peor después de dejar de fumar, en lugar de mejorar. Aunque la nicotina haya desaparecido, el sujeto empieza a toser más y a producir una mayor cantidad de mucosidad. Cuando recupera un poco la salud, su organismo se vuelve cada vez menos tolerante a las irritantes sustancias nocivas que ha acumulado durante tanto tiempo. Y puesto que ha recobrado la capacidad de reparar las células dañadas, es posible que temporalmente la persona sufra inflamación como consecuencia de la mayor reactividad de los tejidos frente a los productos de desecho allí retenidos. En este caso la inflamación cumple una función correctora, puesto que el sistema inmunitario reacciona de forma protectora para eliminar las sustancias nocivas y restablecer el funcionamiento celular.

Lo mismo sucede con los alimentos tóxicos. Después de pasarnos a una dieta realmente sana, dado que nuestro cuerpo ha mejorado sus mecanismos de autorreparación, es posible que surjan síntomas como algunas décimas de fiebre, inestabilidad emocional, fatiga y dolores de cabeza. No te alarmes si durante las primeras una o dos semanas de alimentación sana te sientes peor y aumenta tu deseo de recurrir a la comida para aliviar el malestar. Habitualmente esta sensación desaparece en los primeros cuatro días.

POR QUÉ FRACASAN LAS DIETAS

La prensa, los libros de dietas y la mayor parte de la comunidad científica están totalmente confundidos en lo que a nutrición y alimentación se refiere. Casi todos los artículos sobre estos temas se centran en las cualidades mágicas de algún alimento, suplemento o acelerador del metabolismo, o bien en una determinada proporción de grasa, carbohidratos y proteínas capaz de resolver todos nuestros problemas de peso. Y así, mientras los investigadores no cesan de analizar y publicar sus descubrimientos sobre todo tipo de regímenes alimentarios —de alto contenido graso o todo lo contrario; ricos en carbohidratos o lo opuesto—, los medios de comunicación se ocupan de mantenernos informados sobre los éxitos y fracasos de todas ellas. Este proceso se repite una y otra vez de forma cíclica, pero deberíamos entender de una vez por todas que intentar controlar obsesivamente nuestra ingesta de carbohidratos, grasas o proteínas no mejorará nuestra salud ni nuestra longevidad. De hecho resultaría contraproducente, porque esa forma de alimentarse estimula las fluctuaciones temporales en la ingesta calórica, y estas a su vez provocan cambios permanentes en el peso corporal, que todos conocemos como «efecto yoyó». Las dietas de este tipo rara vez funcionan, y lo peor es que resultan perjudiciales para la salud porque no es bueno perder y ganar peso constantemente. En resumen, estos programas demuestran que ninguna dieta que deje de lado la calidad de los micronutrientes consumidos resulta demasiado eficaz.

Lo que estás aprendiendo aquí es diferente, puesto que no se trata de una proporción perfecta de grasas, carbohidratos o proteínas que te conducirán a tu peso ideal y a una salud superior. Sin lugar a dudas, todos necesitamos consumir menos grasa, menos proteína y una cantidad inferior de carbohidratos, que son las únicas tres fuentes de calorías derivadas de los alimentos. Y si bien es cierto que nuestro organismo requiere una determinada proporción de calorías, debemos asegurarnos de que la grasa, la proteína y los carbohidratos que elijamos consumir provengan de alimentos sanos y con la mayor densidad nutricional posible. La forma más saludable de comer, y la manera de conseguir que de forma natural y automática desees menos calorías, consiste en entender el concepto de la densidad nutricional, de comer sano para eliminar tus adicciones a la comida y permitir que el organismo reprograme tus gustos. Notarás que comes con más placer porque solo te alimentas cuando tienes hambre; descubrirás que tus gustos se adaptan a lo que comes con regularidad, y que una nutrición adecuada exalta tu sentido del gusto.

Si bien se pueden encontrar libros de dietas por todas partes, se estima que más del 75 por 100 de los habitantes de Estados Unidos tienen sobrepeso[7]. Las investigaciones dan cuenta de un incremento tan grande y rápido de la obesidad en todo el mundo que el sobrepeso está considerado una grave epidemia médica que afecta a una parte significativa de la población mundial[8]. La Organización Mundial de la Salud (OMS) estima que la propagación mundial de los alimentos procesados y de la comida rápida norteamericana ha convertido la obesidad y las enfermedades producidas por una alimentación baja en nutrientes y alta en calorías en los mayores factores causantes de muerte prematura a nivel mundial, incluso más que la inanición. La OMS ha anunciado:

«Las familias deberían decantarse predominantemente por las dietas de tipo vegetal, ricas en frutas y verduras, judías o legumbres y alimentos esenciales de alto contenido de almidón, mínimamente procesados.»[9]

Puesto que el sobrepeso o la obesidad incrementan drásticamente el riesgo de desarrollar todas las principales causas de mortalidad, la hegemonía de la tóxica industria alimentaria norteamericana posiblemente sea el más grave problema de salud que deba afrontar el mundo moderno. El peso corporal ideal y la salud general son inseparables. Solo puede considerarse que un programa de adelgazamiento tiene éxito si la pérdida de peso es permanente y segura y promueve la salud general. Un adelgazamiento temporal aporta muy poco beneficio o ninguno, en especial si compromete la salud. La confusa guerra de dietas y las opiniones contradictorias de los autores de estos planes alimentarios paralizan la posibilidad de mejorar la salud de millones de individuos que sufren.

En la dieta clásica basada en el control de las raciones (es decir, aquella en la que cuentan las calorías consumidas), es probable que el organismo no disponga de una cantidad adecuada de fibra o de nutrientes. El cuerpo percibirá una sensación generalizada de hambre, un deseo imperioso de comer y una serie de síntomas de abstinencia a sustancias adictivas que para la mayoría de la gente resultan simplemente abrumadores. Esta filosofía dietética provoca que invariablemente la persona pierda peso y luego lo recupere. En otras palabras, el recuento de calorías no da ningún resultado a largo plazo. Una dieta basada en el control de las raciones y el recuento de calorías suele permitir el consumo de alimentos altamente tóxicos y de bajo contenido nutricional, y luego nos exige que frenemos nuestros impulsos adictivos mientras intentamos comer menos. Esta combinación desnutre nuestro organismo y provoca incontrolables y frecuentes impulsos de comer, además de un mayor deseo de calorías concentradas. La reducida ingesta de micronutrientes unida a los síntomas de abstinencia puede dar pie a «antojos» totalmente perjudiciales, como comer comida basura, beber alcohol o tomar drogas. Los deseos desesperados de comer no son producidos por el hambre, sino por los hábitos tóxicos. Cualquier persona que intente adoptar una dieta sana debe aceptar que durante un tiempo (por lo general seis semanas o menos) su cuerpo intentará desintoxicarse y que con mucha probabilidad en ese período se sentirá mal y que en ningún momento notará hambre verdadera. Por desgracia, no contar con una educación nutricional adecuada ni con sólidos principios a los cuales aferrarse, lo más habitual es que quienes siguen una dieta trastabillen y caigan, pasen de un régimen a otro, y siempre acaben adelgazando un poco y recuperando con frecuencia más de lo que han perdido.

La desinformación va de la mano del autoengaño. Infinidad de dietas nos anuncian que podemos tomar todos los alimentos que nos gustan y aun así perder peso. Entonces, ¿qué necesidad tendríamos de renovar completamente nuestra forma de comer? Al parecer, sería mucho más fácil comer menos de algo que nos gusta que cambiar nuestros hábitos y empezar a probar productos que en este momento no son de nuestro agrado. Pero el problema es que, en la práctica, comer menos de las mismas cosas no funciona, y ha quedado demostrado. En efecto, diversos estudios han probado que las dietas basadas en el control de las raciones solo provocan una significativa pérdida de peso capaz de perdurar durante más de cinco años en menos de 3 personas de cada 100[10].

Es simplemente una cuestión de tiempo que quienes intentan consumir raciones pequeñas acaben aumentando la cantidad de comida que toman. La proporción de fibra de estos regímenes resulta insuficiente, y su densidad nutricional, escasa. Así que aunque las dietas restrinjan las calorías, los alimentos que componen los menús presentan una densidad calórica tan sumamente elevada que para perder peso es necesario tomar racio-

nes diminutas. Por eso nada de lo que la persona ingiere logra satisfacer su deseo de comer y acaba anhelando ingerir cualquier cosa
desesperadamente, lo cual, como es lógico, le provoca frustración.
Cuando ya no soporta más alimentarse a base de raciones del tamaño de un dedal, coge peso a modo de venganza. Estas dietas se
basan en teorías científicas débiles y en mitos nutricionales per-
petuos. Para ser una persona sana, resistente a la enfermedad y
siempre delgada, lo único que tienes que hacer es comer grandes
cantidades de alimentos sanos, ricos en nutrientes.

### ¿TE MUERES POR PERDER PESO?

Muchos de los libros de dietas más promocionados y con mayores cifras de venta figuran también entre los más peligrosos. Alguno de los textos y páginas web más populares promueven patrones dietéticos de alto contenido proteínico y poca cantidad de
carbohidratos, enfatizando lo peligroso que resulta ingerir harina
blanca, azúcar y jarabe de maíz. Por supuesto que estoy de acuerdo con los peligros de consumir «basura» de alto contenido glucémico, pero creo que ha llegado el momento de acabar de una
vez con estas dietas ricas en proteínas. Aquí no debería existir ninguna controversia. Las dietas que presentan un elevado contenido
de protenía no favorecen la esperanza de vida, no ofrecen la protección anticancerígena inherente a una alimentación mucho más
rica en micronutrientes de origen vegetal, ni tampoco son cardioprotectoras. De hecho, incluso aunque hagan perder algo de peso,
pueden provocar el aumento del colesterol LDL y causar o permitir el progreso de una enfermedad cardíaca[11]. El moderado grado
de adelgazamiento que ofrecen a una minoría de personas, producido por la eliminación o reducción de los peligrosos carbohidratos de bajo contenido nutricional, simplemente no basta.

La popularidad de estos libros evidencia que la gente está buscando la forma de perder peso sin tener que poner punto final a su peligroso romance con los alimentos menos saludables. Proponen lo que la gente quiere oír: que pueden comer mucha grasa, colesterol y grasas saturadas y aun así perder peso. Pero esta «relación ilícita» puede provocar trágicas consecuencias.

Los gurús de las dietas ricas en proteína suelen promover la idea de que el programa que ellos recomiendan es el más sano. Consiguen que sus devotos crean que existe una conspiración mundial de más de 3.500 estudios científicos en los que participaron más de 15.000 científicos investigadores para establecer la relación entre el consumo de carnes, aves, huevos y productos lácteos y la incidencia de enfermedades del corazón, cáncer, insuficiencia renal, estreñimiento, cálculos biliares, diverticulosis y hemorroides, solo por nombrar unos pocos problemas de salud. Lo importante es conseguir que, en el ámbito de la nutrición y la salud, la desinformación no nos confunda; necesitamos luchar por comer muchos menos productos animales y más productos vegetales de alto contenido nutricional. Un gran número de estas dietas provoca que la gente tenga miedo de comer fruta fresca, a pesar de lo saludable que es, porque contiene carbohidratos. Sin embargo, el consumo de fruta muestra una poderosa asociación entre la relación dosis-respuesta y la menor incidencia de enfermedades cardíacas, cáncer y todas las causas de mortalidad[12].

Debido a su énfasis en el consumo de más productos animales y menos carbohidratos, la popular dieta Atkins es un prototipo de desinformación dietética. Lo trágico es que una chica de 16 años, sin problemas de salud previos, murió después de seguir este régimen durante tres semanas. Otras dietas populares más recientes encierran tantos o más peligros. En mi opinión, la llamada South Beach es una de las más arriesgadas porque sus tres

fases animan a la gente a comenzar y dejar un régimen cetogé-
nico que provocan cambios electrolíticos capaces de causar arritmias cardíacas potencialmente mortales[13]. Se ha observado una
tremenda explosión de muertes cardíacas repentinas entre mujeres jóvenes y de mediana edad acaecidas en paralelo al período
de entusiasmo popular por estas dietas cetogénicas ricas en proteínas y basadas en la restricción de carbohidratos. La primera
vez que se informó sobre este tema fue en la 41ª Conferencia
Anual de la Asociación Norteamericana del Corazón en 2001,
después de que el Dr. Zheng y sus colegas de los Centros para el
Control de la Enfermedad (CDC, sus siglas en inglés) llevaran a
cabo un estudio a nivel nacional[14]. En el pasado se produjeron
muertes similares relacionadas con las dietas líquidas de alto contenido proteico[15]. ¿Una coincidencia? Lo dudo; no deberíamos to-
marnos estas cuestiones a la ligera.

La literatura médica ha demostrado que las dietas cetogénicas
pueden causar un agrandamiento patológico del corazón llamado
cardiomiopatía, que es reversible solo si el régimen se interrum-
pe a tiempo[16]. En la *Dieta de South Beach*, escrita por un cardiólogo, el lector es guiado hacia una serie de fases dietéticas entre la
recuperación del peso y la restricción de los carbohidratos, que se
repiten una y otra vez. Permitir que el peso corporal fluctúe hacia
arriba y hacia abajo es arriesgado. Puede provocar problemas cardíacos e incrementar la presencia de placa aterosclerótica vulnerable del tipo más peligroso, lo cual a su vez aumenta el riesgo de
ataque cardíaco. Si un cardiólogo recomienda subir y bajar de peso
y seguir una restricción de carbohidratos cetogénica recurrente a
pacientes cardíacos vulnerables, la cuestión no es simplemente
irresponsable, sino que ilustra el hecho de que una sugerencia dietética incorrecta puede resultar mortal.

Como explicamos en el capítulo 4, los niveles elevados de
proteína animal muestran una fuerte correlación con la inciden-

cia del cáncer. Cientos de estudios científicos han documentado el vínculo entre los productos animales y ciertos cánceres:

- mayor riesgo de cáncer epitelial y pulmonar[17]
- mayor riesgo de cáncer pancreático[18]
- mayor riesgo de cáncer de colon[19]
- mayor riesgo de cáncer de estómago y esófago[20]
- mayor riesgo de cáncer de vejiga y próstata[21]
- mayor crecimiento de tumores mamarios[22]

Si bien sería incorrecto asegurar que los productos animales son la única causa del cáncer, en la actualidad se sabe con certeza que un consumo elevado de productos animales combinado con una menor ingesta de productos frescos ejerce un poderoso efecto sobre el riesgo de desarrollar varios tipos de cáncer. La mayoría de los investigadores médicos coinciden en que el consumo de carne es un factor importante en la etiología del cáncer humano[23]. De hecho, reducir la proteína animal en la dieta podría ser la más importante intervención dietética que se pueda tomar para reducir el riesgo de cáncer[24]. Las dietas de adelgazamiento ricas en proteína que promueven un elevado consumo de productos animales y una cantidad insuficiente de productos vegetales no solo resultan poco saludables, sino que podrían tener consecuencias fatales.

## BENEFICIOS A CORTO PLAZO, ¡PELIGROS A LARGO PLAZO!

Además de todos los peligros que ya hemos comentado, deberíamos aclarar que el consumo de carne está relacionado con el aumento de peso y no con el adelgazamiento, a menos que se corten radicalmente los carbohidratos de la dieta para mantener una cetosis crónica[25]. Investigadores de la Sociedad Norteame-

ricana del Cáncer observaron a 79.236 individuos durante diez
años y descubrieron que quienes comían carne más de tres veces
a la semana tenían muchas más probabilidades de ganar peso con
el paso de los años que quienes tendían a evitar la carne[26]. Cuantas más verduras comían los participantes, más resistentes se vol-
vían al aumento de peso.

Como si el mayor riesgo de ataque cardíaco y cáncer no fuese
un argumento suficiente contra las dietas de alto contenido proteínico, la ciencia ha determinado que también provocan daño renal, piedras en los riñones y gota[27]. Muchas personas desarrollan
problemas renales a una edad temprana como consecuencia del estrés que provoca la elevada ingesta de proteínas. A partir de la investigación acumulada hasta ese momento, el comité médico asesor del Fondo Norteamericano del Riñón (*American Kidney Fund*)
emitió una nota de prensa que aseguraba que las dietas de adelgazamiento con alto contenido de proteínas pueden provocar una
cicatrización irreversible en los riñones, un cuadro que también
se observó entre los culturistas que consumen un exceso de proteína con la intención de desarrollar más músculo. En esos casos, los
únicos tratamientos posibles son la diálisis y el trasplante de riñón.
La investigación muestra que el funcionamiento renal resulta al-
terado incluso en los atletas sanos; por consiguiente, esta información debería convertirse en una advertencia para quienes estén
siguiendo una dieta de adelgazamiento rica en proteína[28].

Las personas con sobrepeso probablemente ya sufran algún
tipo de daño renal, puesto que casi el 25 por 100 de las personas
de más de 45 años, en especial los diabéticos o hipertensos, muestran cierto grado de insuficiencia renal. Los investigadores han
llegado a la siguiente conclusión: «El potencial impacto del consumo de proteína sobre la función renal tiene importantes implicaciones en la salud pública, dada la prevalencia de las dietas
de alto contenido proteínico y el consumo de suplementos de pro-

teína»[29]. Los diabéticos están expuestos a un riesgo mayor de enfermedad renal y son extremadamente sensibles al estrés que las dietas ricas en proteína provocan a los riñones[30]. En un amplio estudio realizado en diferentes puntos y en el que participaron 1.521 pacientes, la mayoría de los diabéticos que consumían demasiada proteína animal habían perdido más de la mitad de la función renal, y casi la totalidad del daño era irreversible[31].

Los análisis de sangre que controlan el funcionamiento renal no suelen detectar problemas hasta que más del 90 por 100 de los riñones ha quedado destruido.

## UNA DIETA DE EXCELENCIA NUTRICIONAL

Aquí hay un importante mensaje con el que debemos quedarnos, y es que la nutrición es una cuestión de vida o muerte realmente crítica. Tenemos que entenderlo bien. Los humanos somos primates, y todos los demás primates siguen una dieta predominantemente vegetal. Si los primates consumen algunos productos animales, es en una proporción muy pequeña de su ingesta calórica total. La ciencia moderna demuestra que la mayoría de las enfermedades comunes que se observan en el mundo hoy en día son el resultado de la ignorancia nutricional. Sin embargo, tenemos la posibilidad de seguir una dieta rica en fitoquímicos provenientes de diversos productos vegetales naturales que nos permitirá llevar una vida sana y prolongada.

Siempre intento enfatizar los beneficios de la excelencia nutricional. Con una dieta realmente sana no solo tienes la posibilidad de reducir tu presión sanguínea, tu colesterol e incluso de revertir las enfermedades del corazón, sino que también podrías acabar de una vez por todas con los dolores de cabeza, el estreñimiento, la indigestión y el mal aliento. Comer para alcanzar la excelencia nutricional permite revertir la diabetes y anular gradualmente la dependencia de los fármacos. Alcanzar un peso normal sin contar calorías ni hacer dieta es posible, tanto como desarrollar una salud fuerte y vivir una larga vida sin miedo a sufrir ataques cardíacos ni ictus.

La excelencia nutricional, que consiste en comer una gran cantidad de verdura, fruta y judías, no tiene que excluir todos los productos animales, sino que debe ser muy rica en productos vegetales de alto contenido nutricional (que deberían representar más del 80 por 100 de la ingesta calórica). No más del 10 por 100 del total de las calorías consumidas debería provenir de prod..ctos animales. A pesar de que de momento no contamos con suficientes datos que apunten a la posibilidad de alcanzar la longevidad a partir de una dieta vegana (aquella que excluye por completo todos los productos animales), la literatura científica sugiere que sí se produce un claro incremento de la longevidad cuando el consumo de productos animales queda limitado a una o dos raciones a la semana. El descubrimiento más consistente derivado de todos los estudios epidemiológicos y revelados en la literatura nutricional es que a medida que se incrementa el consumo de fruta y verdura, más disminuyen las enfermedades crónicas y las muertes prematuras.

Mi plan *Comer para vivir* ya ha sido probado y ha demostrado ser el programa más efectivo para bajar el colesterol, tal como informa la revista médica *Metabolism*[32]. Un estudio reciente también reveló que los participantes que siguieron mi plan durante dos años adelgazaron más y mantuvieron su peso con más facilidad que quienes siguieron las dietas previamente estudiadas[33].

Los principales objetivos de las sugerencias dietéticas deberían ser la longevidad y la protección frente a las enfermedades; porque también puedes perder peso esnifando cocaína y fumando cigarrillos. Cuando sigues consejos nutricionales de segunda clase, te expones no solo a reducir tus años de vida, sino también a tener una peor calidad de vida en tus últimos años. Los humanos somos capaces de sobrevivir lo suficiente como para reproducirnos siguiendo diferentes estilos de dieta, pero también tenemos la posibilidad de valernos de la ciencia nutricional para extender enormemente nuestro potencial de salud y promover una expectativa de vida de calidad. Sin lugar a dudas, estamos en condiciones de vivir mejor que nuestros padres y mejor que nuestros ancestros. Tenemos una oportunidad sin precedentes en la historia humana de vivir más y mejor que nunca. Los promotores del consumo excesivo de proteína y de productos animales, que apelan a las personas que siguen este tipo de dietas, mutilan la ciencia nutricional para promover sus propios planes, destruyen la oportunidad de que millones de personas mejoren su salud y perpetúan una innecesaria incidencia de muertes prematuras.

*Comer para vivir* significa que los beneficios relacionados con la pérdida de peso son solo la punta del iceberg. Miles de estudios científicos están demostrando el importantísimo papel que desempeñan los alimentos en la extensión de la expectativa de vida y la protección contra el cáncer. Lo que convierte a *Comer para vivir* en una dieta única es que estimula el consumo de productos ricos en nutrientes, en particular aquellos que producen importantes beneficios para la salud. El resultado es que esos nutrientes bioquímicos que nos protegen frente a las enfermedades reducen nuestras ganas desesperadas de comer, eliminan nuestras adicciones a determinados alimentos y acaban con nuestra costumbre de comer de manera excesiva. Sin este conocimiento, y sin la atención que merece la calidad nutricional, las dietas están destinadas a fracasar.

No podrás alcanzar un nivel ideal de protección dietética que incluya suficiente cantidad de alimentos tan magníficos como la fruta y la verdura si no reduces significativamente tu consumo de productos animales, alimentos procesados, aceites, harinas y edulcorantes. Solo así puedes dejar espacio calórico y espacio en el estómago para una cantidad adecuada de alimentos de alto poder protector. De eso trata *Comer para vivir*. Cuando consumes suficientes volúmenes de alimentos beneficiosos, deliciosamente preparados y capaces de saciarte, ya no te queda espacio para otros productos que no promueven tu salud y al final pierdes por completo el deseo de consumirlos.

Una dieta a base de pollo, pasta y aceite de oliva es la fórmula perfecta para una salud mediocre y una baja expectativa de vida. El pollo, el aceite y la pasta son alimentos de bajo contenido nutricional. Una dieta nutritariana no se basa en el consumo de cereales, carne o maíz, sino de productos de origen vegetal ricos en nutrientes y de variados colores. Yo acuñé el término *nutritariano* para definir a la persona cuyo objetivo dietético es consumir productos sanos y ricos en nutrientes. El nutritariano reconoce que los productos de alto contenido nutricional previenen enfermedades, resultan terapéuticos y alargan la vida.

---

**Sería fabuloso que todas las personas que siguen una dieta similar a la norteamericana**

- comieran un cuenco grande de ensalada al día
- consumieran una ración abundante de verduras al vapor al día
- tomaran una taza de judías al día
- consumieran al menos 28 g (1 onza) de frutos secos y semillas al día
- comieran por lo menos tres frutas frescas al día
- tomaran algunos tomates, pimientos, cebollas, setas, hierbas y ajo al día

¿Te imaginas lo que sucedería con los gastos médicos; con las epidemias de obesidad, cáncer y diabetes, y con la malograda economía, tan cargada de gastos médicos descontrolados, si todas las personas que siguen este tipo de dieta cambiaran sus hábitos y adoptaran los que acabo de enumerar?

*Comer para vivir* no es para todo el mundo. Algunas personas pueden decidir ignorar la beneficiosa información aquí incluida. Existe una multitud de promotores de la salud que ofrecen dietas, suplementos nutricionales, procedimientos quirúrgicos e incluso fármacos que prometen perder peso sin cambiar la forma de comer. Esta promesa en sí misma basta para que la gente ni siquiera se tome la molestia de cambiar: ofrece una salida subconsciente. Pero la mente subconsciente no es lógica. A pesar de que muchas de estas dietas han sido desacreditadas, al parecer nada de eso no les resta atractivo.

## ES DIFÍCIL ROMPER UN HÁBITO

De vez en cuando me encuentro con alguien que me dice: «He leído *Comer para vivir* y sé que es muy lógico y tiene sentido, pero yo no puedo comer así», o «He leído tu libro, pero jamás podría ser vegetariano». En la mayoría de los casos resulta que la persona en cuestión no ha leído el libro completo, sino que lo ha ojeado. Lo que sucede es que muchos temen que los cambios dietéticos saludables que yo propongo acaben eliminando todo el placer que sienten en la vida.

Es difícil romper hábitos, y eso nadie lo cuestiona. Hay quienes no se convencen ni con toda la ciencia del mundo de que es mejor comer alimentos sanos; nada que no sea la enfermedad, el miedo o el dolor (y con frecuencia los tres) les motivará a cambiar. La alimentación tóxica puede resultar tan adictiva como el tabaquismo o el consumo de drogas, y para superar cualquiera de estas adicciones es necesario dar idénticos pasos. El primero consiste en reconocer que se tiene un problema y que, en efecto, se trata de una adicción. La información puede ayudar a vencer las adicciones, y también suele resultar útil contar con un sistema de apoyo en el que otras personas refuercen la idea de que cualquier sufrimiento temporal derivado de un cambio se traducirá en una vida mucho más feliz y placentera.

El comportamiento adictivo puede parecer una forma eficaz de escapar de la tristeza, la soledad y el miedo porque proporciona placer momentáneo. Por eso resulta tan sumamente difícil romper con los hábitos alimentarios adictivos y crear otros nuevos, mucho más sanos. Uno de los mayores obstáculos es el inmenso poder de la adicción, que incita a la mente humana a racionalizar y justificar los malos hábitos. Como resultado, casi todo el mundo fracasa incluso antes de intentar cambiar, ya sea porque se niega a reconocer que tener una necesidad vital —es decir, una urgencia por mejorar su salud y su felicidad—, o bien porque tira la toalla sin siquiera esforzarse, escudándose en que se trata de un proceso demasiado difícil. Recuerda que parte de ti (tu intelecto) quiere cambiar y estar sano y anhela acabar con el sufrimiento originado por tus malos hábitos; pero que otra parte de ti (parte de tu subconsciente) rechaza el cambio y pretende evitar el conflicto y el malestar derivados de la abstinencia. Esa parte de ti está empeñada en simular que las cosas van bien tal como están, gracias, e incluso es capaz de aportar algunas razones sorprendentemente convincentes para disuadirte de la idea de seguir el plan *Comer para vivir*. He aquí algunas de las más comunes:

- Se trata de un cambio demasiado radical.
- No contiene suficiente proteína.

- Quedaré demasiado delgado y se me arrugará la piel.
- Mi familia no querrá comer de esa manera.
- Es demasiado difícil comer de esta forma si viajas con bastante frecuencia.
- No hay nada que se pueda comer en un restaurante.
- Ya he hecho dieta antes, y sé que recuperaré todos los kilos perdidos.
- La verdad es que no me gustan las verduras.

Las adicciones nos impiden pensar de forma racional y predisponen nuestro juicio en favor de mantener los malos hábitos. Así que si el mero hecho de *tomar la decisión* de cambiar nos resulta tan difícil, modificar nuestras costumbres ya es toda una proeza. Las personas adictas a los alimentos de alto contenido graso capaces de provocar ataques cardíacos son más que felices al creer la mentira de que un bajo nivel de colesterol no es deseable, y están dispuestas a imitar a los entusiastas de las dietas ricas en proteína que extienden el mito de que el colesterol bajo es peligroso. Muchas personas adictas a los productos de origen animal estarían dispuestas a creer que la Tierra es plana si pudiesen utilizar esa afirmación para justificar su consumo de carnes grasas, mantequilla y queso.

Las modernas industrias alimentaria y farmacéutica han logrado que una significativa porción de la población mundial se convirtiera a una nueva religión, un culto masivo del placer cuyos seguidores consumen café, cigarrillos, refrescos, caramelos, alcohol, alimentos procesados, comida rápida y grasa láctea concentrada (queso) en una orgía autoindulgente de comportamiento destructivo. Cuando aparecen los inevitables resultados de esos malos hábitos —dolor, sufrimiento, malestar y enfermedad—, los adictos miembros de ese culto se arrastran al médico y exigen fármacos que alivien su dolor, enmascaren sus síntomas y curen sus enfermedades. Estos juerguistas acaban tan ebrios de su comportamiento adictivo y del pensamiento adictivo que lo acompaña que son incapaces de distinguir la diferencia entre la salud y el cuidado de la salud.

Los beneficios de una dieta basada en la excelencia nutricional se cosechan con el tiempo, y alcanzarlos exige cierto esfuerzo. Pero *Comer para vivir* no tiene que ser una decisión de todo o nada que debas tomar el primer día. Cualquier sutil mejoría en los hábitos diarios aporta beneficios aunque se lleve a cabo de forma gradual, y el cambio puede llevarse a cabo poco a poco. Los alimentos sanos saben fantásticamente bien, aunque es probable que debas rehabilitar tus papilas gustativas y dedicar algo de tiempo a aprender nuevas técnicas de cocción y recetas que te permitan apreciarlos.

En lugar de buscar trucos y artilugios para perder peso, toma la decisión de convertirte en una persona sana. Céntrate en tu salud, no en tu peso, y a la larga conseguirás una pérdida de peso estable. Seguir una dieta sana, es decir, rica en una variedad de fibras vegetales naturales, te ayudará a evitar los deseos desesperados de comer y a sentirte satisfecho sin alimentarte en exceso. Otros planes dietéticos fracasan porque se adaptan a los gustos occidentales modernos, que incluyen demasiados alimentos procesados y de origen animal, lo cual no es sano. Deja ya de medir las raciones y de intentar seguir fórmulas complicadas; en lugar de eso, come la mayor cantidad posible de verduras, judías y fruta fresca, y reduce el consumo de todo lo demás. No sucumbas a esos otros planes, que son un insulto tanto para tu cuerpo como para tu inteligencia.

## CAPÍTULO 7

# Comer para vivir *planta cara a la enfermedad*

## CASO DE ESTUDIO

Ronnie se encontraba sumido en una espiral de
alimentación poco sana, exceso de alcohol y depresión.
Comenzó *Comer para vivir* y ganó una nueva vida.

*Yo pesaba más de 136 kilos (300 libras). Después de someter-
me a un cuádruple bypass, y considerando que ya estaba «arreglado»,
volví a fumar de dos a cuatro paquetes de cigarrillos al día, a beber mucho y a comer grandes cantidades de fritos. Una vez más, mi
salud cayó en picado y mi peso se disparó. Probé algún que otro plan
dietético (Atkins, Ornish), pero lo único que comprobé fue que mi
salud se deterioraba cada vez más.*

*Y volvieron a ingresarme. Esta vez los médicos me colocaron tres
stents, pero en el plazo de unas pocas semanas los dolores en el pecho
recurrieron. Decidí buscar ayuda, encontré al Dr. Fuhrman en Internet y comencé a leer* Comer para vivir.

*Así inicié mi viaje, con la báscula marcando 136 kilos. Yo es-
taba muy motivado a deshacerme de ese sobrepeso y a mantener mi sa-*

*lud bajo control, así que me comprometí a seguir la dieta rica en nutrientes que propone el Dr. Fuhrman.*

*En los primeros siete meses perdí casi 50 kilos (110 libras). ¡Y después de 12 meses había alcanzado mi peso ideal con una pérdida total de 63 kg (140 libras)!*

*Mis dolores en el pecho desaparecieron por completo. Dejé de medicamentos y como resultado he conseguido ahorrarme más de 600 dólares al mes en gastos farmacéuticos. Después de un año de* Comer para vivir, *mi progreso fue el siguiente:*

|  | Julio 2008 | Julio 2009 |
|---|---|---|
| Peso | 136 kg (300 libras) * | 72,5 kg (160 libras) |
| Tensión | 161/100 | 115/70 |
| sanguínea | (con medicación) § | (sin medicación) |
| Cintura | 147 cm (58") | 86 cm (34") † |
| IMC | 41,5 (obesidad mórbida) | 21,7 (saludable) |

| | Julio 2008 | Julio 2009 |
|---|---|---|
| Colesterol total | 228 (con medicación)[a] | 132 (sin medicación) |
| Triglicéridos | 312 | 63 |
| LDL | 148 | 75 |

* Ronnie pesaba más, pero su báscula marcaba un máximo de 136 kg.
§ 300 mg de Avapro y 200 mg de Toprol XL para la hipertensión.
† Ahora usa una talla de pantalones menos que cuando iba al instituto.
[a] 20 mg de Lipitor para reducir el colesterol.

FORMAMOS PARTE de una población adicta a comer de forma compulsiva, lo cual crea individuos alérgicos y enfermizos. Si comes y vives como la mayoría de los norteamericanos, no dudes que acabarás sufriendo una variedad de dolencias..., como la mayoría de ellos.

La buena salud no es simplemente la ausencia de enfermedad. La buena salud tiene que ver con la protección frente a las enfermedades en el futuro, y es predecible solo a partir de una forma de vida y una dieta sanas. No puedes comprar tu salud; debes ganártela a partir de unos hábitos saludables. Consultar a médicos, acupunturistas, quiroprácticos, homeópatas, naturópatas, osteópatas y otros especialistas no te convertirá en una persona más sana. Puedes conseguir el alivio sintomático de tu dolencia, pero los tratamientos no te devolverán la salud.

Para la mayoría de la gente, enfermar significa poner su destino en manos de los médicos y seguir sus recomendaciones, que en casi todos los casos implican tomar medicamentos de por vida mientras asisten al deterioro gradual de su propia salud. Prácticamente nadie está al tanto de que la mayoría de las enfermedades son autoinducidas y que pueden revertirse mediante agresivos métodos nutricionales.

Pacientes y médicos actúan como si los problemas de salud de todo el mundo fuesen genéticos o una consecuencia normal del envejecimiento; en su opinión, todos deberíamos esperar sufrir alguna enfermedad crónica tarde o temprano. En efecto, la industria médico-farmacéutica ha animado al público a creer que los problemas de salud son hereditarios y que todos debemos tragar venenos para derrotar a nuestros genes. Sin embargo, esta afirmación es casi siempre falsa. Todos tenemos debilidades genéticas, pero ninguna de ellas tiene la posibilidad de expresarse hasta que abusamos de nuestro organismo con muchos, muchos años de maltrato. Jamás olvides que el 99 por 100 de nuestros genes están programados para que estemos sanos. El problema es que nunca les permitimos hacer su trabajo.

Mi experiencia clínica en los últimos veinte años me ha demostrado que es posible revertir casi todas las enfermedades más importantes que fastidian a los norteamericanos, y a los occidentales en general, a través de cambios nutricionales agresivos cuya misión es deshacer el daño causado por años y años de dietas perjudiciales. La llamada «dieta equilibrada» que siguen casi todos es precisamente la causa de sus enfermedades.

Estas dolencias, y muchas otras, pueden prevenirse o tratarse eficazmente con la implementación de un plan nutricional superior. Y a medida que los problemas médicos desaparecen gradualmente, los pacientes consiguen dejar poco a poco la medicación que les ha sido recetada.

## LA COMIDA ES LA CURA

A los pacientes se les dice que la comida no tiene nada que ver con las enfermedades que han desarrollado. Los dermatólogos insisten en que la alimentación no tiene nada que ver con el acné; los traumatólogos subrayan que la dieta no tiene nada que ver con la artritis reumatoide, y los gastroenterólogos recalcan que la comida no tiene nada que ver con el síndrome del colon irritable y la enfermedad inflamatoria intestinal. Incluso los cardiólogos se han resistido a aceptar la abrumadora evidencia de que la aterosclerosis es totalmente evitable. La mayoría de ellos siguen creyendo que la cardiopatía coronaria y la angina requieren un invasivo tratamiento quirúrgico y que es imposible revertirlas mediante una intervención nutricional. Pocos médicos tienen experiencia en tratar la enfermedad de forma natural a través de la excelencia nutricional, y los más desinformados están convencidos de que resulta directamente imposible.

---

### Enfermedades de alta incidencia originadas en deficiencias dietéticas

| | |
|---|---|
| • acné | • estreñimiento |
| • alergias | • fibromas uterinos |
| • angina | • fibromialgia |
| • apendicitis | • gastritis |
| • artritis | • gota |
| • asma | • hemorroides |
| • aterosclerosis | • hipertensión |
| • cálculos biliares | • ictus |
| • degeneración macular | • indigestión |
| • diabetes (adulto) | • osteoporosis |
| • disfunción sexual | • piedras en el riñón |
| • diverticulosis | • pólipos en el colon |
| • dolor de cabeza | • síndrome del colon irritable |
| • dolor musculoesquelético | • síndromes lumbares |
| • esofagitis | • síntomas hipoglucémicos |

Trastornos tan comunes como el asma no solo están asociados a un mayor peso corporal y a una dieta poco sana, sino que, según mi experiencia, en la mayoría de los casos también son susceptibles de ser curados a través de una nutrición superior[1]. El asma es un ejemplo de enfermedad supuestamente irreversible que yo veo desaparecer de forma rutinaria gracias a la introducción de un plan nutricional adecuado.

Mis pacientes consiguen una recuperación completa y *predecible* de sus enfermedades, predominantemente a través de cambios dietéticos agresivos. Y siempre me agrada conocer a nuevos pacientes que estén dispuestos a asumir la responsabilidad de su propia salud y bienestar.

La sabiduría de tu cuerpo te hará descubrir otra versión de ti mismo, un nuevo ser que disfrutará de un mejor funcionamiento de todos sus sistemas y órganos, incluido el cerebro. La depresión, la fatiga, la ansiedad y las alergias también están relacionadas con una dieta inapropiada, y prueba de ello es que el cerebro y el sistema inmunológico son capaces de superar mejor el estrés cuando el organismo se encuentra adecuadamente nutrido.

Yo no soy investigador científico ni escritor profesional. Soy un médico en activo que, como mínimo, ve a 5.000 pacientes al año. Trabajo con todos ellos, los educo y los motivo a hacer mucho más de lo que otros les han pedido. Y los resultados que conseguimos son *impresionantes*. Diariamente soy testigo de la curación de enfermedades consideradas irreversibles.

## LA REVERSIÓN PREDECIBLE DE LA ENFERMEDAD ES LA REGLA, NO LA EXCEPCIÓN

La abrumadora mayoría de mis pacientes hipertensos consigue normalizar sus valores y eventualmente dejar la medicación.

La mayor parte de mis pacientes con angina logran acabar con sus síntomas de cardiopatía coronaria tras seguir la dieta que les prescribo durante unos pocos meses. Y casi todos los restantes se recuperan, pero les lleva más tiempo. En cualquier caso, lo importante es que se recuperan.

Más del 90 por 100 de mis pacientes con diabetes tipo II son capaces de aplicarse la insulina con discontinuidad en el primer mes. Más del 80 por 100 de los sufren dolores de cabeza y migrañas crónicas se recuperan sin medicación, después de haberse pasado años buscando alivio a través de diferentes médicos, incluidos varios especialistas en jaquecas.

Algunas personas, en especial otros médicos, suelen mostrarse escépticos. Y es que en el campo de la salud proliferan las afirmaciones exageradas y falsas, divulgadas particularmente por las empresas que comercializan «remedios naturales». En cualquier caso, no está bien subestimar los resultados obtenidos a través de una intervención nutricional apropiada pero rigurosa. Porque incluso muchos de mis pacientes con enfermedades autoinmunes (como lupus, artritis reumatoide, asma e hipertiroidismo) consiguen recuperarse y dejar la medicación. Los resultados son tan espectaculares que otros médicos se muestran muy escépticos frente a mi propuesta, e incluso me hacen llegar periódicamente sus expresiones de ira.

Cuando una de mis pacientes que había sufrido un caso severo de artritis reumatoide volvió con su médico anterior, reumatólogo, y le dijo que se encontraba bien y ya no necesitaba medicación, él le respondió: «Posiblemente se deba a que ahora está descansando más». Ella entonces le aclaró: «No estoy descansando más. De hecho, estoy más activa que nunca porque ya no siento dolor, y he dejado de tomar los fármacos». A lo que él replicó: «Es simplemente una remisión temporal; en cuanto tenga otra crisis la veré de nuevo por aquí». Pero ella no regresó jamás.

El lado positivo de todo esto es que cada vez son más los médicos que muestran interés por la intervención nutricional. Este tipo de tratamiento resulta claramente más rentable que las intervenciones tradicionales, reduce los gastos sanitarios y salva muchas vidas. Además, para un médico nada es más gratificante desde el punto de vista emocional que observar que sus pacientes se recuperan. ¿Cómo es posible que no se entienda?

## CADA 30 SEGUNDOS ALGÚN NORTEAMERICANO
## SUFRE UN ATAQUE CARDÍACO *EVITABLE*

Las enfermedades cardíacas son la causa número uno de muerte en Estados Unidos, y representan más del 40 por 100 de todos los decesos. Cada año, aproximadamente 1,25 millones de norteamericanos sufren un ataque cardíaco o infarto de miocardio (IAM), y más de 400.000 de ellos mueren por esta causa[2]. La mayoría de los fallecimientos se producen poco después del inicio de los síntomas y mucho antes de que las víctimas sean ingresadas en un hospital.

Cada uno de esos ataques cardíacos es una terrible tragedia, puesto que podría haber sido evitado. Muchísimas personas mueren innecesariamente por culpa de la información errónea, inconsistente y prácticamente inútil que reciben del gobierno, los médicos, los dietistas e incluso de autoridades sanitarias como la Asociación Norteamericana del Corazón. Las pautas convencionales resultan simplemente insuficientes para ofrecer una protección real contra las enfermedades cardíacas.

Si eres norteamericano y tienes más de 40 años, tus posibilidades de desarrollar aterosclerosis (endurecimiento) en los vasos sanguíneos superan el 95 por 100. Seguramente estés pensando: «¡Yo no tendré problemas de corazón!». Pero tengo algo que decirte: ya los tienes ahora mismo, y tu probabilidad de morir de un ataque cardíaco debido a tu aterosclerosis es de aproximadamente el 40 por 100. Tu programa de ejercicios y tu dieta americanizada de bajo contenido graso tampoco ayudan demasiado. Tienes que hacer más.

---

## Cuestionario rápido sobre enfermedades cardíacas

1. **Porcentaje de niños entre las edades de 4 y 11 años que ya muestran signos de enfermedad cardíaca** [3].
   A. ninguno
   B. 10 por 100
   C. 40 por 100
   D. más del 75 por 100
2. **Porcentaje de mujeres que sufrieron ataques cardíacos sin saber que tenían problemas de corazón y que murieron como resultado de su primer infarto** [4].
   A. ninguno
   B. 10 por 100
   C. 25 por 100
   D. más del 75 por 100
3. **Porcentaje de pacientes con enfermedades cardíacas que se someten a una angioplastia y que en el plazo de seis meses observan que las arterias que les han tratado vuelven a obstruirse** [5].
   A. 5 por 100
   B. 10 por 100
   C. 25 por 100
   D. ninguna de las anteriores

**Respuestas:** 1.D, 2.C, 3.C.

## Las recomendaciones de la Asociación Norteamericana del Corazón son peligrosas

Las típicas recomendaciones dietéticas, como por ejemplo las pautas que propone la Asociación Norteamericana del Corazón, siguen resultando peligrosas: primero, porque es muy poco probable que te protejan de sufrir un ataque cardíaco, y segundo, porque no permiten que la enfermedad cardíaca revierta. La moderación mata. En efecto, en la abrumadora mayoría de pacientes dichas indicaciones dietéticas siguen permitiendo que la enfermedad cardíaca avance.

---

*Advertencia:* **No obedezcas ciegamente estas recomendaciones tan permisivas de la Asociación Norteamericana del Corazón, o lo más probable es que mueras de un ataque cardíaco:**

- La ingesta total de grasa debería quedar restringida al 25-35 por 100 de las calorías totales.
- La ingesta de colesterol debería ser inferior a 300 mg diarios.
- El consumo de sal no debería exceder los 1.500 mg de sodio al día.

---

Para subrayar una pequeña diferencia entre las pautas de la Asociación Norteamericana del Corazón y mis recomendaciones, te diré que mis dietas incluyen menos de 300 mg de colesterol... *¡a la semana!* Más de una docena de estudios han demostrado que la mayor parte de los pacientes con cardiopatía coronaria que siguen los Cambios Terapéuticos de Estilo de Vida

(TLC, sus siglas en inglés) pautados por la Asociación Norteamericana del Corazón observan que su enfermedad empeora[6].

Ningún estudio ha demostrado jamás que los pacientes que siguen una dieta recomendada por la Asociación Norteamericana del Corazón consigan revertir o detener el empeoramiento de su cardiopatía coronaria.

Por el contrario, numerosas investigaciones han documentado que la enfermedad cardíaca es reversible en la mayoría de los pacientes que siguen una dieta vegetariana[7]. Con mucha frecuencia estos regímenes, como el programa Ornish, no pueden ser considerados dietas óptimas porque no limitan suficientemente el consumo de cereales procesados, sal y otros productos procesados de baja densidad de nutrientes. Pero, aun así, resultan eficaces en un elevado porcentaje de los pacientes.

La literatura médica continúa describiendo la dieta recomendada por el Programa Nacional de Educación sobre Colesterol como «bajo en grasa». Según los parámetros mundiales, debería ser considerada una dieta de alto contenido graso, pero sobre todo tendría que recibir el nombre de «dieta con baja densidad de nutrientes», puesto que incluye un nivel peligrosamente bajo de nutrientes de origen vegetal. Como resultado de este consejo prácticamente inútil, los pacientes cardíacos acaban siguiendo una dieta en la que más del 80 por 100 de sus calorías derivan de alimentos procesados y de origen animal.

Por muy mal que coman, casi todos los pacientes aseguran estar siguiendo una dieta sana. Creen que alimentarse a base de pasta y pollo es de alguna manera saludable simplemente porque comen menos carne roja. Sin embargo, el pollo es casi igual de peligroso para el corazón que la carne roja; y cambiar de la carne roja a la blanca tampoco reduce el colesterol[8]. En resumen, estas dietas convencionales no reducen suficientemente el colesterol ni contienen factores protectores adecuados, como por ejem-

plo fibra, antioxidantes, folato, bioflavonoides y otros fitoquímicos.

Otro problema real con estos programas conocidos como dietas de bajo contenido graso es que suelen contener una cantidad
muy baja de fibra y de productos vegetales ricos en fitoquímicos,
y es probable que no estén correctamente diseñadas para incluir
bastantes grasas cardioprotectoras. Por ejemplo, diversos estudios
han corroborado los efectos protectores del consumo de nueces,
que son ricas en ácidos grasos omega-3. Un estudio que analizó
la alimentación de 34.192 Adventistas del Séptimo Día de California demostró que quienes consumían frutos secos crudos con
frecuencia veían reducido su riesgo de sufrir alguna enfermedad
cardíaca en un 31 por 100[9]. Numerosas investigaciones más han
confirmado el significativo papel que desempeñan las nueces, y
los frutos secos en general, en la protección contra las enfermedades del corazón[10]. La dieta ideal para revertir las cardiopatías,
entonces, está prácticamente exenta de grasa saturada, grasa trans
y colesterol; es rica en nutrientes y fibra, y contiene pocas calorías para que la persona pueda mantenerse delgada. Sin embargo,
debería contener suficientes ácidos grasos esenciales, por lo que
resulta importante añadirle una pequeña cantidad de frutos secos y semillas, como por ejemplo nueces y semillas de lino[11].

## Disminuye drásticamente tu colesterol «malo» sin fármacos

Algunos estudios publicados en el pasado han llegado a la
conclusión de que los cambios dietéticos por sí solos resultan insuficientes para alterar los niveles de lípidos en plasma[12]. El mensaje que predomina tanto en la gente en general como en el entorno médico es que las dietas bajas en grasas no funcionan. Esto

refuerza el concepto de que no hay demasiado que podamos hacer para alterar nuestra genética, a excepción tal vez de tomar fármacos. Por desgracia, las dietas sugeridas por las autoridades nutricionales no son lo suficientemente agresivas como para ofrecer una verdadera protección ni para que provoquen una recuperación predecible en pacientes que sufren enfermedades cardíacas. Las llamadas «dietas sanas para el corazón» no tienen nada que ver con mis recomendaciones alimentarias.

Lo que preocupa a algunas autoridades médicas en relación con las dietas «bajas en grasas» es que pueden disminuir el HDL y elevar los triglicéridos[13]. Y es cierto. Disminuir la ingesta de grasa no es el principal paso que debe darse para conseguir una dieta cardioprotectora. No basta simplemente con reducir la ingesta de grasa. Si lo único que haces es disminuir la grasa de tu dieta, prácticamente no notarás ningún beneficio y con toda probabilidad te subirán los triglicéridos.

Sin embargo, los niveles de triglicéridos suben solo cuando las dietas bajas en grasa *contienen una alta cantidad de productos refinados, carecen prácticamente de fibra y no producen una reducción del peso corporal*[14]. Mis observaciones han sido corroboradas por otros estudios[15]. Tras contrastar una dieta de alto contenido de verduras y frutas (como la recomendada en este libro) con una dieta de bajo contenido graso basada principalmente en el consumo de cereales, un grupo de investigadores observó que los sujetos que seguían la dieta rica en frutas y verduras conseguían una caída del 33 por 100 en su colesterol malo (LDL), una cifra superior a la alcanzada con la mayoría de los fármacos reductores del colesterol[16]. Se trata, en efecto, de un descenso drásticamente más alto que el experimentado por quienes siguen una dieta rica en cereales, como la mediterránea, o la moderna dieta baja en grasa recomendada por la Asociación Norteamericana del Corazón.

En los pacientes que se alimentan a base de productos de elevada densidad nutricional, gran cantidad de fibra y bajo contenido graso, como los que yo propongo, rara vez veo que los triglicéridos suban; de hecho, en el 95 por 100 de los casos caen rotundamente. Eso también se debe a que ninguna de estas personas come en exceso; si pierden peso es porque se sienten satisfechas con todos los alimentos naturales ricos en fibra que consumen, y porque mi dieta contiene una elevada densidad de nutrientes por caloría. El problema de los triglicéridos se desvanece en cuanto el paciente pierde los kilos no deseados: en efecto, los triglicéridos caen vertiginosamente con la pérdida de peso.

La conclusión del Comité de Nutrición de la Asociación Norteamericana del Corazón es algo en lo que todos estamos de acuerdo:

> Una abrumadora cantidad de pruebas confirman que la reducción de la grasa saturada, el colesterol de la dieta y el peso conforman las estrategias dietéticas más eficaces para reducir el colesterol total, los niveles de colesterol LDL y el riesgo cardiovascular. Las disminuciones en la grasa saturada deberían producirse a expensas de la grasa total porque no existe requerimiento biológico de grasa saturada[17].

Entonces, la principal diferencia entre mis recomendaciones y las de la Asociación Norteamericana del Corazón es que yo me adhiero más rigurosamente a estas conclusiones que ellos. Para conseguir los resultados deseados hay que actuar de verdad; diluir las recomendaciones para hacerlas más aceptables desde el punto de vista político o social supone engañar a las personas que desean una ayuda real y están dispuestas a hacer lo que haga falta para protegerse. A continuación encontrarás un ejemplo de los resultados conseguidos por un paciente a través de estas intervenciones dietéticas agresivas.

## Caso de estudio: Cliff Johnston

Cliff es quiropráctico. Su padre murió a causa de una enfermedad cardíaca a los 47 años y él tiene ahora esa misma edad. ¿A que no sabes qué le esperaba? Por fortuna, se convirtió en mi paciente y recibió a tiempo las recomendaciones más adecuadas para su caso.

|  | 6/8/96 | 11/9/96 | Cambio (%) |
|---|---|---|---|
| Colesterol | 401 | 170 | –58 |
| Triglicéridos | 1.985 | 97 | –95 |
| GGT | 303 | 55 | –82 |
| Glucosa | 136 | 89 | –35 |

El GGT es un parámetro que determina el funcionamiento hepático, y este elevado nivel reflejaba un grado de infiltración de grasa en el hígado que afectaba negativamente su funcionamiento. Por otra parte, la cifra de la glucosa indicaba el comienzo de la diabetes. Ambas cuestiones se resolvieron cuando recomendé al paciente la dieta adecuada.

Originalmente le había pedido que esperara dos meses para volver a hacerse un análisis de sangre, pero estaba tan entusiasmado y se sentía tan bien por haber bajado de 93 kilos (206 libras) a 80 kilos (178 libras) en un mes que regresó a la consulta cuatro semanas antes de lo previsto. ¿Te imaginas perder 12 kilos (28 libras) en un mes mientras comes toda la cantidad de comida que quieres? Es mucho peso para un solo mes, y no es lo típico.

Los resultados que veo en mis pacientes resultan siempre más espectaculares que los conseguidos con otras intervenciones dietéticas porque mis recomendaciones son por lo general más rigurosas y tienen en cuenta la densidad de nutrientes por caloría de cada alimento, gracias a lo cual mi dieta basada en productos vegetales resulta sumamente eficaz.

Algunos resultados de otras partes del mundo también muestran resultados realmente increíbles utilizando lo que ellos llaman dietas vegetarianas «antiaterogénicas», tal como ilustra un estudio ruso en el que se demostró que todos los tipos de anomalías lipídicas mejoraban significativamente[18].

## Contraataque al ataque cardíaco

Se necesitan dos cosas para revertir de forma previsible una enfermedad cardíaca: una es estar delgado y estupendamente bien nutrido, y la otra es conseguir que el nivel de LDL quede por debajo de 100. Solo entonces se produce la reversión de la enfermedad cardíaca. Si lo que se espera es disminuir la placa aterosclerótica a lo largo del tiempo y estabilizarla a fin de reducir significativamente la posibilidad de sufrir un ataque cardíaco, insisto en que habría que hacer lo imposible por conseguir los siguientes parámetros de normalidad:

- El paciente debe alcanzar un peso normal o estar delgado (menos de 2,5 cm o 1 pulgada de grasa abdominal en las mujeres, y menos de 1,25 cm o 1/2 pulgada en los hombres), o bien encontrarse en proceso de perder peso de forma estable con la intención de alcanzar dichos valores.
- El paciente debe alcanzar un colesterol normal. Mi definición de normal es un colesterol LDL por debajo de 100 (la

mayoría de las autoridades especializadas están utilizando actualmente esta referencia). Rara vez es necesario tomar fármacos para llegar a dicho nivel cuando se lleva a cabo un procedimiento nutricional agresivo. Un LDL por debajo de 100 conseguido gracias a la excelencia nutricional es mucho más protector que un LDL de menos de 80 derivado de la medicación. Cuando alcanzas un nivel favorable de colesterol a través de una nutrición adecuada, potencias una gran cantidad de otros efectos favorables, como por ejemplo menores niveles de inflamación, la reducción de depósitos grasos en todo el cuerpo —incluido el interior de los vasos sanguíneos—, una menor presión arterial y menos propensión de la sangre a formar coágulos.

- La dieta del paciente debe contener una elevada densidad de nutrientes. Es necesario evitar los productos animales y las grasas perjudiciales para prevenir la sobrecarga de lípidos después de las comidas[19]. También deberían evitarse los carbohidratos refinados con el fin de prevenir la subida de la glucosa después de la ingesta de alimentos y controlar los triglicéridos.

- La presión sanguínea debe regresar a parámetros normales, por debajo de 130/85, o bien mejorar poco a poco y acercarse a este objetivo mínimo. La normalización de la presión sanguínea a medida que se van descontinuando los medicamentos de forma progresiva refleja la reversión de la aterosclerosis y es un importante criterio para predecir la seguridad cardíaca. La persona que se deshace de su riesgo cardíaco ya no necesita tomar medicamentos para la tensión, es decir, para mantener valores normales. Los vasos sanguíneos se muestran más elásticos gracias a la intervención nutricional.

## Evitar la angioplastia y la cirugía de bypass es perfectamente posible

Mi intenso tratamiento de reversión basado en la nutrición debería ser aplicado a todos los pacientes a los que se les haya diagnosticado cardiopatía coronaria antes de tener en consideración otros procedimientos de revascularización electiva. Mi experiencia me ha demostrado que la mayoría de los pacientes aceptan someterse a un régimen agresivo cuando cuentan con el respaldo de un médico experto y comprometido que se ofrece a guiarlos y apoyarlos permanentemente. Después de dedicar un tiempo considerable a repasar con el especialista todos los riesgos de una intervención convencional y de analizar de qué manera se podría conseguir la reversión de la enfermedad a través de un control nutricional agresivo, ¿cuántos pacientes crees que se decantarían por permitir que les abran el pecho para someterlos a una cirugía de bypass?

Incluso aunque tengan la suerte de no sufrir complicaciones postoperatorias a raíz de esta intervención, prácticamente en todos los sujetos se produce cierto grado de lesión cerebral debida a la cantidad de tiempo que pasan enganchados a la máquina de circulación extracorpórea. Cuando seis meses más tarde se los somete a una serie de pruebas neuropsicológicas, alrededor del 20 por 100 todavía muestran deterioro[20]. La lesión cerebral puede abarcar desde sutiles grados de deficiencia intelectual o pérdida de memoria, a cambios de personalidad y daño cerebral permanente[21].

Y si el paciente tiene la suerte de no sufrir ninguna complicación después de la angioplastia, la colocación de un stent o la cirugía de bypass, siempre debe tener en cuenta que la aterosclerosis se desarrolla a una velocidad superior en aquellas arterias que han sido intervenidas: en efecto, la placa crece más rápido después de la cirugía. Alrededor del 25 por 100 de las arterias tratadas mediante angioplastia vuelven a obstruirse en el plazo de cuatro a seis meses[22]. Este proceso recibe el nombre de reestenosis. La reestenosis es una enfermedad iatrogénica (o sea, causada por la medicina). Puesto que la reestenosis incluye un proceso de cicatrización, no se comporta como la aterosclerosis nativa y no responde tan favorablemente o de forma tan previsible a las posteriores modificaciones del estilo de vida del paciente. En otras palabras, debido a los cambios efectuados en la placa aterosclerótica a través del tratamiento de angioplastia, las obstrucciones responden menos a la intervención nutricional cuando vuelven a formarse. Por eso muchos pacientes, en vez de mejorar, se encuentran peor después del tratamiento. Si hubiesen seguido mi plan de reversión de la cardiopatía coronaria, habrían comprobado que su corazón se encontraba cada vez más sano con el paso de las semanas.

El procedimiento de stenting tiene la finalidad de reducir este alto riesgo de reestenosis, pero lo cierto es que no ha resuelto el problema[23]. Los stents son diminutos tubos de malla de alambre que se insertan en el segmento más estrecho de las arterias una vez descomprimidas mediante la angioplastia con globo. Un stent puede causar también inestabilidad vascular o inflamación allí donde el artilugio acaba y empieza la placa nativa, lo que incrementa el riesgo de trombosis coronaria[24]. Sería conveniente recordar a los pacientes que los procedimientos de revascularización no influyen sobre la causa subyacente, puesto que el resto del sistema vascular coronario, con una aterosclerosis difusa notable no angiográfica, sigue suponiendo un riesgo de futuros eventos cardíacos, se lleve a cabo el procedimiento o no.

Los ataques cardíacos se producen con más frecuencia cuando la placa de un segmento rico en lípidos se rompe. Estas áreas vulnerables de placa no son necesariamente aquellas en las que se aprecia un estrechamiento significativo durante la cateterización. Los ataques cardíacos siguen produciéndose en los segmentos mínimamente obstruidos, a pesar de que dichas áreas puedan parecer normales durante la cateterización y la prueba de estrés.

## La mayor parte del iceberg se esconde debajo del agua

Que una prueba de estrés o una cateterización cardíaca arrojen resultados normales no significa que no tengas aterosclerosis. Podrías sufrir un ataque cardíaco al día siguiente de ser informado de que tus vasos sanguíneos están limpios, porque estas pruebas solo muestran una enfermedad avanzada.

Los ateromas masivos (depósitos grasos) que consiguen atravesar la pared vascular —fuera del alcance de una angiografía (cateterización cardíaca)— causan las dos terceras partes del total de los infartos de miocardio[25]. La mayoría de los ataques cardíacos tienen lugar en sitios invisibles a las pruebas practicadas por los cardiólogos[26], y esa es la razón por la que los procedimientos cardíacos invasivos alivian el dolor, pero no consiguen grandes resultados a la hora de reducir los riesgos de futuros infartos.

Solo un fuerte control de los factores de riesgo, unido a una intervención nutricional agresiva, consigue revertir una enfermedad difusa, evitando la alta probabilidad de ese ataque cardíaco que aparece en el momento más inoportuno. Tu supervivencia depende de la gestión de los factores de riesgo —como dejar de fumar y bajar de peso, y controlar los niveles de presión sanguínea, glucosa, colesterol e insulina como resultado de una cuidadosa nutrición—, y no de los procedimientos realizados por el cardiólogo intervencionista o el cirujano cardíaco. Solo así se producirán cambios beneficiosos en la composición de la placa que promoverán la curación del revestimiento de los vasos sanguíneos, y gracias a ello se estabilizará la pared del vaso y se reducirá sustancialmente el riesgo de ataque cardíaco.

Te estás engañando si crees que la quelación o los fármacos por sí solos lograrán revertir tu enfermedad aunque tú sigas con sobrepeso y desnutrido desde el punto de vista nutricional. La quelación no disolverá tu aterosclerosis tal como proclama; de hecho, los estudios realizados sobre esta terapia no arrojan resultados en absoluto convincentes[27]. A pesar de la quelación, los pacientes generalmente continúan deteriorándose a menos que cambien su dieta, pierdan peso y bajen su colesterol. En otras palabras, a menos que efectúen cambios no relacionados con la quelación.

Las áreas de placa vulnerable que causan los ataques cardíacos tienen un gran centro graso de colesterol, y eliminar el lípido de la placa puede reducir su tamaño y hacerla más resistente a la ruptura. Así que usa el sentido común: la quelación no podría disolver más sustancia grasa de una arteria coronaria que de tu cadera izquierda. En ningún caso los agentes quelantes son capaces de eliminar selectivamente los lípidos de los ateromas.

Estos ateromas que se forman en el interior de nuestros vasos sanguíneos son tumores grasos dotados de un extremo fibroso que se contraen y se vuelven más resistentes a la ruptura en proporción a la reducción de peso, la restricción calórica, la excelencia nutricional y una disminución agresiva de los lípidos, o bien como consecuencia de todos estos factores. Los resultados más impresionantes de reducción y eliminación de ateromas se producen una vez que la persona ha perdido todo el exceso de grasa corporal. La finalidad de la grasa es almacenar energía. Los ateromas son más difíciles de eliminar, y solo se resuelven una vez que otros depósitos grasos se han agotado. Por fortuna, el mismo organismo que creó los ateromas tiene la capacidad de desintegrarlos.

A muchos de mis pacientes sus médicos les recomendaron someterse a una angioplastia o a un bypass. Cuando se negaron, fueron derivados a mi consulta y optaron por un control nutricional agresivo. Sin excepción, a todos les ha ido bien; el dolor de pecho se ha resuelto en casi todos los casos (solo uno se sometió a una segunda angioplastia debido a la recurrencia de los síntomas pectorales), y ninguno ha muerto de enfermedad cardíaca.

Para mí, un paciente típico es John Pawlikowski; veo a personas en sus mismas condiciones casi a diario. Pero si bien la historia de John no es inusual, para él es un auténtico milagro. Este hombre vino a verme con un historial de angina que no hacía más que empeorar. Sus dolores en el pecho eran cada vez más intensos y su prueba de estrés con talio sugería una cardiopatía coronaria multivaso. Una cateterización cardíaca reveló un 95 por 100 de estenosis de la arteria descendente anterior izquierda, y la circunfleja izquierda mostraba enfermedad difusa. El funcionamiento de su corazón era normal. Su colesterol era de 218, pesaba 81 kilos (180 libras) y tomaba dos medicamentos para la hipertensión.

Tras unas semanas de seguir mi dieta, los dolores en el pecho cesaron y John dejó de tomar comprimidos de nitroglicerina para aliviar el malestar. En dos meses su peso bajó a 69 kilos (152 libras) —es decir, perdió 12,7 kilos (28 libras) en ocho semanas— y su prueba de estrés se normalizó. Hoy, 16 años más tarde, todavía pesa 68 kilos (150 libras) y sigue la misma dieta. Está bien, no tiene problemas de corazón y se encuentra físicamente en forma; su presión sanguínea es de aproximadamente 120/70. Tiene 88 años y no necesita medicación.

| LOS INFORMES DE LABORATORIO DE JOHN | | | |
|---|---|---|---|
| | 6/6/94 | 5/5/99 | Cambio (%) |
| Colesterol | 218 | 161 | −26 |
| Triglicéridos | 140 | 80 | −43 |
| HDL | 48 | 65 | 35 |
| LDL | 144 | 80 | −44 |
| Proporción colesterol: HDL | 4,7 | 2,4 | −49 |

Los procedimientos de revascularización pueden ser necesarios en raras circunstancias, como por ejemplo en el caso de enfermedad vascular triple con gasto cardíaco reducido o frente a un músculo cardíaco lesionado (aturdido). Sin embargo, estoy convencido de que la terapia nutricional agresiva combinada con suplementos nutricionales (y, si hiciera falta, medicación) conseguiría resultados más favorables para la mayoría de los pacientes que la angioplastia, la inserción de stents y el bypass.

Y podríamos preguntarnos: ¿dónde están los estudios adecuados que lo prueban? ¿Pero dónde están los estudios que prueban que los procedimientos de revascularización dan mejores resultados en un paciente estable, sin una reducción de gasto cardíaco? Los beneficios de los procedimientos de revascularización para pacientes con buen funcionamiento cardíaco no han quedado demostrados de forma convincente, y existe una considerable magnitud de evidencia que sugiere que los resultados adversos superan los potenciales beneficios. Además, estos dudosos resultados son cuantificados en pacientes que rechazan la revascularización y luego siguen las recomendaciones dietéticas normales (es decir, inútiles). Teniendo en cuenta los resultados que yo observo tras una gestión nutricional agresiva, parece muy probable que un gran número de pacientes estarían expuestos a un riesgo inferior y evitarían los procedimientos cardíacos invasivos y la cirugía. Por fortuna, no soy el único médico de Estados Unidos con esta opinión, pero desde luego a veces sí que lo parece[28].

Rara vez encontrarás un cardiólogo que recomiende una terapia nutricional agresiva antes de una angioplastia o un bypass. Y los médicos que ofrecen intervenciones suelen darse por satisfechos si la presión sanguínea se encuentra por debajo de 140/90 y el nivel de colesterol es inferior a 200. Pero ninguno de estos niveles es suficientemente normal como para ofrecer una verdadera protección.

## Tu médico te mintió: sí que tienes hipertensión y el colesterol alto

Los estudios muestran claramente que cuanto mayor es el nivel de colesterol de una persona, más alto es su riesgo de sufrir enfermedades del corazón. Por el contrario, cuanto más bajo es el nivel de colesterol, menor es el riesgo. Si quieres disfrutar de una verdadera protección, no te sientas satisfecho hasta que su nivel de colesterol LDL se encuentre por debajo de 100. El número 200 no tiene nada particularmente de mágico; el riesgo de enfermedad cardíaca continúa disminuyendo a medida que el colesterol decrece por debajo de dicha cifra. El promedio de colesterol en China es 127. El Estudio Framingham del Corazón demostró que los participantes con niveles de colesterol por debajo de 150 no sufrían ataques cardíacos[29]; de hecho, la mayoría de infartos tienen lugar en pacientes cuyo colesterol oscila entre 175 y 225. Este es el promedio de colesterol de los norteamericanos, y el norteamericano medio está enfermo del corazón. Así que: ¿quieres formar parte de ese grupo o quieres estar sano?

Sé que te han contado que si tu presión sanguínea es inferior a 140/90 es normal. Por desgracia, tampoco eso es cierto. Se trata de un valor *promedio*, pero no *normal*. Estas cifras se utilizan porque marcan el punto medio de los adultos norteamericanos mayores de 60 años. El riesgo de ictus y ataques cardíacos comienza a incrementarse a partir de 115/70.

En las sociedades en las que no se observan tasas elevadas de enfermedad cardíaca ni ictus, tampoco se aprecia que la presión sanguínea se incremente con la edad[30]. Casi todos los norteamericanos tienen una presión sanguínea peligrosamente alta, que no es sana. Como mínimo, deberíamos considerar que una presión sanguínea superior a 125/80 es anormal.

Numerosas investigaciones científicas han demostrado que las intervenciones que aparecen a continuación muestran cierto grado de efectividad a la hora de reducir la presión sanguínea[31]:

- pérdida de peso
- restricción de sodio
- mayor ingesta de potasio
- mayor ingesta de calcio y magnesio
- restricción de alcohol
- restricción de cafeína
- mayor ingesta de fibra
- mayor consumo de frutas y verduras
- más actividad física o ejercicio

Diversos estudios han demostrado que controlar la ingesta de sodio y perder peso reduce la presión sanguínea, incluso en los ancianos[32]. ¿Cómo puedes integrar estas intervenciones a tu estilo de vida? Es simple. Come mucha más fruta, verdura y legumbres; come menos de todo lo demás, y practica ejercicio de forma moderada. La hipertensión es relativamente simple de controlar.

Si bien le llevó dos años completos, Rhonda Wilson bajó de peso: pasó de 87 kg (194 libras) a 53 kg (119 libras). También consiguió dejar la medicación para la presión sanguínea como resultado de su compromiso con una nueva forma de vida saludable. La primera vez que vino a verme tomaba dos medicamentos para controlar su hipertensión; pero no eran suficientes, porque continuaba con valores muy elevados. Rhonda tuvo que esperar mucho tiempo para ver resultados normales en sus analíticas y no pudo dejar la medicación para la hipertensión hasta que estuvo relativamente delgada. Su historia ilustra un dilema común.

No es inusual que algunas personas pierdan peso y aun así continúen teniendo la presión alta. Hay individuos que a pesar de su bajo índice de grasa corporal son hipertensos y diabéticos. En esos casos resulta todavía más importante mantener un peso ideal.

Yo animo a mis pacientes a que hagan todo lo posible por normalizar su presión sanguínea y evitar así tomar medicación. Cuando un médico receta medicamentos para la hipertensión, sin quererlo incita a algunos de sus pacientes a permitirse un «lapsus». El problema es que la medicación reduce mínimamente la incidencia de ataques cardíacos en sujetos hipertensos porque no elimina el problema subyacente (aterosclerosis), sino que únicamente trata los síntomas. Sin embargo, quienes están medicados creen erróneamente que se encuentran protegidos y continúan llevando el mismo estilo de vida perjudicial que originó sus problemas, hasta que sucede lo inevitable: sufren su primer ataque cardíaco o ictus. Quizás, si nunca se hubiesen inventado los medicamentos para bajar la presión sanguínea, los médicos habrían estado obligados a enseñar a sus pacientes a vivir de forma sana y a identificar las enfermedades que pueden derivar de una mala nutrición. Posiblemente se habrían salvado muchas más vidas.

## Solo tú, y no tu médico, debes asumir toda la responsabilidad

No esperes recibir ningún valioso consejo dietético por parte de un médico en general. Por lo común, los médicos no ayudan; se apresuran a cumplir con las citas de todos sus pacientes, en especial dada la situación actual de la sanidad, porque cobran muy poco dinero por cada visita y están presionados a ver la mayor cantidad de pacientes que puedan al día. Es muy probable que tu médico se encuentre tan mal como tú y que coma de una forma tan poco saludable, o incluso peor. Después de leer este libro, podrías ayudarle a mejorar también su salud y reducir su riesgo de muerte prematura, que es más de lo que él ha podido hacer por ti. Incluso aunque los médicos te ofrezcan todo su tiempo y se vuelquen en tu caso, sus recomendaciones son invariablemente demasiado ligeras como para producir un beneficio significativo.

Los doctores Randall S. Stafford y David Blumenthal, del Hospital General de Massachusetts en Boston, revisaron los registros de más de 30.000 consultas efectuadas a 1.521 médicos norteamericanos de varias especialidades, y descubrieron que tomaban la presión sanguínea a sus pacientes en el 50 por 100 de las visitas. Sin embargo, únicamente comprobaban los niveles de colesterol de estos individuos en el 4,6 por 100 de los casos. Hacían recomendaciones sobre cómo perder peso en el 5,8 por 100 de las visitas, y sugerían métodos para dejar de fumar solo en el 3 por 100 de las ocasiones. En promedio, los médicos orientaban a los pacientes sobre cuestiones dietéticas y otros cambios favorables a la reducción del colesterol en el 4,3 por 100 de los casos, y les recomendaban hacer ejercicio físico en el 11,5 por 100 de las visitas. En los casos de personas con enfermedad cardiovascular, los informes demostraron que prácticamente nunca se les ofrecía asesoramiento dietético (prácticamente inútil), ni se les incitaba a practicar ejercicio físico[33]. Obviamente, nos queda mucho camino por delante.

## DIABETES: LA CONSECUENCIA DE LA OBESIDAD

Más de 20 millones de norteamericanos son diabéticos[34]. Y a medida que esta población engorda, la cifra crece. La diabetes es una enfermedad relacionada con la nutrición, que es tanto prevenible como reversible (en el caso de la diabetes tipo II) a través de métodos nutricionales.

La diabetes puede cobrarse un precio muy alto, porque es capaz de provocar ataques cardíacos e ictus, así como otras graves complicaciones. Más del 80 por 100 de los adultos con diabetes tipo II mueren a causa de ataques cardíacos e ictus[35]. Las estadísticas resultan incluso más frustrantes cuando observas que la gente gana peso, se vuelve incluso más diabética y desarrolla otras complicaciones incluso aunque se encuentre bajo el cuidado de sus médicos.

Con el aumento de peso de la población norteamericana se ha disparado la incidencia de la diabetes. La explosión mundial de esta enfermedad camina en paralelo al incremento del peso corporal.

A los pacientes se les dice que aprendan a vivir con su diabetes y a controlarla porque no tiene cura. «¡No, no, no!», digo yo. «¡No vivas con la diabetes; adelgaza y quítatela de encima como han hecho muchos de mis pacientes!»

Básicamente existen dos tipos de diabetes: la de tipo I, o diabetes de la infancia, y la de tipo II, o diabetes del adulto. En el tipo I, que generalmente surge en los primeros años de vida, los niños sufren daño en el páncreas —el órgano que produce y secreta insulina—, por lo que presentan una deficiencia de insulina. En el tipo II, que es más común, el individuo produce niveles de insulina casi normales pero el organismo es resistente a ella, por lo que el nivel de azúcar en sangre, o glucosa, se eleva. El resultado final es el mismo en ambos tipos: el paciente muestra un elevado nivel de glucosa en sangre.

Ambos tipos de diabetes aceleran el envejecimiento del cuerpo. La diabetes impulsa enormemente el desarrollo de la aterosclerosis y la enfermedad cardiovascular, y envejece y destruye los riñones y otros sistemas corporales. Además, es la primera causa de ceguera en los adultos y el principal factor de insuficiencia renal. En la actualidad encontramos un enorme número de pacientes de diabetes tipo II con terribles complicaciones como amputaciones, neuropatía periférica (doloroso daño nervioso en las piernas), retinopatía (la principal causa de ceguera en los diabéticos) y nefropatía (daño renal). Las complicaciones de la diabetes tipo II son tan malas como las de la diabetes de tipo I[36].

Los diabéticos, con independencia del tipo, presentan elevados niveles de triglicéridos y niveles superiores de colesterol LDL que la población general. En estos pacientes, la incidencia de ataques cardíacos es más de un 400 por 100 más alta que en los no diabéticos. Un tercio de todos los diabéticos insulinodependientes (tipo I) mueren a causa de un ataque cardíaco antes de cumplir los 50 años de edad. Esta aceleración del proceso aterosclerótico, y la elevada tasa de mortalidad resultante, se observa en ambos tipos de diabetes[37].

Por simple lógica, cualquier recomendación dietética para diabéticos debería al menos intentar reducir el riesgo de ataque cardíaco, ictus o cualquier otro evento cardiovascular. Pero, por desgracia, los consejos nutricionales ofrecidos a estos pacientes se limitan a que sigan la misma dieta que, como ha quedado perfectamente demostrado, no da ningún resultado en los pacientes enfermos del corazón. Se trata de una dieta arriesgada para todas las personas, pero excepcionalmente peligrosa para los diabéticos, porque es mortal. La combinación de cereales refinados, alimentos procesados y productos animales garantiza un fluido continuo de clientes en los hospitales y las salas de urgencias.

Los pacientes de tipo I que comienzan un programa nutricional más agresivo y progresivo tienen la posibilidad de prevenir muchas de las complicaciones que afectan a los diabéticos. Y lo más importante: pueden aspirar a una expectativa de vida normal, porque lo que causa tan tremendas estadísticas es la interacción entre la diabetes y la perjudicial dieta moderna, y no el simple hecho de ser diabético. Los enfermos de tipo I continúan requiriendo algo de insulina, pero con frecuencia he notado que mis pacientes de tipo I necesitan alrededor de un 50 por 100 menos de insulina que antes de adoptar mi programa nutricional. Sus azúcares no suben y bajan enloquecidamente, y puesto que su requerimiento de insulina es menor, tienen menos probabilidades de experimentar episodios hipoglucémicos potencialmente peligrosos.

Por su parte, los pacientes de tipo II que adoptan este método tienen la posibilidad no solo de convertirse en individuos no diabéticos, sino de volver a sentirse bien, y en algunos casos incluso de gozar de una salud excelente. ¡Pueden deshacerse de la

diabetes para siempre! Casi todos mis pacientes diabéticos tipo II
dejan de necesitar insulina en el primer mes, y gracias a su excelente nutrición presentan niveles mucho más bajos de azúcar en
sangre que cuando recurrían a la insulina. Los horrores de la diabetes que podrían haber acabado con ellos quedan descartados.

También he observado a pacientes que han venido a verme
con retinopatía diabética y neuropatía periférica y que gradualmente mejoraron hasta resolver por completo sus enfermedades.
El Dr. Milton Crane dio a conocer resultados similares en sus
pacientes: 17 de 21 sujetos que adoptaron una dieta vegana rica
en vegetales consiguieron recuperarse por completo de su neuropatía periférica[38].

## La insulina para la diabetes de tipo II empeora más las cosas

La insulina resulta menos eficaz cuando la persona consume
alimentos grasos o gana peso. Por eso las dietas de menor contenido graso mejoran la sensibilidad a la insulina, al igual que
lo hace la pérdida de peso[39]. Un individuo con sobrepeso requiere
más insulina, sea diabético o no; pero ofrecer a los diabéticos con
sobrepeso una cantidad superior de insulina los enferma todavía
más porque facilita que engorden. Y entonces se vuelven todavía más diabéticos. ¿Como funciona este proceso? Nuestro páncreas secreta la cantidad de insulina que requiere el organismo.
Una persona de peso normal con aproximadamente 8 mm (1/3 de
pulgada) de grasa periumbilical secretará X cantidad de insulina. Imaginemos ahora que la persona gana alrededor de  9 kg
(20 libras) de grasa. Su organismo requerirá ahora más insulina,
prácticamente el doble, porque la grasa de su cuerpo obstruye
la absorción de insulina por parte de las células.

Si la persona es obesa y tiene un exceso de grasa de más de 22 kilos (50 libras), su cuerpo le exigirá enormes cantidades de insulina del páncreas, inclusive hasta diez veces más de lo que necesita una persona de peso normal. Entonces, ¿qué crees que sucede después de cinco o diez años de forzar al páncreas tan arduamente? Lo has adivinado: el páncreas queda hecho polvo.

El órgano comienza a secretar menos insulina, a pesar de las enormes demandas del cuerpo; y al final, dado que cuenta con menos insulina para trasladar la glucosa desde el torrente sanguíneo a las células, el nivel de glucosa en sangre comienza a elevarse y a la persona se le diagnostica diabetes. En la mayoría de los casos, estos individuos continúan secretando una cantidad excesiva de insulina (en comparación con una persona de peso normal), pero que para ellos resulta insuficiente. Sin embargo, en cuanto inician una dieta menos agobiante y pierden peso, no necesitan esa cantidad extra de insulina para controlar los azúcares.

Lo que todo esto significa es que la típica diabetes de tipo II está causada por el sobrepeso en aquellos individuos que disponen de una menor reserva de células secretoras de insulina en el páncreas. En un individuo susceptible, incluso un sobrepeso de 4 a 8 kilos (10 a 20 libras) puede marcar la diferencia; por eso, para vivir dentro de las posibilidades de su organismo resulta imprescindible que pierda esos kilos de más. La mayoría de los diabéticos tipo II continúan produciendo suficiente insulina para vivir con normalidad siempre y cuando mantengan un peso normal y estén más delgados.

Seguir mi programa es lo más importante que un individuo diabético puede hacer para prolongar su expectativa de vida. Se ha sabido durante años que la pérdida intencional de peso mejora los niveles de azúcares y lípidos en sangre y la presión sanguínea en estos pacientes. Un estudio documentó un significativo incremento en la expectativa de vida, con una reducción promedio del 25 por 100 de la mortalidad prematura, cuando los individuos diabéticos perdían peso. Otras investigaciones han llegado a conclusiones similares[40]. Imagina los resultados cuando dicha pérdida de peso se consigue a través de un programa de excelencia nutricional.

*La insulina es una sustancia peligrosa para los diabéticos tipo II.* Para empezar, son personas con sobrepeso; y la terapia con insulina les hace ganar todavía más kilos y acelera su diabetes. Así se inicia un círculo vicioso que suele provocar que los pacientes requieran cada vez más insulina a medida que engordan. Cuando vienen a verme por primera vez, me explican que sus niveles de azúcar en sangre son imposibles de controlar a pesar de que reciben dosis masivas de insulina, que ahora están combinando con medicación oral. Es como ir por la vida con una granada de mano activada en el bolsillo, lista para explotar en cualquier momento.

## No te limites a controlar tu diabetes: deshazte de ella para siempre

Cuando mis pacientes comienzan el programa suelo reducirles la insulina a la mitad. Luego, en los siguientes días o semanas la voy recortando de forma gradual, dependiendo de su respuesta y de lo avanzada que esté la enfermedad en su primera visita. En términos generales, la mayoría de ellos consigue dejar la insulina por completo en cuestión de pocos días. La advertencia que hago, tanto a quienes adoptan mi programa como a sus médicos, es que no deben subestimar su efectividad. Si los medicamentos recetados al paciente, en especial la insulina, no se reducen de forma drástica, podría producirse una peligrosa reacción hipoglucémica —un descenso demasiado acusado del azúcar en sangre— causada por la sobremedicación. Resulta más seguro entonces recetar menos medicamentos y permitir que los niveles de glucosa se eleven un poco al principio, y poco a poco ir añadiendo algo más de medicación si fuese necesario. De esta manera se minimiza el riesgo de hipoglucemia. Puesto que esta dieta resulta tan eficaz a la hora de revertir la diabetes y otras enfermedades provocadas por la negligencia nutricional, es fundamental que trabajes en estrecho contacto con un médico que pueda ayudarte a adecuar las dosis de tu medicación.

*Nota:* Ningún paciente diabético que toma medicación debería introducir cambios en su dieta sin la asistencia de un médico, puesto que será necesario ajustar la dosis de los fármacos a fin de prevenir la hipoglucemia, que es un excesivo descenso del nivel de azúcar en sangre.

Lo más habitual es que yo continúe o empiece un tratamiento con Glucophage (metformina) u otros fármacos similares. Las nuevas medicaciones que no interfieren con la pérdida de peso resultan más seguras que los fármacos administrados por vía oral que se recetaban a los diabéticos hace años. Y así, a medida que pierden peso, los pacientes pueden conseguir niveles de glucosa normales sin tomar ningún fármaco y se convierten en personas no diabéticas, si bien la diabetes puede recurrir si adoptan una dieta más estresante que aumente su volumen abdominal.

El caso de Gerardo Petito ejemplifica lo que observo habitualmente en otros pacientes diabéticos. Gerardo me aseguró que la principal razón por la que venía a verme era que quería controlar mejor su diabetes. En su primera visita, el 18 enero de 2000, estaba tomando tres medicamentos: Accupril 20 mg para la presión sanguínea, y dos medicamentos para la diabetes: Glucophage 500 dos veces al día y 15 unidades de insulina dos veces al día. Llevaba siete años con insulina. Su nivel de glucosa en ayuno por la mañana rondaba los 175 con ese régimen. Su presión sanguínea era 140/85 y pesaba 116 kilos (256 libras).

Después de un prolongado debate, Gerardo accedió a seguir mis recomendaciones nutricionales. Le indiqué que redujera su dosis de insulina a 10 unidades la tarde misma de su visita y a 5 unidades a la mañana siguiente, y le aclaré que, después de eso, debería suspender la insulina.

Cuando Gerardo regresó para su segunda visita dos semanas más tarde pesaba 107 kilos (237 libras), lo que suponía una pérdida de casi 9 kilos (19 libras) en solo dos semanas. Su glucosa por la mañana promediaba 115, y su presión había bajado a 125/80. Además de controlar su análisis de sangre y de someterlo a un electrocardiograma de control, no introduje ningún otro cambio en su programa. Disfrutaba de la dieta y sigue mis consejos al pie de la letra.

En la tercera visita de Gerardo, al mes siguiente, su peso era de 100 kilos (221 libras), lo que implicaba que había perdido 15 kilos (35 libras) en 52 días. Acababa de regresar de un crucero, donde había continuado su dieta sana. Su glucosa por la mañana se encontraba en alrededor de 80 (muy normal), así que le indiqué que dejara de tomar Glucophage. Y puesto que su presión sanguínea era de 88/70, hice lo propio con el Accupril.

Diez meses después de su primera visita, Gerardo pesaba 86 kilos (190 libras): ya había perdido 29 kilos (66 libras); su colesterol marcaba 134, y su presión sanguínea era 112/76. Su hemoglobina A1C, una prueba que se realiza para el control de los diabéticos, estaba en 5,3, es decir, en un rango no diabético. Ya no tomaba medicación.

En lugar de controlar su presión sanguínea y su diabetes, este hombre prefirió seguir mi consejo y deshacerse de sus problemas médicos por completo.

## Consejo para el paciente diabético

El consejo general que ofrece este libro es suficiente para la mayoría de los diabéticos: el objetivo más importante aquí es cuánto peso pierdes, y no si tu glucosa está un poco más alta o un poco más baja a corto plazo. Sigue mis indicaciones para conseguir una pérdida de peso agresiva; las encontrarás en el próximo capítulo. Si cumples mi programa al pie de la letra, no será necesario que compliques tu dieta realizando extrañas combinaciones de alimentos ni contando calorías; la mayoría de la gente no necesita tampoco medir las raciones que consume. Tus objetivos son los mismos que los de los pacientes con cardiopatía coronaria: adelgazar y tratar agresivamente tus factores de riesgo. Con el tiempo, tu organismo normalizará las cifras de las pruebas de laboratorio. Recuerda las siguientes pautas:

1. Los almidones refinados como el pan blanco y la pasta resultan particularmente perjudiciales; evítalos por completo.
2. No consumas zumo de fruta ni frutas deshidratadas. Evita todos los dulces, a excepción de las frutas frescas en cantidades razonables. Dos o tres piezas en el desayuno está bien, y una fruta después de comer y otra después de cenar es lo ideal. Las mejores son las que tienen menos azúcar: pomelo, naranja, kiwi, fresas y otras bayas, melones y manzanas verdes.
3. Evita el aceite por completo. Los frutos secos están permitidos, pero solo 28 g (1 onza) o menos.

4. El nombre de tu programa alimentario es: «a dieta de las verduras y las judías», porque las verduras de hoja verde y las judías deberían ser los alimentos más predominantes.

5. Limita la ingesta de productos animales a no más de dos raciones de pescado a la semana.

6. Intenta practicar ejercicio con regularidad y de forma constante, como si estuvieses tomando una medicación. Hazlo siguiendo un horario fijo, preferiblemente dos veces al día. Subir escaleras es uno de los mejores ejercicios para perder peso.

Puesto que la información contenida en este libro se transformará en tu receta para recuperar la salud, podrás evitar los ataques cardíacos y los ictus. Si el público en general adoptara esta dieta, esas enfermedades serían muy excepcionales y la diabetes prácticamente desaparecería de nuestra sociedad.

## La fórmula *Comer para vivir* reduce los triglicéridos

Algunos médicos y nutricionistas consideran que los individuos con obesidad, diabetes y un nivel elevado de triglicéridos pueden conseguir perder peso y controlar sus triglicéridos y sus altos niveles de glucosa mediante una dieta de bajo contenido de carbohidratos y rica en proteínas. Lo creen porque se ha observado que las dietas ricas en carbohidratos pueden elevar los niveles de triglicéridos.

Estoy de acuerdo en que una dieta rica en carbohidratos *refinados* no es aconsejable y empeora esta enfermedad. Sin embargo, quiero dejar absolutamente claro que estos pacientes pueden alcanzar resultados espectaculares sin los peligros añadidos de una alimentación cargada de proteína animal y grasas saturadas.

Simplemente necesitan que se les indique cómo modificar este régimen a su condición particular, y a partir de entonces siguen una dieta conformada por productos vegetales y relativamente rica en proteína que reduce la cantidad de carbohidratos de bajo contenido de fibra. Los menús incluyen una gran cantidad de judías, verduras crudas y verduras de hoja verde cocidas, y los resultados son invariablemente impresionantes.

## Dolor de cabeza, hipoglucemia y hambre

Resulta casi imposible de creer, pero prácticamente todos los pacientes que sufren jaquecas e hipoglucemia se recuperan de forma permanente siguiendo la fórmula de salud que plantea este libro. Y creo que todo esto tiene que ver con la *desintoxicación*.

El organismo es capaz de curarse a sí mismo cuando desaparecen los obstáculos o los factores de estrés que impiden la curación. Así pues, si la gente no consigue recuperarse por completo es porque es adicta a sus malos hábitos y a su forma poco saludable de comer y beber.

Imagina que tomas diez tazas de café al día. Si dejaras de consumir esta bebida te sentirías mal; te dolería la cabeza, te sentirías débil e incluso podrías sufrir temblores. Por fortuna, todo ello se resolvería lentamente en el plazo de cuatro a seis días, y luego estarías bien.

Entonces, si fueses un gran bebedor de café, ¿cuándo crees que te sentirías peor: inmediatamente después de comer, al levantarte por la mañana o al retrasar o saltarte una comida?

Tienes razón si has respondido que al levantarte o al retrasar o saltarte una comida. El organismo experimenta el proceso de abstinencia, o desintoxicación, de manera más eficaz cuando no está ocupado digiriendo alimentos. Una comida pesada interrumpirá las molestias, o incluso te sentirás mejor tomándote otra taza de café, pero el ciclo de malestar empezará de nuevo en cuanto el nivel de cafeína caiga o tu nivel de glucosa en sangre comience a descender.

Posponer una comida produce síntomas que la mayoría de la gente llama «hambre». Dichos síntomas incluyen calambres abdominales, debilidad y malestar: *los mismos que durante la abstinencia de las drogas.*

Pero eso no es hambre. Nuestros hábitos dietéticos, en especial la costumbre de comer alimentos ricos en proteínas animales tres veces al día, ejercen tanto estrés sobre el sistema de desintoxicación de nuestro hígado y nuestros riñones que comenzamos a experimentar síntomas de abstinencia en cuanto no estamos procesando tales alimentos.

El hambre verdadera no es así de incómoda. Está regida por el hipotálamo, que se encuentra en el cerebro, y se manifiesta como una mayor sensación de necesidad en la boca y la zona de la garganta[41].

Podrías sentirte mejor tomando una taza de café cada tres horas, espaciadas de forma regular, para mantener constantes tus niveles de cafeína en sangre. O bien podrías tomar medicamentos como Fioricet, Cafergot, Excedrin, Esgic, Fiorinal, Migranal, Wigraine y otros, cuyos componentes activos son narcóticos, barbitúricos, ergotaminas o cafeína. Claro que también podrías tomar anfetaminas o cocaína compradas en el callejón que está detrás de la tienda de bebidas alcohólicas. En cualquier caso, espero que entiendas que sentirte bien temporalmente no significa mejorar. Introducir fármacos tóxicos en tu organismo solo puede comprometer tu salud y conducir a una mayor dependencia y sufrimiento. Para desintoxicarte, tienes que sentirte peor, no mejor; y luego, una vez acabados los síntomas de abstinencia, te encontrarás realmente bien.

> Sentirse mejor puede suponer enfermar más. Sentirse peor
> (temporalmente) podría significar mejorar.

En la facultad de Medicina, mis compañeros de clase y yo aprendimos de boca de un investigador que la proteína animal somete al hígado a un estrés de desintoxicación, y que los desechos de nitrógeno generados son tóxicos. Estas toxinas metabólicas (aproximadamente catorce de ellas) circulan por el torrente sanguíneo y acompañan el aumento de nivel del ácido úrico tras la ingesta de alimentos ricos en proteína animal. La abstinencia de estas toxinas puede causar una serie de síntomas molestos en los individuos más susceptibles, y a este cuadro suele llamárselo hipoglucemia.

El término *hipoglucemia* significa «poca glucosa en el torrente sanguíneo», razón por la cual la gente en general puede interpretar que la causa del problema es un bajo nivel de glucosa en sangre.

Algunas dolencias médicas no comunes (como los tumores secretores de insulina), el exceso de medicación para la diabetes u otras enfermedades raras pueden causar hipoglucemia e incluso un coma hipoglucémico, pero yo me refiero a esas personas con hipoglucemia reactiva que se sienten mal cuando retrasan sus comidas, pero en realidad no sufren ninguna enfermedad grave ni sus niveles de azúcar en sangre caen peligrosamente. En la mayoría de los individuos con este diagnóstico, su nivel de glucosa en ayunas no suele ser inferior a 50; en efecto, si se les toma una muestra de sangre cuando retrasan su comida y empiezan a encontrarse tan mal se comprueba que su nivel de azúcar en sangre no suele ser lo suficientemente bajo como para causar semejante malestar. Al parecer, no existe correlación entre la gravedad de los síntomas y sus bajos niveles de glucosa, pero se sienten incómodos en cuanto intentan dejar de alimentarse a base de alimentos ricos en proteína.

Pensar que un nivel inferior de glucosa en sangre es la única causa de este problema supone simplificar excesivamente la cuestión. Yo he observado que las personas que experimentan los síntomas más problemáticos ni siquiera presentan niveles bajos de glucosa.

Durante sus años de estudio, muchos médicos aprenden que si el hígado resulta comprometido —como en los casos de cirrosis—, el paciente es incapaz de eliminar correctamente las toxinas y en consecuencia puede resultar afectado desde el punto de vista mental, un cuadro que le lleva a experimentar confusión e incluso síntomas psicóticos, a menos que reciba alimentos de bajo contenido proteínico que le permitan generar un menor nivel de desechos de nitrógeno. Por esta razón, a los pacientes que sufren una enfermedad hepática se les indica de forma rutinaria que sigan una dieta baja en proteínas.

La mayoría de los norteamericanos están intoxicados de proteínas. Tal como les sucede a los enfermos de cirrosis (pero en menor medida), su sistema natural de desintoxicación se ve obligado a afrontar una excesiva carga de nitrógeno, además de toda la sal, cafeína, dulces, grasas trans y otros químicos nocivos que consumen, por lo que cuando su estómago se vacía sienten malestar, no hambre. Casi todas las personas están demasiado intoxicadas como para tener apetito; sus síntomas de desintoxicación aparecen primero. Prácticamente todo el mundo sigue el impulso de comer porque es hora de comer o porque nota las molestias de la desintoxicación. *En el caso de los norteamericanos, casi ninguno ha sentido* hambre verdadera *en toda su atiborrada existencia.*

Muchas personas llegan a mi consulta con un diagnóstico de hipoglucemia, explicando que se sienten mal cuando retrasan sus comidas. Lo más habitual en esos casos es que se les recomiende un régimen de ingestas frecuentes de productos de alto contenido proteínico, pero, desde mi punto de vista, ese régimen es justamente la causa de su malestar y no el remedio, y les beneficia tan poco como ofrecerles una taza de café cada hora. Desde luego, estos individuos se sentirán mejor de forma temporal, pero si lo que buscan es una recuperación completa y duradera, deben aclararse las ideas. Tienen que entender que durante aproximadamente una semana no se sentirán tan bien, pero que a partir de entonces se librarán de su malestar y de su adicción a los malos hábitos y las dietas tóxicas.

Cuando empiezo a tratar a pacientes con síntomas hipoglucémicos, sigo permitiéndoles que tomen tentempiés a lo largo del día y que consuman algo de frutos secos y judías en cada comida. Pero les prohíbo los carbohidratos refinados como el pan, la pasta, los dulces o el zumo de fruta para evitar altibajos en sus niveles de insulina. En efecto, en algunas personas los niveles de insulina suben demasiado y luego caen en picado simplemente porque están consumiendo azúcares y cereales refinados en lugar de productos naturales no refinados: y la causa de esta variación es que son sensibles a la comida basura que toman la mayoría de los norteamericanos. La prueba de tolerancia a la glucosa, muy poco fiable y que consiste en ofrecer al paciente 100 g de dicha sustancia, emula el consumo de una enorme cantidad de comida basura, y resulta tan estresante para el organismo que incluso las personas normales suelen sentirse mal después de la experiencia.

Sin embargo, en el plazo de dos o tres semanas los síntomas disminuyen invariablemente y todos estos sujetos recuperan la habilidad de retrasar sus comidas sin sentirse mal. A partir de entonces pueden seguir la misma dieta que yo recomiendo a todo el mundo sin experimentar ningún efecto molesto.

Si tienes este problema, debes también evitar el alcohol, el café, el té, los saborizantes artificiales y los aditivos alimentarios. No es necesario que restrinjas el consumo de fruta fresca.

## Quienes sufren dolores de cabeza están de enhorabuena

Los dolores de cabeza recurrentes son algo bastante parecido. Casi siempre surgen como resultado de algún disparate nutricional y, al igual que otros cuadros que mantienen tan ocupados a los médicos, son totalmente evitables.

La relación entre los factores alimentarios y las migrañas ha sido sujeto de un intenso debate entre los investigadores médicos y ha arrojado resultados diversos. Especialistas en cefalea como Seymour Diamond, director de la *Diamond Headache Clinic* del Hospital Columbus de Chicago, explican que aproximadamente el 30 por 100 de los pacientes es capaz de identificar desencadenantes alimentarios[42].

Mi experiencia en el tratamiento de pacientes con migraña y jaquecas severas a través de un plan nutricional exhaustivo ha demostrado que entre el 90 y 95 por 100 de todos ellos consiguen así desterrar los dolores de cabeza después de los tres primeros meses. Estos pacientes evitan los desencadenantes de migraña más comunes, pero también durante la fase de curación siguen una dieta vegana estricta compuesta principalmente por fruta y verdura rica en almidones naturales, como el calabacín y el arroz integral. Deben evitar además todos los alimentos envasados y procesados, que destacan por contener aditivos alimentarios ocultos a pesar de que no los especifiquen en sus etiquetas. También tienen prohibido consumir cualquier tipo de sal añadida.

Creo que obtengo resultados tan impresionantes no solo por evitar los desencadenantes de la migraña, sino también porque el paciente mejora considerablemente su salud y consigue procesar las toxinas de forma más eficaz. Además, cuando en la dieta se reduce significativamente el consumo de productos animales o se elimina por completo, el hígado no se ve obligado a descomponer esa gran carga tóxica y consigue cumplir su función normal de desintoxicación de forma más eficaz.

Con mucha frecuencia, cuando en la fase inicial del programa mis pacientes siguen una dieta que contiene menos irritantes tisulares, suelen experimentar un empeoramiento. En otras palabras, inicialmente suelen sentirse peor en lugar de mejorar. A este tipo de personas les insisto en que, en la medida de lo posible, no tomen medicación durante esta fase inicial: en lugar de ello, les recomiendo que se apliquen un paño húmedo frío sobre la frente y se tumben a descansar en una habitación oscura. La dieta prescrita, de muy bajo contenido de sodio y proteína animal, resuelve los dolores de cabeza en la gran mayoría de los pacientes. Y si no lo consigue, no todo está perdido, puesto que cierto grado de ayuno suele erradicar el problema en la mayoría de las personas que sufren cefaleas[43].

Mis pacientes empiezan por seguir una dieta como la especificada en el recuadro que aparece más adelante. Les indico que no deben tomar ninguna medicación después de la primera semana, y transcurrido ese período los animo a controlar su dolor con hielo, duchas calientes y vendajes de compresión. Si primero no se desintoxican de su adicción a los analgésicos, jamás se recuperarán. El problema con este tipo de medicamentos es que si bien alivian el malestar, al mismo tiempo perpetúan la jaqueca. En efecto, los fármacos utilizados para el tratamiento del dolor de cabeza, como el acetaminofeno (Tylenol), los barbitúricos, la codeína y las ergotaminas, provocan que el dolor recurra como un efecto rebote cuando estas toxinas comienzan a ser elimina-das del sistema nervioso. Incluso una reducida cantidad de as-pirina puede provocar síndrome de cefalea diaria crónica[44].

| QUINCE DESENCADENANTES COMUNES DE LA MIGRAÑA | | |
|---|---|---|
| dulces | lácteos y queso | alimentos salados o encurtidos |
| alimentos fermentados | chocolate | vinagre |
| pizza | carnes ahumadas | alcohol |
| glutamato monosódico | frutos secos | aditivos alimentarios |
| levadura | proteína hidrolizada | productos horneados |

Los pacientes deben respetar estrictamente la primera fase de la dieta anticefalea durante dos semanas. Luego, si el dolor ha de-saparecido, amplío la dieta para que incluya una mayor variedad de frutas y empiezo a añadir judías en la segunda fase. Por lo ge-neral, pido a los pacientes que eviten los frutos secos durante las primeras semanas porque a algunas personas les provocan molestias. También tienen que evitar todos los lácteos y la levadura.

---

**Fase 1 de la dieta anticefalea con un promedio de curación de más del 90 por 100**

**Desayuno:**
Melón, manzana o pera
Avena con agua, sin endulzar
Pan integral sin levadura

**Comida:**
Ensalada verde grande, con una cucharadita de aceite de oliva
Una verdura rica en almidón o un cereal: maíz, boniato, arroz integral
Uvas, pera o manzana

**Cena:**
Ensalada verde grande con tomates y una cucharadita de aceite de oliva
Una verdura verde cocida al vapor: judías verdes, espárragos, alcachofas, brócoli, calabacín
Una verdura rica en almidón o un cereal: calabaza bellota o calabaza común, patata, mijo, pasta de trigo integral
Salsa de tomate (sin sal): permitida

## ENFERMEDADES AUTOINMUNES Y TODAS LAS DEMÁS

Si el único recurso para aliviar el sufrimiento de algunas personas fuesen los fármacos peligrosos, estaríamos obligados a aceptar las desventajas de la terapia convencional en el tratamiento de las enfermedades autoinmunes. La realidad, sin embargo, es que las intervenciones dietéticas y nutricionales dan buenos resultados en enfermedades autoinmunes como, por ejemplo, la artritis reumatoide.

La atención de estos pacientes ha ocupado una amplia porción de mi trabajo médico en los últimos veinte años. A través de las intervenciones antes mencionadas he visto desaparecer marcadores de artritis reumatoide, lupus y enfermedad del tejido conectivo; además, muchos de mis pacientes han conseguido recuperarse completamente de sus alergias y asma. No todos consiguen una remisión total, claro; pero la mayoría logra evitar el uso de medicación.

La clave para el tratamiento de las enfermedades autoinmunes consiste en obedecer la fórmula S = N/C. Solo entonces el sistema inmune comienza a normalizar sus circuitos en caos.

Numerosos estudios de todo el mundo confirman la eficacia de este método[45]. Si bien es necesario llevar a cabo más investigaciones en este campo, todos los estudios que se han hecho hasta el momento son previsiblemente positivos y documentan una mejoría tanto en los marcadores de inflamación en sangre como en la sintomatología de los pacientes. Yo lo compruebo día tras día.

Estas son las principales vías para incrementar las posibilidades de remisión total, o bien de una mejoría, en los pacientes con enfermedades autoinmunes:

1. Por lo general, suele ser necesario seguir una dieta estricta basada en productos vegetales (vegana), sin lácteos, sin trigo y sin gluten; también resulta beneficioso acatar un plan de bajo contenido proteínico.

2. Es fundamental que la alimentación incluya una elevada densidad de nutrientes por caloría, con suficiente restricción calórica como para conseguir un peso normal.

3. Los niveles de ácido araquidónico y DHA deberían ser controlados con un perfil de ácidos grasos esenciales. Si el balance de ácidos grasos es anormal, puede que sea necesario recurrir a la suplementación con ácidos grasos omega-3 para conseguir un balance adecuado. En esos casos puede recurrirse a las semillas del lino molidas, el DHA puro derivado de productos vegetales o, en algunos casos, al aceite de pescado de alta potencia.

4. El ayuno terapéutico puede convertirse en un comple-
mento extremadamente eficaz para controlar la respuesta
autoinmune y llevar el sistema inmunológico hiperactivo
a un nivel más normal (inferior) de actividad. No ayunes
si tomas fármacos inmunosupresores como metotrexato e
Imuran, porque no se trata de una práctica segura en presencia de estos medicamentos. Es fundamental que los pacientes que se planteen seguir esta terapia cuenten con la
adecuada supervisión de un médico. Quienes estén inte-
resados en recibir más información sobre el ayuno terapéutico para las enfermedades autoinmunes deberían leer
mi libro *Fasting and Eating for Health*. Los especialistas in-
teresados pueden solicitarme artículos médicos, incluidos
casos de estudio que he escrito sobre esta terapia, y cualquier otra referencia médica exhaustiva, a través de mi página web (DrFuhrman.com), o bien contactar con mi consulta.

5. Someter a los pacientes a una prueba de eliminación de
alimentos y reto doble ciego puede descubrir sensibilida-
des alimentarias ocultas. Aunque la mayoría de los alimentos perjudiciales ya han sido eliminados de su dieta
—productos animales, trigo y lácteos—, muchos descubren que otros alimentos pueden empeorar también su estado. Estos productos no suelen ser descubiertos de forma
rutinaria mediante pruebas de alergia, sino que habitualmente es necesario someter al sujeto a un breve período
de ayuno y luego introducir de forma gradual únicamente un nuevo alimento al día, eliminando cualquiera que
cause un incremento en el dolor una vez finalizado el ayuno. Me gustaría repetir esto para que quede claro: tener
niveles elevados de IgG e IgE frente a distintos alimentos
en las pruebas de alergia es bastante frecuente en los pa-

cientes con artritis reumatoide y otras enfermedades auto-inmunes; sin embargo, no existe una adecuada correlación clínica entre estos alimentos y aquellos que, según nuestras observaciones, agravan los síntomas. Otros investigadores han notado lo mismo[46]. Por eso suelo indicar a mis pacientes que se ahorren el dinero y pasen de esas pruebas.

## LA DIETA ES LA PRIMERA LÍNEA DE DEFENSA

Trabajar con pacientes que padecen trastornos autoinmunes como enfermedad del tejido conectivo, miositis, artritis reumatoide y lupus resulta sumamente gratificante, porque se trata de personas que estaban convencidas de que nunca mejorarían y, no obstante, recuperan la salud y dejan de tomar medicamentos. Por eso quedan eternamente agradecidas y me envían notas y cartas que incluyen comentarios espontáneos como estos:

«Después de tres meses, ya no tomo medicamentos.»

RICHARD ARRONI

«Me gustaría gritar: ¡lo ha conseguido el Dr. Fuhrman!»

FRED REDINGTON

«Hace seis meses rezaba para morir, y ahora estoy preparada para volver a vivir.»

JENNIFER FULLUM

«Gracias por salvarme la vida.»

HARRIET FLEMING

Cualquier plan nutricional agresivo para combatir las enfermedades autoinmunes debería ser puesto en práctica siempre *al principio*, cuando la enfermedad se encuentra en su primera fase. Lógicamente, cuanto más avanzada esté y mayor daño haya provocado, menos probabilidades tendrá el paciente de responder. Mi experiencia con las enfermedades inflamatorias como la artritis reumatoide es que algunos pacientes son más sensibles a las dietas que otros, y que en algunos casos sus niveles de inflamación son tan elevados que resulta difícil controlarlos con una terapia natural. De todas formas, la mayoría de ellos se benefician, y puesto que los fármacos convencionales utilizados para tratar este tipo de trastornos son tan tóxicos y tienen tantos efectos secundarios peligrosos, siempre debería probarse primero un método dietético. Los fármacos modernos suelen exacerbar la incapacidad y la desdicha de los pacientes con enfermedades autoinmunes, además de incrementar su riesgo de cáncer. Varios estudios demuestran que después de tomar este tipo de medicación durante veinte años, los resultados a largo plazo son mediocres[47]. Una investigación publicada en el *British Journal of Rheumatology* demostró que los principales fármacos utilizados para el tratamiento de la artritis reumatoide, como azatioprina, ciclofosfamida, clorambucilo y metotrexato, incrementan la probabilidad de que la persona muera de cáncer[48].

Los pacientes que toman fármacos que suprimen su sistema inmune quedan desprovistos de la protección que dicho sistema ofrece frente a la infección y el cáncer, razón por la cual necesitan una dieta de calidad superior, incluso aunque no puedan dejar por completo la medicación.

Muchas de las personas que vienen a mi consulta, en especial aquellas que se han recuperado, están muy enfadadas con sus médicos anteriores porque ninguno de ellos les planteó jamás la posibilidad de seguir un plan nutricional especial antes de recetarles medicamentos. Estos pacientes suelen estar «hartos de estar enfermos» y hacen lo que sea por mejorar. Para ellos, esta dieta no resulta restrictiva, y se muestran muy entusiasmados y decididos a recobrar la salud. Así que resulta increíblemente gratificante verlos recuperarse y dejar de lado la medicación.

## LAS ENFERMEDADES SE RESUELVEN O MEJORAN GRACIAS A LA EXCELENCIA NUTRICIONAL

Otras dolencias que también responden excepcionalmente bien a la modificación dietética incluyen las molestias menstruales y el síndrome del colon irritable.

Los investigadores dedicados a probar dietas similares a la que yo recomiendo han notado que una dieta vegetariana de bajo contenido graso incrementa la globulina fijadora de hormonas sexuales al reducir la actividad del estrógeno[49]. Ello no solo disminuye el riesgo de sufrir cáncer de mama, sino que alivia significativamente el dolor y la hinchazón asociados a la menstruación.

También tengo un gran número de pacientes con síndrome del colon irritable. Algunos se sienten mejor después de seguir esta dieta durante tres días, y otros necesitan unas semanas o más para adaptarse al volumen de fibra, que es considerablemente superior al que estaban habituados a consumir. En muchos individuos, tanto los productos animales como los productos elaborados con harina desencadenan síntomas de irritabilidad en el colon[50]. Investigadores británicos han documentado que la mayor producción de metano y otros productos gaseosos derivados de una mayor fermentación en el colon a partir del consumo de carnes, lácteos y cereales refinados se correlaciona con las molestias intestinales. Sin embargo, existen otros mecanismos mediante los cuales una dieta basada en productos naturales y de alto contenido en nutrientes y fibra reestablece el tono y la motilidad intestinal normal. Puede llevar tiempo reparar una vida entera de alimentación equivocada; la mayoría de mis pacientes necesitan tres meses para ver alguna mejoría. Y, por supuesto, ocasionalmente es necesario modificar las dietas según las necesidades de cada individuo, en cuyo caso resulta conveniente trabajar con un médico bien informado.

La mayor parte de las enfermedades crónicas derivan de una vida entera de nutrición inferior, que eventualmente produce un funcionamiento anormal o un malestar frecuente. Estas enfermedades no están fuera de nuestro control, no son mayoritariamente genéticas, ni tampoco son la consecuencia normal del envejecimiento. Es cierto que nuestros puntos débiles están regidos por la genética; pero en realidad no necesitan salir a la luz, a menos que nuestra salud se deteriore. La salud superior es una consecuencia natural de la nutrición superior. Y, gracias a ella, nuestra predisposición a sufrir ciertas enfermedades puede permanecer oculta.

Desde luego, este método de curación no es para todo el mundo. Algunas personas preferirán comer de forma convencional y tomar los medicamentos que se les receten para su enfermedad. Están en su absoluto derecho. Sin embargo, los enfermos y las personas que buscan un método natural también tienen derecho a conocer lo eficaces que pueden resultar las intervenciones nutricionales agresivas. A todos ellos me gustaría llevarlos a las calles de Manhattan y organizar una celebración popular con confeti para divulgar el siguiente mensaje: «No tienes por qué estar enfermo. ¡Recuerda que la salud es tu mayor riqueza!».

## CAPÍTULO 8

# Tu plan para conseguir una reducción de peso considerable

**CASO DE ESTUDIO**
Emily perdió 45 kilos (100 libras) y se quitó años
de encima. En solo dos meses, su presión sanguínea
y su colesterol reflejaron valores sanos.

*Cuando inicié el viaje hacia la recuperación de la salud era obesa y estaba deprimida, y además sabía que estaba muy enferma. El simple hecho de salir de la cama todas las mañanas suponía para mí un gran esfuerzo. Era consciente de que para tener éxito debía contar con algo simple y concreto que pudiera seguir.*

*Ya había hecho dietas en el pasado y siempre acababa con hambre y abatida, pero ahora, por primera vez, podía comer grandes cantidades de alimentos de buena calidad y me sentía genial haciéndolo.*

*Durante el primer mes perdí 9 kilos (20 libras) y mi colesterol bajó de 214 a 145. Eso aportó más solidez todavía a mi deseo de comprometerme con la sabiduría nutricional del Dr. Fuhrman para el resto de mi vida.*

*Después de leer* Comer para vivir *supe que allí estaba mi respuesta. Me llevaba copias del Plan de Seis Semanas a todas partes y lo utilizaba para guiar mis decisiones.*

- *Las primeras dos semanas no me apetecía comer lechuga romana, col berza ni coles de Bruselas. Pero seguí el plan.*

- *Era muy adicta a la sal, al queso* cottage *cremoso, al aderezo de mayonesa con especias, al queso cheddar y a la mantequilla de cacahuete crujiente. Pero seguí el plan.*

- *Deseaba desesperadamente tomar refrescos y postres «de bajas calorías», además de mi habitual tentempié antes de irme a la cama: un cuenco grande de cereales con leche. Pero seguí el plan.*

- *Mi hijo enfermó gravemente y de pronto la vida se convirtió para mí en una montaña rusa fuera de control. Pero seguí el plan.*

- *Fue necesario trasladarlo a un hospital de otro estado, y yo tuve que buscarme la vida en una nueva ciudad. Pero seguí el plan.*

- *La cafetería del hospital al principio me pareció cómoda y tentadora y los caramelos de la tienda de regalos me llamaban por mi nombre. Pero seguí el plan.*

*Tres meses más tarde, ya de vuelta en casa, me subí a la báscula. Pesaba 18 kilos menos (40 libras) y lo más importante era que ya no era adicta a los alimentos tóxicos. Ahora ansiaba comer verduras y frutas frescas. Los refrescos y los postres «de bajas calorías» y los alimentos salados ya me resultaban desagradables. Caminaba durante media hora cada mañana y cada noche, y me sentía genial. Mi cuerpo se encontraba perfectamente descansado después de una noche de buen sueño, y mi habitual estado de confusión mental había desaparecido por completo.*

*Cuando inicié mi viaje, yo pesaba 102 kilos (226 libras), y ahora peso 57 (126 libras). Es una pérdida de peso total de 45 kilos (100 libras), ¡que todavía sigo manteniendo! Y eso es para mí sumamente importante, porque en el pasado recuperaba peso inmediatamente después de abandonar una dieta. ¡Pero esto es para toda la vida!*

¿QUÉ HEMOS APRENDIDO hasta ahora? Primero, que consumir alimentos con muy pocos nutrientes es malo para la salud. Segundo, que una gran cantidad de productos animales que forman parte de la dieta habitual de casi todos se correlaciona con un amplio abanico de enfermedades. Por último, que los productos vegetales no refinados ofrecen la mejor protección

frente a la enfermedad. La pregunta es: ¿cómo podemos traducir estos datos en un programa de salud que nos ayude a alcanzar un peso sano, maximice nuestro bienestar y nos permita disfrutar de las comidas al mismo tiempo? Esto es, en parte, lo que
el resto del libro se encargará de explicar. La primera parte de
este capítulo describe exactamente lo que quiero que hagas durante las próximas seis semanas, y el resto te muestra cómo incorporar estos principios a tu vida de un modo práctico y sensible —el Plan de Vida, dotado de mayor flexibilidad que el Plan
de Seis Semanas—, incluyendo opciones tanto vegetarianas como
no vegetarianas. El Plan de Vida es una dieta nutritariana, un
término que acuñé para describir a la persona que se esfuerza por
conseguir más micronutrientes por caloría en su estilo de dieta.
Un nutritariano entiende que los alimentos producen poderosos
efectos terapéuticos que protegen frente a la enfermedad, y por
eso procura consumir una amplia variedad de micronutrientes a
través de los productos que elige comer.


## EL PLAN DE SEIS SEMANAS

Prepárate para las más fascinantes seis semanas de tu vida
adulta. Si sigues mi programa con precisión durante dicho período, tu organismo experimentará una notable transformación
y serás testigo de su milagrosa capacidad de autocuración. Si no
reniegas desde esas primeras seis semanas, desencadenarás una
transformación bioquímica y fisiológica que te cambiará para
siempre. Te asombrará la facilidad con la que pierdes peso y comprobarás los sutiles cambios que experimentas en tu bienestar
físico y emocional. Pero quizás incluso más significativa que la
pérdida de peso te resultará la posibilidad de sentirte mejor de
lo que te has sentido en los últimos años. Dejarás de tener la na-

riz tapada, tus alergias podrían llegar a desaparecer y tu estreñimiento se acabará por fin. Prácticamente todo el mundo descubre enseguida que ha dejado de ser consciente de que su tracto digestivo existe, puesto que sus dolores de estómago, calambres y malestar intestinal desaparecen. No te hará falta volver a tomar remedios para el dolor de cabeza, ni analgésicos, ni comprimidos para favorecer la digestión u otros fármacos que intentan aliviar el sufrimiento causado por una alimentación poco sana. Siempre me gusta comparar la salud de mis pacientes después de esta intervención inicial de seis semanas con la que tenían cuando se presentaron en mi consulta por primera vez aquejados de diabetes, hipertensión y altos niveles de colesterol y triglicéridos. Los resultados son notables cuando vuelves a controlarles el peso, la presión sanguínea y les haces un nuevo análisis de sangre. Yo animo a la gente a hacer una prueba científica: seguir este plan de forma muy estricta durante solo seis semanas y comprobar cuánto peso pierden. La mayoría quedan tan entusiasmados con los resultados del «reto» de las seis semanas que se sienten motivados para seguir adelante. Los resultados estimulan el cambio, y además entusiasman. Cuanto más estricto seas, más rápidamente cambiará tu gusto.

El Plan de Seis Semanas no incluye ninguno de esos alimentos opcionales de bajo contenido nutricional previamente descritos en este capítulo. Ya sufras una enfermedad grave o no, tu cuerpo experimentará una transformación energizante y curativa. Superará las adicciones a la comida y conseguirá la «limpieza» fisiológica que tanto había anhelado. Será duro al principio, pero los resultados inmediatos te ayudarán a mantenerte centrado en tu objetivo.

Sé que muchas personas no han tenido éxito con las dietas en el pasado o se han sentido decepcionadas con el lento ritmo de su progreso. Aquí no sucederá nada de eso. Tu vida es demasiado importante. Tu peso ideal está al alcance de tu mano. Prueba de verdad esta dieta y haz todo lo que yo recomiendo. Comprueba cuánto peso pierdes, hasta cuánto puedes bajar los lípidos (colesterol y triglicéridos) y cuántos síntomas, como dolor de cabeza, gastritis, indigestión y congestión nasal, desaparecen. Una vez que veas con tus propios ojos tantos increíbles resultados, te sentirás tan a gusto que simplemente te permitirás alguna desviación esporádica de esta dieta ideal. Come para vivir por primera vez en tu vida y regálate esta oportunidad que cambiará tus días.

El Plan de Seis Semanas concede tiempo a tu cuerpo para que se adapte a esta nueva forma de comer. Al principio perderás peso rápidamente, pero a medida que te acerques a tu peso ideal, el adelgazamiento será más lento. Tus papilas gustativas cambiarán; en realidad, se volverán más sensibles a los sutiles sabores de los alimentos naturales, y seis semanas bastan para eliminar cualquier síntoma que la nueva dieta pudiera provocar. Los resultados producen resultados. Después de que hayas perdido alrededor de 9 kilos (20 libras) te apetecerá hacer más ejercicio físico y te sorprenderá ver resultados todavía más espectaculares cuando vayas al gimnasio y esculpas el cuerpo con el que siempre has soñado.

No es inusual que mis pacientes pierdan unos 150 g diarios durante los primeros 10 a 14 días de este plan. A veces más. Un paciente, George, que vino a verme con hipertensión, perdió 3,6 kilos (8 libras) en los primeros tres días. Gran parte de ese peso probablemente era líquido que había perdido al cortar de cuajo el consumo de sal; pero de todas formas su presión sanguínea descendió y George continuó adelgazando durante los meses siguientes a una velocidad de alrededor de 4,5 kilos (10 libras) mensuales. En Acción de Gracias tomó un poco de pavo y cometió otras pocas desviaciones menores, pero en términos generales la dieta le resultó fácil. Probó algunas de mis recetas y productos recomendados y poco a poco perdió los 45 kilos (100 libras) que le sobraban.

## Verduras crudas (incluida la ensalada)

Si bien puedes consumir estos alimentos de forma ilimitada, sé creativo. Dado que tienen un efecto calórico negativo, cuanta más cantidad consumes, más peso pierdes. Los alimentos crudos también transitan más rápidamente por el tracto digestivo y provocan una respuesta de glucosa inferior, a la vez que incitan a perder más peso que las verduras cocidas[1]. El objetivo es que consumas la mayor cantidad posible de verduras crudas, procurando llegar a 450 g (1 libra o 16 onzas) al día. Alcanzar esta meta no es tan difícil. Una lechuga romana pequeña pesa entre 170 y 220 g (de 6 a 8 onzas), y un tomate mediano o un pimiento rojo pesan alrededor de 110 a 170 g (4 a 6 onzas). No olvides incluir verduras crudas como guisantes, pimientos rojos, zanahorias, tomates, pepinos y brotes. Todos esos 450 g (1 libra) contienen menos de 100 calorías de alimento, y si masticas muy bien y distribuyes toda esta cantidad de alimentos entre las tres comidas, posiblemente te resultará más sencillo consumirlos cada día.

## Verduras cocidas

Come la mayor cantidad posible de verduras al vapor o cocidas. También puedes consumir de forma ilimitada otros productos vegetales no verdes de alto contenido nutricional, como berenjenas, setas, pimientos, cebollas, tomates, zanahorias y coliflor. Mi refrán «Cuanto más comes, más peso pierdes» es aplicable también en este caso. Te repito que tu objetivo es llegar a comer 450 g (1 libra) de estos productos al día. Si no puedes tanto, no te fuerces; pero aquí se trata de que cambies por completo tu idea del tamaño de cada ración: lo suyo es que sea *enorme*. Una de las claves para el éxito es tomar raciones importantes; así que, cuando consumas verduras de hoja verde, intenta que la ración sea mucho más grande de lo que habrías considerado habitual en el pasado. Una ración de 1 taza y media de col rizada cocida pesa alrededor de 200 g (7 onzas); 2 tazas de brócoli o coles de Bruselas cocidas pesan unos 300 g (11 onzas), y 2 tazas de coliflor pesan 255 g (9 onzas).

Apuesta por la variedad en las verduras cocidas: toma judías verdes, brócoli, alcachofas, espárragos, calabacines, col rizada, col berza, repollo, coles de Bruselas, col china, quimbombó, acelga, grelos (hojas de nabo), escarola, hojas de remolacha, espinaca, hojas de diente de león, rapini (variedad de brócoli), coliflor, pimientos, setas, cebollas y tomates.

> Recuerda que comer 450 g (1 libra) de verduras de hoja verde y la misma cantidad de verduras crudas al día es una meta media a la que deberías aspirar; sin embargo, solo deberías consumir la cantidad que te resulte cómoda. A algunas personas les viene mejor comer más o menos.

## Judías o legumbres

Las judías o legumbres se encuentran entre los alimentos más perfectos del mundo. Estabilizan el azúcar en sangre, anulan el deseo de tomar dulces y evitan las ansias de comer entre horas, particularmente por la tarde. Incluso una ración pequeña puede ayudarte a sentirte saciado, pero en el Plan de Seis Semanas yo animo a comer al menos una taza completa al día.

Las judías contienen tanto fibra soluble como insoluble, además de una gran cantidad de almidón resistente. Si bien los beneficios de la fibra son bien conocidos, el almidón resistente está demostrando ser otro componente dietético altamente deseable. Si bien técnicamente se trata de un almidón, actúa más como la fibra durante la digestión. Normalmente, los almidones presentes en los alimentos ricos en carbohidratos se descomponen en glucosa durante la digestión, y el organismo utiliza dicha glucosa como energía. De forma similar a lo que sucede con la fibra, el almidón resistente «resiste» la digestión y pasa por el intestino delgado sin ser digerido. Por esta razón, algunos investigadores clasifican el almidón resistente como un tercer tipo de fibra.

Las judías son la mejor fuente alimentaria de almidón resistente. En conjunto, el almidón de las judías se divide bastante equitativamente entre almidón de digestión lenta y almidón resistente, si bien la cantidad de almidón resistente puede variar dependiendo del tipo de judía y el método de preparación. Esto significa que una cantidad significativa de las calorías derivadas de los carbohidratos de las judías no es absorbida.

El almidón resistente ofrece muchos beneficios para la salud. Por ejemplo:

- favorece la pérdida de peso y la salud digestiva;
- ayuda a prevenir el estreñimiento;
- ayuda a mantener niveles bajos de azúcar en sangre;
- reduce el riesgo de desarrollar diabetes y enfermedades cardíacas;
- reduce el riesgo de padecer cáncer de colon.

La ingesta de legumbres o judías es una importante variable en la potenciación de la longevidad. Un importante estudio longitudinal demostró que una elevada ingesta de legumbres es el factor dietético más protector vinculado a la supervivencia de los ancianos, independientemente de su etnia. El estudio descubrió que las legumbres estaban asociadas a pueblos longevos de varias culturas culinarias, incluidos los japoneses (soja, tofu, natto), los suecos (alubias pintas, guisantes) y los mediterráneos (lentejas, garbanzos, judías blancas)[2]. En la literatura médica, las judías y las verduras de hoja verde son los alimentos más estrechamente ligados a la protección contra el cáncer, la diabetes, las enfermedades del corazón, el ictus y la demencia.

Entre todos los alimentos ricos en carbohidratos que puedes consumir, decántate por las judías. Tienes la posibilidad de aportarles distintos sabores y condimentarlas de formas interesantes, y también de consumir una cantidad ilimitada de todas sus variedades. Toma algo de judías todos los mediodías. Puedes escoger entre garbanzos, judías carillas, judías negras, caupís, guisantes partidos, judías de lima, judías pintas, lentejas, judías rojas, habas de soja, alubias, guandú y judías blancas.

### Fruta fresca

Come al menos cuatro piezas de fruta fresca al día, pero no en forma de zumo. Puedes añadir a la ensalada un poco de manzana o naranja ralladas o bien cortadas en trocitos para darle más sabor y, además, para sentirte más saciado. Las clementinas van muy bien con las ensaladas verdes. La piña está muy buena con verduras y puedes cocerla con tomates y otras hortalizas para preparar un plato vegetal de reminiscencias hawaianas. En el Plan de Seis Semanas no se permite tomar nada de zumo de fruta, excepto por pequeñas cantidades que sí se pueden utilizar para aliñar ensaladas y cocinar. Tomar la fruta en forma de zumo te hace consumir tres veces más calorías, pero pierdes toda la fibra que regula la absorción. La proporción de nutrientes por caloría es mucho más elevada en los alimentos enteros. Se te permite recurrir a la fruta congelada, aunque debes evitar la fruta enlatada porque no es tan nutritiva. Si necesitas utilizar fruta enlatada como condimento (mandarina, piña), asegúrate de que no incluya azúcar añadido.

En cuanto a la fruta deshidratada, deberías consumirla solo en cantidades muy pequeñas y como edulcorante. Las frutas exóticas resultan interesantes y añaden variedad y atractivo a la dieta. Algunas de mis favoritas son la naranja de pulpa roja, el caqui y la chirimoya. Come muchas frutas distintas e intenta incluir varias de las siguientes: manzanas, albaricoques, plátanos, moras, arándanos, clementinas, uvas, kiwis, kumquats, mangos, melones, nectarinas, naranjas, papayas, melocotones, peras, caquis, piñas, ciruelas, frambuesas, frutas estrella, fresas y mandarinas.

---

### *COMER PARA VIVIR*
### Plan de Seis Semanas

**Ilimitado:**
  Come la cantidad que desees de:
— todo tipo de verduras crudas (objetivo: 450 g - 1 libra al día);
— verduras cocidas y verduras no verdes de alto contenido nutricional (objetivo: 450 g - 1 libra al día. Las verduras ricas no verdes en nutrientes son las berenjenas, las setas,

los pimientos, las cebollas, los tomates, las zanahorias y la coliflor);
— judías, legumbres, brotes y tofu (objetivo: 1 taza al día);
— fruta fresca (al menos 4 piezas al día).

**Limitado:**
Verduras cocidas ricas en almidón o cereales integrales:
— calabaza y calabacín, maíz, patatas blancas, arroz, boniatos, pan, cereales (pero no más de una ración, o 1 taza, al día);
— frutos secos y semillas (28 g - 1 onza máximo al día);
— aguacate (56 g - 2 onzas máximo al día);
— fruta deshidratada (2 cucharadas máximo al día);
— semillas de lino molidas (1 cucharada máximo al día).

**Prohibido:**
— productos lácteos
— productos animales
— tentempiés entre comidas
— zumos de fruta
— aceites

## Verduras ricas en almidón y cereales integrales

Estas dos categorías de alimentos están unidas porque ambas pueden ser las culpables de que ciertas personas tengan dificultades para perder peso. Si bien los alimentos ricos en carbohidratos son sanos y complementan magníficamente cualquier dieta creada para prevenir las enfermedades, son más densos desde el punto de vista calórico que las verduras que no contienen almidón. Por consiguiente, las verduras ricas en almidón cocidas y los cereales integrales deberían ser consumidos de forma limitada, concretamente una ración al día en el Plan de Seis Semanas. Los diabéticos, las personas que quieren perder peso rápidamente y quienes tienen dificultades para adelgazar por mucho que hagan deberían restringir el consumo de estos alimentos, al menos hasta que hayan llegado al peso que se han planteado como meta. Consumir grandes cantidades de verduras de hoja verde dificulta el consumo exagerado de verduras ricas en almidón. ¡Es que no te queda sitio para tanto! Te doy algunos ejemplos de verduras ricas en almidón: el maíz, el boniato, la patata blanca, la calabaza, el calabacín, el zapallo, la castaña, la chirivía, el colinabo, el nabo, la castaña de agua, el ñame y la calabaza redonda. Los cereales incluyen la cebada, el trigo sarraceno, el mijo, la avena, la quinoa, el arroz integral y el arroz salvaje. Algunos días puedes elegir tomar una taza de avena o cualquier otro cereal integral para desayunar. Otros, reserva la ración de almidón para la cena.

Una nota final: remojar los cereales integrales, como el arroz integral, el trigo sarraceno y la quinoa, durante un día antes de cocinarlos incrementa su valor nutricional[3]. Ciertos fitonutrientes y vitaminas se activan a medida que los granos comienzan a germinar, e incluyen poderosos fenoles quimiopreventivos que inhiben el crecimiento de células anormales[4]. Si los dejas en remojo durante 24 horas induces la fase inicial de germinación, aunque no veas los brotes. Además, remojar estos productos reduce su tiempo de cocción.

## Frutos secos y semillas

Los frutos secos y las semillas contienen entre 150 y 200 calorías por cada 28 g (1 onza) de peso. Sin embargo, comer una pequeña cantidad (la antedicha o menos) al día aporta valiosos nutrientes y grasas no procesadas sumamente saludables. Los frutos secos y las semillas son ideales en los aliños para ensalada, particularmente cuando se los mezcla con frutas y especias o zumo vegetal (tomate, apio, zanahoria). Consume siempre estos productos en crudo porque el proceso de tostado altera sus grasas beneficiosas. Los frutos secos y las semillas envasados suelen estar cocidos en aceites hidrogenados, con lo cual añadirías a tu dieta grasas trans y sodio, que están absolutamente prohibidos. Si notas que te cansas de comer frutos secos y semillas en crudo, prueba tostarlos ligeramente en casa; este proceso no les resta propiedades beneficiosas y a ti te aporta cierta variedad, con lo cual acabas disfrutando más de ellos. Entre los frutos secos y las semillas que puedes incorporar a tu dieta figuran las almendras, los anacardos, las nueces, las nueces de nogal negro, las pacanas, las avellanas, las nueces de carya, las nueces de macadamia, los piñones, los pistachos, las semillas de sésamo, las semillas de girasol, las semillas de calabaza, las semillas de cáñamo, las semillas de chía y las semillas de lino.

## Especias, hierbas y condimentos

Utiliza todas las especias y hierbas que quieras, a excepción de la sal. Si empleas condimentos, es correcto añadir un poquito de mostaza a tus platos, pero los encurtidos contienen demasiada sal y deberías evitarlos. Si te gusta mucho el ketchup o la salsa de tomate, intenta encontrar algún ketchup de bajas calorías y sin edulcorantes en alguna tienda naturista, y una salsa de tomate que no esté preparada con aceite. Mejor todavía sería que preparases tu propia salsa de tomate con cebolla y ajo, pero sin nada de aceite ni sal.

DIEZ CONSEJOS FÁCILES PARA VIVIR
CON EL PLAN DE SEIS SEMANAS

## 1. Recuerda que la ensalada es el plato principal: cómela en primer lugar tanto en el almuerzo como en la cena.

Todos tendemos a comer más de lo que nos servimos en primer lugar porque es el momento en que tenemos más apetito. Los alimentos crudos tienen un tránsito más prolongado; por eso te sacian y te estimulan a perder peso. Con ellos nunca comerás en exceso. Como a estas alturas ya sabes, el consumo de verduras de hoja verde crudas está estrechamente relacionado con un buen control del peso a largo plazo y con el desarrollo de una salud óptima. Sin duda, se trata de los alimentos más sanos del mundo. Muchos de mis pacientes con obesidad o diabetes toman lechuga en cada comida, incluido el desayuno. En efecto, añaden lechuga iceberg a la fruta de su desayuno, toman una mezcla de hojas tiernas para la comida, y se preparan una ensalada con lechuga romana como principal ingrediente para la cena. Puedes comer más de 450 g (1 libra) si lo deseas, pero no te obligues a continuar si ya estás demasiado lleno y no consigues consumir la cantidad de la que hablábamos. Se trata simplemente de una meta, así que relájate y disfruta de lo que comes.

## 2. Consume toda la fruta que quieras, pero al menos cuatro piezas frescas al día.

Come toda la cantidad de fruta que quieras en las comidas. Cuatro piezas suponen aproximadamente 250 calorías, pero en este caso no temas «despilfarrar», incluso durante el Plan de Seis Semanas, sobre todo si te gusta lo dulce. Acaba el almuerzo o la cena con sandía, un melón entero o una caja de arándanos o fresas. El mejor postre es la fruta fresca o la fruta congelada variada. Consumir una gran cantidad de fruta fresca te satisface y sacia y te ayuda a convencerte de continuar con la forma de vida que sugiere *Comer para vivir*.

### 3. La variedad hará tu vida más interesante, en particular en lo relativo a las verduras de hoja verde.

La variedad no solo hace tu vida más interesante, sino que beneficia considerablemente tu salud. Lo bueno es que nunca tienes que preocuparte por «pasarte» con las verduras crudas, las ensaladas o las verduras cocidas. En la preparación de ensaladas verdes puedes utilizar una gran cantidad de alimentos, como por ejemplo lechuga (romana, mantecosa, de hoja roja, «green ice», iceberg, rúcula, achicoria roja, endivia, lechuga frisée), berro, apio, espinaca, pepino, tomate, setas, brócoli, coliflor, pimiento, cebolla, rabanito, colirrábano, guisantes, zanahoria, remolacha, repollo y cualquier tipo de brotes.

Y todavía son más las verduras que puedes comer cocidas: brócoli, col rizada, judías verdes, alcachofas, coles de Bruselas, col china, espinaca, acelga, repollo, espárragos, quimbombó, calabacín, col berza y hojas de mostaza y nabo. Existen diferentes maneras de preparar sabrosos platos con estas verduras. Las hojas verdes, por ejemplo, siempre van muy bien con las setas, las cebollas, el ajo y los tomates cocidos. Si no tienes tiempo para cocinar, simplemente descongela una bolsa de verduras de hoja verde congeladas. Echa una bolsa de corazones de alcachofa, espárragos o guisantes congelados a tu ensalada: suponen menos de 150 calorías. Las verduras cocidas tienen un nivel calórico muy bajo, pero aportan el valor nutricional de 4,5 kilos (10 libras) de otros alimentos. Las verduras congeladas, el brócoli y los guisantes son nutritivos y muy convenientes, porque se cocinan enseguida, y si se los congela poco después de ser cosechados resultan igual de nutritivos que frescos.

## 4. Cuidado con las verduras ricas en almidón.

Para el Plan de Seis Semanas, limita los cereales y las verduras ricos en almidón a una taza al día. Una taza de una verdura rica en almidón puede suponer una mazorca de maíz, una patata pequeña o mediana asada, o una taza de arroz integral o boniato. Primero llénate de verduras crudas y verduras verdes cocidas. Y recuerda que la mayor parte del almidón que consumas no debería provenir de los cereales, sino de distintas y coloridas verduras ricas en este polisacárido, como la calabaza o el calabacín, el maíz, los nabos, la chirivía, el colinabo y los boniatos.

Todos los cereales integrales deberían ser considerados alimentos ricos en almidón. Si consumes pan, una pita de trigo integral se convierte en una buena opción para preparar sándwiches, porque es menos pan y puede llevar rellenos sumamente saludables como verduras, berenjenas y cremas de judías. Cuando tomes cereales, decántate por los integrales como el arroz integral o el salvaje, y consúmelos durante la cena en lugar de una verdura cocida rica en almidón. Los cereales refinados ricos en almidón (como el pan, la pasta y el arroz blanco) y las patatas blancas deberían quedar incluso más restringidos que los almidones de origen vegetal, que presentan una densidad nutricional mayor. Sin embargo, para adelgazar con el Plan de Vida no todas las personas necesitan reducir el tamaño de sus raciones de arroz, patatas y otras verduras cocidas ricas en almidón, sino únicamente aquellas cuyo metabolismo les dificulta perder peso. De todas maneras, muchos pueden alcanzar un peso corporal ideal evitando por completo los almidones refinados, como el pan blanco y la pasta, sin tener que reducir el consumo de verduras ricas en almidón a simplemente una ración al día. Siempre deberías adaptar tu dieta a tus necesidades metabólicas y nivel de actividad.

### 5. Consume judías o legumbres todos los días.

Las judías son el mejor amigo de la persona que está a dieta. En el Plan de Seis Semanas el objetivo es consumir una taza entera de judías al día; aunque, si lo deseas, puedes tomar incluso más. Las judías son una especie de «factoría nutricional» superior: reducen los niveles de colesterol y azúcar en sangre; tienen un perfil de nutrientes por caloría muy elevado y ayudan a evitar los deseos desesperados de comer; y, por si esto fuera poco, se digieren lentamente, lo cual produce un efecto estabilizador del azúcar en la sangre y un índice superior de saciedad. Las berenjenas con judías, setas con judías o verduras de hoja verde con judías son platos de alto nivel nutricional y gran cantidad de fibra, aunque bajos en calorías. En el almuerzo, echa una taza de judías a tu ensalada. Toma sopa de judías. Diversos estudios científicos demuestran una relación lineal entre el consumo de sopa y la pérdida de peso[5]. Como estrategia de adelgazamiento, tomar sopa resulta beneficioso porque ralentiza el ritmo de absorción y al llenar el estómago reduce el apetito.

## 6. Elimina los productos animales y los lácteos.

Para el Plan de Seis Semanas, consume únicamente pescado magro (platija, lenguado o tilapia) una o dos veces a la semana y una tortilla de huevo una vez a la semana. En el Plan de Seis Semanas no están permitidos los productos lácteos de ningún tipo.

## 7. Consume una cucharada de semillas de lino molidas todos los días.

Este producto te proporcionará esas grasas omega-3 tan difíciles de encontrar que te protegen frente a la diabetes, las enfermedades cardíacas y el cáncer[6]. Si no consumes pescado, de todas formas tu organismo producirá EPA y DHA a partir de dichas grasas. Otra fuente adicional de grasa omega-3 podrían ser unas pocas nueces o habas de soja. El edamame, que son habas de soja verde que puedes encontrar en la mayoría de las tiendas naturistas en la sección de congelados, tiene un sabor fabuloso y es una rica fuente de grasa omega-3. También recomiendo un suplemento nutricional que contenga DHA, especialmente para quienes no logran convertir este ácido adecuadamente (lo cual se puede determinar a través de un análisis de sangre). El DHA de origen vegetal (proveniente de microalgas) es una buena opción.

## 8. Consume frutos secos y semillas en cantidades limitadas, no más de 28 g (1 onza) al día.

Si bien las pacanas, las nueces, las semillas de girasol y otros frutos y semillas pueden ser ricos en calorías y grasa, numerosos estudios científicos han asegurado una y otra vez que estos productos ofrecen protección frente a los ataques cardíacos, los ictus y el cáncer, y que también ayudan a bajar el colesterol[7]. Una vez que alcances tu peso ideal podrás consumirlos en cantidades mayores. Los frutos secos y las semillas crudos son alimentos ideales para los niños, los atletas y quienes desean ganar peso; 28 g (1 onza) de frutos secos contienen alrededor de 200 calorías y caben en la palma de una mano, así que no comas más que un puñado al día. Lo más aconsejable es incorporarlos a las ensaladas, los aliños para ensalada y las cremas, porque cuando se los consume con verduras incrementan enormemente la absorción de los nutrientes propios de las hojas verdes. No deberías tomar frutos secos o semillas a modo de tentempié; lo ideal es que formen parte de una comida.

## 9. Consume grandes cantidades de setas todos los días.

Las setas reemplazan perfectamente a la carne en el sentido de que hay que masticarlas, y explorar sus variedades se convierte en una excelente forma de añadir sabores y texturas diferentes a tus platos. Almacénalas en bolsas de papel, no en un plástico, porque el exceso de humedad acelera su descomposición. Intenta añadirlas a las judías, preparadas con hierbas y zumo de limón. A pesar de que se trata de hongos y no de verduras verdaderas, las setas contienen una amplia variedad de poderosos fitoquímicos y siempre han sido vinculadas a un menor riesgo de contraer enfermedades crónicas, en especial el cáncer.

---

### Las cebollas dan un toque especial a los alimentos

En un minuto puedes añadir cebolla seca en polvo a cualquier aliño para ensalada, sopa o plato vegetal. Las cebollas rojas o la cebolletas, sofritas en un poco de agua o bien crudas y cortadas muy, muy finas, potencian enormemente el sabor de las ensaladas y los platos de verduras. Los puerros también pertenecen a la familia de las cebollas. Utiliza solo la parte blanca y la parte inferior de color verde claro, córtalos y cuécelos a fuego lento, o bien ásalos con otras verduras.

---

### 10. No te compliques.

Utiliza el plan básico que aparece a continuación para crear tus menús y así saber qué comer cuando no tengas tiempo para decidir.

---

### Simplifica, simplifica, simplifica...

*Desayuno:* fruta fresca.
*Almuerzo:* ensalada cubierta de judías, y más fruta.
*Cena:* ensalada y dos verduras cocidas (450 g - 1 libra), postre de fruta.

No tienes que preparar recetas sofisticadas todo el rato. Si vas a estar fuera durante unas horas, simplemente coge algunas sobras de verduras, un poco de lechuga y tomate sobre pan integral o como relleno de un pan pita de trigo integral, y unas piezas de fruta. Durante el fin de semana, o cuando tengas más tiempo, lava y seca una gran cantidad de lechugas romanas.

«La mejor receta es el conocimiento.» DR. C. EVERETT KOOP

## EL PLAN DE VIDA

Perder peso no te servirá de nada, a menos que sigas delgado. Y cuando adoptes un estilo de dieta nutritariano como plan de longevidad, la delgadez será un subproducto de tu nuevo compromiso con una salud excelente. Una vez que termines el Plan de Seis Semanas pasarás al Plan de Vida, que ofrece más alternativas. Se trata de un momento crítico: has perdido una gran cantidad de peso y no quieres volver a tu dieta anterior porque no era sana. Tienes que decidir no solo cómo mantener los beneficios que has conseguido hasta ahora, sino de qué manera cambiar tu dieta para siempre. Muchos de mis pacientes han encontrado un buen equilibrio siguiendo la regla del 90 por 100.

### La regla del 90 por 100

Para convertirte en una persona longeva y además perder peso, tu dieta del Plan de Vida debería estar compuesta por al menos un 90 por 100 de productos vegetales no refinados. Los pacientes que han conseguido más éxito utilizan los alimentos procesados de origen animal como condimentos, de tal manera que no representan más del 10 por 100 de su ingesta calórica total.

El evidente corolario del principio de consumir una gran cantidad de alimentos ricos en nutrientes es que solo deberías tomar productos de bajo contenido nutricional en pequeñas cantidades. Por consiguiente, si quieres seguir una alimentación nutritariana para obtener sorprendentes beneficios para tu salud y longevidad, no incluyas en tu dieta cantidades significativas de productos animales, lácteos ni alimentos procesados. Si deseas comerlos, hazlo ocasionalmente o en muy pequeñas cantidades para darle sabor a algún plato vegetal. Después del Plan de Seis Semanas, si te apetece añadir productos animales a tu dieta, opta por un poco de carne blanca como pollo o pavo una vez a la semana, y carne roja incluso con menos frecuencia. De esta manera tienes la posibilidad de alternar: una noche una pequeña ración de producto animal y a la noche siguiente una cena vegetariana. Utiliza los productos animales principalmente como condimentos —es decir, para añadir sabor a las sopas, las verduras, las judías o el tofu—, pero no como plato principal.

Si después de las primeras seis semanas decides reintroducir los productos lácteos en tu dieta, solo consume sus versiones sin grasa (leche desnatada, yogur desnatado). Puedes añadir un yogur desnatado sin azúcar o un yogur de soja a la fruta que consumes durante el desayuno, pero no tomes yogur con sabor a frutas, porque contiene azúcar. Tu consumo total de productos animales (carne roja, aves, pescado y lácteos) debería limitarse a 340 g (12 onzas) o menos a la semana. Si añades productos animales y lácteos, vigila muy bien tu peso.

¿Cómo funciona todo esto en términos de consumo calórico? La idea más aceptada es que la mujer «promedio» debería consumir menos de 1.600 calorías al día, y el hombre, menos de 2.300. Para seguir la regla del 90 por 100, recomiendo que las mujeres no consuman más de 150 calorías diarias de productos de bajo contenido nutricional, o aproximadamente 1.000 calorías a la semana. Y en el caso de los hombres, no más de 200 calorías de alimentos bajos en nutrientes al día, o aproximadamente 1.400 calorías a la semana.

En la vida real, esto significa que si eliges tomarte una rosquilla de pan para el desayuno ya habrás consumido tu cuota de 150 calorías de alimentos de bajo contenido nutricional de ese día. Si añades una cucharada de aceite de oliva o unos pocos gramos de productos animales a tu ensalada para el almuerzo, entonces deberías comer únicamente productos vegetales durante la cena, sin añadirle aceites, pasta ni pan. Con la regla del 90 por 100 tienes permitido comer casi cualquier tipo de alimentos, incluso una galleta pequeña o una chocolatina, siempre que el resto de tus calorías del día provengan de productos vegetales de alta densidad nutricional.

### 100 calorías de alimentos de bajo contenido nutricional equivalen a:

- 2 cucharaditas y media de aceite de oliva
- media rosca de pan
- media taza de pasta
- una galleta pequeña
- 55 g (2 onzas) de pechuga de pollo o pavo asada
- 85 g (3 onzas) de pescado
- aproximadamente 40 g (1 onza y media) de carne roja
- una loncha fina de queso
- una taza de leche desnatada o de 1 por 100 de grasa

En términos generales, el Plan de Vida dicta que no se deben comer más de uno o dos alimentos de bajo contenido nutricional al día; todo lo demás deben ser productos vegetales no refinados. El número de calorías consumidas variará también de persona a persona. Quienes practican ejercicio o son delgados por naturaleza pueden comer más que quienes realizan menos actividad física y tienen un problema de peso. Por consiguiente, el número de calorías permitidas derivadas de estos alimentos de bajo contenido de nutrientes debería disminuir a medida que disminuye la ingesta calórica total. Las personas que tienen que perder mucho peso deberían consumir menos de 100 calorías diarias derivadas de alimentos de bajo contenido nutricional.

Casi toda la gente es adicta a los alimentos con los que ha crecido, y se siente despojada si su dieta le niega esos «manjares» que tanto le gustan. Con el Plan de Vida, estos productos amados se convertirán en condimentos o recompensas para ocasiones especiales. Te sorprenderá lo mucho que disfrutarás de una dieta sana una vez que te acostumbres a preparar y comer los alimentos de forma diferente. Te llevará tiempo, claro; necesitarás un período de adaptación.

La pirámide de los alimentos del USDA con la que casi todo el mundo está familiarizado ha sido creada a partir de los alimentos que los norteamericanos han elegido comer, y no de los que deberían formar el núcleo de su dieta. Así que a pesar de que su objetivo sea mejorar los deficientes hábitos alimentarios de Estados Unidos, lo cierto es que no lo consigue. La pirámide del USDA no incita al consumo de productos vegetales de alta densidad nutricional. Cualquier persona que siga sus recomendaciones, como comer entre 6 y 11 raciones diarias de cereales refinados (panes, cereales, pastas) y entre 3 y 5 raciones de productos animales y lácteos, ciertamente obtendrá una cantidad insuficiente de antioxidantes y fitoquímicos, y se perderá la oportunidad de maximizar la prevención contra las enfermedades más comunes. Sin embargo, yo no recomiendo basar la dieta principalmente en el consumo de cereales. Las patatas, el arroz e incluso los cereales integrales no contienen el poder fitoquímico de las frutas y las verduras. Y, como ya he explicado, la ingesta exagerada de cereales refinados está vinculada al desarrollo de los cánceres más comunes. Un consumo elevado de frutas ejerce el efecto contrario, dado que estas ofrecen una magnífica protección contra el cáncer[8].

Mi pirámide de los alimentos representa un estilo de dieta nutritariano que enfatiza el consumo de alimentos de alto nivel nutricional como base de la pirámide. Estos productos de gran densidad de nutrientes aportan la mayor parte de las calorías, en tanto que otros alimentos aportan solo una cantidad mínima.

## El plan de vida: la pirámide de los alimentos del Dr. Fuhrman

CARNE ROJA, DULCES, QUESO Y ALIMENTOS PROCESADOS rara vez

AVES, ACEITE, HUEVOS, PESCADO Y LÁCTEOS DESNATADOS menos del 10 por 100 de las calorías

SEMILLAS, FRUTOS SECOS Y AGUACATES 10-40 por 100 de las calorías

CEREALES INTEGRALES Y PATATAS 20 por 100 o menos de las calorías

FRUTAS 10-40 por 100 de las calorías

JUDÍAS/ LEGUMBRES 10-40 por 100 de las calorías

VERDURAS*
MITAD CRUDAS Y MITAD COCIDAS
30-60 POR 100 DE LAS CALORÍAS
*Excluye las patatas blancas. Énfasis en las verduras de hoja verde.

## «Echar el resto»: las enfermedades graves requieren una intervención seria

Antes de venir a mi consulta, un elevado porcentaje de mis pacientes ya había fracasado en varias ocasiones. Eligieran el programa que eligiesen, su enfermedad cardíaca empeoraba o su peso se disparaba, incluso entre aquellos que seguían una dieta vegetariana. Sin embargo, bajo mi tutela esos mismos pacientes consiguen resultados impresionantes por primera vez, porque «se entregan» por completo. Para algunos no basta con «intentarlo»; no les funciona. En cuanto a ese 10 por 100 de calorías opcionales provenientes de alimentos de bajo contenido nutricional, recuerda que es simplemente eso, opcional; posiblemente descubras que te sientes mucho mejor y ni siquiera te haga falta incluir esa cantidad. Si deseas perder peso más rápidamente, si tienes un ritmo metabólico particularmente lento o sufres diabetes o cardiopatía coronaria, o si eres un entusiasta de la salud y la longevidad, despídete incluso de estas 150 calorías (de bajo contenido en nutrientes) y convierte el Plan de Seis Semanas en el Plan de Vida. Considerando lo difícil que resulta hacer un cambio del 90 por 100, ¿qué más da hacerlo completo, al 100 por 100?

Ahora pasaremos a las preguntas más frecuentes que escucho en mi consulta.

## ¿Y si me salgo de la dieta?

Puesto que aquí se trata de conseguir que al menos el 90 por 100 de la dieta esté compuesto por productos vegetales de alta densidad nutricional, si te sales del plan en un área, intenta compensar en otra. Si alcanzas el objetivo antes explicado

—tomar todas las cantidades recomendadas de verduras de hoja verde, judías y frutas—, habrás consumido menos de 1.000 calorías de alimentos de alta densidad nutricional, con más de 40 g de fibra. Y al recibir tantos nutrientes fundamentales y fibra, el impulso del cuerpo, comer en exceso, queda anulado.

¿Ves la diferencia entre estas recomendaciones y las de las autoridades más tradicionales, que animan a comer menos cantidad para perder peso? Con mi programa se te incita a comer más. Solo al consumir una cantidad mayor del alimento adecuado puedes gozar de una buena salud, mantenerte bien nutrido y sentirte satisfecho. Con este plan consumirás diez veces más fitoquímicos y diez veces más fibra de la que consumen la mayoría de los norteamericanos. Recuerda que los nutrientes aún no descubiertos presentes en los alimentos naturales integrales son los que ofrecen la mayor protección contra el cáncer.

### ¿Esta es una dieta baja en calorías?

Sí. El exceso de calorías no solo engorda, sino que además acorta la vida. Este tipo de alimentación, por el contrario, permite que el individuo se sienta saciado con entre 1.000 y 2.000 calorías diarias, cuando antes tomaba entre 1.600 y 3.000. El simple truco consiste en recibir grandes cantidades de nutrientes por cada mínima ingesta de calorías.

Por supuesto, las personas considerablemente activas o que practican ejercicio o deportes necesitan más calorías, y es lógico: tienen más apetito y requieren más alimentos para satisfacer su hambre. Lo que deben hacer entonces no es seguir una dieta diferente, sino comer más, para así absorber una cantidad superior de proteína y de los demás nutrientes que necesitan para mantener su actividad física.

Hay quienes consiguen perder peso pasándose a una cocina de tipo vegetariana más sana, pero manteniendo aproximadamente el mismo consumo calórico. Los chinos consumen más calorías que los norteamericanos, y sin embargo son aproximadamente un 25 por 100 más delgados. Esto se debe a que en la dieta norteamericana moderna aproximadamente el 37 por 100 de las calorías provienen de la grasa, y que el azúcar y los carbohidratos refinados ocupan un papel demasiado destacado. La combinación de mucha grasa y mucho azúcar es un desastre metabólico que deriva en un aumento de peso, independientemente del número de calorías.

Otras personas no consiguen perder peso con tanta facilidad, así que necesitan el paquete completo: el beneficio metabólico de los alimentos naturales de origen vegetal y la sensación de saciedad derivada tanto del consumo de una gran cantidad de esos alimentos que yo denomino «ilimitados» como de la consiguiente satisfacción nutricional. Estos pacientes necesitan una cantidad de calorías todavía más baja, pero la buena noticia es que pueden aprender a sentirse satisfechos permanentemente con una ingesta calórica inferior. El plan *Comer para vivir* aporta ambos beneficios, lo que lo convierte en un potente programa de normalización del peso y en la más sana de las dietas.

El menú, las recetas y las estrategias alimenticias explicadas en este libro también permiten respetar las actuales pautas dietéticas del Instituto Norteamericano del Corazón, los Pulmones y la Sangre, perteneciente a los Institutos Nacionales de la Salud (NIH), para quienes desean perder peso. Según estas directrices, las mujeres deberían elegir una dieta de menos de 1.200 calorías al día, y los hombres, de menos de 1.600[9].

Un análisis informático de numerosas dietas diferentes ha demostrado que el plan *Comer para vivir* es el único que cumple con las recomendaciones calóricas de los Institutos Nacionales de la Salud al tiempo que proporciona un contenido adecuado de nutrientes y fibra. Ni siquiera los menús para dietas de 1.200 y 1.600 calorías publicados en la guía para médicos de los NIH cumplen las cantidades diarias recomendadas (CDR), porque las preferencias tradicionales de los norteamericanos tienen un contenido muy bajo de nutrientes. Las dietas de los NIH presentan una cantidad demasiado baja de nutrientes importantes —cromo, vitamina K, folato y magnesio—, mientras que los planes de *Comer para vivir* y los menús aquí sugeridos cumplen más que suficientemente con todas las CDR dentro de los límites calóricos estipulados por los NIH.

### ¿Cómo sé cuántas calorías debería consumir?

No te preocupes por eso. Intenta seguir las reglas que he estipulado en esta dieta para prolongar tu vida y simplemente contempla cómo pierdes peso. Si hasta ahora nunca has conseguido deshacerte de tus kilos de más, alégrate de perder medio kilo o un kilo a la semana (1-2 libras). Si no estás perdiendo peso a la velocidad que quisieras, escribe lo que comes y en qué cantidad para comprobar si realmente estás consumiendo cada día los 450 g (1 libra) de verduras crudas y otros tantos de verduras de hoja verde cocidas que recomiendo. Si eres mujer, tienes sobrepeso y siguiendo mis recomendaciones pierdes entre medio kilo y un kilo a la semana (1-2 libras), probablemente estés consumiendo entre 1.100 y 1.400 calorías diarias. Puedes contarlas si lo deseas, pero no es necesario; te sentirás saciada y satisfecha con menos de las que consumías antes.

Mis observaciones a lo largo de los años me han convencido de que comer sano permite perder kilos de más de forma eficaz independientemente de las calorías ingeridas, como si el cuerpo quisiera deshacerse enseguida del tejido que no está sano. He sido testigo de esta transformación infinidad de veces. Siguiendo la misma dieta exacta, muchos pacientes pierden peso rápidamente y con facilidad y luego de forma automática dejan de adelgazar en cuanto alcanzan su peso ideal. También he comprobado que muchos individuos que no tienen sobrepeso pierden algunos kilos al hacer este cambio y, en el plazo de unos meses, cuando su salud mejora, recuperan su peso anterior. Es como si el organismo quisiera reemplazar el tejido no sano por otro mucho más saludable.

### ¿Y si mi familia se niega a comer de esta manera?

A nadie debería obligársele a comer sano. Anima a tu familia a interiorizarse en lo que estás haciendo y a leer este libro para que puedan apoyarte. La clave está en que sepan lo que estás haciendo por amor y respeto a ti, y no porque estés intentando imponerles una determinada forma de comer. Esa decisión les corresponderá a ellos más adelante. Dado que la mejor manera de ayudar a los demás es a través del ejemplo, pierde peso, recupera la salud y espera a que tus amigos y familiares te pregunten cómo lo has conseguido. Muy pocas personas rechazan la presencia de alimentos sanos en la mesa siempre que no se les arrebate su comida habitual, la que más les gusta. Así que tienes la posibilidad de preparar platos sanos para ti y otro tipo de alimentos para el resto de la familia. Con el paso del tiempo te resultará cada vez más fácil. Recuerda que algunas personas requieren más tiempo para introducir cambios en su vida.

Mi paciente Debra Caruso se enfrentó a ese dilema. Su hijo y su hija adolescentes le dijeron que definitivamente se negaban a comer de esa manera, a pesar de que Debra sabía que a todos les vendría bien perder peso. En su casa había tanta comida basura que incluso le resultaba tentadora a ella. Sin embargo, perdió más de 22 kilos (50 libras) durante el primer año. Por fortuna, tenía un marido cariñoso que la apoyaba en todo, y que hizo todo lo que estaba en sus manos para ayudarla en la medida de sus posibilidades. Así que lo primero que hizo fue comprar otra nevera, que colocaron en el garaje. A continuación, Debra y su esposo convocaron una reunión familiar y establecieron la regla de que los alimentos no sanos se guardarían en una alacena y en la nevera del garaje. Si los adolescentes querían algo que no fuese la comida preparada por su madre, podían prepararse algo ellos mismos y luego recoger la cocina. A cambio, Debra aceptó cocinar los principales platos favoritos de sus hijos, los que ellos quisieran, dos veces a la semana. Algunos alimentos prohibidos como el helado, el queso y otros postres sabrosos dejarían de estar permitidos en la casa; los chicos tendrían que consumirlos en otro sitio. Otro de los pasos que dieron Debra y su marido fue llevar a sus hijos a una tienda naturista a comprar tentempiés sanos, porque les resultaba importante contar con la opinión de los jovencitos. Por último, toda la familia asistió a dos de mis conferencias. Después de todo eso, los hijos de Debra también adoptaron una dieta sana.

A lo mejor en tu caso no sucede lo mismo. Pero lo importante es que te comprometas y tengas paciencia.

## ¿Y si no llego hasta el final?

La fórmula nutricional $S = N/C$ te permite hacer un cálculo aproximado del poder preventivo de tu dieta. Si eres como la mayoría de los norteamericanos, cuyas dietas están compuestas únicamente por alimentos con una densidad nutricional de en tre el 5 y el 6 por 100, cualquier paso que des en la dirección correcta reducirá los riesgos a los que está expuesta tu salud.

Si mejoras tu dieta ahora mismo y empiezas a consumir productos vegetales de alta densidad nutricional que te aporten incluso el 60 por 100 de tus calorías diarias (una cantidad diez veces superior a la que consume el norteamericano medio en la actualidad), es razonable esperar que tu riesgo de sufrir cáncer o un ataque cardíaco disminuya en un 60 por 100.

Saltarte el plan en una de tus comidas debería incentivarte a seguir alimentándote sin contratiempos durante el resto de la semana. Enmienda el error comiendo de forma muy sana durante los días siguientes para que el hecho de haberte saltado una comida del plan resulte prácticamente insignificante. En otras palabras, sigue la regla del 90 por 100. Esta pauta te da cierto margen de «imperfección» y ocasiones especiales, o incluso te permite darte un premio de vez en cuando. Recuerda que si a tu «comida especial» le siguen veinte comidas sanas, aprovecharás de todos modos sus beneficios nutricionales y seguirás disfrutando de un cuerpo sano y esbelto.

## CÉNTRATE EN TUS ACCIONES, PORQUE LOS RESULTADOS SERÁN SU CONSECUENCIA DIRECTA

A través de estas páginas has recibido una cantidad considerable de información sobre nutrición humana; y el conocimiento, según mi experiencia, se convierte en el impulsor de cambio más eficaz y poderoso. La salud superior y el peso óptimo ya no son una cuestión de casualidad, sino de elección. Intenta no centrarte demasiado en el peso; es preferible que prestes más atención a lo que haces. El peso bajará de forma natural como resultado de una alimentación inteligente, la práctica de ejercicio y un estilo de vida sano. Ni tú ni yo estamos en condiciones de controlar totalmente la cantidad de peso que perdemos ni la velocidad a la que adelgazamos. Será nuestro cuerpo el que nos marque el ritmo, y cuando comamos de forma saludable alcanzará su peso ideal. Con esto quiero decir que no debes preocuparte si pasan varios días sin que te notes más delgado, porque tu organismo perderá kilos al ritmo que le resulte más conveniente. Y si bien eres libre de pesarte tanto o tan poco como quieras, en términos generales se considera que subirse a la báscula una vez a la semana basta para controlar los resultados.

Después de adelgazar y alcanzar un peso óptimo, prácticamente todo el mundo lo mantiene. Sin embargo, recuerda que no eres tú quien debe juzgar cuál es ese peso ideal, sino tu cuerpo. Como una gran parte de la población está excedida de peso, muchos creen estar demasiado delgados cuando alcanzan su peso óptimo. Yo tengo muchos pacientes que, después de seguir mi plan para revertir su diabetes o enfermedad cardíaca, me cuentan: «Todo el mundo dice que ahora estoy demasiado delgado». Entonces mido su grasa periumbilical y compruebo su porcentaje de grasa corporal, y por lo general les demuestro que todavía no han adelgazado lo suficiente.

## CONTROLA LA SITUACIÓN MARCÁNDOTE UN OBJETIVO

Sé realista y flexible; dale tiempo a tus papilas gustativas para se adapten a los nuevos alimentos. Cambiar de comportamiento es la clave del éxito. Actuar con moderación no significa envenenarse, abusar del organismo y luego sentirse culpable, sino recuperarse rápidamente después de meter la pata. Algunos necesitamos hacer trampas al plan, ya sea una vez a la semana o dos veces al mes. Si ese es tu caso, mantén dichas ocasiones bien planificadas. Las trampas esporádicas son aceptables siempre que sean moderadas y tú regreses al programa inmediatamente, sin repetirlas durante al menos una semana.

Muchas autoridades en dietética y salud recomiendan introducir únicamente pequeños cambios; temen que, si estos son demasiado radicales, las personas acaben abandonando sus dietas sin conseguir ningún resultado. Yo estoy en completo desacuerdo. Mi trabajo durante los últimos veinte años me ha demostrado que quienes se esfuerzan por seguir el plan durante las primeras seis semanas son los que más probabilidades tienen de ceñirse al programa y alcanzar resultados mes a mes. Y que, por el contrario, las personas que intentan adoptar gradualmente esta nueva forma de comer son las que en la mayoría de los casos vuelven a sus antiguas costumbres. Con el método gradual, van y vienen como un yoyó entre los malos comportamientos del pasado y los hábitos saludables de la actualidad. Cambiar es muy difícil. Entonces, ¿por qué no esforzarse más y cosechar de forma rápida y permanente los resultados buscados?

## La droga que eligen la mayoría de los norteamericanos es... ¡la comida!

Un enorme porcentaje de las personas excedidas de peso son adictas a la comida. Eso quiere decir que casi todos los norteamericanos son víctimas de dicha adicción. Ser *adicto* significa sentirse mal o incómodo en cuanto algún comportamiento habitual queda interrumpido. A diferencia de lo que sucede con el tabaco y las drogas, la adicción a la comida cuenta con la aceptación social.

Casi todo el que está inmerso en un ambiente sobrecargado de alimentos de poco valor nutricional y demasiadas calorías se convierte en un «tragón» compulsivo. Esto implica que las consecuencias naturales de la deficiencia nutricional son el deseo desesperado de tomar ciertos alimentos y la obsesión por comer, además de la resultante pérdida de control sobre la ingesta alimentaria. En estos casos, el estrés al que se somete al organismo puede resultar tóxico.

Lógicamente, existen complicados factores emocionales y psicológicos que dificultan todavía más que algunas personas consigan superar su adicción a la comida. Además, es posible que al principio algunos cambios físicos resulten bastante desmoralizadores. Dejar de consumir cafeína, reducir la ingesta de sodio y eliminar la grasa saturada de la dieta al tiempo que se incrementa el consumo de fibra y nutrientes puede provocar gases, dolores de cabeza, fatiga y otros síntomas de abstinencia. Se trata de molestias temporales que rara vez duran más de una semana. Sin embargo, el elevado volumen de alimentos consumidos en mi programa y su alto contenido nutricional ayudan a evitar el deseo compulsivo de comer.

La gran cantidad de alimentos permitida y recomendada en este plan permite que el paciente se relaje y deje de preocuparse por lo mucho que pueda llegar a comer. Tanto los «antojos» de ciertos productos como los síntomas adictivos quedan erradicados en casi la totalidad de los casos porque esta dieta satisface el deseo de comer en abundancia.

Al detener un comportamiento de estimulación como comer en exceso sale a la luz una fatiga que, en realidad, siempre ha estado allí. La reserva de energía de una pila es proporcional a su uso: cuanto menos la usas, más vida tiene y más fuerte se mantiene. Del mismo modo, el estrés continuado que sufre tu cuerpo a causa del consumo de alimentos estimulantes y cafeína te hace creer erróneamente que dispones de energía, cuando lo que sucede en realidad es que estás consumiendo tu energía nerviosa a mayor velocidad. Y ese proceso te envejece, si bien la fatiga que sufre tu organismo queda oculta bajo los estimulantes (y perjudiciales) efectos del azúcar, la cafeína y las proteínas tóxicas. Ahora que estás comiendo correctamente para proteger tu salud, estarás más al tanto de las horas de sueño que necesita tu cuerpo y, como resultado, dormirás mejor.

Algunos comportamientos alimentarios y ansias desesperadas de consumir determinados productos tienen matices emocionales que se remontan a la infancia o bien compensan el estrés y la disfunción emocional. Hay adictos a la comida que se alimentan de forma compulsiva a pesar de que son conscientes de las consecuencias. En tales circunstancias un libro resulta insuficiente, porque estos individuos necesitan un programa mucho más intensivo. Al igual que sucede con los programas de rehabilitación de 12 semanas, cualquier programa intensivo para superar la adicción a la comida debería incluir terapia, puesto que la reeducación alimentaria suele dar buenos resultados incluso en los casos más difíciles. Así que ya no tienes nada que justifique tu fracaso: lo único que debes hacer es comprometerte con tu salud.

Este programa no es para todo el mundo, porque al deseo de perder peso debe unírsele la voluntad de luchar por el propio bienestar. No obstante, una vez asumido este compromiso no tiene por qué haber fracasos. Con el apoyo adecuado y este plan nutricional, todo el mundo puede conseguirlo.

Así que... ¡a por ello!

## CAPÍTULO 9

# Labremos nuestro futuro en la cocina: menús y recetas

**CASO DE ESTUDIO**
**Anthony perdió 72 kg (160 libras), logró reducir su presión sanguínea y ha dejado de sufrir migrañas.**

*Mido 1,93 m (6 pies y 4 pulgadas) y a los 33 años pesaba 163 kg (360 libras). Tomaba medicación para la hipertensión, sufría migrañas muy frecuentes, mi cintura medía 137 cm (54 pulgadas) y me costaba conseguir un seguro de vida a 20 años. Llevaba muchísimo tiempo siguiendo una dieta vegetariana y pensaba que comía correctamente.*

*En realidad empecé a tener dificultades con mi peso a los 13 años. A lo largo de mi vida probé todo tipo de dietas y métodos para adelgazar, y si bien algunas me funcionaron durante un tiempo, lo cierto es que nunca conseguí librarme definitivamente de mis kilos de más. Cuando mi segundo hijo estaba a punto de nacer, decidí tomarme en serio el objetivo de recuperar la salud. Tanta información y planes dietéticos y de adelgazamiento me frustraban y no sabía exactamente qué hacer, pero sí que debía empezar por algo. Así pues,*

*una Nochevieja decidí dejar de tomar refrescos y dulces y me propuse perder 22 kilos (50 libras) al final de ese año.*

*Unos meses después, sin haber perdido ni un gramo, volví a sentirme tremendamente frustrado. En otro intento de encontrar alguna información útil, di con el libro del Dr. Fuhrman,* Comer para vivir. *Todo lo que leí me pareció absolutamente sensato y comencé a introducir cambios en mi dieta de inmediato.*

*Poco a poco empecé a incorporar cada vez más verduras a mis comidas y a mis cenas, y cuando nació mi hijo, dos meses después de comprar* Comer para vivir, *ya había perdido 13 kilos (30 libras). Continué introduciendo cambios graduales en mi dieta durante los meses siguientes hasta que alcancé un punto en el que aproximadamente el 90 por 100 de mi dieta estaba compuesta por alimentos como verduras, frutas, judías, frutos secos y semillas. Al final de ese año había perdido un total de 40 kilos (90 libras), ya no tomaba medicación para la tensión, mis migrañas habían desaparecido y había*

superado con creces mi meta de perder 22 kilos. ¡Me sentía absolutamente genial!

Era tanta la energía que había recuperado que decidí practicar
algo de ejercicio, y entonces empecé a correr. Fui aumentando mis re-
corridos poco a poco, seguí comiendo bien y corrí mis primeros 5 km.
A esas alturas ya estaba enganchado a la vida sana, que incluía comer bien y practicar ejercicio de forma regular. Seguí respetando el
estilo de alimentación recomendado por el Dr. Fuhrman e incrementando la cantidad de distancia recorrida en mis entrenamientos; ¡fue
así como conseguí correr el medio maratón de Filadelfia en 1 hora
48 minutos 21 segundos! Este deseo de hacer ejercicio me resultaba
sorprendente. Yo nunca había practicado deportes ni ningún tipo de
actividad física, por lo que me parecía increíble que ahora lo hicie-
se tan bien.

A pesar de haber incrementado tanto mis sesiones de ejercicio,
continué perdiendo casi exactamente 3,6 kg (8 libras) mensuales durante alrededor de 18 meses, hasta que dejé de adelgazar casi tan
repentinamente como empecé. A esas alturas ya pesaba 89 kilos
(197 libras), había conseguido contratar un seguro de vida y me
sentía mejor que nunca.

Ahora, más de 18 meses después de que mi cuerpo se estabiliza-
ra, todavía sigo pesando alrededor de 90,5 kg (200 libras), lo que
significa que perdí un total de... ¡72 kilos (160 libras)! Me encanta correr con regularidad y participar en carreras de distintas
distancias a lo largo del año.

Estoy orgulloso de ser un modelo positivo para mis hijos, Evan
y Henry. Ser capaz de seguirles el ritmo hoy en día y tomar conciencia de que haber recuperado la salud es lo más importante que
he hecho por mí y por mi familia.

YO SIGO UNA DIETA RÁPIDA y fácil de preparar, y como de forma sencilla. Casi todos los días tomo fruta y frutos secos para desayunar y algo rápido en la comida, como por ejemplo algunas piezas de fruta y una ensalada con una saludable ración de brócoli (puedes usar el congelado), guisantes (también pueden ser congelados) o judías por encima, más un postre ligero. Como de forma sana con poco trabajo o esfuerzo. Siguiendo estas pautas he intentado confeccionar menús simples; sin embargo, puedes modificarlos considerablemente y usar tus propias ideas y recetas siempre que se respeten las pautas reseñadas en el capítulo anterior. Las recetas o los ingredientes pueden ser intercambiados y consumidos en diferentes combinaciones o en distintas comidas.

A continuación encontrarás menús para 14 días y deliciosas recetas. Recuerda que en el mundo real no necesariamente prepararás todos estos platos diferentes y todas las recetas cada semana. Casi todos nos preparamos una sopa o un plato principal y utilizamos las sobras para el almuerzo o incluso la cena del día siguiente. No olvides que debes modificar tu idea de lo que es una «ración normal». Lo que antes eran guarniciones (como ensaladas, sopas y verduras), ahora se han convertido en tus platos principales; por eso, el tamaño de las raciones de estos alimentos de bajo contenido calórico ha de ser mucho mayor. Resulta prácticamente imposible comer demasiado: lo que está mal es comer un exceso de alimentos perjudiciales. Simplifica tu vida. Disfruta de la comida, pero no permitas que toda tu vida gire en torno a los menús. Esta dieta es deliciosa, y no supone ningún sacrificio, sino la incorporación de nuevas alternativas.

El primer menú semanal que encontrarás es vegetariano y ha sido creado para favorecer una pérdida de peso agresiva o para quienes hasta ahora han tenido dificultades para adelgazar. Este tipo de dieta vegetariana es también adecuada para quienes buscan revertir su enfermedad cardíaca o su diabetes. Recuerda, en cualquier caso, que no conseguirás revertir significativamente tu aterosclerosis (obstrucción de las arterias), diabetes o hipertensión a menos que alcances tu peso normal. La combinación de una dieta sana rica en nutrientes y la pérdida de grasa corporal hace posible la previsible mejoría de muchas enfermedades.

El segundo menú semanal es ligeramente menos agresivo. Los platos incluyen algunos productos animales (menos de 340 g / 12 onzas a la semana) y una pequeña porción de aceite (no más de una cucharadita al día). Si lo deseas, puedes añadir una reducida cantidad de productos animales a cualquier plato de verduras o judías para darle sabor, siempre que la cantidad sea inferior a 340 g / 12 onzas a la semana. Consume carne blanca, pescado, huevos o lácteos desnatados. Evita las carnes procesadas, curadas o a la barbacoa y los lácteos enteros. Puedes convertir el menú no vegetariano en un programa más estricto y eficaz si excluyes por completo el aceite y limitas el tamaño de las raciones de cereales integrales o de verduras ricas en almidón.

Recuerda que puedes comer tanta cantidad como desees de verduras crudas y cocidas sin almidón, así como de fruta fresca sin edulcorantes añadidos. Procura incluir una ración de judías a tu dieta cada día, así como alrededor de 28 g (1 onza o un cuarto de taza) de frutos secos y semillas crudos. Limita los cereales integrales o las verduras ricas en almidón a una ración diaria. Tienes absoluta libertad para experimentar. Reemplaza o añade los alimentos y condimentos sanos que más te gusten. Puesto que estás dejando de consumir un gran número de alimentos perjudiciales, prémiate con enormes cantidades de frutas exóticas y deliciosas. Prueba diferentes hierbas frescas y especias para sazonar tus platos. No contienen sal, pero sí una gran cantidad de antioxidantes y fitonutrientes.

## LA LISTA SEMANAL DE LA COMPRA

Siempre debes disponer de una buena variedad de alimentos sanos en casa. La clave del éxito radica en tener la cantidad justa de alimentos a mano para evitar caer en la tentación de consumir otro tipo de productos perjudiciales. Te sugiero los siguientes:

**Verduras para comer en crudo:** zanahorias, apios, pimientos, tomates, pepinos, setas, lechuga y otras hojas para ensalada, guisantes en distintas variedades y tomates.

**Verduras para consumir cocidas (frescas o congeladas):** brócoli, coliflor, berenjenas, setas, tomates, repollo, judías verdes, col rizada, acelga, brotes de mostaza, espinaca, coles de Bruselas, espárragos, cebollas y ajo.

**Frutas (frescas o congeladas):** fresas, arándanos, frambuesas, kiwis, manzanas, naranjas, piña, melones, limones, limas, uvas, peras, plátanos, mangos, ciruelas, melocotones y cerezas.

**Frutos secos y semillas:** nueces, almendras, anacardos, pistachos, semillas de girasol, semillas de calabaza, semillas de sésamo descascarilladas, semillas de cáñamo, semillas de lino y semillas de chía.

**Ingredientes para sopas caseras:** zanahorias, apio, ajo, cebolla, calabacines, hierbas frescas y secas, condimentos sin sal, puerros, nabos, alubias secas, lentejas y guisantes.

**Otros productos básicos:** vinagres aromatizados y balsámicos, limones (el zumo da un toque fantástico a las ensaladas, las sopas o cualquier plato vegetal), salsa de tomate (sin sal añadida), salsa de tipo mexicano (sin azúcar añadido), aguacates, tofu, edamame (habas de soja verdes) y copos de avena.

**Hierbas frescas o secas y condimentos:** albahaca, orégano, eneldo, perejil, cilantro, cebolleta, romero, tomillo, jengibre, dientes de ajo o ajo en polvo, cebolla en polvo, menta, guindilla en polvo, comino, especias al estilo de la Luisiana francesa (Cajun), pimienta, curry en polvo, canela, mezclas de hierbas y especias secas (*Mrs. Dash*) y condimentos vegetales para sopas (*VegiZest* o *MatoZest*, de la línea de productos del Dr. Fuhrman).

Los siguientes menús y recetas son ejemplos de dietas y platos ricos en nutrientes y fibra que siguen los principios básicos de la alimentación saludable. He incluido mis recetas favoritas y aquellas que han adquirido mayor popularidad entre mis lectores y pacientes. Las que encontrarás a continuación figuran entre las más valoradas en el Centro de Socios de mi página web DrFuhrman.com.

# MENÚS VEGETARIANOS PARA SIETE DÍAS
## (PÉRDIDA DE PESO RADICAL)

Las recetas, que aquí aparecen con asterisco, pueden consultarse en el índice de las páginas 353-356.

## Día uno

### Desayuno

Fresas, naranja y melón espolvoreados con semillas de lino molidas o semillas de cáñamo.

### Almuerzo

Ensalada de distintas hojas cubiertas de judías y condimentadas con vinagre balsámico o aromatizado.
Pita de champiñón portobello y pimiento rojo*.

### Cena

Ensalada de verduras variadas y berro con pimientos rojos y aliño/crema ranchera de tofu*.
Sopa crema austríaca de coliflor dorada*.
Fresas espolvoreadas con cacao en polvo.

## Día dos

### Desayuno

Desayuno rápido de plátano*.

### Almuerzo

Verduras crudas (zanahorias, pimientos rojos y apio).
Brócoli al vapor con salsa de sésamo y jengibre* o salsa de lentejas rojas*.
Melón u otra fruta fresca.

## Cena

Ensalada con zumo de limón y trozos de pera.

Popurrí de acelga y verduras*.

El melocotón congelado de Jenna*.

# Día tres

## Desayuno

Smoothie de frutas y verduras*.

## Almuerzo

Ensalada de judías negras y mango*.

Piña u otra fruta fresca.

## Cena

Ensalada de lechuga romana y rúcula con aliño de tarta de manzana*.

La famosa sopa anticancerígena del Dr. Fuhrman*.

# Día cuatro

## Desayuno

Albaricoques secos embebidos en leche de soja, cáñamo o almendra.

## Almuerzo

Ensalada de hojas variadas cubiertas de judías blancas y nueces, con aliño/crema de dátiles y Dijon*.

Bayas frescas o congeladas.

## Cena

Verduras crudas (judías verdes, zanahorias, brócoli y pimientos).

Guacamole simple*.
El adorable guiso de lentejas de Lisa*.
Coles y zanahorias con uvas pasas*.

## Día cinco

### Desayuno

Avena azul con manzana y frutos secos*.

### Almuerzo

Edamame con aliño sin sal.
Enchiladas de judías*.
Papaya con lima u otra fruta fresca.

### Cena

Ensalada de lechuga romana y col china con limón o vinagre
aromatizado.
Curry tailandés de verduras*.
Granizado de melón*.

## Día seis

### Desayuno

Smoothie cremoso de frutas y bayas*.

### Almuerzo

Verduras crudas (zanahorias, apio, guisantes y setas) con sal-
sa mexicana.
Hamburguesas sencillas de judías* con lechuga y tomate.
Kiwi u otra fruta.

## Cena

Ensalada de hojas variadas y rúcula con verduras y aliño cremoso de arándanos*.

Rollitos de berenjena*.

Espárragos al vapor.

## Día siete

## Desayuno

Mezcla de frutas tropicales (piña, mango y plátano) espolvoreadas con coco sin azúcar añadido y semillas de lino.

## Almuerzo

Verduras crudas (pimiento rojo, calabacín y guisantes).

Hummus de judías negras*.

Tortilla saludable o bocaditos crujientes de pita (corta las tortillas integrales o las pitas en triángulos pequeños y colócalos en el horno a baja temperatura hasta que adquieran una consistencia crocante).

Manzana o pera.

## Cena

Chili vegetal sencillo de tres legumbres*.

Hojas verdes fantásticas*.

Helado de plátano y nuez*.

## MENÚS NO VEGETARIANOS PARA SIETE DÍAS
### (PÉRDIDA DE PESO MENOS ESTRICTA O MODERADA)

### Día uno

**Desayuno**
Desayuno rápido de plátano*.

**Almuerzo**
Verduras crudas (zanahoria, brócoli y pepino) con aliño saludable Mil Islas*.
Rollitos de lechuga y judías negras*.
Sandía u otra fruta fresca.

**Cena**
Sofrito vegetal asiático*.
Fresas u otra fruta fresca con crema de almendras y chocolate*.

### Día dos

**Desayuno**
Un cuenco de fruta y frutos secos (frutas variadas cubiertas de frutos secos y/o semillas).

**Almuerzo**
Pavo (56 g - 2 onzas) con hojas variadas, flores de brócoli, tomate y brotes de mostaza sobre pan de cereal germinado (opción vegana: reemplazar el pavo por hummus de alubias blancas y hierbas*).
Uvas u otra fruta fresca.

## Cena

Ensalada de lechuga romana y berro con vinagreta balsámica*.

Bisque de tomate*.

Deliciosas barritas de avena y plátano*.

# Día tres

## Desayuno

Smoothie de chocolate*.

## Almuerzo

Burrito vegetal con judías*.

Aguacate cortado en rodajas.

Naranja u otra fruta fresca.

## Cena

Ensalada de lechuga romana con aliño/crema para ensalada César* u otro aliño sin grasa y bajo en sodio.

Albóndigas sin carne* con salsa para pasta de bajo contenido de sodio o sin sal añadida.

Calabaza cabello de ángel asada.

Marinara de espinacas y coles de Bruselas*.

# Día cuatro

## Desayuno

Tortilla vegetal* cubierta de salsa mexicana.

## Almuerzo

Ensalada de espárragos y shiitake con aliño cremoso de sésamo*.

Bayas variadas.

**Cena**

Verduras crudas con hummus de alubias blancas y hierbas*.
Guiso vegetal de crucíferas*.

## Día cinco

**Desayuno**

Avena azul con manzana y frutos secos*.

**Almuerzo**

Pita rellena de hojas verdes y aliño ruso de higo*.
Piña u otra fruta fresca.

**Cena**

Ensalada de hojas verdes variadas y rúcula con tomate y aliño/
crema ranchera de tofu*.
Lasaña vegetal sin pasta*.
El strudel de manzana de Cara*.

## Día seis

**Desayuno**

Rollito de lechuga con plátanos y anacardos*.

**Almuerzo**

Ensalada verde con nueces y pera*.
Pizza vegetal sencilla*.

**Cena**

Mezcla de hojas verdes al estilo sureño*.
Crema Selva Negra de sopa de setas*.

# Día siete

## Desayuno

Ensalada batida de mango*.

## Almuerzo

Ensalada de hojas variadas y berro con verduras, cubierta de judías blancas y semillas de girasol y algún aliño de *Comer para vivir* o vinagre aromatizado.

Melón u otra fruta fresca.

## Cena

Filetes de pescado asados cubiertos de salsa de mango*.

Col rizada con salsa cremosa de anacardos*.

Arroz integral y salvaje con cebollas sofritas en agua.

Helado de chocolate y cerezas*.

---

# LAS RECETAS DE *COMER PARA VIVIR*

## Índice

### Smoothies y ensalada batida

Ensalada batida de mango, p. 359.

Smoothie cremoso de frutas y bayas, p. 360.

Smoothie de chocolate, p. 359.

Smoothie de frutas y verduras, p. 360.

### Desayuno

Avena azul con manzana y frutos secos, p. 361.

Desayuno rápido de plátano, p. 362.

Rollito de lechuga con plátano y anacardos, p. 361.

## Cremas, aliños y salsas

Aliño cremoso de arándanos, p. 365.
Aliño de tarta de manzana, p. 362.
Aliño saludable Mil Islas, p. 366.
Aliño/crema de dátiles y Dijon, p. 365.
Aliño/crema ranchera de tofu, p. 369.
Aliño/crema para ensalada César, p. 364.
Guacamole simple, p. 369.
Hummus de alubias blancas y hierbas, p. 367.
Hummus de judías negras, p. 363.
Salsa de lentejas rojas, p. 367.
Salsa de mango, p. 368.
Salsa de sésamo y jengibre, p. 368.
Vinagreta balsámica, p. 363.

## Ensaladas

Ensalada de espárragos y shiitake con aliño cremoso de sésamo, p. 370.
Ensalada de judías negras y mango, p. 372.
Ensalada verde con nueces y peras, p. 374.
Mezcla de hojas verdes al estilo sureño, p. 373.

## Sopas y guisos

Bisque de tomate, p. 380.
Crema Selva Negra de sopa de setas, p. 374.
El adorable guiso de lentejas de Lisa, p. 379.
Guiso vegetal de crucíferas, p. 378.

La famosa sopa anticancerígena del Dr. Fuhrman, p. 376.
Sopa crema austríaca de coliflor dorada, p. 377.

## Platos principales

Albóndigas sin carne, p. 390.
Burrito vegetal con judías, p. 398.
Chili vegetal sencillo de tres legumbres, p. 386.
Col rizada con salsa cremosa de anacardos, p. 390.
Coles y zanahorias con uvas pasas, p. 386.
Curry tailandés de verduras, p. 397.
Enchiladas de judías, p. 383.
Hamburguesas sencillas de judías, p. 395.
Hojas verdes fantásticas, p. 389.
Lasaña vegetal sin pasta, p. 392.
Marinara de espinacas y coles de Bruselas, p. 396.
Pita de champiñón portobello y pimiento rojo, p. 394.
Pita rellena de hojas verdes y aliño ruso de higo, p. 393.
Pizza vegetal sencilla , p. 387.
Popurrí de acelga y verduras, p. 385.
Rollitos de berenjena, p. 388.
Rollitos de lechuga y judías negras, p. 384.
Sofrito vegetal asiático, p. 381.
Tortilla vegetal, p. 399.

## Postres

Crema de almendras y chocolate, p. 400.
El strudel de manzana de Cara, p. 401.
Deliciosas barritas de avena y plátano, p. 403.

Granizado de melón, p. 401.

Helado de chocolate y cerezas, p. 402.

Helado de plátano y nuez, p. 400.

El melocotón congelado de Jenna, p. 403.

COCINAR PARA VIVIR

## Sopas y guisos

Las sopas y los guisos son los componentes fundamentales de este estilo de alimentación. Al cocer las verduras a fuego lento para preparar una sopa, todos los nutrientes quedan retenidos en el líquido.

Muchas de mis recetas de sopas incluyen jugo de verdura fresca, en especial de zanahoria, porque aportan una base rica en antioxidantes y, además, son muy sabrosos. Si no tienes exprimidor en casa, deberías comprarte uno. Y si lo que te falta es tiempo, en la mayoría de las tiendas naturistas encontrarás jugo de zanahoria y otras verduras ya embotellados.

Para preparar sopas «crema», añádeles anacardos crudos o mantequilla de anacardos. Con ello conseguirás una textura cremosa y un sabor intenso.

Una gran ventaja de las sopas caseras es que se convierten en magníficas sobras. Por lo general, las sopas se mantienen en buenas condiciones durante un máximo de cuatro días en la nevera, pero si deseas conservarlas durante más tiempo deberías congelarlas.

En el caso de que ocasionalmente optes por consumir una sopa preparada, recuerda que la ingesta de sodio diaria general debería ser, idealmente, inferior a 1.000 mg. Los productos naturales aportan entre 400 y 700 mg de sodio al día, lo cual te da un margen de alrededor de 300 mg. No olvides leer las etiquetas. Te sorprenderá descubrir la cantidad de sodio que contienen las sopas enlatadas y otros alimentos procesados. Intenta escoger productos sin sal añadida.

## Aliños para ensalada y cremas

Los aliños para ensalada suelen estar compuestos por aceite y vinagre: el aceite aporta la grasa, y el vinagre, la acidez. En mis aliños para ensalada, la grasa proviene de ingredientes tan saludables como las almendras y los anacardos crudos, otros frutos secos y semillas también en crudo, el aguacate y el tahini. Con un robot de cocina o una batidora de alta potencia mezcla los frutos secos y las semillas con otros ingredientes saludables y elabora aliños suaves y cremosos.

## Smoothies

Puedes preparar deliciosos smoothies mezclando diferentes frutas y verduras de hoja verde. Además, al combinar verduras crudas y frutas consigues incrementar muy eficazmente la absorción de nutrientes.

En efecto, el proceso de batido permite reducir suficientemente las paredes celulares de los alimentos para facilitar al organismo la absorción de todos sus beneficiosos fitoquímicos. Una batidora potente como por ejemplo la de la marca Vita-Mix resulta muy adecuada para la elaboración de smoothies y sorbetes de fruta.

## La cocción de las judías

Se recomienda dejar en remojo las judías o legumbres secas durante toda la noche antes de cocinarlas.

Cuando llegue el momento de la cocción, desecha ese líquido y reemplázalo por dos o tres tazas de agua limpia por cada taza de judías. Casi todas ellas requieren una hora y media o dos de cocción para quedar blandas. La excepción son las lentejas y los guisantes, que solo necesitan una hora y no es imprescindible ponerlos en remojo previamente.

Asegúrate de cocinar bien las judías, porque si la cocción es completa resultan más difíciles de digerir. Ten en cuenta que es importante masticarlas muy bien. A medida que te habitúes a consumir judías con regularidad, las digerirás cada vez mejor.

## Sofreír en agua

Se trata de una técnica básica utilizada en algunas de nuestras recetas como reemplazo de la cocción en aceite. Sofreír en agua es sencillo y resulta adecuado para preparar revueltos, salsas y muchos otros platos. Lo que debes hacer es calentar una sartén al máximo y echarle unas gotas de agua: si chisporrotea, significa que está lista. Trabaja con pequeñas cantidades de agua (de 2 a 3 cucharadas) sobre la sartén, el wok o la olla caliente, tapándolos de vez en cuando y añadiendo más agua según sea necesario hasta que las verduras estén tiernas. Si vas a sofreír un plato vegetal, otras posibles alternativas al aceite pueden ser el caldo vegetal sin sal, el agua de coco, el vino o el zumo de fruta.

# LAS RECETAS DE *COMER PARA VIVIR*

## Smoothies y ensaladas variadas

### ENSALADA BATIDA DE MANGO

Resultan 2 raciones

*1 mango maduro, frío*
*1 taza de espinaca picada*
*4 tazas de lechuga romana picada*
*¼ de taza (60 ml) de leche de soja, cáñamo o almendra sin azúcar*

Pela y corta el mango y viértelo en un robot de cocina o una batidora de alta potencia. Añade la espinaca y la mitad de la lechuga. Procesa hasta mezclar bien todos los alimentos. Añade la leche y el resto de la lechuga y continúa procesando hasta conseguir una crema.

### SMOOTHIE DE CHOCOLATE

Resultan 2 raciones

*140 g (5 onzas) de espinacas tiernas*
*2 tazas de arándanos congelados*
*½ taza de leche de soja, cáñamo o almendra sin azúcar*
*1 plátano*
*2-4 dátiles sin hueso*
*2 cucharadas de cacao natural en polvo*
*1 cucharada de semillas de lino molidas*

Procesa todos los ingredientes en una batidora de alta potencia hasta conseguir una mezcla suave y cremosa.

## SMOOTHIE CREMOSO DE FRUTAS Y BAYAS

RESULTAN 2 RACIONES

*1 taza de zumo de granada*
*½ taza de leche de soja, cáñamo o almendra sin azúcar*
*½ taza de fresas congeladas*
*½ taza de arándanos congelados*
*½ taza de melocotones congelados*
*1 plátano*
*2 cucharadas de semillas de lino molidas*

Mezcla todos los ingredientes en una batidora de alta potencia hasta conseguir una crema suave.

## SMOOTHIE DE VERDURAS Y FRUTAS

RESULTAN 2 RACIONES

*140 g (5 onzas) de espinaca tierna*
*1 plátano*
*1 taza de arándanos congelados*
*½ taza de leche de soja, cáñamo o almendra sin azúcar*
*½ taza de zumo de granada u otro zumo de fruta sin azúcar*
*1 cucharada de semillas de lino molidas*

Combina todos los ingredientes en una batidora de alta potencia hasta conseguir una crema suave.

# Desayuno

## ROLLITO DE LECHUGA CON PLÁTANO Y ANACARDOS

Resultan 2 raciones

*¼ de taza de mantequilla de anacardos crudos*
*12 hojas de lechuga romana*
*2 plátanos, cortados en rodajas finas*

Extiende aproximadamente una cucharadita de mantequilla de anacardos sobre cada hoja de lechuga. Coloca encima algunas rodajas de plátano y enróllala al igual que si se tratase de un «burrito».

Nota: Puedes tomar este plato como un delicioso y saludable desayuno o bien como tentempié.

## AVENA AZUL CON MANZANA Y FRUTOS SECOS

Resultan 2 raciones

*un poco menos de 2 tazas de agua*
*¼ de cucharadita de canela*
*¼ de taza de copos de avena*
*2 cucharadas de pasas de Corinto*
*1 taza de arándanos frescos o congelados*
*1 plátano en rodajas*
*1 manzana pelada, sin corazón y cortada en trocitos o rallada*
*2 cucharadas de frutos secos picados*

En un cazo combina el agua, la canela, la avena y las pasas. Cuece a fuego lento hasta que la avena esté cremosa. Añade los arándanos y el plátano. Cuece durante 5 minutos, o hasta que la mezcla esté caliente, removiendo constantemente. Por último, incorpora la manzana y los frutos secos.

## DESAYUNO RÁPIDO DE PLÁTANO

RESULTAN 2 RACIONES

> *2 tazas de arándanos frescos o congelados*
> *2 plátanos cortados en rodajas*
> *½ taza de copos de avena*
> *⅓ de taza (80 ml) de zumo de granada*
> *2 cucharadas de nueces picadas*
> *1 cucharada de semillas de girasol crudas*
> *2 cucharadas de pasas de Corinto (opcional)*

Combina todos los ingredientes en un cuenco para microondas. Calienta durante 3 minutos.

Nota: Si preparas el desayuno para llevar, combina todos los ingredientes en un recipiente con cierre hermético y consúmelo más tarde, ya sea caliente o frío.

## Cremas, aliños y salsas

### ALIÑO DE TARTA DE MANZANA

RESULTAN 4 RACIONES

> *2 manzanas peladas y sin corazón*
> *¼ de taza (60 ml) de zumo de naranja recién exprimido, canela a*
>   *gusto*

Mezcla todos los ingredientes en un robot de cocina o una batidora de alta potencia hasta conseguir una crema suave.

## VINAGRETA BALSÁMICA

Resultan 5 raciones

*½ taza de agua*
*¼ de taza (60 ml) más 2 cucharadas de vinagre de arroz y ajo tostado*
*2 cucharadas de aceite de oliva*
*¼ de taza de mermelada de uva o pasas*
*4 dientes de ajo, triturados*
*1 cucharadita de orégano seco*
*½ cucharadita de albahaca seca*
*½ cucharadita de cebolla en polvo*

Mezcla todos los ingredientes en un robot de cocina o una batidora de alta potencia hasta conseguir una crema suave.

## HUMMUS DE JUDÍAS NEGRAS

Resultan 6 raciones

*1 taza y media de judías negras cocidas o 1 lata de 425 g (15 onzas), sin sal añadida o bajas en sodio, coladas y aclaradas*
*2 cucharadas de agua*
*2 cucharadas de zumo de limón fresco*
*2 cucharadas de Dr. Fuhrman's VegiZest (condimento vegetal para sopas) o cualquier otro condimento sin sal*
*2 cucharadas de tahini crudo*
*2 cucharadas de Bragg Liquid Aminos (concentrado proteínico líquido a base de soja) o salsa de soja baja en sodio*

*½ cucharadita de comino molido*
*½ diente de ajo, picado*
*una pizca de pimienta de Cayena, o más*
*una pizca de pápikra para decorar*

Mezcla todos los ingredientes excepto la páprika en un robot de cocina o una batidora de alta potencia hasta conseguir una crema suave, raspando los lados del vaso si fuera necesario. Añade más condimentos a gusto. Para poder conseguir la consistencia deseada, agrega más agua y por último decora con páprika.

Nota: Sirve con verduras como zanahorias baby, flores de brócoli, calabacines, pepinos, hojas de lechuga romana o espárragos al vapor.

## ALIÑO/CREMA PARA ENSALADA CÉSAR

RESULTAN 4 RACIONES

*4 dientes de ajo*
*⅔ de taza (180 ml) de leche de soja, cáñamo o almendra sin azúcar*
*⅓ de taza de mantequilla de anacardos crudos o ⅔ de taza de anacardos crudos*
*un poco más de 1 cucharada de zumo de limón fresco*
*1 cucharada y media de levadura nutricional*
*2 cucharaditas de mostaza de Dijon*
*una pizca de pimienta negra*

Precalienta el horno a 180 °C (350 °F). Separa los dientes de ajo y déjales la piel. Ásalos durante alrededor de 25 minutos, o hasta que estén blandos. Cuando se enfríen, pélalos y mézclalos con el resto de los ingredientes en un robot de cocina o una batidora de alta velocidad hasta conseguir que llegues a una crema suave.

## ALIÑO CREMOSO DE ARÁNDANOS

Resultan 4 raciones

> 2 tazas de arándanos frescos o descongelados
> ½ taza de zumo de granada
> ¼ de taza de mantequilla de anacardos o ½ taza de anacardos crudos
> 3 cucharadas de Dr. Fuhrman's Wild Blueberry Vinegar (vinagre de arándanos salvajes) o vinagre de cualquier otra fruta

Mezcla todos los ingredientes en un robot de cocina o una batidora de alta potencia hasta conseguir una crema suave.

## ALIÑO/CREMA DE DÁTILES Y DIJON

Resultan 4 raciones

> 1 taza de agua
> ⅓ de taza de mantequilla de anacardos crudos o ⅔ de taza de anacardos crudos
> 4 cucharadas de Dr. Fuhrman's Riesling Raisin Vinegar (vinagre de pasas Riesling) o vinagre balsámico
> 2 cucharadas de Dr. Fuhrman's VegiZest (condimento vegetal para sopas) u otro condimento sin sal
> 2 cucharadas de mostaza de Dijon
> 4-6 dátiles deshuesados
> 1-2 dientes de ajo picados

Mezcla todos los ingredientes en un robot de cocina o una batidora de alta potencia hasta conseguir una crema suave.

## ALIÑO SALUDABLE MIL ISLAS

RESULTAN 4 RACIONES

*½ taza de mantequilla de anacardos crudos o 1 taza de anacardos crudos*

*½ taza de leche de soja, almendra o cáñamo sin azúcar*

*2 cucharadas de vinagre balsámico*

*2 cucharadas de zumo de limón fresco*

*1 cucharadita de eneldo seco*

*1 cucharadita de cebolla en polvo*

*½ cucharadita de ajo en polvo*

*3 cucharadas de pasta de tomate*

*1 cucharada colmada de azúcar de dátil, o bien 1 o 2 dátiles deshuesados*

*¼ de pepino, pelado*

*¼ de pepino, pelado y picado fino*

*¼ de taza de cebolla picada fina*

En un robot de cocina o una batidora de alta potencia mezcla los anacardos, la leche, el vinagre, el zumo de limón, el eneldo, la cebolla en polvo, el ajo en polvo, la pasta de tomate, el azúcar de dátiles y el pepino pelado hasta que puedas conseguir una crema.

Pasa todo a un cuenco pequeño y echa por encima el pepino y la cebolla picados finos.

## HUMMUS DE ALUBIAS BLANCAS Y HIERBAS

Resultan 2 raciones

*2 tazas de judías blancas cocidas o de lata, sin sal añadida, coladas y aclaradas*
*1 cucharada de zumo de limón fresco*
*2 cucharadas de semillas de sésamo sin cáscara*
*2 cucharadas de vinagre de vino tinto*
*½ cucharadita de mostaza de Dijon*
*2 cucharadas de agua*
*¼ de taza de albahaca fresca picada*
*2 cucharadas de tomillo fresco picado*

Mezcla las judías, el zumo de limón, las semillas de sésamo, el vinagre, la mostaza y el agua en una batidora de alta potencia o un robot de cocina hasta conseguir una crema. Añade la albahaca y el tomillo y bate de nuevo muy brevemente para que los trocitos de hierbas queden a la vista.

## SALSA DE LENTEJAS ROJAS

Resultan 4 raciones

*½ taza de lentejas rojas secas*
*1 cebolla mediana, picada*
*1 diente de ajo, picado*
*1 taza y media de zumo de zanahoria*
*1 cucharada de Dr. Fuhrman's VegiZest (condimento vegetal para sopas) u otro condimento sin sal*
*1 cucharadita de comino molido*
*½ cucharadita de vinagre balsámico*

Coloca las lentejas, la cebolla, el ajo y el zumo de zanahoria en una olla. Lleva a ebullición, tapa y cuece a fuego lento entre 20 y 30 minutos, hasta que las lentejas estén blandas y claras. Añade más zumo de zanahoria si lo consideras necesario. Mezcla las lentejas cocidas, el *VegiZest*, el comino y el vinagre en un robot de cocina o una batidora de alta potencia para preparar un puré blando. Añade más zumo de zanahoria si te parece demasiado espeso.

Nota: Sirve con brócoli, coliflor u otras verduras al vapor.

## SALSA DE MANGO

RESULTAN 4 RACIONES

*1 mango maduro, pelado, deshuesado y cortado en trozos pequeños*
*3 cebolletas, picadas*
*2 cucharadas de cilantro fresco picado*
*1 cucharada de zumo de limón fresco*
*2 cucharaditas de jalapeño sin semillas, picado*

Combina todos los ingredientes en un cuenco pequeño.

## SALSA DE SÉSAMO Y JENGIBRE

RESULTAN 4 RACIONES

*⅔ de taza (160 ml) de agua*
*½ taza de tahini crudo*
*2 cucharadas de zumo de limón fresco*
*1 cucharadita de miso blanco*
*1 cucharada de jengibre fresco, rallado fino*
*2 dátiles deshuesados*

*1 diente de ajo, triturado*
*una pizca de pimiento rojo en escamas*

Mezcla todos los ingredientes en un robot de cocina o una batidora de alta potencia. Si lo consideras necesario, añade más agua para alcanzar la consistencia deseada.

Nota: Sirve con verduras al vapor o sofritas en agua. Esta salsa va muy bien con col china, espárragos o col rizada.

## GUACAMOLE SIMPLE

RESULTAN 4 RACIONES

*2 aguacates maduros, pelados y deshuesados*
*½ taza de cebolla picada fina*
*¼ de taza de cilantro fresco picado*
*2 cucharadas de zumo de lima recién exprimido*
*¼ cucharadita de comino molido*
*¼ de cucharadita de pimienta negra recién molida*

Con un tenedor aplasta los aguacates en un cuenco pequeño. Añade el resto de los ingredientes y mezcla bien. Tapa y deja enfriar.

## ALIÑO/CREMA RANCHERA DE TOFU

RESULTAN 4 RACIONES

*170 g (6 onzas) de tofu sedoso*
*3 dátiles, deshuesados*
*1 diente de ajo, pelado*
*¼ de taza de cebolleta picada fina*
*3 cucharadas de agua*

2 cucharadas de zumo de limón fresco
1 cucharada y media de condimento italiano seco*
1 cucharada de perejil fresco picado
1 cucharada de eneldo fresco picado
1 cucharadita de Bragg Liquid Aminos (concentrado proteínico lí-
    quido a base de soja) o salsa de soja con bajo contenido de sodio
una pizca de pimienta de Cayena (opcional)

Mezcla todos los ingredientes en un robot de cocina o una batidora de alta potencia hasta conseguir una crema suave.

Nota: Utiliza esta preparación como condimento, crema o sustituto de la mayonesa en tus recetas favoritas. Conserva en la nevera dentro de un recipiente hermético durante 5 días como máximo.

## Ensaladas

### ENSALADA DE ESPÁRRAGOS Y SHIITAKE CON ALIÑO CREMOSO DE SÉSAMO

RESULTAN 4 RACIONES

**Para el aliño cremoso de sésamo:**
²/₃ de taza más 2 cucharadas de semillas de sésamo sin cáscara
1 taza de leche de soja, cáñamo o almendra sin azúcar
2 cucharadas de Dr. Furhman's Riesling Raisin Vinegar (vinagre de
    pasas Riesling) o vinagre de arroz
1 cucharada de mantequilla de anacardos crudos o 2 cucharadas
    de anacardos crudos
1 cucharadita de aceite de sésamo tostado

---

* Mezcla de varias hierbas, como romero, orégano, albahaca y tomillo. (N. de la T.)

7 *dátiles deshuesados, o a gusto, remojados en agua durante 30 minutos (reservar el líquido)*
½ *diente de ajo, picado*

## Para la ensalada:

2 *remolachas medianas, peladas y cortadas en rodajas de 1 cm aproximadamente (½ pulgada)*
½ *taza de agua*
225 *g (8 onzas) de setas shiitake, cortadas en rodajas*
450 *g (1 libra) de espárragos, cortados en diagonal en trozos de unos 5 cm (2 pulgadas)*
1 *cucharada de* Dr. Fuhrman's VegiZest *(condimento vegetal para sopas) u otro condimento sin sal*
1 *cucharadita de ajo en polvo*
1 *pimiento rojo mediano, sin semillas y cortado en tiras finas*
½ *taza de castañas de agua cortadas en rodajas*
4 *tazas de berro*
2 *tazas de brotes de soja*

Para preparar el aliño, tuesta ligeramente 2 cucharadas de las semillas de sésamo en una sartén a fuego medio durante 5 minutos, agitando el recipiente con frecuencia. Reserva.

En un robot de cocina o una batidora de alta potencia mezcla el resto de las semillas de sésamo con los otros ingredientes, excepto el líquido del remojo, hasta conseguir una crema suave. Incorpora las semillas de sésamo que has tostado y utiliza el líquido antedicho para aligerar el aliño si lo consideras necesario.

Para preparar la ensalada, precalienta el horno a 200 °C (400 °F). Coloca las remolachas y el agua en una fuente, tapa y asa durante 20 minutos. A partir de ese momento continúa asándolas pero destapadas, hasta que estén tiernas. Si lo necesitas, añade más agua para evitar que las remolachas se sequen. Reserva.

Mientras tanto, sofríe las setas en agua, a fuego fuerte, durante alrededor de 5 minutos, utilizando únicamente la cantidad de agua necesaria para evitar que se quemen. Cuando las setas estén tiernas y jugosas, añade los espárragos y sofríelos en agua durante 5 minutos, hasta que estén ligeramente tiernos pero crujientes. Sazona con el *VegiZest* y el ajo en polvo. Retira del calor y añade el pimiento y las castañas de agua.

Coloca el berro en un plato y vierte encima la mezcla de verduras. Adereza con el aliño, y decora con los brotes de soja. Por último, dispón las remolachas asadas alrededor del plato.

## ENSALADA DE JUDÍAS NEGRAS Y MANGO

RESULTAN 3 RACIONES

*1 mango pelado, deshuesado y cortado en cubos*
*2 cucharadas de cilantro fresco picado*
*4 cebolletas, picadas finas*
*1 pimiento rojo mediano, sin semillas y picado*
*½ taza de maíz descongelado, o maíz fresco recién cortado de la mazorca*
*3 tazas de judías negras cocidas o 2 latas (de 425 g - 15 onzas) de judías negras sin sal o de bajo contenido de sodio, coladas y aclaradas*
*3 cucharadas de zumo de lima recién exprimido*
*1 cucharadita de ajo fresco picado*
*1 cucharadita de orégano seco*
*1 cucharadita de comino molido*
*una pizca de guindilla en polvo*
*9 tazas de lechuga romana picada*

Si usas maíz fresco, sofríelo en agua durante 5 minutos o hasta que esté tierno. Mezcla todos los ingredientes en un cuenco, excepto la lechuga. Deja reposar durante al menos 15 minutos y sirve encima de la lechuga.

Nota: Puedes preparar la mezcla de verduras sin el mango el día antes y refrigerarla. Añade el mango y el zumo de lima justo antes de servir.

## MEZCLA DE HOJAS VERDES AL ESTILO SUREÑO

### Resultan 2 raciones

*1 taza de agua*
*1 diente de ajo, picado*
*una pizca de pimienta negra*
*1 taza y media de judías carillas o 1 lata de 425 g (15 onzas) de*
  *judías carillas sin sal añadida o de bajo contenido de sodio, co-*
  *ladas y aclaradas*
*1 taza de pimiento amarillo, sin semillas y picado*
*1 taza de tomate fresco, picado*
*⅓ de taza de perejil fresco, picado*
*¼ de taza de cebolla roja, picada*
*2 cucharadas de vinagre balsámico o de higo*
*alrededor de 7 tazas de hojas verdes para ensalada*

Combina el agua, el ajo y la pimienta negra en una olla grande y lleva a ebullición. Añade las judías carillas; tapa y cuece lentamente a fuego mínimo durante alrededor de 10 minutos. Escúrrelas.

En un cuenco, combina las judías carillas, el pimiento, el tomate, el perejil, la cebolla y el vinagre. Tapa y deja en la nevera durante 3 horas o toda la noche. Sirve sobre las hojas de la ensalada.

Nota: Si no puedes encontrar judías carillas sin sal o de bajo contenido de sodio, puedes reemplazarlas por judías blancas pequeñas (también sin sal).

## ENSALADA VERDE CON NUECES Y PERAS

RESULTAN 2 RACIONES

> *aproximadamente 5 tazas (8 onzas) de hojas tiernas*
> *aproximadamente 2 tazas (2 onzas) de rúcula o berro*
> *1 pera, pelada, sin corazón y rallada*
> *¼ de taza de pasas de Corinto*
> *¼ de taza de nueces picadas*
> *2 cucharadas de* Dr. Fuhrman's D'Anjou Pear Vinegar *(vinagre de pera D'Anjou) o vinagre de arroz*
> *2 cucharaditas de aceite de oliva*
> *2 peras, peladas, sin corazón y cortadas en tiras*
> *¼ de taza de nueces cortadas a la mitad*

Combina las hojas tiernas, la rúcula, la pera rallada, las pasas y las nueces en un cuenco. Mezcla con vinagre y aceite de oliva. Cubre con las peras cortadas en tiras y las mitades de nuez.

Nota: Para conseguir una mayor densidad nutricional, consume berro con la mayor frecuencia posible.

## Sopas y guisos

## CREMA SELVA NEGRA DE SOPA DE SETAS

RESULTAN 6 RACIONES

> *2 cucharadas de agua*
> *900 g (2 libras) de setas frescas variadas (champiñón botón, shiitake, cremini), cortadas en rodajas finas*
> *2 dientes de ajo, picados o triturados*
> *2 cucharaditas de hierbas provenzales*
> *5 tazas de zumo de zanahoria*

*3 tazas de leche de soja, cáñamo o almendra sin azúcar*

*2 zanahorias, cortadas en trozos grandes*

*2 cebollas medianas, picadas*

*¾ de taza de granos de maíz fresco o congelados*

*1 taza de apio picado*

*3 puerros, cortados en rodajas de aproximadamente 1 cm (½ pulgada) de espesor*

*¼ de taza de Dr. Fuhrman's VegiZest (condimento vegetal para sopas) u otro condimento sin sal*

*¼ de taza de anacardos crudos*

*1 cucharada de limón recién exprimido*

*1 cucharada de tomillo fresco picado*

*2 cucharaditas de romero fresco picado*

*2 latas de 425 g (15 onzas) de judías blancas de cualquier variedad, sin sal añadida o de bajo contenido de sodio, coladas y aclaradas*

*140 g (5 onzas) de espinacas tiernas*

*¼ de taza de perejil fresco picado, para decorar (opcional)*

Calienta el agua en una sartén grande. Sofríe las setas, el ajo y las hierbas provenzales durante alrededor de 5 minutos o hasta que estén tiernas, añadiendo más agua si fuera necesario para evitar que se peguen. Reserva.

En una cacerola grande echa el zumo de zanahoria, 2 tazas y media de leche, las zanahorias, la cebolla, el maíz, el apio, los puerros y el *VegiZest,* y lleva a ebullición. Reduce el calor y cuece durante unos 30 minutos hasta que las verduras estén tiernas.

En un robot de cocina o una batidora de alta potencia procesa los anacardos y la media taza de leche restante. Añade la mitad del líquido de la sopa y las verduras, el zumo de limón, el tomillo y el romero. Mezcla bien hasta conseguir una crema suave.

376 COMER PARA VIVIR

Vierte esta sopa cremosa de nuevo en la cacerola. Añade las judías, la espinaca y las setas que ya has sofrito previamente. Calienta hasta que la espinaca se marchite. Si lo deseas, decora con el perejil.

## LA FAMOSA SOPA ANTICANCERÍGENA DEL Dr. FUHRMAN

RESULTAN 10 RACIONES

½ *taza de guisantes secos*
½ *taza de judías secas (cualquier variedad)*
*4 tazas de agua*
*4 cebollas medianas picadas*
*6-8 calabacines medianos, cortados en trozos de 2,5 cm (1 pulgada)*
*3 puerros, cortados en trozos grandes*
*2 manojos de hojas de col rizada, col berza u otra variedad de verdura, picadas, sin tallos ni la parte central*
*5-6 tazas de zumo de zanahorias (véase nota)*
*zumo de 2 manojos de apio (véase nota)*
*2 cucharadas de* Dr. Fuhrman's VegiZest *(condimento vegetal para sopas) o alguna mezcla de hierbas y especias secas como* Mrs. Dash.
*1 taza de anacardos crudos*
*225 g (8 onzas) de setas frescas (shiitake, cremini y/o champiñón de ostra), picadas*

Coloca los guisantes, las judías y el agua en una cacerola muy grande y comienza la cocción a fuego suave. Una vez que el agua hierva, reduce el calor y continúa a fuego suave durante alrededor de 30 minutos. Añade las cebollas, los calabacines, los puerros y la col. Incorpora luego el zumo de zanahoria, el zumo de apio y el

*VegiZest*. Cuece a fuego mínimo durante alrededor de 40 minutos, hasta que las cebollas, los calabacines y los puerros estén tiernos. Retira 2 tazas del líquido de la sopa, cuidando de dejar las judías y al menos la mitad de la col en la cacerola. Con una batidora de alta potencia o un robot de cocina, procesa el líquido de la sopa con los anacardos. Devuelve la mezcla cremosa a la olla, añade las setas y cuece a fuego suave durante 30 minutos, o hasta que las judías estén tiernas.

Nota: El zumo recién hecho de zanahorias y apio orgánicos maximizará el sabor de esta sopa.

## SOPA CREMA AUSTRÍACA DE COLIFLOR DORADA

### Resultan 4 raciones

*1 cabeza de coliflor, cortada en trozos*

*3 zanahorias, picadas gruesas*

*1 taza de apio, picado grueso*

*2 puerros, picados gruesos*

*2 dientes de ajo, picados*

*2 cucharadas de* Dr. Fuhrman's *VegiZest (condimento vegetal para sopas) u otro condimento sin sal*

*2 tazas de zumo de zanahoria*

*4 tazas de agua*

*½ cucharadita de nuez moscada*

*1 taza de anacardos crudos*

*5 tazas de hojas de col rizada picadas o bien de espinacas tiernas*

Coloca todos los ingredientes en una olla, a excepción de los anacardos y la col. Tapa y cuece a fuego suave durante 15 minutos o hasta que las verduras estén ligeramente tiernas. Al mismo tiempo, cuece la col al vapor hasta que se ablande. (Si vas a usar espinaca, puedes evitar la cocción al vapor. Simplemente se marchitará en el calor de la sopa.)

En un robot de cocina o una batidora de alta potencia mezcla dos tercios del líquido de la sopa y las verduras con los anacardos hasta conseguir una crema suave. Vierte esta mezcla de nuevo en la olla y añade la col cocida al vapor (o la espinaca cruda).

## GUISO VEGETAL DE CRUCÍFERAS

### RESULTAN 10 RACIONES

*4 tazas de agua*

*2 tazas y media de zumo de zanahoria*

*½ taza de guisantes secos*

*½ taza de lentejas secas (las rojas aportan un color más bonito a la sopa)*

*½ taza de habas adzuki, que debes dejar en remojo toda la noche, o habas adzuki de lata, sin sal o de bajo contenido de sodio, coladas y aclaradas*

*1 col rizada, con las hojas cortadas en trozos grandes y sin los tallos ni la parte central*

*1 col berza, con las hojas cortadas en trozos grandes y sin los tallos ni la parte central*

*1 cabeza de brócoli, cortada en flores*

*225 g (8 onzas) de coles de Bruselas frescas o congeladas, cortadas en dos si son grandes*

*225 g (8 onzas) de setas shiitake, cortadas a la mitad*

*280 g (10 onzas) de ramas de apio cortadas en trozos de 2,5 cm (1 pulgada)*

*3 puerros, cortados gruesos*

*3 zanahorias, cortadas en trozos de 2,5 cm (1 pulgada)*
*3 chirivías, cortadas en trozos de 2,5 cm (1 pulgada)*
*3 cebollas medianas, picadas*
*4 calabacines medianos, en cubos*
*4 dientes de ajo picados, o 2 cucharadas de ajo en polvo*
*1 lata de 790 g (28 onzas) de tomates picados sin sal añadida o*
*de bajo contenido de sodio*
*¼ de taza de Dr. Fuhrman's VegiZest (condimento vegetal para sopas) u otro condimento sin sal*
*2 cucharadas de Mrs. Dash (mezcla de hierbas y especias secas)*
*¼ de taza de perejil fresco picado*
*1 taza de brotes de brócoli (opcional)*

Coloca todos los ingredientes, excepto el perejil y las coles, en una cacerola grande. Tapa y cuece a fuego suave durante aproximadamente una hora y media, hasta que las habas adzuki estén tiernas. (Si usas habas adzuki de lata, cuece durante alrededor de una hora hasta que las verduras, las lentejas y los guisantes estén tiernos y los sabores se fundan.) En un robot de cocina o una batidora de alta potencia mezcla un cuarto de la sopa hasta que esté cremosa. Vierte esta preparación de nuevo en la olla y añade el perejil y los brotes de brócoli (si has decidido incluirlos en la receta).

## EL ADORABLE GUISO DE LENTEJAS DE LISA

Resultan 4 raciones

*2 tazas de lentejas secas*
*6 tazas de agua*
*½ cebolla mediana, picada fina*
*una pizca de pimienta negra*

*1 cucharadita de albahaca seca*
*3 tomates maduros grandes, picados*
*1 rama de apio, picada fina*

Coloca las lentejas, el agua, la cebolla, la pimienta y la albahaca en una olla y cuece a fuego mínimo durante 30 minutos. Agrega el tomate y el apio y continúa la cocción durante otros 15 minutos, o hasta que las lentejas estén tiernas.

## BISQUE DE TOMATE

RESULTAN 6 RACIONES

*3 tazas de zumo de zanahoria*
*680 g (1,5 libras) de tomates, picados, o 1 lata de 790 g (28 onzas) de tomates enteros sin sal o de bajo contenido de sodio (la variedad San Marzano es la más recomendada porque es menos ácida y más dulce)*
*¼ de taza de tomates secos, picados*
*2 ramas de apio, picadas*
*1 cebolla pequeña, picada*
*1 puerro, picado*
*1 chalota grande, picada*
*3 dientes de ajo, picados*
*1 hoja pequeña de laurel*
*una pizca de azafrán (opcional)*
*1 cucharadita de tomillo seco, desmenuzado*
*2 cucharadas de Dr. Fuhrman's MatoZest (condimento vegetal para sopas) u otro condimento sin sal*
*½ taza de anacardos secos*
*¼ de taza de albahaca fresca picada*
*140 g (5 onzas) de espinacas tiernas*

En una olla grande combina todos los ingredientes, excepto los anacardos, la albahaca y la espinaca. Cuece a fuego bajo durante 30 minutos. Retira la hoja de laurel. Con una espumadera coge 2 tazas de verduras y reserva. Procesa el resto de la sopa y los anacardos en un robot de cocina o una batidora de alta potencia hasta conseguir una crema. Vuelve a introducir en la olla las verduras que habías reservado, añade la albahaca y la espinaca, y deja que las hojas tiernas se marchiten.

## Platos principales

### SOFRITO VEGETAL ASIÁTICO

RESULTAN 4 RACIONES

*395 g (14 onzas) de tofu extrafirme, cortado en cubos*
*1 cucharadita de* Bragg Liquid Aminos *(concentrado proteínico líquido a base de soja) o salsa de soja con bajo contenido de sodio*
*una pizca de pimiento rojo en escamas*
*½ taza de arroz integral y/o arroz salvaje*
*2 cucharadas de especias* Spike *sin sal añadida u otro condimento sin sal*
*¼ de taza de semillas de sésamo descascarilladas*

**Para la salsa:**
*¼ de taza más 2 cucharadas de mermelada 100 por 100 de albaricoque*
*¼ de taza de mantequilla natural de cacahuete sin sal o mantequilla de anacardos cruda*
*2 cucharadas de jengibre fresco picado*
*4 dientes de ajo, picados*

4 *cucharaditas de* Dr. Fuhrman's VegiZest *(condimento vegetal para sopas) u otro condimento sin sal*

⅓ *de taza (80 ml) de agua*

¼ *de taza (60 ml) de* Dr. Fuhrman's Black Fig Vinegar *(vinagre de higo negro) o vinagre balsámico*

1 *cucharadita de arrurruz en polvo*

*una pizca de pimiento rojo en escamas desmenuzadas*

## Para las verduras:

2 *cucharadas de agua*

1 *cebolla mediana, cortada en rodajas y luego separadas en tiras de 2,5 cm (1 pulgada)*

4 *tazas de flores de brócoli pequeñas*

2 *zanahorias, cortadas en diagonal en trozos finos*

4 *pimientos rojos medianos, sin semillas y cortados en cuadrados de 2,5 cm (1 pulgada)*

1 *taza de guisantes tirabeques o guisantes comunes, sin tallos*

2 *tazas de col china, cortada en trozos pequeños*

3 *tazas de setas frescas (shiitake, boletos y/o cremini), sin tallos y cortadas en rodajas*

450 g *(1 libra) de espinaca fresca*

½ *taza de anacardos crudos, cortados en trozos grandes*

480 g *aproximadamente (1¼ de libra) de lechuga romana en tiras*

Marina el tofu durante 30 minutos en el concentrado proteínico líquido junto con el pimiento en escamas y las especias. Mientras tanto, cuece el arroz siguiendo las instrucciones de la caja. Reserva.

Precalienta el horno a 180 °C (350 °F). Espolvorea el tofu marinado con las semillas de sésamo. Hornea el tofu cubierto de sésamo en una fuente antiadherente durante 30 a 40 minutos, hasta que se dore.

Para preparar la salsa, coloca todos los ingredientes en un robot de cocina o una batidora de alta potencia y mezcla hasta conseguir una crema suave. Vierte todo en un cuenco pequeño y reserva. Calienta agua en una olla grande y sofríe allí la cebolla, el brócoli, las zanahorias, los pimientos y los guisantes durante 5 minutos, añadiendo más agua si es necesario para evitar que las verduras se quemen. Incorpora la col china y las setas, tapa y cuece a fuego suave hasta que las verduras estén tiernas. Retira la tapa de la olla y continúa la cocción hasta que el agua se haya evaporado. Añade la espinaca y mezcla hasta que las hojas se marchiten.

Agrega la salsa y mezcla durante aproximadamente 1 minuto hasta cubrir todas las verduras, procurando que la salsa esté caliente y burbujeante. Incorpora los anacardos y el tofu horneado. Sirve el sofrito sobre la lechuga cortada, además de unos 60 gramos de arroz por persona.

Nota: Esta receta parece más difícil de lo que es en realidad. Merece la pena el tiempo que lleva prepararla y es magnífica para compartir.

Variación: Sofríe judías o pequeños trozos de pechuga de pollo o gambas con las verduras.

## ENCHILADAS DE JUDÍAS

Resultan 4 raciones

*1 pimiento verde mediano, sin semillas y picado*
*½ taza de cebolla cortada en rodajas*
*1 lata de salsa de tomate de 225 g (8 onzas), sin sal añadida o de bajo contenido de sodio*
*2 tazas de judías pintas o negras cocidas o en lata, sin sal añadida o de bajo contenido de sodio, coladas y aclaradas*

*1 taza de maíz descongelado o maíz fresco de mazorca*
*1 cucharada de cilantro fresco picado*
*1 cucharada de guindilla en polvo*
*1 cucharadita de comino en polvo*
*una pizca de pimienta de Cayena (opcional)*
*6-8 tortillas de maíz*

Sofríe el pimiento y la cebolla en 2 cucharadas de la salsa de tomate hasta que estén tiernos. Añade el resto de la salsa de tomate, las judías, el maíz, el cilantro, la guindilla en polvo, el comino, la cebolla en polvo y la Cayena (si lo deseas), y cuece durante 5 minutos. Vierte aproximadamente unos 60 g de la mezcla de judías sobre cada tortilla y enróllalas. Sírvelas directamente, o bien hornéalas durante 15 minutos a 190 °C (375 °F).

## ROLLITOS DE LECHUGA Y JUDÍAS NEGRAS

RESULTAN 4 RACIONES

*2 tazas de judías negras cocidas o de lata, sin sal añadida o de bajo
    contenido de sodio, coladas y aclaradas*
*½ aguacate grande maduro, pelado, sin hueso y pisado*
*½ pimiento verde redondo mediano, sin semillas y picado*
*3 cebolletas, picadas*
*⅓ de taza de cilantro fresco picado*
*80 ml (⅓ de taza) de salsa mexicana suave sin sal añadida o de
    bajo contenido de sodio*
*2 cucharadas de zumo de lima recién exprimido*
*1 diente de ajo picado*
*1 cucharadita de comino molido*
*8 hojas grandes de lechuga romana*

En un cuenco, pisar las judías y el aguacate con un cuchillo hasta que se mezclen bien y queden solo algunos trocitos enteros. Añade todos los ingredientes restantes menos la lechuga y mezcla. En el centro de cada hoja de lechuga coloca aproximadamente 60 g de mezcla y forma un rollo, como si se tratara de un burrito.

## POPURRÍ DE ACELGA Y VERDURAS

RESULTAN 4 RACIONES

*½ taza de agua, y un poco más por si fuera necesario*
*4 dientes de ajo, picados o triturados*
*1 cebolla mediana, cortada en trozos*
*2 cucharadas de* Dr. Fuhrman's VegiZest *(condimento vegetal para sopas) u otro condimento sin sal*
*1 cucharadita de mezcla de especias sin sal* Spike
*4 calabacines amarillos pequeños, cortados en rodajas finas*
*2 manojos de acelga roja o verde, cortada en trozos grandes, sin tallos*
*1 pimiento rojo grande, sin semillas y cortado en trozos pequeños*
*1 taza de tomates cherry cortados a la mitad*
*2 cucharadas de vinagre balsámico*

Coloca unos 60 ml (¼ de taza) del agua, el ajo, la cebolla, el *VegiZest*, la mezcla de especias sin sal y los calabacines amarillos en una olla grande. Cuece durante unos 3 minutos a fuego suave hasta que la cebolla esté tierna, añadiendo más agua si fuera necesario. Agrega la acelga, el pimiento, los tomates y el resto del agua. Tapa y continúa cociendo a fuego suave durante alrededor de 12 minutos, hasta que las verduras estén tiernas. Retíralas con una espumadera, agrega el vinagre balsámico y reduce a fuego fuerte hasta alcanzar la consistencia de un sirope. Vierte sobre las verduras.

## COLES Y ZANAHORIAS CON UVAS PASAS

RESULTAN 4 RACIONES

*4 manojos de col berza, con las hojas picadas y sin los tallos ni la parte central*
*4 zanahorias ralladas*
*1 pepino mediano*
*½ taza de uvas pasas*
*¼ de taza de mantequilla de almendras*
*2 cucharaditas de* Dr. Fuhrman's Riesling Raisin Vinegar *(vinagre de pasas Riesling) o vinagre balsámico*
*1 cucharadita de levadura nutricional*
*pimienta negra a gusto*

Cuece la col al vapor durante 15 minutos. Añade la zanahoria rallada y continúa durante 5 minutos más. Retira ambas verduras de la cacerola y colócalas en un cuenco. Mezcla los ingredientes restantes en un robot de cocina o una batidora de alta potencia hasta conseguir una crema. Vierte sobre la col y las zanahorias y remueve.

## CHILI VEGETAL SENCILLO DE TRES LEGUMBRES

RESULTAN 6 RACIONES

*450 g (1 libra) de tofu firme, previamente congelado y ahora a temperatura ambiente*
*5 cucharaditas de guindilla en polvo o más, a gusto*

*1 cucharadita de comino molido*
*280 g (10 onzas) de cebollas congeladas*
*3 tazas de brócoli descongelado y picado fino*
*3 tazas de coliflor descongelada y picada fina*
*3 dientes de ajo, picados*
*1 lata de judías pintas de 425 g (15 onzas), sin sal añadida o de*
*bajo contenido de sodio, coladas y aclaradas*
*1 lata de judías negras de 425 g (15 onzas), sin sal añadida o de*
*bajo contenido de sodio, coladas y aclaradas*
*1 lata de judías rojas de 425 g (15 onzas), sin sal añadida o de*
*bajo contenido de sodio, coladas y aclaradas*
*1 lata de 425 g (15 onzas) de tomate en cubos, sin sal añadida*
*1 lata de 115 g (4 onzas) de guindillas verdes suaves, coladas*
*2 tazas y media de granos de maíz frescos o congelados*
*2 calabacines grandes, picados finos*

Escurre el resto de agua que pudiera tener el tofu descongelado y desmenúzalo. Colócalo en una cacerola con la guindilla en polvo y el comino y procede a dorarlo rápidamente. Añade el resto de los ingredientes y cuece todo junto a fuego lento, tapado, durante 2 horas.

## PIZZA VEGETAL SENCILLA

RESULTAN 4 RACIONES

*4 pitas integrales grandes*
*2 tazas de salsa para pasta sin sal o de bajo contenido de sodio*
*½ taza de setas shiitake picadas*
*½ taza de cebolla roja picada*
*280 g (10 onzas) de flores de brócoli descongeladas y picadas finas*
*1 taza de queso no lácteo de tipo mozzarella, cortado en tiras*

Precalienta el horno a un poco menos de 100 °C (200 °F). Coloca las pitas en dos fuentes y caliéntalas durante 15 minutos. Retíralas del horno y cúbrelas de la salsa para pasta. Luego añade las setas, la cebolla, el brócoli y el queso y hornea durante 30 minutos.

## ROLLITOS DE BERENJENA

RESULTAN 6 RACIONES

*2 berenjenas grandes, peladas y cortadas a lo largo en rodajas finas*
*2-3 cucharadas de agua*
*2 pimientos rojos medianos, sin semillas y cortados en trozos grandes*
*1 cebolla mediana, cortada en trozos grandes*
*1 taza de zanahoria picada*
*½ taza de apio picado*
*4 dientes de ajo, picados*
*225 g (8 onzas) de espinaca tierna*
*1 cucharada de* Dr. Fuhrman's VegiZest *(condimento vegetal para sopas) u otro condimento sin sal*
*2 tazas de salsa para pasta, sin sal añadida o de bajo contenido de sodio*
*170 gramos (6 onzas) de queso no lácteo de tipo mozzarella, cortado en tiras*

Precalienta el horno a 180 °C (350 °F) y aceita ligeramente una fuente antiadherente. Coloca las berenjenas en una sola capa y hornea durante alrededor de 20 minutos, o hasta que estén lo suficientemente flexibles como para formar rollitos. Reserva.

Calienta dos cucharadas de agua en una sartén grande, añade el pimiento, la cebolla, las zanahorias, el apio y el ajo; sofríe hasta que estén tiernos, añadiendo más agua si fuera necesario. Incorpora la espinaca y el condimento para sopas. Transfiere a un cuenco grande y agrega 2 o 3 cucharadas de la salsa para pasta y todo el queso cortado en tiras.

Extiende aproximadamente un cuarto de taza de la salsa para pasta en una fuente para horno. Cubre cada rodaja de berenjena con un poco de la mezcla de verduras, enróllalas y colócalas en la fuente. Vierte el resto de la salsa sobre los rollitos y hornea de 20 a 30 minutos, hasta que estén bien calientes.

## HOJAS VERDES FANTÁSTICAS

RESULTAN 5 RACIONES

*1 col rizada grande, con las hojas picadas y sin tallo ni la parte central*

*1 manojo de acelgas, con las hojas picadas y sin tallos, o 140 g (5 onzas) de espinaca*

*una cucharada de* Dr. Fuhrman's Spicy Pecan Vinegar *(vinagre de pacana) u otro vinagre aromatizado*

*½ cucharada de* Dr. Fuhrman's VegiZest *(condimento vegetal para sopas) u otro condimento sin sal*

*1 diente de ajo, picado*

*1 cucharadita de eneldo seco*

*1 cucharadita de albahaca seca*

*pimienta negra a gusto*

Cuece la col al vapor durante 10 minutos. Añade la acelga y continúa la cocción durante 10 minutos más o hasta que esté tierna. Transfiere las verduras a un cuenco. Combina el resto de los ingredientes y añádelos. Si lo deseas, agrega 2 o 3 cucharadas del agua de cocción para rectificar la consistencia.

## COL RIZADA CON SALSA CREMOSA DE ANACARDOS

RESULTAN 4 RACIONES

> *2 coles rizadas grandes, sin tallos ni la parte central*
> *1 taza de anacardos crudos*
> *1 taza de leche de cáñamo, soja o almendra*
> *¼ de taza de cebolla en escamas*
> *1 cucharada de* Dr. Fuhrman's VegiZest *(condimento vegetal para sopas) u otro condimento sin sal (opcional)*

Cuece la col durante 15 minutos o hasta que esté tierna. Mientras tanto, procesa los anacardos, la leche, la cebolla en escamas y el *VegiZest* en un robot de cocina o una batidora de alta potencia hasta conseguir una crema suave. Cuando la col esté lista, presiónala con papel de cocina para retirar su exceso de agua, córtala y mézclala con la salsa.

## ALBÓNDIGAS SIN CARNE

RESULTAN 6 RACIONES (18 ALBÓNDIGAS)

> *1-2 cucharadas de agua o caldo vegetal sin sal o con bajo contenido de sodio*
> *½ taza de cebolla cortada en cubos*
> *3 dientes de ajo, asados (véase receta de aliño/crema para ensalada César, p. 364) y triturados*
> *¼ de taza de apio cortado en cubos*
> *2 cucharadas de perejil fresco picado*

*una pizca de salvia seca*

*1 cucharada de albahaca seca*

*1 cucharadita de orégano seco*

*1 taza y media de lentejas cocidas o una lata de lentejas de 425 g
(15 onzas) sin sal añadida o de bajo contenido de sodio, coladas y aclaradas.*

*¼ de taza de arroz integral cocido*

*2-3 cucharadas de pasta de tomate*

*1 cucharada de arrurruz en polvo o de harina de trigo integral*

*2 cucharadas de Dr. Fuhrman's MatoZest (condimento vegetal para
sopas) u otro condimento sin sal*

*2 cucharadas de levadura nutricional*

*pimienta negra recién molida, a gusto*

*2 cucharadas de harina glutinada, para conseguir mayor consis-
tencia (opcional)*

Precalienta el horno a 180 °C (350 °F). En una sartén calienta una cucharada de agua, añade la cebolla y el ajo y sofríe durante 5 minutos. Agrega a continuación el apio, el perejil, la salvia, la albahaca y el orégano. Sofríe durante otros 5 minutos,
añadiendo más agua si fuera necesario para evitar que se peguen.

En un cuenco grande combina el sofrito de verduras con el
resto de los ingredientes y mezcla bien. Desmenúzalas ligeramente con un pasapurés. Con las manos húmedas y 2 cucharadas de la mezcla de lentejas, forma una bola. Repite, y coloca todas las bolas en una fuente ligeramente aceitada y hornea durante
30 minutos.

Nota: Sirve con tu salsa marinara favorita sin sal, o de bajo contenido de sodio.

# LASAÑA VEGETAL SIN PASTA

RESULTAN 8 RACIONES

**Para los «noodles» de lasaña:**
> *2 berenjenas grandes, cortadas a lo largo en rodajas finas*
> *3 calabacines pequeños, cortados a lo largo en rodajas lo más finas posible*
> *3 calabacines amarillos pequeños, cortados a lo largo en rodajas lo más finas posible*

**Para la «ricotta» de tofu:**
> *450 g (16 onzas) de tofu sedoso*
> *1 cebolla pequeña, cortada en cuartos*
> *4 dientes de ajo, cortados a la mitad*
> *½ taza de hojas de albahaca fresca*
> *560 g (1¼ libras) de tofu firme, sin que existan restos de agua y desmenuzado*
> *¼ de taza de* Dr. Fuhrman's VegiZest *(condimento vegetal para sopas) u otro condimento sin sal*
> *2 cucharadas de condimento italiano seco (mezcla de varias hierbas, como romero, orégano, albahaca y tomillo)*
> *1 taza de queso no lácteo de tipo mozzarella, rallado*

**Para las verduras:**
> *2 plantas de brócoli, cortadas en trozos grandes*
> *4 tazas de setas frescas mezcladas y cortadas en rodajas (shiitake, cremini, champiñón de ostra)*
> *4 pimientos medianos (amarillo, rojo y/o anaranjado), sin semillas y picados*
> *198 g (7 onzas) de espinacas tiernas*
> *3 tazas de salsa para pasta sin sal o de bajo contenido de sodio albahaca fresca picada, para decorar*

Para preparar los «noodles» de lasaña, precalienta el horno a 180 °C (350 °F). Unta una fuente con una pequeña cantidad de aceite de oliva. Coloca la berenjena y los calabacines y hornéalos durante 10 minutos, o hasta que estén flexibles pero no completamente cocidos. Si fuera necesario, prepáralos en diferentes tandas. Reserva.

Mientras los «noodles» se están horneando, prepara la «ricotta» de tofu. Procesa el tofu sedoso, la cebolla y el ajo en un robot de cocina o una batidora de alta potencia. Añade las hojas de albahaca y pícalas. Transfiere a un cuenco mediano y agrega el tofu firme desmenuzado. Luego incorpora el *VegiZest*, el condimento italiano y el queso rallado. Reserva.

Para preparar las verduras, sofríe el brócoli, las setas, los pimientos y la espinaca, sin agua, a fuego suave durante 5 minutos hasta que estén tiernos.

Para armar la lasaña, extiende una capa delgada de salsa para pasta sobre el fondo de una fuente para horno. Coloca encima las rodajas de berenjena, las verduras salteadas, las rodajas de calabacín amarillo y de calabacín común y la «ricotta» de tofu, y finalmente cubre todo con salsa para pasta. Repite en la capa siguiente, acabando con la «ricotta» de tofu. Vierte el resto de la pasta para salsa por encima y hornea a 180 °C (350 °F) sin tapar, durante una hora, o hasta que todos los ingredientes estén calientes y burbujeantes. Decora con la albahaca picada.

## PITA RELLENA DE HOJAS VERDES Y ALIÑO RUSO DE HIGO

Resulta 1 ración

*varias hojas de col rizada, acelga o mostaza parda, sin los tallos*
*1 cucharadita de zumo de limón recién exprimido*

*una pizca de ajo en polvo*

*3 cucharadas de salsa para pasta sin sal añadida o de bajo conte-*
   *nido de sodio*

*1 cucharada de mantequilla de almendra cruda*

*1 cucharada de* Dr. Fuhrman's Black Fig Vinegar *(vinagre de higo*
   *negro)*

*1 pita integral*

*2 rodajas delgadas de cebolla roja*

*1 tomate en rodajas*

Cuece las hojas al vapor durante aproximadamente 15 minutos, hasta que estén tiernas. Rocía con el zumo de limón y el
ajo en polvo y deja enfriar.

Mezcla la salsa para pasta, la mantequilla de almendra y el vinagre en un robot de cocina o una batidora de alta potencia hasta conseguir una crema suave. Rellena la pita con las verduras,
la cebolla roja y el tomate, y cubre con el aliño.

## PITA DE CHAMPIÑÓN PORTOBELLO
## Y PIMIENTO ROJO

RESULTAN 4 RACIONES

*4 champiñones portobello grandes, sin tallo*

*½ cebolla roja grande, cortada en rodajas finas*

*4 pitas integrales*

*2 tazas de hojas de rúcula*

*2 pimientos rojos medianos asados de bote, sin semillas y cortados en*
   *rodajas finas*

### Para el tahini:

*¾ de taza de tahini crudo*

*½ taza de agua*

*1 cucharada de zumo de limón recién exprimido*

*1 dátil medjool o 2 dátiles deglet noor, deshuesados y picados*

*1 diente de ajo, picado*

*1 cucharada de* Dr. Fuhrman's VegiZest *(condimento vegetal para sopas) u otro condimento sin sal*

*1 cucharadita de* Bragg Liquid Aminos *(concentrado proteínico líquido a base de soja) o salsa de soja con bajo contenido de sodio*

Precalienta el horno a 190 °C (375 °F). Dispón las setas y la cebolla en una fuente y ásalas durante 15 a 20 minutos, hasta que estén tiernas.

Mientras tanto, prepara el tahini mezclando todos los ingredientes en un robot de cocina o en una batidora de alta potencia hasta conseguir una crema.

Cuando las setas y la cebolla estén listas, abre las pitas a la mitad (en horizontal) y caliéntalas ligeramente. Unta una generosa cantidad de tahini en la mitad superior de cada pita, y cubre la inferior con media taza de rúcula, una seta (sécalas con papel de cocina para absorber cualquier exceso de líquido) y un cuarto de la cebolla y el pimiento rojo asado. Une ambas mitades y forma el sándwich.

## HAMBURGUESAS SENCILLAS DE JUDÍAS

### Resultan 6 raciones

*¼ de taza de semillas de girasol crudas*

*2 tazas de judías rojas o rosas cocidas o de lata, sin sal añadida o de bajo contenido de sodio, coladas y aclaradas*

*½ taza de cebolla picada*

*2 cucharadas de ketchup con bajo contenido de sodio*

*1 cucharada de germen de trigo o copos de avena*
*½ cucharadita de guindilla en polvo*

Precalienta el horno a 180 °C (350 °F). Unta ligeramente una fuente con un poquito de aceite de oliva (extiéndelo con papel de cocina).

Pica las semillas de girasol en un robot de cocina o bien en un mortero. Procesa las judías en el robot de cocina o un pasapurés y mézclalas con las semillas de girasol. Añade el resto de los ingredientes y forma seis hamburguesas. Disponlas en la fuente y hornéalas durante 25 minutos. Retira la fuente del horno y deja enfriar ligeramente, hasta que puedas coger cada hamburguesa y presionarla con fuerza con las manos para volver a formarla. Vuelve a colocarlas en la fuente dándoles la vuelta, y continúa horneando durante otros 10 minutos.

## MARINARA DE ESPINACAS Y COLES DE BRUSELAS

RESULTAN 4 RACIONES

*450 g (1 libra) de coles de Bruselas*
*395 g (14 onzas) de espinacas tiernas*
*¼ de taza (60 ml) de agua*
*4 dientes de ajo, picados*
*1 cebolla pequeña, picada*
*1 lata de aproximadamente 400 g (14,5 onzas) de tomates sin sal*
  *o con bajo contenido de sodio*
*1 cucharada de* Dr. Fuhrman's VegiZest *(condimento vegetal para*
  *sopas) u otro condimento sin sal*

Cuece las coles de Bruselas y las espinacas al vapor durante 8 minutos, o hasta que las coles estén casi tiernas. Mientras tanto, calienta el agua en una olla grande y sofríe el ajo y la cebolla durante 5 minutos, hasta que la cebolla esté tierna. Añade las coles de Bruselas y la espinaca, los tomates picados y el *VegiZest*. Cuece a fuego suave durante 10 minutos.

## CURRY TAILANDÉS DE VERDURAS

Resultan 8 raciones

*4 dientes de ajo, bien picados*
*2 cucharadas de jengibre fresco picado muy fino*
*2 cucharadas de menta fresca picada*
*2 cucharadas de albahaca fresca picada*
*2 cucharadas de cilantro fresco picado*
*2 tazas de zumo de zanahoria*
*1 pimiento rojo mediano, sin semillas y cortado en tiras finas*
*1 berenjena grande, pelada si lo deseas, y cortada en cubos de apro-*
   *ximadamente 2,5 cm (1 pulgada)*
*2 tazas de judías verdes cortadas en trozos de 5 cm (2 pulgadas)*
*3 tazas de setas shiitake cortadas en rodajas*
*1 lata de 225 g (8 onzas) de brotes de bambú, escurridos*
*2 cucharadas de* Dr. Fuhrman's VegiZest *(condimento vegetal para*
   *sopas) u otro condimento sin sal*
*½ cucharadita de curry en polvo*
*2 tazas de hojas de berro*
*3 cucharadas de mantequilla de cacahuete natural con trozos, sin sal*
*900 g (2 libras) de tofu firme, cortado en rodajas finas*
*½ taza de leche de coco ligera*
*½ taza de anacardos crudos, picados*
*hojas de menta, albahaca o cilantro frescas y picadas, para decorar*
   *(opcional)*

Coloca el ajo, el jengibre, la menta, la albahaca, el cilantro, el zumo de zanahoria, el pimiento, la berenjena, las judías verdes, las setas, los brotes de bambú, el *VegiZest*, el curry en polvo y una sola taza de berro en un wok o una sartén grande. Lleva a ebullición, tapa y cuece a fuego suave, removiendo de vez en cuando, hasta que todas las verduras estén tiernas. Añade la mantequilla de cacahuete. Incorpora a continuación el tofu, sigue cociendo a fuego suave y remueve hasta que todos los ingredientes estén calientes. Agrega la leche de coco y prosigue con la cocción. Cubre con la taza de berro restante y los anacardos. Si lo deseas, decora con hojas de menta, albahaca o cilantro.

Nota: Este plato puede servirse sobre arroz integral o quinoa. También es posible usar verduras congeladas en lugar de frescas.

## BURRITO VEGETAL CON JUDÍAS

RESULTAN 6 RACIONES

*2-3 cucharadas de agua*
*1 planta de brócoli, picada*
*½ coliflor, picada*
*2 zanahorias, picadas*
*2 pimientos rojos medianos, sin semillas y picados*
*2 calabacines medianos, picados*
*1 cebolla mediana, picada*
*4 dientes de ajo, picados*
*1 cucharada y media de* Dr.Fuhrman's VegiZest *(condimento vegetal para sopas) u otro condimento sin sal*
*1 cucharadita de albahaca seca*
*1 cucharadita de orégano seco*

*1 cucharadita de perejil seco*
*1 taza de anacardos crudos*
*½ taza de leche de soja, cáñamo o almendra sin azúcar*
*1 taza y media de judías pintas cocidas o 1 lata de 425 g (15 onzas)*
*de judías pintas sin sal añadida o con bajo contenido de sodio,*
*coladas y aclaradas*
*6 tortillas de trigo integral o igual cantidad de hojas de lechuga*
*romana*

Vierte las 2 cucharadas de agua, el brócoli, la coliflor, la zanahoria, el pimiento, el calabacín, la cebolla, el ajo, el *VegiZest*, la albahaca, el orégano y el perejil en una olla grande con tapa. Sofríe durante 15 minutos o hasta que todos los ingredientes estén tiernos, añadiendo más agua si fuera necesario. Mientras tanto, coloca los anacardos y la leche en un robot de cocina o una batidora de alta potencia y procésalos hasta conseguir una crema suave. Agrega la mezcla de anacardos y judías a las verduras y mezcla todo. Extiende la preparación sobre las tortillas y enróllalas para formar los burritos.

## TORTILLA VEGETAL

RESULTAN 2 RACIONES

*1 cebolla mediana, en cubos*
*1 pimiento rojo o verde mediano, sin semillas y cortado en cubos*
*1 taza y media de setas shiitake picadas*
*1 taza de tomate fresco cortado en cubos*
*una pizca de albahaca seca*
*4 huevos, batidos*
*pimienta negra a gusto (opcional)*

Con aceite de oliva rocía ligeramente una sartén. Sofríe la cebolla, el pimiento, las setas y el tomate a fuego medio durante 10 minutos, o hasta que estén tiernos. Añade la albahaca y los huevos y cocina a fuego medio aproximadamente durante 8 minutos, hasta que estén hechos, dándoles la vuelta con una espátula a mitad de la cocción. Si lo deseas, condimenta con una pizca de pimienta negra.

## Postres

### CREMA DE ALMENDRAS Y CHOCOLATE

RESULTAN 10 RACIONES

*1 taza y $\frac{1}{3}$ de almendras crudas o $\frac{2}{3}$ de taza de mantequilla de almendra cruda*
*1 taza de leche de soja, cáñamo o almendra sin azúcar*
*1 cucharadita de extracto de vainilla*
*1 cucharada de cacao en polvo natural*
*$\frac{2}{3}$ de taza de dátiles, deshuesados*

Mezcla todos los ingredientes en una batidora de alta potencia hasta conseguir una crema suave, y añade más leche si es necesario.

Nota: Utiliza como salsa para fresas frescas y trozos de fruta.

### HELADO DE PLÁTANO Y NUEZ

RESULTAN 2 RACIONES

*2 plátanos maduros, congelados (véase nota)*
*$\frac{1}{3}$ de taza (80 ml) de leche de soja con vainilla, cáñamo o almendra*
*2 cucharadas de nueces picadas*

Mezcla todos los ingredientes en una batidora de alta potencia hasta formar una crema suave.

Nota: Congela plátanos maduros al menos 24 horas antes. Para congelarlos, pélalos, córtalos en tres partes y envuélvelos en film transparente.

## GRANIZADO DE MELÓN

RESULTAN 3 RACIONES

*1 melón sin piel, sin semillas y cortado en trozos*
*2 tazas de hielo*
*6-8 dátiles medjool, deshuesados*

Mezcla todos los ingredientes en una batidora de alta potencia hasta conseguir una crema suave.

Variación: Puedes utilizar melocotones o nectarinas en lugar de melón.

## EL STRUDEL DE MANZANA DE CARA

RESULTAN 4 RACIONES

*¼ de taza (60 ml) de zumo de manzana*
*una pizca de extracto de vainilla*
*1 cucharadita de canela*
*1 clara de huevo*
*¼ de taza de leche de soja con vainilla, o bien leche de cáñamo o almendra*
*3 manzanas peladas, sin corazón y picadas*
*¼ de taza de uvas pasas, picadas*
*½ taza de copos de avena*

Precalienta el horno a 180 °C (350 °F). En un cuenco, mezcla el zumo de manzana, la vainilla, la canela, la clara de huevo y la leche hasta combinar los ingredientes. Añade la manzana, las uvas pasas y la avena. Vierte en una fuente para horno de 20 × 20 cm (8 × 8 pulgadas). Hornea durante una hora, sin tapar.

## HELADO DE CHOCOLATE Y CEREZAS

RESULTAN 2 RACIONES

> ½ *taza (125 ml) de leche de soja con vainilla, o bien leche de cáñamo o almendra*
> *1 cucharada de cacao natural en polvo*
> *4 dátiles, deshuesados*
> *1 taza y media de cerezas dulces congeladas*

Mezcla todos los ingredientes en una batidora de alta potencia hasta conseguir una crema suave. Si utilizas una batidora normal, empieza procesando solo la mitad de las cerezas, y cuando obtengas una crema suave, añade el resto y continúa mezclando.

Variación: Utiliza bayas o plátano en lugar de cerezas. Congela los plátanos maduros al menos 24 horas antes. Para congelarlos, pélalos, córtalos en tres partes y envuélvelos en film transparente.

## EL MELOCOTÓN CONGELADO DE JENNA

RESULTAN 2 RACIONES

> *1 plátano maduro, congelado (véase nota)*
> *3 melocotones o nectarinas, pelados y sin hueso*
> *2 dátiles medjool o 4 dátiles deglet noor, deshuesados*

*¼ de taza (60 ml) de leche de soja, cáñamo o almendra*
*1 cucharadita de extracto de vainilla*
*una pizca de canela*

Mezcla todos los ingredientes en una batidora de alta potencia hasta conseguir una crema suave.

Nota: Congela los plátanos maduros con al menos 24 horas de antelación. Para hacerlo, quítales la piel, córtalos en tres partes y envuélvelos en film transparente.

## DELICIOSAS BARRITAS DE AVENA Y PLÁTANO

RESULTAN 8 RACIONES

*2 tazas de copos de avena de cocción rápida (no instantánea)*
*½ taza de coco rallado*
*½ taza de uvas pasas o dátiles picados*
*¼ de taza de nueces picadas*
*2 plátanos maduros grandes, pisados*
*¼ de taza de puré de manzana sin azúcar (opcional; véase nota)*
*1 cucharada de azúcar de dátiles (opcional; véase nota)*

Precalienta el horno a 180 °C (350 °F). Mezcla todos los ingredientes en un cuenco grande hasta combinarlos bien. Colócalos en una fuente de 22 × 22 cm (9 × 9 pulgadas) y hornea durante 30 minutos. Deja enfriar sobre una rejilla. Cuando la preparación esté fría, córtala en cuadrados o en barras.

Nota: Añade el puré de manzana y el azúcar de dátiles para endulzar y aportar más humedad a las barritas.

# CAPÍTULO 10
# *Preguntas frecuentes*

C ON LA CANTIDAD DE CONOCIMIENTO que has adquirido ya, sin duda estás preparado para *comer para vivir.* Es probable que gran parte de la información que he incluido en estas páginas sea nueva para ti y contradiga lo que has aprendido en el pasado. Por eso encontrarás a continuación una serie de preguntas y respuestas con las que pretendo afianzar y reforzar lo que he explicado y, además, ayudarte a aclarar cualquier duda.

## ¿Debería tomar vitaminas y otros suplementos nutricionales?

Yo suelo recomendar algunos suplementos vitamínicos y minerales de alta calidad para asegurar una ingesta adecuada de vitamina D, vitamina $B_{12}$, cinc y yodo. También es recomendable tomar un suplemento de ácidos grasos omega-3 o DHA. Muy pocas personas comen de forma perfecta, y muchos necesitamos más cantidad de ciertos nutrientes que de otros; por tanto, resulta bastante sensato que nos aseguremos dosis apropiadas de todas estas importantes sustancias.

La deficiencia de vitamina D —la vitamina de la luz solar— es muy frecuente. Muchos evitamos exponernos al sol, utilizamos pantalla solar a diario o pasamos la mayor parte del tiempo bajo techo. Recientes estudios llevados a cabo sobre la población norteamericana indican que durante la pasada década han disminuido sus niveles medios de vitamina D en suero. Esta caída está asociada a un crecimiento generalizado de la insuficiencia de vitamina D en casi tres de cada cuatro adolescentes y adultos norteamericanos[1].

Evitar el sol puede proteger nuestra piel de posibles daños, pero la deficiencia de vitamina D podría acentuar la progresión de la osteoporosis. También ha sido asociada a índices superiores de ciertos cánceres y enfermedades autoinmunes[2]. Un metaanálisis de 2009 formado por 19 estudios estableció una fuerte relación inversa entre los niveles de vitamina D circulante y el cáncer de mama: las mujeres con la mayor proporción de vitamina D lograron reducir su riesgo de cáncer de mama en un 45 por 100[3]. Otro análisis llevado a cabo en 2009 sobre 25 estudios reveló que los niveles suficientes de vitamina D estaban asociados en todos los casos con un riesgo menor de desarrollar cáncer colorrectal[4].

La vitamina $B_{12}$, que ayuda a producir glóbulos rojos y mantiene el adecuado funcionamiento del sistema nervioso, está presente sobre todo en los alimentos de origen animal. Si bien las dietas que contienen pocos productos animales reducen notablemente el riesgo de desarrollar ciertas enfermedades e incrementan la expectativa de vida, es necesario suplementarlas con una fuente de vitamina $B_{12}$. Algunas personas son incapaces de absorber la vitamina $B_{12}$ contenida de forma natural en los alimentos (en particular quienes forman parte del grupo de más de 50 años)[5], por lo que suelen necesitar un suplemento que optimice el funcionamiento inmune, sobre todo en los ancianos. Yo recomiendo a mis pacientes que eviten la sal, que está yodada. Sin embargo, quienes no consumen sodio deberían tomar un complejo multivitamínico que les asegure una ingesta adecuada de yodo en su dieta.

También es recomendable tomar una cantidad adicional de DHA (el ácido docohexaenoico del ácido graso omega-3). Este ácido graso esencial es reconocido por el importante papel que desempeña en el buen funcionamiento cerebral y la cardioprotección. El DHA se convierte de forma natural a partir de las grasas omega-3 presentes en ciertas verduras de hoja verde, nueces, semillas de lino, semillas de chía y semillas de cáñamo. Pero diversos estudios demuestran que no todo el mundo tiene la misma capacidad para llevar a cabo esta conversión: muchas personas son incapaces de derivar una cantidad suficiente de estos ácidos grasos esenciales a partir de fuentes alimentarias naturales, y por lo general son los hombres los que tienen más dificultades en este terreno, en especial a medida que envejecen.

El principal problema de los típicos suplementos que utiliza la mayoría de la gente es que pueden exponerte a una cantidad adicional de nutrientes que no necesitas. *Más* no siempre es *mejor*. Si bien tomar un complejo multivitamínico adecuado que contenga una cantidad extra de vitamina D y ácidos grasos omega-3 resulta beneficioso, es importante tomar decisiones adecuadas. Una excesiva cantidad de algunas vitaminas y minerales puede resultar tóxica o ejercer efectos negativos sobre la salud a largo plazo.

Evita tomar suplementos que contengan los siguientes ingredientes: vitamina A, una elevada dosis (200 UI o más) de vitamina E aislada, ácido fólico, betacaroteno y cobre. Ingerir vitamina A o betacaroteno a partir de suplementos en lugar de tomarlos de los alimentos puede interferir con la absorción de otros carotenoides de vital importancia, como la luteína y el licopeno, además de incrementar el riesgo de cáncer[6].

El ácido fólico es la forma sintética del folato añadido a los alimentos o utilizado como ingrediente en los suplementos vitamínicos. El folato se encuentra de forma natural en las frutas, las verduras, los cereales y otros alimentos. Tomar un exceso de folato obtenido de los alimentos no es preocupante; se equilibra de forma natural con otros micronutrientes, y el organismo regula su absorción[7]. Todo el mundo, incluidas las embarazadas, deberían ingerir cantidades adecuadas de folato proveniente de fuentes vegetales naturales. Recientemente se han publicado algunos estudios alarmantes que conectan la suplementación de ácido fólico con el cáncer: en efecto, cada vez son más las pruebas que sugieren que los suplementos de ácido fólico pueden incrementar considerablemente el riesgo de cáncer[8].

Recuerda que los suplementos dietéticos son precisamente eso, *suplementos*, y en ningún caso sustitutos de una dieta sana. Por sí solos son incapaces de ofrecer una protección óptima frente a la enfermedad, y tampoco es posible convertir una dieta perjudicial en un programa alimentario adecuado simplemente a través de los suplementos.

### ¿Restringir mi ingesta de productos animales o seguir una dieta estrictamente vegetariana puede provocarme deficiencias vitamínicas?

Una dieta estrictamente vegetariana no consigue satisfacer las necesidades de vitamina $B_{12}$ de algunos individuos. Si decides seguir una dieta completamente vegetariana (vegana), es fundamental que consumas un complejo multivitamínico u otra fuente de $B_{12}$, como la leche de soja fortificada. Mis menús vegetarianos y demás sugerencias dietéticas son ricos en calcio y contienen suficiente hierro, aportado por las verduras de hoja verde y las judías. También aportan una adecuada cantidad de proteína y presentan una elevada densidad de nutrientes.

Mis observaciones sugieren que los vegetarianos deberían ir a lo seguro y tomar un suplemento de $B_{12}$ o un complejo multivitamínico, o bien consumir alimentos fortificados con vitamina $B_{12}$. Otra opción para quienes odian tomar vitaminas es hacerse análisis de sangre de forma periódica, aunque comprobar solo el nivel de $B_{12}$ no basta. Habría que verificar también el nivel de ácido metilmalónico (MMA) para determinar con precisión si el nivel de $B_{12}$ presente en el organismo es suficiente.

## ¿Puedo tomar suplementos o hierbas que me ayuden a perder peso?

No permitas que te timen con comprimidos dietéticos, magia embotellada o absorbedores de grasa. Lo que es realmente eficaz no resulta seguro, y lo seguro no es eficaz. Para tratar el problema real debes hacer cambios reales. Estos son algunos datos sobre los remedios más populares.

**Bayas de asaí:** Si bien todas las bayas son antiinflamatorias y encierran una elevada concentración de antioxidantes, las excesivamente publicitadas bayas brasileñas de asaí no ofrecen ninguna recuperación mágica de la salud ni beneficio alguno a la hora de perder peso. No hay datos que sugieran que los productos de asaí ayuden a perder kilos, aplanen el vientre, limpien el colon, mejoren el deseo sexual, curen la calvicie ni cumplan con ninguna de las demás funciones que se les atribuyen. Las costosas bayas de asaí se comercializan en forma de zumo, pulpa, polvo y cápsulas, y se han convertido en un triunfo del marketing por encima de la ciencia. De hecho, después de que surgieran numerosas quejas de los consumidores, se está investigando a varias empresas que comercializan frutos de asaí.

**Garcinia cambogia** (ácido hidroxicítrico): A pesar de una interesante teoría y algunos fascinantes estudios en animales, las investigaciones llevadas a cabo en seres humanos arrojan resultados bastante mediocres. En el mejor estudio doble ciego llevado a cabo hasta la fecha, 135 pacientes recibieron 1.500 mg al día de ácido hidroxicítrico o bien un placebo, y a todos se les indicó seguir una dieta de bajo contenido calórico y rica en fibra. Después de 12 semanas, el grupo con el placebo había perdido más peso[9]. Conclusión: la garcinia cambogia no funciona.

**Quitosano:** Esta forma de quitina derivada de las conchas de los crustáceos supuestamente atrapa la grasa en el intestino, por lo que con frecuencia se la anuncia como un producto para absorber las grasas. Un análisis de los datos disponibles hasta la fecha parece indicar que habría que consumir una botella entera al día para conseguir reducir la absorción de grasa. En efecto, la cantidad de grasa absorbida es minúscula, y numerosos datos clínicos demuestran que el quitosano no promueve la pérdida de peso[10]. Conclusión: el quitosano no funciona.

**Alcaloides de efedra (ma huang):** Si bien este estimulante natural ejerce un efecto muy sutil en la reducción del apetito, la FDA ha emitido una advertencia en relación con los graves (y posiblemente letales) efectos secundarios asociados al consumo de productos que contienen efedra, entre los que menciona arritmias, ataques cardíacos, ictus, psicosis, funcionamiento hepático anormal, convulsiones, aceleración del ritmo cardíaco, ansiedad y dolor de estómago[11]. La efedra es tan peligrosa que se le ha vinculado a diversas fatalidades, puesto que incluso una dosis baja tiene efectos perjudiciales para la salud. Conclusión: no merece la pena correr semejante riesgo.

### ¿Y los fármacos para perder peso?

Recuerda: para que algo resulte eficaz tienes que adoptarlo para siempre. Eso quiere decir que incluso en el caso de que los fármacos fuesen notablemente eficaces, tendrías que estar preparado para tomarlos de por vida porque en el momento en que los dejaras empezarías a perder gradualmente sus beneficios. A largo plazo, lo que determina tu salud y tu peso sigue siendo tu dieta. Los supresores del apetito relacionados con las anfetaminas han generado mucha prensa y fueron bastante populares hasta que se conocieron mejor sus peligros. Nunca estuvieron aprobados para ser utilizados a largo plazo, así que no son muy recomendables.

Los fármacos para adelgazar que la FDA ha aprobado en Estados Unidos son Meridia (sibutramina) y Xenical (orlistat). Meridia puede causar dolor de cabeza, insomnio, estreñimiento, sequedad bucal e hipertensión, y resulta solo ligeramente beneficioso. Xenical, que es un inhibidor de las grasas, causa dolor abdominal y diarrea y reduce la absorción de las vitaminas solubles en grasa, como D, E y K. Puede aportar ciertos beneficios a quienes siguen una dieta grasa poco saludable, pero incluso en ese caso no merece la pena debido a sus efectos secundarios. En resumen, los fármacos son fármacos: un mal sustituto de una vida sana[12].

## ¿No puedo volver a tomar chocolate, helado ni ninguna otra comida basura en mi vida?

Puedes comer lo que desees ocasionalmente, pero no lo conviertas en un hábito. Intenta ser muy estricto durante los primeros tres meses para poder hacerte una idea certera de la cantidad de peso que puedes esperar perder cuando comas de forma sensata. Todos caemos en la tentación de darnos alguno de esos caprichos. Por eso, es más fácil resistirlos si los haces desaparecer de tu casa por completo. Si te saltas las normas, que sea fuera. En lo posible, únete a amigos que te apoyen en tu objetivo de recuperar la salud, o procura que ellos se unan a ti y sigan una dieta sana.

Una vez que recuperes la salud y te sientas de maravilla, será menos probable que desees desesperadamente tomar esos productos o que tu tentación sea tan grande como para que no puedas controlarla. Con el paso del tiempo, si alguna vez te desvías de tu dieta saludable probablemente notes un malestar general, tengas la boca seca y no duermas bien. Si de vez en cuando te sales de la dieta e ingieres comida basura, márcalo en un calendario y considéralo una ocasión especial que no repetirás con demasiada frecuencia.

Nadie es perfecto; sin embargo, no permitas que tu peso suba y baje sin cesar. Debes seguir el plan estrictamente para no recuperar el peso que consigas quitarte de encima.

## ¿El ejercicio es fundamental para perder peso? ¿Y cuál es mejor?

El ejercicio es importante, pero si tu habilidad para mantenerte activo es limitada, no desesperes: mis menús más agresivos te permitirán perder peso de todas maneras. Lógicamente, las personas que no tienen posibilidades de practicar ninguna actividad física requieren una dieta más estricta. Hay quienes sufren problemas de salud que les impiden moverse demasiado; sin embargo, deberían intentar planificarse una serie de ejercicios que se adapten a sus capacidades. Casi todo el mundo puede hacer algo; incluso las personas a las que les cuesta caminar tienen la posibilidad de hacer ejercicios con pesas ligeras para las extremidades superiores y utilizar una «bicicleta de brazos».

Hacer ejercicio te permitirá perder peso y mejorar tu salud; ten en cuenta, además, que las actividades físicas vigorosas influyen considerablemente en la longevidad. Si estás dispuesto a adoptar este plan y cuidar de ti, encontrarás la fuerza de voluntad que necesitas para hacer ejercicio. «No tener tiempo» no es una excusa. Si tienes tiempo para cepillarte los dientes, darte una ducha o ir al baño, puedes hacerte un hueco para practicar ejercicio. Tómate frecuentes descansos de cinco minutos para ponerte en marcha: sube y baja escaleras, o levántate de la silla y vuelve a sentarte lentamente veinte veces. Incluso quienes no tienen tiempo para hacer ejercicio o apuntarse a un gimnasio están en condiciones de subir y bajar las escaleras de su casa o su lugar de trabajo. Intenta subir y bajar todas las escaleras que puedas dos o tres veces al día. Subir y bajar veinte tramos diarios o más es una forma eficaz de conseguir tu objetivo. La mayoría de mis pacientes cuentan con un «gimnasio» en su casa: es decir, una escalera que lleve a la planta de arriba y otro tramo de escaleras que baje al sótano. Yo les pido que suban y bajen los dos tramos diez veces por la mañana antes de ducharse y otras diez veces por la noche. Solo lleva cinco minutos, pero realmente funciona.

También animo a la gente a apuntarse a un gimnasio verdadero y a usar una variedad de aparatos que ejercitan distintas partes del cuerpo, ya que así se consiguen los mejores resultados. Cuantos más grupos musculares ejercitas, más jugadores metabólicos activos se unen a tu equipo para ayudarte a conseguir tus objetivos. Resulta definitivamente beneficioso tener acceso a diferentes máquinas, como elípticas, cintas para correr, stops aeróbicos, bicicletas estáticas y muchas otras que ejercitan la resistencia. Cuando te cansas de una, puedes pasar a otra diferente.

## ¿Hay otras estrategias para ganar la batalla contra el sobrepeso?

Este libro no trata sobre la gestión del estrés, el apoyo social ni el control de los estímulos; se han escrito infinidad de textos sobre estos temas. Claramente, resulta difícil comer sano en este loco mundo, donde parece que todos están empeñados en suicidarse con la comida. De todas formas, algunas de las siguientes sugerencias suelen dar buenos resultados entre quienes intentan perder peso.

**Apoyo social:** Debes incluir a tu familia y a tus amigos en tu plan. Pídeles que lean el libro, no con el propósito de que se apunten a esta forma de comer, sino para que te ayuden y entiendan por qué te alimentas de esta manera. Si de verdad son tus amigos, te apoyarán en tu deseo de mejorar tu salud, y cuando estén contigo tratarán de ofrecerte los alimentos más adecuados. Quizás incluso se unan a ti en tu empresa. Resultaría realmente útil que al menos uno de tus amigos siguiera tus pasos o te apoyara en el camino hacia la salud superior.

**Control de los estímulos:** Implementa estrategias para evitar las tentaciones, las actividades sedentarias o las comidas sociales. La más importante técnica de control de los estímulos es la estructuración del entorno, lo cual significa que debes desterrar de tu casa todos los productos que supongan una tentación para ti y llenar los armarios y la nevera de alimentos adecuados. Come únicamente sentado a la mesa, y nunca frente al televisor. Cuando termines de cenar, recoge y aléjate de la cocina, y por último lávate los dientes y pásate hilo dental para no caer en la tentación de volver a picar algo. Prepara tu ropa de deporte para la mañana siguiente: actuará como recordatorio de que debes empezar el día con tu programa de ejercicio.

Cuando salgas para asistir a algún evento social, come primero o llévate tu propia comida si no puedes organizar previamente que te preparen algo que se ajuste a tus necesidades. Ofrécete también a llevar comida para el resto de los invitados, ya que así dispondrás de algo que puedas consumir sin preocuparte. Intenta que la comida no se convierta en el centro de tu vida. Mantente activo con intereses que no te dejen pensar en comer.

**Visualización positiva y otras técnicas de relajación:** Tanto la relajación muscular progresiva como la meditación tienen la finalidad de reducir la tensión y proporcionar una distracción frente a acontecimientos estresantes[13]. Para muchos, el estrés predice una recaída y una forma de comer poco saludable. Para afrontar el estrés de nuestra vida necesitamos practicar ejercicio físico y descansar lo suficiente y dormir bien. Si no consigues dormir bien, es muy probable que las situaciones estresantes acaben agobiándote enseguida. Para ello, una cinta de audio o un CD que te guíen en tu relajación podrán ayudarte a reducir el estrés y a dormir mejor.

**Autoevaluación:** Acepta que esta dieta es un compromiso de por vida. El individuo que tiene más posibilidades de lograr sus objetivos es aquel que cambia tanto de hábitos como de mentalidad. Llevar un diario sobre tu alimentación, pesarte cada semana, registrar tu actividad física y plantearte metas son formas eficaces de mantenerte «en el buen camino». El principal propósito de la autoevaluación es que tomes conciencia de los comportamientos y factores que influyen, tanto de forma positiva como negativa, sobre tu alimentación y la forma en que eliges tus actividades. Las investigaciones han demostrado en repetidas ocasiones que la autoevaluación es una herramienta útil que mejora los resultados finales[14].

Te sugiero que confecciones una lista de objetivos que podrás cumplir si pierdes peso, y que la pegues en algún lugar de tu casa en el que puedas verla a diario. Amplíala de vez en cuando y marca los objetivos que ya has alcanzado. Procura que las metas que te propongas sean muy específicas para ti, como por ejemplo:

Confiaré en mi capacidad para hacer frente a la enfermedad.

Conseguiré perder peso y volveré a gozar de una salud excelente.

Podré llevar ropa moderna y vistosa, incluido mi vestido azul favorito.

Mi colesterol mejorará en al menos 50 puntos.

Este verano, en la piscina, tendré un aspecto genial en traje de baño.

Dispondré de más energía y disfrutaré montando en bicicleta con mis hijos.

Mi esposo/esposa/otro me encontrará más atractivo/a.

Mi trabajo me resultará menos agotador, lo haré mejor y ganaré más dinero.

No tendré tantos gastos médicos y podré ahorrar para mi jubilación.

Mi vida social mejorará y por fin llegaré a conquistar a John/Jane.

Dejaré de sentir dolor en las rodillas y la espalda.

Me ganaré el respeto de mis compañeros.

Mis alergias, estreñimiento, indigestión, dolor de cabeza y acné desaparecerán.

Mis miedos sobre una crisis de salud o la muerte se desvanecerán.

**Apoyo adicional por parte del Dr. Fuhrman:** He creado una página web para poder ofrecerte información adicional, herramientas y apoyo que te permitirán alcanzar tus objetivos. En DrFuhrman.com tendrás acceso a las últimas novedades sobre salud y nutrición y conocerás más historias radicales e inspiradoras de individuos que han conseguido perder peso y volver a sentirse bien. Encontrarás asimismo diversos artículos de mi autoría que explican recientes descubrimientos científicos y noticias de medicina nutricional, en los que analizo concienzudamente los mitos para confrontarlos con los hechos. Mi web es también el mejor sitio para conseguir información sobre mis próximas conferencias y eventos. Todos los años organizo una escapada saludable de una semana de duración en la que los participantes tienen la posibilidad de comprometerse por completo a recibir información fundamental para su salud, disfrutar y aprender a hacer recetas nutritarianas gourmet, e iniciar amistades para toda la vida con personas que comparten sus mismas ideas y se ofrecen apoyo mutuo. La escapada incluye conferencias, demostraciones culinarias, clases de ejercicios y controles de salud, además de actividades y sesiones de entretenimiento, todo ello en un atractivo entorno natural.

La afiliación a DrFuhrman.com tiene la finalidad específica de asegurarte buenos resultados, tanto si necesitas asesoramiento y estímulo como si solamente deseas aprovechar la información y la camaradería que surge entre todos nosotros. Quienes se den de alta en la página web encontrarán información, recetas, menús, actividades sociales e incluso mis consejos personales permanentemente actualizados. Podrás leer mis respuestas a miles de preguntas y formularme también las tuyas. Además, tendrás la posibilidad de ponerte directamente en contacto con otras personas que están empezando o bien que ya han alcanzado su objetivo y, por ende, están en condiciones de hacer sugerencias interesantes. Recuerda que conseguirás más rápidamente lo que te propones si cuentas con el apoyo de quienes ya han logrado su objetivo.

**Coaching estructurado:** Algunos individuos consiguen mejores resultados cuando otra persona controla permanentemente sus resultados y les anima. Hay quienes maximizan sus resultados con una variedad de ayudas, incluidas una serie de visitas regulares a un médico, dietista o psicólogo. Cuando mis pacientes vienen a verme todos los meses, repasamos lo que han conseguido y lo que tendrán que hacer para alcanzar el objetivo que se han planteado para el mes siguiente. Las mejorías en los valores de la tensión sanguínea, el peso, los niveles de lípidos, el funcionamiento hepático y los parámetros diabéticos ayudan enormemente a mantener a la gente centrada en lo que se ha propuesto. Si tú estás tomando alguna medicación, tendrás que visitar a tu médico con regularidad para que adapte la dosis del fármaco a tus progresos o incluso te indique en qué momento puedes interrumpirlo para siempre, puesto que dejará de hacerte falta en cuanto pierdas peso. También podrías sugerirle que lea este libro y trabaje contigo, apoyándote mientras recuperas el bienestar absoluto.

**Instalaciones para pacientes o retiros saludables:** Si no consigues lo que te has propuesto o eres incapaz de hacerlo tú solo, no significa que hayas fracasado. Algunas personas requieren un entorno estructurado que les ayude a dar los primeros pasos en el camino hacia el éxito, y otros necesitan perder peso a un ritmo considerablemente mayor por cuestiones de salud. Si te has comprometido a lograr sus objetivos, no hay razón por la que debas conformarte con menos: tú también puedes obtener resultados espectaculares para tu salud, tu bienestar y tu psique.

Es posible también que algunos individuos necesiten un período inicial de supervisión que les ofrezca un programa más disciplinado y estructurado en el que otra persona se encargue de prepararles todos los alimentos que deben comer. Sin embargo, no tardan en aprender a alimentarse adecuadamente ni en adaptarse a los cambios que han de llevar a cabo. Además, así prueban muchas formas diferentes de preparar alimentos sanos y aprenden a elaborarlos ellos mismos de la forma más saludable.

## ¿Seguir una dieta vegetariana o vegana es más sano que tomar una pequeña cantidad de productos animales?

No lo sé con certeza. En la actualidad, la evidencia apunta predominantemente a que lo más saludable es seguir una dieta casi vegetariana o vegetariana. En el proyecto masivo China-Cornell-Oxford se observó una disminución en las tasas de cáncer a medida que los participantes reducían el consumo de productos animales hasta dejarlo en una ración a la semana. Por debajo de este nivel, todavía no contamos con datos suficientes. Algunos estudios menores sugieren que añadir un poco de pescado a una dieta vegetariana aporta beneficios, que probablemente se deban a la mayor ingestión de grasa DHA presente en dicho producto[15]. Sin embargo, es muy probable que ese mismo beneficio pueda conseguirse con una dieta vegetariana estricta que incluya semillas de lino molidas y frutos secos con omega-3, como las nueces. Si deseas obtener los beneficios que aporta el DHA del pescado, pero tu intención es seguir una dieta estrictamente vegetariana, puedes consumir DHA derivado de algas.

Seas vegetariano estricto o no, para gozar de una salud óptima y maximizar la reducción del riesgo de cáncer, tu dieta debe basarse predominantemente en productos de origen vegetal. Una dieta vegetariana o vegana puede ser sana o no, dependiendo de los alimentos que incluya; pero una dieta similar a la que consumen la mayoría de los norteamericanos —es decir, cargada de una significativa cantidad de productos animales— en ningún caso es saludable. Para quienes no deseen dejar de consumirlos, los productos animales deberían limitarse a 340 g (12 onzas) o menos a la semana. De lo contrario, el riesgo a desarrollar enfermedades se incrementa considerablemente. Muchos de mis pacientes eligen comer solo productos veganos en casa y consumir productos animales una vez a la semana aproximadamente, a modo de «plato especial» cuando salen a comer o cenar.

### ¿Una dieta rica en nutrientes y de bajo contenido calórico es la más indicada para todo el mundo?

Yo no recomiendo la misma dieta para todo el mundo, pero la fórmula $S = N/C$ nunca cambia. En muy raras ocasiones me encuentro con algún individuo que necesita alguna modificación en esta dieta. Hay algunas enfermedades, como el síndrome del colon irritable, para las que habría que adaptar esta dieta, puesto que es posible que el paciente no tolere una gran cantidad de verduras crudas y frutas. Yo adapto y personalizo los planes alimentarios y los suplementos nutricionales para aquellos individuos que tienen necesidades médicas y metabólicas muy específicas. Si tú eres una de esas personas, o si necesitas ganar peso de forma saludable, desearía que te pusiera en contacto conmigo, o con otro médico experto en esta área, para recibir un asesoramiento más específico.

## Yo bebo de seis a ocho vasos de agua al día. ¿Es malo para mi salud?

Solo necesitan beber tanto quienes siguen una dieta similar a la norteamericana, tan cargada de sal y tan pobre en frutas y verduras (que aportan una gran cantidad de agua). Con mi dieta rica en fibra y fluidos, la necesidad de beber disminuye. Tres vasos de agua al día suele ser suficiente; sin embargo, si practicas ejercicio físico cuando hace calor, evidentemente necesitará beber más para recuperar los fluidos perdidos a través de la transpiración.

## ¿De qué manera se pueden modificar las recomendaciones sobre nutrición y prevención de enfermedades si los interesados son niños o personas que no necesitan perder peso?

Creo que la dieta con la que actualmente alimentamos a nuestros hijos es la razón por la que en Estados Unidos los médicos vemos tantas infecciones y tan elevados niveles de alergias, enfermedades autoinmunes y cáncer. Por desgracia, lo que comemos en nuestros primeros años de vida ejerce un efecto mucho más decisivo sobre nuestra salud (o mala salud) que lo que comemos de mayores. Yo tengo cuatro hijos y entiendo lo difícil que resulta intentar criar niños sanos en este mundo loco en el que vivimos actualmente. Es como si los padres estuviesen volcando todo su entusiasmo en criar intencionadamente una nación de adultos enfermos.

En mi comunidad, padres y vecinos intentan envenenar a los niños cada vez que les surge una oportunidad…, aunque, desde luego, lo hacen sin darse cuenta. No solo ofrecen a sus propios hijos una dieta recargada de azúcar y grasa, sino que en cada fiesta de cumpleaños, evento deportivo o reunión social llevan rosquillas cubiertas de azúcar, magdalenas y caramelos para todos. Me gustaría que, como padres, todos coincidiésemos en el mismo objetivo: que nuestros hijos comieran más alimentos saludables, como verduras, frutas, frutos secos y semillas, y por supuesto legumbres y judías. Sin embargo, ningún niño va a comer sano si de forma regular no se le ofrecen alternativas beneficiosas para su salud.

Para que tu hijo coma bien, lo mejor que puedes hacer es erradicar de tu casa todos los alimentos perjudiciales; de esta manera, cuando tenga hambre se verá obligado a «picar» algo mucho más sano. Los niños comerán de forma adecuada —al menos en casa— si únicamente se les ofrecen platos convenientes. Encontrarás más información sobre este tema en mi libro *Disease-Proof Your Child*.

Las reglas dietéticas que propone *Comer para vivir* son demasiado restringidas en calorías y grasas para un niño o un atleta delgado. Sin embargo, los principios de la alimentación sana y la longevidad no cambian. Lo único que hay que hacer para incrementar la densidad calórica y la densidad grasa de la dieta es añadirle más fuentes saludables de lípidos y calorías, como frutos secos y semillas, mantequillas de frutos secos y aguacates. También es posible consumir porciones más cuantiosas de verduras ricas en almidón y cereal integrales, potenciando el sabor de los platos vegetales y de cereales mediante salsas y aliños preparados con frutos secos y semillas.

Si para ganar peso comes más —o de forma diferente a fin de tener un cuerpo más voluminoso—, lo que aportarás principalmente a tu organismo es grasa. Es muy infrecuente que una persona gane músculo solo por ingerir una mayor cantidad de alimentos. Por otra parte, obligarte a consumir más de lo que tu cuerpo necesita no es nada conveniente. Así que si quieres engordar un poco, levanta pesas para desarrollar una mayor masa muscular y aprovecha además que el ejercicio aumentará tu apetito. Cuando sigues una dieta sana, la naturaleza se encarga de que tu masa corporal sea la que necesitas; por eso, la única manera de desarrollar los músculos es aplicando sobre ellos un estrés adicional. Por supuesto, este libro está dirigido a personas que están excedidas de peso y desean adelgazar. Quienes realmente son demasiado delgados y necesitan engordar tendrán que modificar este plan alimentario en algunos puntos para satisfacer sus necesidades individuales.

**¿Es peligroso comer mucha fruta y verdura debido a la gran cantidad de pesticidas que llevan? ¿Tengo que comprar solo productos orgánicos?**

En la actualidad se desconocen los efectos de ingerir las mínimas cantidades de pesticidas presentes en las verduras y las frutas. El Dr. Bruce Ames, director del Instituto Nacional de Ciencias de Salud Ambiental de la Universidad de California, Berkeley, quien ha dedicado su carrera a analizar esta cuestión, cree que tan minúsculas cantidades no suponen riesgo alguno.

Él y otros científicos apoyan esta opinión porque, cada vez que comemos algún alimento de cultivo orgánico, los humanos y otros animales estamos expuestos a diminutas cantidades de toxinas de origen natural. El organismo normalmente descompone los desechos metabólicos que produce, además de los carcinógenos naturales de los alimentos y los pesticidas, y a continuación procede a excretar todas las sustancias perjudiciales. Este proceso es constante. Dado que el 99,99 por 100 de los químicos potencialmente carcinogénicos que consumimos provienen de los alimentos, reducir nuestra exposición a un 0,01 por 100 de químicos sintéticos no reducirá las tasas de cáncer.

Estos científicos sostienen que los miles de químicos naturales que ingerimos los humanos suelen ser mucho más tóxicos y cuantiosos que los residuos de pesticidas que, en ínfimas cantidades, quedan en los alimentos. Además, para indagar sobre el potencial carcinogénico de los químicos sintéticos, se están llevando a cabo estudios con animales en dosis miles de veces superiores a las ingeridas a través de los alimentos. Ames asegura que un gran porcentaje de todos estos químicos, ya sean naturales o no, resultan potencialmente tóxicos en dosis elevadas —«lo que crea el veneno es la dosis»—, y que no se ha demostrado que los mínimos porcentajes de residuos químicos presentes en los productos naturales acrecienten los peligros de desarrollar cáncer.

Otros son de la opinión de que sí implican un ligero riesgo, pero que resulta difícil probarlo. Desde luego, existe una justificable preocupación por el hecho de que algunos químicos hayan incrementado su toxicidad y resulten potencialmente peligrosos en dosis más bajas que las utilizadas en los experimentos con roedores. Pero, aun así, ningún científico considera que debamos reducir el consumo de verduras, aunque muchos (yo incluido) estimamos prudente moderar nuestra exposición a los múltiples residuos tóxicos presentes en los alimentos que consumimos. Desde luego, yo abogo por retirar la piel a todos aquellos productos que muestren una mayor concentración de residuos de pesticidas. Y, por supuesto, considero fundamental lavar la fruta y la verdura antes de comerla.

Si te preocupan los pesticidas y los químicos, recuerda que los productos animales como los lácteos y la carne roja contienen los residuos de pesticidas más tóxicos. Puesto que las vacas y los cabestros comen grandes cantidades de alimentos contaminados, los productos animales contienen concentraciones más elevadas de ciertos pesticidas y químicos peligrosos. Por ejemplo, la dioxina, presente sobre todo en las carnes grasas y los productos lácteos, es una de las toxinas más potentes vinculadas a varios cánceres en los humanos, incluidos los linfomas[16]. Por esa razón, si basas tu dieta en alimentos de origen vegetal no refinados, automáticamente reduces tu exposición a los químicos más peligrosos.

Según el Grupo de Trabajo Medioambiental[17], esta es la «docena sucia» de las frutas y verduras que de forma sistemática presentan los mayores índices de contaminación. En orden decreciente, se trata de:

1. el apio
2. los melocotones
3. las fresas
4. las manzanas
5. los arándanos
6. las nectarinas
7. los pimientos
8. la espinaca
9. las cerezas
10. la col rizada
11. las patatas
12. las uvas importadas*

---

* El autor hace referencia a las uvas cultivadas fuera de Estados Unidos. (*N. de la T.*)

Por esta razón sería conveniente comprar estos productos en su versión orgánica.

Las cebollas, el maíz dulce, los espárragos, los guisantes, el repollo, las berenjenas, el brócoli, los tomates y los boniatos son las verduras con menos probabilidad de incluir pesticidas. Y entre las frutas, las que menos residuos de pesticidas suelen contener son los aguacates, las piñas, los mangos, los kiwis, las papayas, las sandías y los pomelos.

Resulta de lo más sensato pelar las frutas en la medida de lo posible, y no consumir la piel de las patatas a menos que se trate de una variedad cultivada sin pesticidas. Retira y echa a la basura las hojas externas de la lechuga y el repollo si no son de cultivo orgánico, y lava con agua y jabón u otro producto comercial para verduras cualquier otra superficie que no pueda pelarse. Lavar simplemente con agua elimina del 25 al 50 por 100 de los residuos de pesticidas.

Todos los estudios llevados a cabo hasta la fecha sobre la relación entre la dieta y el cáncer han demostrado que quienes más frutas y verduras toman están menos expuestos a padecer cáncer y enfermedades cardíacas. Todas estas investigaciones se centraron en sujetos que consumían productos frescos de cultivo convencional, no orgánico. Claramente, el beneficio de los productos frescos convencionales es muy superior a cualquier riesgo hipotético.

**Mi médico ha notado que tengo la piel más amarillenta y me ha dicho que deje de consumir productos que contengan caroteno, como mangos, zanahorias y boniatos.**

El ligero tinte amarillo o anaranjado de tu piel no refleja ningún problema; por el contrario, indica que estás siguiendo una dieta sana. Cualquier persona que no muestre cierto grado de carotenemia estará comiendo de forma inadecuada, y esa manera de alimentarse le expondrá a un mayor riesgo de cáncer, incluido el de piel. Yo no bebo zumo de zanahoria, pero no obstante mi piel tiene una ligera tonalidad amarillenta, en especial en comparación con la de quienes comen de forma convencional. Cuando mis pacientes siguen una dieta repleta de nutrientes, el color de su piel también cambia ligeramente. Así que dile a tu médico que es *su* piel la que tiene una tonalidad peligrosa. Tampoco en estos casos recomiendo tomar vitamina A o elevadas dosis de betacaroteno en forma de suplementos, puesto que ambas sustancias han sido vinculadas a un mayor índice de mortalidad[18].

## ¿Y qué pasa con la teoría de que nuestros ancestros, que eran cazadores y recolectores, comían una gran cantidad de carne?

Por supuesto que hubo poblaciones primitivas cuya alimentación incluía grandes cantidades de carne, pero también existieron otras que seguían dietas predominantemente vegetarianas. Los humanos necesitaban con desesperación conseguir calorías, así que comían todo lo que encontraban. Las dos preguntas que tenemos que analizar son: ¿cuánto tiempo vivían siguiendo esa dieta?, y ¿qué tipo de alimentación ofrece más protección contra la enfermedad y asegura una mayor longevidad en estos tiempos modernos?

Personalmente, me gustaría que me fuese mucho mejor que a nuestros ancestros prehistóricos. Un repaso exhaustivo y una interpretación sensata de la evidencia científica sustentan la conclusión de que podemos incrementar la longevidad humana y prevenir la enfermedad si seguimos pautas alimentarias específicas. Todavía conservamos nuestra fisiología de primates —una fisiología que depende de un alto contenido de vegetales—, lo cual explica nuestra capacidad para desarrollarnos adecuadamente siguiendo una dieta de tipo vegetariano.

La Dra. Katherine Milton, de la Universidad de California (Berkeley), se encuentra entre los pocos antropólogos nutricionales del mundo que han estudiado y trabajado con culturas y pueblos primitivos no influidos por la tecnología moderna. Y ha llegado a la conclusión de que la dieta de los pueblos primitivos y de los primates salvajes se basa en gran medida en el consumo de productos vegetales[19]. La principal diferencia entre las dietas primitivas y la nuestra radica en el consumo de plantas salvajes ricas en nutrientes y la falta de acceso a alimentos ricos en grasas y de bajo contenido nutricional, como el queso y el aceite y los cereales refinados.

Nosotros disponemos de una oportunidad única en la historia humana: podemos adquirir productos frescos que llegan a nuestras tiendas desde todas las partes del mundo. Por eso deberíamos aprovechar tanta abundancia y variedad de verduras frescas para seguir una dieta con más densidad fitoquímica y diversidad que nunca. Tenemos la ocasión de decidir lo que comemos, algo que nuestros ancestros prehistóricos no podían hacer. Por fortuna, disponemos de un conocimiento del que ellos carecían, y podemos utilizarlo para vivir mucho más que nunca en la historia.

**Sé que no recomienda consumir mantequilla ni margarina; entonces, ¿con qué untamos el pan y aliñamos las verduras?**

La mantequilla está cargada de una peligrosa cantidad de grasa saturada, y las margarinas están elaboradas con aceites hidrogenados que contienen grasas trans, cuyo efecto es el aumento del LDL, que es el colesterol malo. Cuanto más sólida es una margarina a temperatura ambiente, mayor cantidad de grasa trans contiene. Al modificar el tipo de grasa consumido, los investigadores descubrieron que la mantequilla aumentaba considerablemente el nivel de colesterol y que las margarinas y los aceites en distintas cantidades causaban numerosos efectos perjudiciales[20]. La mejor respuesta, entonces, es no usar nada, o comprar un pan integral que sepa tan estupendamente que no sea necesario añadirle grasa por encima. Si te encanta el sabor de la mantequilla, consume muy de vez en cuando alguna margarina líquida o en bote de plástico que no contenga aceite hidrogenado. Un gran número de mis pacientes se ha aficionado a untar el pan con salsa de tomate sin sal, una mezcla de tomate y salsa de tipo mexicano, aguacate o setas asadas. Por supuesto, la mejor manera de dejar el hábito de consumir estos productos grasos es evitar el pan.

## ¿Los productos de soja y las habas de soja son alimentos sanos?

Los productos de soja como las hamburguesas, la leche y el queso son cada vez más populares y se los puede encontrar prácticamente en cualquier sitio. La FDA ha dado su aprobación a los alimentos que contienen soja clasificándolos como saludables para el corazón, y ha aceptado que la proteína de esta planta resulta beneficiosa para la salud general.

Varios estudios han demostrado, además, que ejerce positivos efectos sobre el colesterol y otros factores de riesgo cardiovascular. Sin embargo, no hay razón para no esperar los mismos resultados de cualquier otro tipo de judías: lo que sucede simplemente es que a la soja se le ha prestado mucha más atención que al resto.

También existen numerosas investigaciones que indican que las habas de soja son ricas en distintos compuestos anticancerígenos, entre los que figuran las isoflavonas. A pesar de los mitos populares, la literatura científica es clara: el consumo de habas de soja, o de productos de soja mínimamente procesados como el tofu y el tempeh, está vinculado a una disminución del riesgo de cáncer de mama[21]. No obstante, yo no recomiendo consumir grandes cantidades de productos de soja con la esperanza de reducir el riesgo de cáncer. Las habas de soja no son las únicas que contienen isoflavonas. La mayoría de las judías son también ricas en estos beneficiosos compuestos anticancerígenos, y además presentan una serie de flavonoides diferentes que previenen el cáncer. Una dieta sana incluye una amplia variedad de judías y no se basa en un solo producto que aporte una desproporcionada cantidad de calorías. Para potenciar al máximo la salud yo siempre recomiendo el consumo de la mayor variedad posible de alimentos ricos en fitoquímicos, y las judías no son una excepción.

El tofu y las habas de soja congeladas son buenas fuentes de grasa omega-3 y calcio, pero los granos de soja, la leche de soja y otros productos procesados contienen una cantidad bastante menor de los beneficiosos compuestos que se aprecian en el haba natural. Cuanto más se procesa un alimento, más se destruyen sus valiosos compuestos. La mayoría de los productos de soja procesados se convierten en sabrosos «complementos» de una dieta basada en productos vegetales, pero por lo general contienen una gran cantidad de sal y carecen de una adecuada densidad nutricional; así que deberías consumirlos de forma ocasional.

En conclusión, las habas de soja son alimentos superiores que contienen las tan poco profusas grasas omega-3. Pero las judías en general también son alimentos superiores que combaten el cáncer y las enfermedades cardíacas, razón por la cual te interesa incluir una amplia variedad de todas ellas en tu dieta.

## ¿Cuánta sal está permitida en este programa nutricional?

Este libro está dirigido tanto a quienes desean perder peso como a las personas que buscan mantener una salud excelente y evitar las enfermedades. La sal añadida a las comidas —más allá de la contenida en los alimentos de forma natural— muy posiblemente acabe incrementando el riesgo de desarrollar alguna enfermedad. El consumo de sal está vinculado tanto al cáncer de estómago como a la hipertensión[22]. Por esa razón, para disfrutar de una salud óptima recomiendo no añadir sal a ningún alimento.

El famoso estudio DASH indica claramente que los norteamericanos consumen entre 5 y 10 veces más sodio del que necesitan, y que con el paso de los años esos elevados niveles provocan hipertensión[23]. El simple hecho de que en la actualidad no seas hipertenso no significa que no vayas a serlo en el futuro. De hecho, si continúas consumiendo grandes cantidades de sal, probablemente te subirá la presión sanguínea.

Cuando el organismo excreta el exceso de sal a través de la orina, también pierde calcio y otros minerales traza, todo lo cual favorece el desarrollo de la osteoporosis[24]. Como si esto no fuera suficiente, la elevada ingesta de sodio predice un mayor índice de muerte a causa de ataques cardíacos. En una importante prueba prospectiva publicada en la prestigiosa revista médica *Lancet* se apreció una preocupante correlación entre la ingesta de sodio y todas las causas de mortalidad en los hombres con sobrepeso[25]. Los investigadores llegaron a la siguiente conclusión: «Una elevada ingesta de sodio actúa como elemento predictivo de mortalidad y riesgo de cardiopatía coronaria, independientemente de otros factores de riesgo cardiovasculares, incluida la hipertensión. Estos resultados evidencian de forma directa los perjudiciales efectos de un elevado consumo de sal entre la población adulta».

En otras palabras, la sal produce notables efectos perjudiciales, independientemente del que ejerce sobre la presión sanguínea. Por ejemplo, es muy probable que incremente la tendencia de las plaquetas a formar coágulos. Recomiendo entonces que la gente se abstenga de añadir sal a los alimentos y que adquiera productos sin sal. Puesto que la mayor parte de la sal consumida proviene de los alimentos procesados, el pan y los productos en lata, no debería ser tan difícil evitarla.

Dicho esto, si deseas salar tus platos hazlo únicamente una vez que los tengas en la mesa y estés a punto de consumirlos: te sabrán más salados si les echas la sal por encima. Por el contrario, aunque utilices una gran cantidad de sal para cocer verduras o sopas, apenas la percibirás. Es preferible entonces que recurras a las hierbas, las especias, el zumo de limón, el vinagre o cualquier otro condimento sin sal para darles sabor. Productos como el ketchup, la mostaza, la salsa de soja, la salsa teriyaki y la salsa de pepinillos contienen una gran cantidad de sodio; así pues, si no puedes evitar consumirlos, al menos compra sus variedades con bajo contenido de sodio y utilízalas esporádicamente.

Lo ideal es que nada de lo que comas supere la cifra de 1 mg de sodio por caloría. Los productos naturales contienen aproximadamente 0,5 mg de sodio por caloría. Si un plato de 100 calorías por ración contiene 400 mg de sodio significa que está demasiado salado. Pero si la ración de 100 calorías contiene 100 mg de sodio, quiere decir que posiblemente no incluye nada de sal añadida y por lo tanto se convierte en un producto adecuado para tu dieta. Intenta evitar los productos con más de 200 mg de sodio por cada 100 calorías. Siguiendo estas pautas, deberías poder mantener tu consumo medio de sal en aproximadamente 1.000 mg o menos al día.

Una de las ventajas de no utilizar sal es que con el tiempo tus pupilas gustativas se van adaptando a la nueva situación y tu capacidad para saborear lo salado se agudiza. Por el contrario, cuando tu dieta incluye una gran cantidad de sodio, lo único que consigues es debilitar tu capacidad para percibirlo, y por ese motivo cualquier alimento te parecerá soso, a menos que esté muy condimentado o cargado de especias. El estudio DASH reparó en el mismo fenómeno que yo he notado durante años: conseguir que las papilas gustativas saturadas de sal se acostumbren a un nivel de inferior sodio lleva bastante tiempo. Si sigues estrictamente mis recomendaciones nutricionales sin hacer concesiones y evitando todos los productos procesados o aquellos que contienen una cantidad excesiva de sal, tu capacidad para detectar y disfrutar de los sutiles sabores de las frutas y las verduras también mejorará.

## ¿Y qué pasa con el café?

Claramente, el consumo excesivo de bebidas cafeinadas es peligroso: los adictos a la cafeína están más expuestos a sufrir arritmias cardíacas, y dichas alteraciones podrían precipitarlos a una muerte súbita[26]. El café también sube la presión sanguínea, y sobre todo el colesterol y la homocisteína, que son dos factores de riesgo de enfermedades cardíacas[27]. Una taza de café al día probablemente no implique un peligro significativo, pero más de una taza puede perjudicar la salud e incluso alterar la capacidad para perder peso y cumplir con los objetivos planteados.

Pero hay más: la cafeína no solo expone a las personas a un riesgo mayor de enfermedad cardíaca, sino que plantea otros dos problemas. Primero, se trata de un estimulante que permite «funcionar» con menos descanso y reduce la profundidad del sueño. Este último efecto provoca una concentración superior de la hormona del estrés llamada cortisol e interfiere con el metabolismo de la glucosa, provocando resistencia a la insulina[28]. Dicha resistencia a la insulina y el subsiguiente incremento en el nivel de glucosa basal provocan todavía más las enfermedades cardíacas y otras dolencias. En términos claros, el consumo de cafeína empeora la calidad del sueño, y dormir mal favorece la aparición de enfermedades y, además, causa envejecimiento prematuro. Dormir adecuadamente es necesario también para evitar comer de más; recuerda que la buena calidad de sueño es insustituible.

El segundo problema es que los períodos de abstinencia a la cafeína incitan a comer con más frecuencia y en mayor cantidad, puesto que ingerir alimentos consigue aliviar los dolores de cabeza y otros síntomas de desintoxicación similares. El momento en que el organismo «hace la limpieza» de forma más eficaz es cuando finalmente da por terminado el proceso de digerir una comida. Pero en ese momento los adictos a la cafeína notan los síntomas de abstinencia y experimentan el impulso de comer más para suprimirlos. Por esa razón, el adicto a la cafeína tiende a comer en exceso.

Nunca conocerás los verdaderos indicadores de hambre de tu cuerpo mientras seas adicto a los estimulantes. Para algunas personas, dejar de tomar café es más difícil que seguir las restricciones dietéticas que recomiendo. Si ese es tu caso, te sugiero que sigas minuciosamente mis recomendaciones y evites las bebidas cafeinadas durante las primeras seis semanas. Finalizado dicho período, cuando la adicción a la cafeína ya haya desaparecido, puedes decidir si realmente eres incapaz de pasar de esa taza de café que tanto anhelas. Recuerda que lleva de cuatro a cinco días conseguir que los dolores de cabeza relacionados con la abstinencia a la cafeína desaparezcan por fin una vez que dejas de tomar café. Si los síntomas continúan siendo demasiado intensos, prueba reducir la ingesta de café poco a poco, aproximadamente en un promedio de media taza cada tres días.

Si un poco de café te permitiera seguir al pie de la letra mis recomendaciones dietéticas, yo no haría demasiadas objeciones; para tu salud general, perder peso es el objetivo más importante. El problema es que las cantidades superiores de cafeína no facilitan el control del apetito ni las ganas desesperadas de comer ciertos alimentos, sino que, por el contrario, las acentúan. Sería mucho mejor si probaras este plan de verdad, sin «ayudas». Comprueba cómo te sientes y cuánto peso puedes perder en seis semanas. Quizás para ese entonces ya te hayas deshecho de los «antojos» de sustancias psicoactivas.

### ¿Cuánto alcohol está permitido?

En más de 40 estudios prospectivos se ha comprobado que una ingesta moderada de alcohol está asociada a una menor incidencia de cardiopatía coronaria. Esto es aplicable solo a un consumo moderado que, por definición, es una copa o menos al día en el caso de las mujeres y dos copas o menos entre los hombres. Cualquier otra cantidad de alcohol más elevada está asociada a una mayor acumulación de grasa alrededor de la cintura y otros potenciales problemas[29]. El consumo de alcohol también provoca ligeras sensaciones de abstinencia al día siguiente, que suelen confundirse con hambre. Una copa de vino al día posiblemente ejerza un efecto insignificante, pero no recomiendo un consumo de alcohol superior a ello.

Las propiedades anticoagulantes del alcohol garantizan un cierto efecto protector frente a los ataques cardíacos, pero dicho beneficio solo tiene validez en las personas o las poblaciones cuyas dietas favorecen el desarrollo de enfermedades cardíacas. Es mucho más sensato entonces evitar los perjudiciales efectos del alcohol por completo y protegerse de las enfermedades del corazón a través de la excelencia nutricional. A modo de ejemplo te diré que incluso un consumo moderado de alcohol está vinculado al incremento en las tasas de cáncer de mama y a la aparición de fibrilación atrial[30]. Evita el alcohol y come de forma sana en la medida de lo posible, pero si esa única copa al día te ayuda a ceñirte más a mi plan, pues bébetela.

**Yo me siento mejor cuando sigo una dieta rica en proteínas, con gran cantidad de productos animales. ¿Eso significa que estas recomendaciones vegetarianas no son para mí?**

Tengo miles de pacientes que siguen dietas vegetarianas o casi vegetarianas, y durante los últimos quince años he notado que un pequeño porcentaje del total inicialmente asegura sentirse mejor consumiendo productos animales, y peor siguiendo una dieta vegetariana. Casi todas estas quejas desaparecen con el tiempo, cuando el nuevo plan nutricional se ha afianzado. En mi opinión, las principales razones de este cuadro son las siguientes.

Una dieta recargada de productos animales ejerce un estrés tóxico sobre los sistemas de desintoxicación del organismo. Tal como sucede al dejar de consumir cafeína, cigarrillos y heroína, muchas personas experimentan síntomas de abstinencia durante un período breve, en el que habitualmente sienten fatiga, debilidad y dolor de cabeza, o notan una menor consistencia en las heces. En el 95 por 100 de estos casos, los síntomas desaparecen en un plazo de dos semanas.

Es más común que el período de adaptación temporal dure menos de una semana, durante la cual es posible que sientas fatiga, te duela la cabeza o tengas gases, o bien experimentes otros síntomas leves a medida que abandonas tus hábitos tóxicos del pasado y tu organismo se adapta a la nueva situación. No creas la mentira de que «necesitas más proteínas». Los menús incluidos en este libro ofrecen suficiente proteína, y además la deficiencia proteínica no provoca fatiga. Incluso mis menús veganos aportan alrededor de 50 g de proteína por cada 1.000 calorías, lo cual es muchísimo. Lo que sí causa fatiga temporal es dejar de consumir productos peligrosos pero estimulantes.

Cuando una persona se pasa a una dieta que contiene fibra en cantidades y variedades que su tracto digestivo no había conocido jamás, ocasionalmente experimenta síntomas como gases y heces blandas. Después de años de alimentación deficiente, el organismo ha adaptado sus secreciones y ondas peristálticas (contracciones intestinales relacionadas con la digestión) a una dieta de bajo contenido de fibra. Estos síntomas, en cualquier caso, también mejoran con el tiempo. Masticar minuciosamente bien, o en ocasiones pasar las ensaladas por una batidora, ayuda durante dicho período de transición. Algunas personas deben evitar inicialmente las judías y luego consumirlas en cantidades pequeñas, incorporándolas gradualmente a su dieta a medida que pasan las semanas para de esa manera enseñar a su tracto digestivo a gestionar y digerir las nuevas fibras.

Algunos individuos necesitan más grasa, porque el tipo de dieta vegetariana que han seguido durante años no contenía las grasas esenciales que ellos necesitan. Puede ocurrirles, por ejemplo, a quienes siguen una dieta vegetariana cargada de productos elaborados con cereales y trigo de bajo contenido graso. Con frecuencia, añadir semillas de lino molidas o aceite de semillas de lino a la dieta para aportar grasas omega-3 adicionales suele resultar muy conveniente. Determinadas personas, en especial las de contextura delgada, requieren más calorías y más grasa para mantener su peso. Pero este desequilibrio suele «arreglarse» con un mayor consumo de frutos secos, mantequillas de frutos secos crudos, aguacates y otros alimentos sanos que son ricos en nutrientes y también contienen un alto porcentaje de grasa y calorías. Incluso las personas que son delgadas por naturaleza mejorarán notablemente su salud y disminuirán su riesgo de sufrir enfermedades degenerativas si reducen su dependencia a los productos animales y consumen más grasas de origen vegetal, como la contenida en los frutos secos.

Incluso hay quienes necesitan más fuentes concentradas de proteína y grasa en su dieta a causa de alguna insuficiencia digestiva o cuadro médico poco común, como por ejemplo la enfermedad de Crohn o el síndrome del intestino corto. En raras ocasiones he encontrado pacientes que se quedan demasiado delgados y desnutridos siguiendo lo que yo considero una dieta ideal, provista de una adecuada densidad de nutrientes. Así que en dichas ocasiones he tenido que incorporar más productos animales en sus planes alimentarios para reducir el contenido de fibra, ralentizar el tránsito intestinal y facilitar los procesos de absorción y concentración de aminoácidos en cada comida. Este problema suele ser el resultado de alguna deficiencia digestiva o dificultad de absorción. En los últimos veinte años he visto solo unos pocos casos. En otras palabras, ni siquiera una persona de cada 100, según mis cálculos, requiere consumir productos animales con regularidad en su dieta. Estos individuos, en cualquier caso, deberían seguir mis recomendaciones generales para alcanzar una salud excelente y satisfacer sus necesidades individuales manteniendo el consumo de productos animales en niveles comparativamente bajos.

## ¿Recomienda los edulcorantes de bajo contenido calórico o sin calorías?

Miles de alimentos y fármacos incorporan agentes edulcorantes, como *NutraSweet* (aspartamo), *Sweet'N Low* (sacarina) y *Splenda* (sucralosa). Muchos gurús de la salud recomiendan en la actualidad sustituir los edulcorantes artificiales por stevia, un producto recientemente aprobado por la FDA y elaborado a partir de las hojas de un arbusto sudamericano, gracias a lo cual puede ser considerado natural.

Muchas personas utilizan estos edulcorantes con intención de controlar su peso. Pero no funciona; de hecho, lo único que consiguen es perpetuar el deseo de consumir productos poco sanos. Al comparar la ingesta calórica de un grupo de mujeres que tomaba bebidas edulcoradas con aspartamo con la de otro grupo de mujeres que tomaba bebidas de mayor contenido calórico, el resultado observado en las investigaciones fue que las que tomaban aspartamo acababan consumiendo más calorías a posteriori[31]. El uso de edulcorantes sin calorías como estrategia de restricción calórica continúa siendo un hábito muy criticado por los científicos[32]. Se ha sugerido que consumir algo de sabor dulce prepara al organismo para una recepción de calorías que no tiene lugar. Como resultado, quienes utilizan edulcorantes sin calorías acaban buscando otros dulces para satisfacer el deseo de su organismo. Los edulcorantes sin calorías indican al cuerpo que está a punto de recibir azúcar y estimulan la secreción de insulina por parte del páncreas, lo cual no es favorable.

Si sufres dolores de cabeza, ten cuidado con los productos elaborados con aspartamo. Varios estudios han demostrado que las personas que sufren migrañas experimentan síntomas más severos y frecuentes después de ingerir esta sustancia.

Recomiendo entonces no arriesgarse y consumir únicamente productos naturales. La seguridad de todos los edulcorantes artificiales, así como de los azúcares naturales, siempre ha sido cuestionada de una forma u otra. Conclusión: intenta disfrutar de lo que comas sin endulzarlo. La fruta fresca y ocasionalmente un poquito de azúcar de dátiles o de dátiles molidos representan las opciones más seguras. Recomiendo dejar de consumir refrescos de cola y refrescos en general, tes dulces y zumos, puesto que aunque no contengan edulcorantes artificiales, están repletos de azúcar. Por eso es preferible tomar alimentos no refinados y beber agua. El melón mezclado con cubitos de hielo se convierte en una deliciosa y refrescante bebida de verano. Estoy convencido de que si estás considerablemente excedido de peso, el riesgo que suponen para tu salud todos esos kilos de más probablemente supere cualquier riesgo asociado a estos edulcorantes. Sin embargo, no tengo demasiado claro que los edulcorantes de bajas calorías o sin calorías sean la mejor solución a los problemas de peso.

## ¿Recomienda el néctar de agave como edulcorante?

El agave se ha convertido en el edulcorante de elección de muchos entusiastas de la buena salud, pero yo no lo recomiendo. Se trata de otro edulcorante concentrado de bajo contenido nutricional que, además, puede provocar importantes problemas de salud.

Una de las cuestiones que lo ha lanzado a la fama es su bajo índice glucémico, que se debe a que el agave contiene aproximadamente un 85 por 100 de fructosa. La fructosa no se metaboliza igual que los otros azúcares: en lugar de pasar al torrente sanguíneo (donde podría elevar el nivel de azúcar en sangre), la mayor parte va directamente al hígado. Esta es la razón por la que tiene tan bajo índice glucémico, aunque eso no quita que promueva la acumulación de grasa y el aumento de peso. Si bien muchos consideran positivo tener un bajo índice glucémico, la fructosa o cualquier otro edulcorante concentrado rico en fructosa puede provocar la subida de los triglicéridos y aumentar los riesgos de enfermedad cardíaca. También puede incrementar el peligro de desarrollar síndrome metabólico/resistencia a la insulina, en particular entre quienes son resistentes a la insulina y/o tienen sobrepeso o son obesos[33]. Estas son las mismas razones que deberían alejarnos de los productos elaborados con sirope de maíz rico en fructosa, cuyo contenido de esta sustancia es superior al del azúcar de mesa normal.

**Yo como fuera con mucha frecuencia, lo cual me dificulta mucho seguir este plan. ¿Cómo puedo facilitar la transición?**

Elige restaurantes que ofrezcan opciones sanas, y ocúpate de buscar sitios que satisfagan tus necesidades, poniéndote en contacto primero —en la medida de lo posible— con la dirección del establecimiento o con el chef. Mientras estés de viaje, busca restaurantes que sirvan ensaladas. Como ya he explicado, este plan no tiene por qué ser a todo o nada. Cualquier persona que cuente con la información incluida en estas páginas puede mejorar su dieta actual. Sin embargo, es cierto que todos tendemos a decantarnos por aquellos alimentos a los que nos hemos acostumbrado. Por eso tienes que recordar que con el tiempo acabarás perdiendo el deseo de consumir algunos de los alimentos poco sanos que comes actualmente, y que disfrutarás más de los placeres de alimentarte a base de productos naturales y sanos. Yo realmente disfruto más comiendo sano que tomando alimentos perjudiciales por la simple razón de que sean sabrosos, y desde luego me siento igual de bien. La mayoría de mis pacientes tienen la misma sensación. Las preferencias alimentarias se aprenden; y tú también puedes aprender a disfrutar comiendo alimentos sanos, al igual que aprendiste a comer productos perjudiciales.

Si te has comprometido a alcanzar tu meta, nada te impedirá seguir esta dieta mientras viajas; simplemente tendrás un poco más de trabajo a la hora de planificar dónde comer y asegurarte que el menú contenga algo que tú puedas tomar. Acostúmbrate a pedir una ensalada doble de hojas verdes que lleve el aliño aparte, y utiliza solo una minúscula cantidad del mismo, o bien utiliza zumo de limón como condimento.

Recuerda también que esta dieta no es temporal, sino que es tu plan para toda la vida. Todos debemos tomar conciencia de lo mucho que afecta a nuestra salud la forma en que elegimos comer, y por eso hemos de tomar decisiones inteligentes que nos ayuden a sacar el máximo provecho a la vida. Eso no significa que debas ser perfecto: implica que, comas de la manera que comas, ya sea adoptando todas mis recomendaciones o solo algunas de ellas, tu salud mejorará como resultado de esos cambios. Después de un tiempo, la forma de comer que yo sugiero se convertirá en un hábito. Si lo intentas de verdad descubrirás, tal como han hecho muchos otros, que no es tan difícil como crees, y al final te encantará.

## ¿Cree que todo el mundo acabará comiendo de esta manera?

No. Las fuerzas sociales y económicas que empujan a la población hacia la obesidad y la enfermedad no serán vencidas por un libro que explique cómo alcanzar una salud superior a través de la excelencia nutricional. La «buena vida» continuará enviando a la mayoría de los norteamericanos a la tumba de forma prematura. Este plan no es para todo el mundo; ya lo he dicho. Por eso no espero que la mayoría de la población viva de forma tan sana. Sin embargo, considero que la gente al menos debería conocer los hechos en lugar de decidir qué comer basándose en información errónea o divulgada por empresas que elaboran productos alimenticios. Hay quienes eligen fumar, comer de forma poco sana o desarrollar otros hábitos negativos. Todo el mundo tiene ese inalienable derecho a vivir la vida como elija hacerlo. Así que no añadas estrés a tu vida intentando convencer a todas las personas con las que te cruzas de que deben comer igual que tú. Tener buen aspecto y sentirte sano serán tus mejores herramientas de persuasión.

Una crítica habitual que se le hace a mi plan alimentario —que según todas las autoridades pertinentes es sumamente saludable— es que muy poca gente es capaz de respetar un régimen tan restrictivo. Pero esa es una cuestión irrelevante. Porque, ¿desde cuándo lo que las «masas» encuentran socialmente aceptable es el criterio que determina el valor de algo? El valor o la corrección de mis recomendaciones son independientes de la cantidad de personas que eligen seguirlas; esa es otra cuestión. Aquí lo importante es si resultan eficaces a la hora de garantizar un cuerpo esbelto, una larga vida y una salud permanente. Todos mis detractores se han equivocado; este plan no ha sido creado para ganar un concurso de popularidad.

Sin embargo, puedo asegurar que miles de entusiastas que han aprovechado todos estos conocimientos consideran que la información que yo ofrezco es una bendición. Para ellos representa la oportunidad de tener una vida mucho más sana, feliz y placentera. Ninguno de nosotros se considera en inferioridad de condiciones; por el contrario, disfrutamos de platos fantásticos y sabrosos que también son sanos. No nos gusta la «comida basura»; a estas alturas de nuestra vida simplemente nos gustan más los alimentos sanos. Pero permíteme plantear otra pregunta interesante: ¿hasta qué punto disfrutan de la vida las personas afectadas de múltiples problemas médicos graves?

Elegir llevar una vida sana o no sana es una decisión personal, pero repito que este no es un plan a todo o nada. Puesto que soy un profesional dedicado al cuidado de la salud, mi trabajo consiste en animar a la gente a proteger su futuro. Nadie puede comprarse una buena salud; debe ganársela. En esta vida tenemos un solo cuerpo, así que te animo a que cuides de él de forma apropiada. Con el paso del tiempo, tu salud y tu felicidad acabarán inextricablemente unidas. Pero recuerda que no podrás conseguir un cuerpo nuevo si destruyes tu salud consumiendo alimentos perjudiciales que podrían causarte enfermedades. Estoy comprometido plenamente con tu éxito y tu bienestar; por ello, te ruego que te pongas en contacto conmigo si encuentras algún obstáculo que te impida recuperar la salud. Te deseo una vida larga y una salud duradera. Tú puedes tener ambas cosas, no lo dudes.

# Glosario

**Angiografía o cateterización:** inserción de un pequeño catéter en la circulación cardíaca desde el que se libera un tinte radiográfico que permite visualizar el lumen de los vasos sanguíneos y detectar anomalías cardíacas.

**Angioplastia:** expansión de un vaso sanguíneo mediante un catéter con balón que se introduce en el vaso que se desea examinar.

**Arteriosclerosis o aterosclerosis:** frecuentes depósitos de placas amarillentas cuyo contenido de material lipídico espesa y endurece las paredes de los vasos sanguíneos. Estos depósitos pueden estrechar el lumen, causando dolor en el pecho (angina) o ruptura, lo que a su vez produce obstrucciones que desembocan en ataques cardíacos.

**Bypass gástrico:** división y separación permanente de la sección principal (segmento inferior) del estómago para crear una pequeña bolsa gástrica con el segmento restante (superior), que luego es unido nuevamente al intestino delgado.

**Cetosis:** concentración anormalmente elevada de cuerpos cetónicos en la sangre, causada por una diabetes mal controlada (elevado nivel de glucosa en suero) o una prolongada insuficiencia de carbohidratos, como la derivada de los ayunos o las dietas con restricción de carbohidratos.

**Desintoxicación:** proceso que pone en marcha el organismo para reducir su carga tóxica transformando las sustancias irritantes en otras menos perjudiciales o que puedan ser eliminadas con más facilidad, o proceso orgánico orientado a forzar la expulsión de dichas sustancias a través de diversos canales de eliminación, como la mucosidad, la orina o la piel.

**Émbolo:** coágulo o tapón arrastrado por la sangre desde su localización original hasta un punto en el que bloquea el lumen de un vaso menor.

**Epidemiólogo:** profesional cuyo campo médico es el estudio de los factores que afectan la frecuencia y distribución de las enfermedades.

**Fitoquímicos:** numerosos micronutrientes contenidos en los alimentos de origen vegetal cuyas notables aptitudes potencian las defensas del organismo frente a las enfermedades, e incluso ofrecen protección contra las toxinas y los carcinógenos. Los fitoquímicos han sido descubiertos recientemente.

**Gastroplastia:** cirugía para reducir el tamaño del estómago.

**Hipertensión:** presión sanguínea elevada.

**Homocisteína:** proteína intermedia en la síntesis de la cisteína que se eleva como resultado de ciertas deficiencias nutricionales (especialmente de vitamina $B_{12}$ o folato), o a causa de una diferencia bioquímica. El aumento de la homocisteína ha sido relacionado con la cardiopatía coronaria y los ataques cardíacos.

**Isquemia:** deficiencia del flujo sanguíneo y la subsiguiente oxigenación provocada por la constricción u obstrucción de un vaso sanguíneo.

**Lípidos:** grupo de sustancias grasas insolubles en agua que cumplen funciones biológicas en el organismo; término con el que se alude al grupo de lipoproteínas que afectan el riesgo de enfermedad cardíaca, como el colesterol, los triglicéridos y sus subtipos.

**Macronutrientes:** grasas, carbohidratos y proteína que aportan calorías (energía) y son necesarios para el crecimiento y el funcionamiento normal del organismo.

**Micronutrientes:** elementos esenciales de la dieta que el organismo necesita en pequeñas cantidades para satisfacer numerosas necesidades, pero no como fuente de calorías.

**Nutritariano:** persona que se decanta por un estilo de alimentación rico en micronutrientes.

**Quelación:** infusión intravenosa de un compuesto químico que aísla iones metálicos, tradicionalmente utilizada en casos de envenenamiento por metal pesado, pero promovida, no sin controversia, como una intervención capaz de revertir la aterosclerosis.

**Receptor:** molécula de forma especial situada sobre o dentro de una célula, y capaz de reconocer o unirse a una molécula particular de forma parecida induciendo una respuesta específica en el interior celular.

**Revascularización:** restablecimiento de la circulación sanguínea normal por medio de un injerto de vaso sanguíneo, como en el caso de la cirugía de bypass coronario.

**Saciar:** satisfacer totalmente el apetito o la sed hasta eliminar el deseo de ingerir más comida o bebida.

**Secuelas:** enfermedades o dolencias originadas en alguna enfermedad o dolencia inicial.

**Trombo:** aglutinación de factores sanguíneos que forman un coágulo y con frecuencia causan una obstrucción vascular en el punto donde se ha formado.

**Vascular:** relativo a un vaso sanguíneo.

# Agradecimientos

Mi gratitud y agradecimiento a:

Tantas personas maravillosas que dieron su consentimiento para que sus nombres reales y casos de estudio aparecieran en estas páginas. Ellas dan vida a este libro y ofrecen esperanza, entusiasmo y motivación a los lectores, para que también ellos consigan lo que se proponen.

Lisa Furhman, mi querida esposa, que siempre ha creído y ha apoyado mis sueños profesionales, mi mensaje y mi visión. Sus numerosas contribuciones a este manuscrito reflejan lo mucho que aporta permanentemente a todo mi trabajo.

Mis cuatro hijos —Talia, Jenna, Cara y Sean—, todos maravillosos y con un talento único, que entendieron mi necesidad de trabajar con mucha constancia en este manuscrito incluso mientras me encontraba en casa.

Steve Acocella, mi gran amigo, que pasó innumerables y tediosas horas recopilando datos sobre enfermedades y consumo de alimentos en todo el mundo, e hizo infinidad de llamadas telefónicas a entidades sanitarias extranjeras a fin de aclarar o corroborar estadísticas para este libro.

La Asociación Norteamericana de la Salud, que ha apoyado mi trabajo durante años y nos concedió una beca de investigación para favorecer la recopilación de datos para este libro.

El Dr. William Harris, cuya claridad y asesoramiento científico han supuesto un gran aporte a mi trabajo.

# Notas

## CAPÍTULO 1
## CAVAMOS NUESTRAS PROPIAS TUMBAS CON CUCHILLO Y TENEDOR

[1] Wang Y, Beydoun MA, Liang L, *et al*: Will all Americans become overweight or obese? Estimating the progression and cost of the US obesity epidemic. *Obesity (Silver Spring)*. Octubre de 2008; 16(10): 2323-30.

[2] Centers for Disease Control. National Center for Chronic Disease Prevention and Health Promotion. *Obesity at a Glance*: 2009. http://www.cdc.gov/nccdphp/publications/AAG/pdf/obesity.pdf; United Health Foundation. America's Health Rankings. Direct Health Care Costs Associated with Obesity: 2018. http://www.americashealthrankings.org/2009/obesity/ECO.aspx#2018.

[3] Foryet J.: Limitations of behavioral treatment of obesity: review and analysis. *J Behav Med*. 1981; 4: 159-73.

[4] Perri MG, Sears SF Jr., Clark JE.: Strategies for improving maintenance of weight loss: toward a continuous care model of obesity management. *Diabetes Care*. 1993; 16: 200-9.

[5] Bouchard C.: The causes of obesity: advances in molecular biology but stagnation on the genetic front. *Diabetologia*. 1996; 39(12): 1532-33.

[6] Pischon T, Boeing H, Hoffmann K, *et al*.: General and abdominal adiposity and risk of death in Europe. *N Eng J Med*. 13 de noviembre de 2008; 359(20): 2105-20.

[7] Guh DP, Zhang W, Bansback N, *et al*. The incidence of co-morbidities related to obesity and overweight: a systematic review and metaanalysis. BMC Public Health. 25 de marzo de 2009; 9:88; *Clinical guidelines on the identification, evaluation, and treatment of overweight and obesity in adults*. National Heart, Lung, and Blood Institute reprint. Bethesda, Md.: National Institutes of Health; 1998.

[8] Must A, Spadano J, Coakley EH, *et al*. The disease burden associated with overweight and obesity. JAMA. 1999; 282(16): 1523-29; Allison DB, Fontaine KR, Manson JE, *et al*. Annual deaths attributable to obesity in the United States. *JAMA*. 1999; 282(16): 1530-38.

[9] Melissa J, Christodoulakis M, Spyridakis M, *et al*. Disorders associated with clinically severe obesity: significant improvement after surgical weight reduction. *South Med J*. 1998; 91(12): 1143-48.

[10] Lindsey ML, Patterson WL, Gesten FC, *et al*. Bariatric surgery for obesity: surgical approach and variation in in-hospital complications in New York State. *Obes Surg*. Junio de 2009; 19(6): 688-700; Choi Y, Frizzi J, Foley A, Harkabus M. Patient satisfaction and results of vertical banded gastroplasty and gastric bypass. *Obes Surg*. 1999; 9(1): 33-35; *Guidance for treatment of adult obesity*. 2nd ed. Bethesda, Md.: Shape Up America! and the American Obesity Association; 1998.

[11] Clinical guidelines on the identification, evaluation, and treatment of overweight and obesity in adults. National Heart, Lung, and Blood Institute reprint. Bethesda, Md.: National Institutes of Health; 1998.

[12] Samaras K, Kelly PJ, Chiano MN, *et al*. Genetic and environmental influences on total-body and central abdominal fat: the effect of physical activity in female twins. *Ann Intern Med*. 1999; 130(11): 873-82.

[13] Maynard M, Gunnell D, Emmett P, *et al*. Fruit, vegetables, and antioxidants in childhood and risk of adult cancer: the Boyd Orr cohort. *J Epidemiol Community Health*. Marzo 2003; 57(3): 218-25. Erratum in: *J Epidemiol Community Health*. Marzo 2007; 61(3):271; Fuemmeler BF, Pendzich MK, Tercyak KP. Weight, dietary behavior, and physical activity in childhood and adolescence: implications for adult cancer risk. *Obes Facts*. 2009; 2(3): 179-186; Dieckmann KP, Hartmann JT, Classen J, *et al*. Tallness is associated with risk of testicular cancer: evidence for the nutrition hypothesis. *Br J Cancer*. Noviembre de 2008; 4;99(9): 1517-21; van der Pols JC, Bain C, Gunnell D, *et al*. Childhood dairy intake and adult cancer risk: 65-y follow-up of the Boyd Orr cohort. *Am J Clin Nutr*. Diciembre de 2007; 86(6): 1722-29; Michels KB, Rosner BA, Chumlea WC, *et al*. Preschool diet and adult risk of breast cancer. *Int J Cancer*. 1 de febrero de 2006; 118(3): 749-54; Stoll BA. Western diet, early puberty and breast cancer risk. *Breast Cancer Res Treat*. 1998; 49(3): 187-93.

[14] Horinger P, Imoberdorf R. Junk food revolution or the cola colonization. *Ther Umsch*. 2000; 57(3): 134-37.

[15] Hughes P, Murdock DK, Olson K, *et al*. School children have leading risk factors for cardiovascular disease and diabetes: the Wausau SCHOOL project. *WMJ*. Julio de 2006; 105(5): 32-39.

[16] Berenson GS, Wattigney WA, Tracey RE, *et al*. Atherosclerosis of the aorta and coronary arteries and cardiovascular risk factors in persons aged 6 to 30 years and studied at necropsy (the Bogalusa heart study). *Am J Cardiol*. 1992; 70: 851-58.

[17] Berenson GS, Srinivasan SR, Bao W, *et al*. Association between multiple cardiovascular risk factors and atherosclerosis in children and young adults. *N Eng J Med*. 1998; 338: 1650-56.

[18] Viikari JS, Niinikoski H, Juonala M, *et al*. Risk factors for coronary heart disease in children and young adults. Acta Paediatr Suppl. Diciembre 2004; 93(446): 34-42; Berenson GS. Childhood risk factors predict adult risk associated with subclinical

cardiovascular disease. The Bogalusa Heart Study. *Am J Cardiol*. 21 de noviembre de 2002; 90(10C): 3L-7L.

[19] Maynard M, Gunnell D, Emmett P, *et al*. Fruit, vegetables, and antioxidants in childhood and risk of adult cancer: the Boyd Orr cohort. *J Epidemiol Community Health*. Marzo 2003; 57(3): 218-25. Erratum in: *J Epidemiol Community Health*. Marzo 2007; 61(3):271; Fuemmeler BF, Pendzich MK, Tercyak KP. Weight, dietary behavior, and physical activity in childhood and adolescence: implications for adult cancer risk. *Obes Facts*. 2009; 2(3): 179-86; Dieckmann KP, Hartmann JT, Classen J, *et al*. Tallness is associated with risk of testicular cancer: evidence for the nutrition hypothesis. *Br J Cancer*. 4 de noviembre de 2008; 99(9): 1517-21; van der Pols JC, Bain C, Gunnell D, *et al*. Childhood dairy intake and adult cancer risk: 65-y follow-up of the Boyd Orr cohort. *Am J Clin Nutr*. Diciembre de 2007; 86(6): 1722-29; Michels KB, Rosner BA, Chumlea WC, *et al*. Preschool diet and adult risk of breast cancer. *Int J Cancer*. 1 de febrero de 2006;118(3): 749-54; Stoll BA. Western diet, early puberty and breast cancer risk. *Breast Cancer Res Treat*. 1998; 49(3): 187-93.

[20] Ogden CL, Carroll MD, Curtin LR, *et al*. Prevalence of high body mass index in US children and adolescents, 2007-2008. *JAMA*. 2010;303(3): 235-41.

[21] Van Itallie TB. Health implications of overweight and obesity in the United States. *Ann Int Med*. 1985;103: 983-88.

[22] Manson JE, Willett WC, Stampfer MJ, *et al*. Body weight and mortality among women. *N Eng J Med*. 1995; 333: 677-85.

[23] Lee I, Manson JE, Hennekens CH, Paffenbarger RS. Body weight and mortality: a 27-year follow-up of middle-aged men. *JAMA*. 1993; 270(23): 2823-28.

[24] Manson JE, Stampfer MJ, Hennekens CH, *et al*. Body weight and longevity: a reassessment. *JAMA*. 1987; 257: 353-58.

[25] Flegol KM, Carroll MD, Ogden CL, Curtin LR. Prevalence and trends in obesity among U.S. adults, 1999-2008. *JAMA*. 2010; 303(3): 235-41.

[26] Folsom AR, Kaye SA, Sellers TA, *et al*. Body fat distribution and 5-year risk of death in older women. *JAMA*. 1993; 269(4): 483-87.

[27] Lane MA, Baer DJ, Rumpler WV, *et al*. Calorie restriction lowers body temperature in rhesus monkeys, consistent with a postulated anti- aging mechanism in rodents. *Proc Natl Acad Sci USA*. 30 de abril de 1996; 93(9) 4159-64.

[28] Hansen BC, Bodkin NL, Ortmeyer HK. Calorie restriction in nonhuman primates: mechanism of reduced morbidity and mortality. *Toxicol Sci*. 1999; 52(supl. 2): S56-60; Weindruch R. The retardation of aging by caloric restriction: studies in rodents and primates. *Toxicol Pathol*. 1996; 24(6): 742-45; Roth GS, Ingram DK, Lane MA. Caloric restriction in primates: will it work and how will we know? *J Am Geriatric Soc*. 1999; 47(7): 896-903; McCarter RJ. Role of caloric restriction in the prolongation of life. *Clin Geriatr Med*. 1995; 11(4): 553-65. Weindruch R, Lane MA, Ingram DK, *et al*. Dietary restriction in rhesus monkeys: lymphopenia and reduced nitrogen- induced proliferation in peripheral blood mononuclear cells. *Aging*. 1997; 9(44): 304-8; Frame LT, Hart RW, Leakey JE. Caloric restriction as a mechanism mediating resistance to

environmental disease. *Environ Health Perspect.* 1998; 106(supl. 1): S313-24; Masoro, EJ. Influence of caloric intake on aging and on the response to stressors. *J Toxicol Environ Health B Crit Rev.* 1998; 1(3): 243-57; Lane MA, Ingram DK, Roth GS. Calorie restriction in nonhuman primates: effects on diabetes and cardiovascular disease risk. *Toxicol Sci.* 1999; 52(supl. 2): S41-48.

[29] Carroll KK. Experimental evidence of dietary factors and hormonedependent cancers. *Cancer Res.* 1975; 35: 3374-83.

[30] Fontana L, Weiss EP, Villareal DT, *et al.* Long- term effects of calorie or protein restriction on serum IGF-1 and IGFBP-3 concentration in humans. *Aging Cell.* Octubre de 2008; 7 (5): 681-87.

[31] Castro AM, Guerra-Júnior G. [GH/IGF-1 and cancer: what's new in this association]. *Arq Bras Endocrinol Metabol.* 2005 Oct; 49 (5): 833-42; Papatsoris AG, Karamouzis MV, Papavassiliou AG. Novel insights into the implication of the IGF-1 network in prostate cancer. *Trends Mol Med.* Febrero de 2005; 11(2): 52-55; Kaaks R. Nutrition, insulin, IGF-1 metabolism and cancer risk: a summary of epidemiological evidence. *Novartis Found Symp* . 2004;262: 247-60; discussion 260-68; Lønning PE, Helle SI. IGF-1 and breast cancer. *Novartis Found Symp* . 2004; 262: 205-12; discussion 212-14, 265-68; Roberts CT Jr. IGF-1 and prostate cancer. *Novartis Found Symp.* 2004; 262: 193-99; discussion 199-204, 265-68.

[32] Fontana L. The scientific basis of caloric restriction leading to longer life. *Curr Opin Gastroenterol.* 25 de marzo de 2009(2): 144-50; Fontana L, Klein S. Aging, adiposity, and calorie restriction. *JAMA.* 7 de marzo de 2007; 297(9): 986-94.

[33] Butler RN, Fossel M, Pan CX, *et al.* Anti- aging medicine: effi cacy and safety of hormones and antioxidants. *Geriatrics.* 2000; 55: 48-58.

[34] Lawton CL, Burley VJ, Wales JK, Blundell JE. Dietary fat and appetite control in obese subjects: weak effects on satiation and satiety. *Int J Obes Metab Disord.* 1993; 17(7): 409-16; Blundell JE, Halford JC. Regulation of nutrient supply: the brain and appetite control. *Proc Nutr Soc.* 1994; 53(2): 407-18; Stamler J, Dolecek TA. Relation of food and nutrient intakes to body mass in the special intervention and usual care groups on the Multiple Risk Factor Intervention Trial. *Am J Clin Nutr.* 1997; 65(supl. 1): S366-73.

[35] Mattes R. Dietary compensation by humans for supplemental energy provided as ethanol or carbohydrates in fluids. *Physiology Behav.* 1996; 59: 179-87.

[36] Dennison BA, Rockwell HL, Baker SL. Excess fruit juice consumption by preschool-aged children is associated with short stature and obesity. *Pediatrics.* 1997; 99(1): 15-22; Dennison BA. Fruit juice consumption by infants and children: a review. *J Am Coll Nutr.* 1996; 15(supl. 5): S4-11.

[37] Plymouth Colony. 2000. World Book Millennium.

[38] Weinsier RL, Nagy TR, Hunter GR, *et al.* Do adaptive changes in metabolic rate favor weight regain in weight- reduced individuals? An examination of the set-point theory. *Am J Clin Nutr.* 2000; 72: 1088-94.

## CAPÍTULO 2
## SOBREALIMENTADOS, Y AUN ASÍ DESNUTRIDOS

[1] Jedrychowski W, Maugeri U, Popiela T, et al. Case-control study on beneficial effect of regular consumption of apples on colorectal cancer risk in a population with relatively low intake of fruits and vegetables. Eur J Cancer Prev. Enero de 2010; 19(1): 42-47; Foschi R, Pelucchi C, Dal Maso L, et al. Citrus fruit and cancer risk in a network of case-control studies. Cancer Causes Control. 24 de octubre de 2009. [publicación electrónica previa a la impresión]; van Duijnhoven FJ, Bueno-de-Mesquita HB, Ferrari P, et al. Fruit, vegetables, and colorectal cancer risk: the European Prospective Investigation into Cancer and Nutrition. Am J Clin Nutr. Mayo de 2009; 89(5): 1441–52; Maynard M, Gunnell D, Emmett P, et al. Fruit, vegetables and antioxidants in childhood and risk of cancer: the Boyd Orr cohort. J Epidimiol Community Health. Marzo de 2003; 57(3): 219-25; Hebert JR, Landon J, Miller DR. Consumption of meat and fruit in relation to oral and esophageal cancer: a cross- national study. Nutr Cancer. 1993; 19(2): 169-79; Fraser GE. Association between diet and cancer, ischemic heart disease, and all- cause mortality in non- Hispanic white California Seventh- Day Adventists. Am J Clin Nutr. 1999; 70(3)(supl.): 532-38; Block G, Patterson B, Subar A. Fruit, vegetable, and cancer prevention: a review of the epidemiological evidence. Nutr Cancer. 1992; 18(1): 1-29.

[2] Joseph JA, Shukitt-Hale B, Willis LM. Grape juice, berries, and walnuts affect brain aging and behavior. J Nutr. Septiembre de 2009; 139(9) (suppl): S1813-17.

[3] Cao G, Shukitt- Hale B, Bickford PC, et al. Hyperoxia- induced changes in antioxidant capacity and the effect of dietary antioxidants. J Appl Physiol. 1999; 86(6): 1817-22.

[4] Hertog MG, Bueno-de-Mesquita HB, Fehily AM. Fruit and vegetable consumption and cancer mortality in Caerphilly Study. Cancer Epidemiol Biomarkers Prevent. 1996; 5(9): 673-77.

[5] Dietary Assessment of Major Trends in U.S. Food Consumption, 1970-2005. http://www.ers.usda.gov/Publ ications/EIB33/EIB33_Reportsummary.pdf.

[6] Salmerón J, Manson JE, Stampfer MJ, et al. Dietary fi ber, glycemic load, and risk of non- insulindependent diabetes mellitus in women. JAMA. 1997; 277(6): 472–77.

[7] Salmerón J, Ascherio A, Rimm EB, et al. Dietary fiber, glycemic load, and risk of NIDDM in men. Diabetes Care. 1997; 20 (4): 545-50.

[8] Centers for Disease Control. National Diabetes Fact Sheet, 2007. http://www.cdc. gov/diabetes/pubs/pdf/ndfs_2007.pdf.

[9] Sahyoun NR, Jacques PF, Zhang XL, et al. Whole- grain intake is inversely associated with the metabolic syndrome and mortality in older adults. Am J Clin Nutr. Enero de 2006; 83(1): 124-31.

[10] Harland JI, Garton LE. Wholegrain intake as a marker of healthy body weight and adiposity. Public Health Nutr. Junio de 2008; 11(6): 554–63; van de Vijver LP, van

den Bosch LM, van den Brandt PA, Goldbohm RA. Whole- grain consumption, dietary fibre intake and body mass index in the Netherlands cohort study. *Eur J Clin Nutr.* Enero de 2009; 63(1): 31-38; Jacobs DR, Marquart L, Slavin J, Kushi LH. Whole- grain intake and cancer: an expanded review and metaanalysis. *Nutr. Cancer.* 1998; 30(2): 85-96; Chatenoud L, Tavani A, La Vecchia C, *et al.* Whole- grain food intake and cancer risk. *Int J Cancer.* 1998; 77(1): 24-28.

[11] Jacobs DR Jr., Meyer KA, Kushi LH, *et al.* Whole- grain intake may reduce the risk of ischemic heart disease death in postmenopausal women: the Iowa Women's Health Study. *Am J Clin Nutr.* 1998; 68: 248-57.

[12] Prentice RL. Future possibilities in the prevention of breast cancer: fat and fiber and breast cancer research. *Breast Cancer Res.* 2000; 2(4): 268-76; Park Y, Brinton LA, Subar AF, *et al.* Dietary fiber intake and risk of breast cancer in postmenopausal women: the National Institutes of Health-AARP Diet and Health Study. *Am J Clin Nutr.* Septiembre de 2009; 90(3): 664-71; Suzuki R, Rylander- Rudqvist T, Ye W, *et al.* Dietary fiber intake and risk of postmenopausal breast cancer defined by estrogen and progesterone receptor status — a prospective cohort study among Swedish women. *Int J Cancer.* 15 de enero de 2008; 122(2): 403-12; Mc-Eligot AJ, Largent J, Ziogas A, *et al.* Dietary fat, fiber, vegetable, and micronutrients are associated with overall survival in postmenopausal women diagnosed with breast cancer. *Nutr Cancer.* 2006; 55(2): 132-40.

[13] La Vecchia C. Mediterranean diet and cancer. *Public Health Nutr.* Octubre de 2004; 7(7): 965-68; Scharlau D, Borowicki A, Habermann N, *et al.* Mechanisms of primary cancer prevention by butyrate and other products formed during gut flora-mediated fermentation of dietary fibre. *Mutat Res.* Julio-agosto de 2009; 682(1): 39-53; Bordonaro M, Lazarova DL, Sartorelli AC. Butyrate and Wnt signaling: a possible solution to the puzzle of dietary fiber and colon cancer risk? *Cell Cycle.* 1 de mayo de 2008; 7(9): 1178-83; Pisani P. Hyper-insulinaemia and cancer, meta- analyses of epidemiological studies. *Arch Physiol Biochem.* Febrero de 2008; 114(1): 63-70; Larsson SC, Bergkvist L, Wolk A. Glycemic load, glycemic index and breast cancer risk in a prospective cohort of Swedish women. Int J Cancer. 1 de julio de 2009; 125(1): 153-57; Wen W, Shu XO, Li H, *et al.* Dietary carbohydrates, fiber, and breast cancer risk in Chinese women. *Am J Clin Nutr.* Enero de 2009; 89(1): 283-89; Nettleton JA, Steffen LM, Loehr LR, *et al.* Incident heart failure is associated with lower whole- grain intake and greater high- fat dairy and egg intake in the Atherosclerosis Risk in Communities (ARIC) study. *J Am Diet Assoc.* Noviembre de 2008; 108(11): 1881-87; de Munter JS, Hu FB, Spiegelman D, *et al.* Whole grain, bran, and germ intake and risk of type 2 diabetes: a prospective cohort study and systematic review. *PLoS Med.* Agosto de 2007; 4(8): e261; Mellen PB, Liese AD, Tooze JA, *et al.* Whole- grain intake and carotid artery atherosclerosis in a multiethnic cohort: the Insulin Resistance Atherosclerosis Study. *Am J Clin Nutr.* Junio de 2007; 85(6): 1495-502; Mellen PB, Walsh TF, Herrington DM. Whole grain intake and cardiovascular disease: a meta-analysis. *Nutr Metab Cardiovasc Dis.* Mayo de 2008; 18(4): 283-90; Zhuo XG, Watanabe S. Factor

analysis of digestive cancer mortality and food consumption in 65 Chinese counties. *J Epidemiol.* 1999; 4: 275-84; Slattery ML, Benson J, Berry TD, *et al.* Dietary sugar and colon cancer. *Cancer Epidemiol Biomarkers Prevent.* Septiembre de 1997; 6(9): 677-85; Negri E, Bosetti C, La Vecchia C, *et al.* Risk factors for adenocarcinoma of the small intestine. *Int J Cancer.* 1999; 82(2): 171-74; Chatenoud L, La Vecchia C, Franceschi S, *et al.* Refi ned- cereal intake and risk of selected cancers in Italy. *Am J Clin Nutr.* 1999; 70(6): 1107-10.

[14] Pennington JA Intakes of minerals from diets and foods: is there a need for concern? *J Nutr.* 1996; 126(supl. 9): S2304-8.

[15] Dargatz DA, Ross PF. Blood selenium concentration in cows and heifers on 253 cow- calf operations in 18 states. *J Anim Sci.* 1996; 74(12): 2891-95.

[16] Linardakis M, Sarri K, Pateraki MS, *et al.* Sugar- added beverages consumption among kindergarten children of Crete: effects on nutritional status and risk of obesity. *BMC Public Health.* 6 de agosto de 2008; 8: 279; Faith MS, Dennison BA, Edmunds LS, Stratton HH. Fruit juice intake predicts increased adiposity gain in children from low-income families: weight status-by-environment interaction. *Pediatrics.* Noviembre de 2006; 118(5): 2066-75.

[17] Dennison BA. Fruit juice consumption by infants and children: a review. *J Am Coll Nutr.* 1995; 15 (5)(supl.): S4-11.

[18] Ames BN. DNA damage from micronutrient deficiencies is likely to be a major cause of cancer. *Mutat Res.* 18 de abril de 2001; 475 (1-2): 7-20; Lonsdale D, Shamberger RJ. Red cell transketolase as an indicator of nutritional deficiency. *Am J Clin Nutr.* 1980; 33: 205-11; Lane BC. Myopia prevention and reversal: new data confirms the interaction of accommodative stress and deficit inducing nutrition. *J Int Acad Prev Med.* 1982; 7(3): 28.

[19] Dietary Assessment of Major Trends in U.S. Food Consumption, 1970-2005. http://www.ers.usda.gov/Publ ications/EIB33/EIB33_Reportsummary.pdf.

[20] Romanski SA, Nelson RM, Jensen MD. Meal fatty acid uptake in adipose tissue: gender effects in nonobese humans. *Am J Physiol Endocrinol Metab.* 2000; 279(2): E445-62.

[21] Popp- Snijders C, Blonk MC. Omega-3 fatty acids in adipose tissue of obese patients with non-insulin dependent diabetes mellitus reflect long-term dietary intake of eicosapentaenoic and docosahexaenoic acid. *Am J Clin Nutr.* 1995; 61(2): 360-65.

[22] Karalis IK, Alegakis AK, Kafatos AG, *et al.* Risk factors for ischaemic heart disease in a Cretan rural population: a twelve year followup study. *BMC Public Health.* 18 de diciembre de 2007; 7: 351; Kafatos A, Diacatou A, Voukik G, *et al.* Heart disease risk factor status and dietary changes in the Cretan population over the past 30 years: the Seven Countries Study. *Am J Clin Nutr.* 1997; 65(6): 1882-86.

[23] Katan MB, Grundy SM, Willett WC. Should a low- fat, highcarbohydrate diet be recommended for everyone? Beyond low-fat diets. *N Eng J Med.* 1997; 337(8): 563-67.

[24] Han JH, Yang YX, Feng MY. Contents of phytosterols in vegetables and fruits commonly consumed in China. *Biomed Environ Sci*. Diciembre de 2008; 21(6): 449-53; Chen CY, Blumberg JB. Phytochemical composition of nuts. *Asia Pac J Clin Nutr*. 2008; 17(suppl 1): S329-32; Ryan E, Galvin K, O'Connor TP, *et al*. Phytosterol, squalene, tocopherol content and fatty acid profile of selected seeds, grains, and legumes. *Plant Foods Hum Nutr*. Septiembre de 2007; 62(3): 85-91; Segura R, Javierre C, Lizarraga MA, Ros E. Other relevant components of nuts: phytosterols, folate and minerals. *Br J Nutr*. Noviembre de 2006; 96(supl. 2): S36-44.

[25] Micheli A, Gatta G, Sant M, *et al*. Breast cancer prevalence measured by the Lombardy Cancer Registry. *Tumori*. 1997; 83(6): 875-79.

[26] Link LB, Potter JD. Raw *versus* cooked vegetables and cancer risk. *Cancer Epidemiol Biomarkers Prevent*. Septiembre de 2004; 13(9): 1422-35; Rungapamestry V, Duncan AJ, Fuller Z, Ratcliffe B. Effect of cooking brassica vegetables on the subsequent hydrolysis and metabolic fate of glucosinolates. *Proc Nutr Soc*. Febrero de 2007; 66(1): 69-81; Tang L, Zirpoli GR, Guru K, *et al*. Consumption of raw cruciferous vegetables is inversely associated with bladder cancer risk. Cancer *Epidemiol Biomarkers Prevent*. Abril de 2008; 17(4): 938-44; Steinmetz KA, Potter JD. Vegetables, fruit and prevention: a review. *J Am Diet Assoc*. 1996; 96(10): 1027-39; Hertog MG, Bueno-de-Mesquita HB, Fehily AM, *et al*. Fruit and vegetable in the Caerphilly Study. *Cancer Epidemiol Biomarkers Prevent*. 1996; 5(9): 673-77; Block G, Patterson B, Subar A. Fruit, vegetables, and cancer: a review of the epidemiological evidence. *Nutr Cancer*. 1992; 18(10): 1-29; Steinmetz KA, Potter JD. Food- group consumption and colon cancer in the Adelaide Case- Control Study. Vegetables and fruit. *Int J Cancer*. 1993; 53(5): 711-19; Steinmetz KA, Potter JD. Vegetables, fruit and cancer. I. Epidemiology. *Cancer Causes Control*. 1991; 2(5): 325-57; Franceschi S, Parpinel M, La Vecchia C, *et al*. Role of different types of vegetables and fruit in the prevention of cancer of the colon, rectum, and breast. *Epidemiology*. 1998; 9(3): 338-41.

[27] Linking plants to people: a visit to the laboratory of Dr. Paul Talalay. *American Institute for Cancer Research Newsletter*. 1995; 46: 10-11.

[28] Douglass JM, Rasgon IM, Fleiss PM, *et al*. Effects of raw food diet on hypertension and obesity. *South Med J*. 1995; 78(7): 841-44.

[29] Prochaska LJ, Piekutowski WV. On the synergistic effects of enzymes in food with enzymes in the human body. A literature survey and analytical report. *Med Hypotheses*. 1994; 42(6): 355–62.

[30] Rumm- Kreuter D, Demmel I. Comparison of vitamin losses in vegetables due to various cooking methods. *J Nutr Sci Vitaminol*. 1990; 36(supl.): S7-15.

[31] Kimura M, Itokawa Y. Cooking losses of minerals in foods and its nutritional significance. *J Nutr Sci Vitaminol*. 1990; 36(supl. 1): 25-32.

[32] Franceschi S. Nutrients and food groups and large bowel cancer in Europe. *Eur J Cancer Prev*. 1999; 9(supl. 1): S49-52.

[33] Bazzano LA. Effects of soluble dietary fiber on low- density lipoprotein

cholesterol and coronary heart disease risk. *Curr Atheroscler Rep.* Diciembre de 2008; 10(6): 473-77.

34 Schatzkin A, Lanza E, Corle D. Lack of effect of a low- fat, high-fiber diet on the recurrence of colorectal adenomas. *New Eng J Med.* 2000; 342: 1149-55; Alberts DS, Martinez ME, Roe DJ, *et al.* Lack of effect of a high-fiber cereal supplement on the recurrence of colorectal adenomas. *New Eng J Med.* 2000; 342: 1156-62.

35 Byers T. Diet, colorectal adenomas, and colorectal cancer (editorial). *New Eng J Med.* 2000; 342(16): 1206-7.

36 Ludwig DS, Pereira MA, Kroenke CH, *et al.* Dietary fi ber, weight gain and cardiovascular disease risk factors in young adults. *JAMA.* 1999; 282(16): 1539-46.

## CAPÍTULO 3
## FITOQUÍMICOS: LAS PÍLDORAS "MÁGICAS" DE LA NATURALEZA

1 USDA Economic Research Service. Loss- Adjusted Food Availability. http://www. ers.usda.gov/Data/FoodConsumption/Food-GuideIndex.htm.

2 Williams CD, Satia JA, Adair LS, *et al.* Dietary patterns, food groups, and rectal cancer risk in whites and African- Americans. *Cancer Epidemiol Biomarkers Prevent.* Mayo de 2009; 18(5): 1552-61; Flood A, Rastogi T, Wirfält E, *et al.* Dietary patterns as identified by factor analysis and colorectal cancer among middle-aged Americans. *Am J Clin Nutr.* Julio de 2008; 88(1): 176-84.

3 USDA Economic Research Service.Dietary Assessment of Major Trends in U.S. Food Consumption, 1970-2005. http://www.ers.usda.gov/publ ications/EIB33; USDA Economic Research Service. Loss- Adjusted Food Availability. http://www.ers.usda.gov/ Data/FoodConsumption/FoodGuideIndex.htm#calories.

4 USDA Food Availability (per capita) Data System. http://www.ers.usda.gov/ amberwaves/February 05/fi ndings/cheese consumption.htm.

5 Agudo A, Cabrera L, Amiano P, *et al.* Fruit and vegetable intakes, dietary antioxidant nutrients, and total mortality in Spanish adults: findings from the Spanish cohort of the European Prospective Investigation into Cancer and Nutrition (EPIC-Spain). *Am J Clin Nutr.* Junio de 2007; 85(6): 1634-42; Nagura J, Iso H, Watanabe Y, *et al.* Fruit, vegetable and bean intake and mortality from cardiovascular disease among Japanese men and women: the JACC Study. *Br J Nutr.* Julio de 2009; 102(2): 285-92; Tobias M, Turley M, Stefanogiannis N, *et al.* Vegetable and fruit intake and mortality from chronic disease in New Zealand. *Aust N Z J Public Health.* Febrero de 2006; 30(1): 26-31.

6 Heron M, Tejada- Vera B. Deaths: Leading Causes for 2005. National Vital Statistics Reports. 2009; 58(8). Disponible online en http://www.cdc.gov/nchs/ data/nvsr/nvsr58/ nvsr58_08.pdf.

7 USDA Economic Research Service. Loss- Adjusted Food Availability. http://www.ers.usda.gov/Data/ FoodConsumption/FoodGuideIndex.htm.

[8] Gráfico original: datos compilados a partir de las tasas de mortalidad de los años 60 publicadas por la Organización Mundial de la Salud y los Institutos Nacionales de la Salud (ya no se encuentra disponible en Internet), informes de balance alimentario de la FAO (Food and Agriculture Organization of the United Nations) (http://faostat. fao.org/site/368/default.aspx#ancor), y comunicaciones con las autoridades sanitarias de varios de los países mencionados.

[9] Radhika G, Sudha V, Mohan Sathya R, et al. Association of fruit and vegetable intake with cardiovascular risk factors in urban south Indians. Br J Nutr. Febrero de 2008; 99(2): 398-405; Nöthlings U, Schulze MB, Weikert C, et al. Intake of vegetables, legumes, and fruit, and risk for all- cause, cardiovascular, and cancer mortality in a European diabetic population. J Nutr. Abril de 2008; 138(4): 775-81.

[10] Zhang CX, Ho SC, Chen YM, et al. Greater vegetable and fruit intake is associated with a lower risk of breast cancer among Chinese women. Int J Cancer. 1 de Julio de 2009; 125(1): 181-188; Sandoval M, Font R, Mañós M, et al. The role of vegetable and fruit consumption and other habits on survival following the diagnosis of oral cancer: a prospective study in Spain. Int J Oral Maxillofac Surg. Enero de 2009; 38(1): 31-139; Nomura AM, Wilkens LR, Murphy SP, et al. Association of vegetable, fruit, and grain intakes with colorectal cancer: the Multiethnic Cohort Study. Am J Clin Nutr. Septiembre de 2008; 88(3): 730-137; Kirsh VA, Peters U, Mayne ST, et al. Prostate, Lung, Colorectal and Ovarian Cancer Screening Trial. Prospective study of fruit and vegetable intake and risk of prostate cancer. J Natl Cancer Inst. 1 de agosto de 2007; 99(15): 1200–9; Satia- Abouta J, Galanko JA, Martin CF, et al. Food groups and colon cancer risk in African- Americans and Caucasians. Int J Cancer. 1 de mayo de 2004; 109(5): 728–136; Franceschi S, Parpinel M, La Vecchia C, et al. Role of different types of vegetables and fruit in the prevention of cancer of the colon, rectum and breast. Epidemiology. 1998; 9(3): 338-41; Van Den Brandt PA. Nutrition and cancer: causative, protective, and therapeutic aspects. Ned Tijdschr Geneeskd. 1999; 143(27): 1414-20; Fraser GE. Association between diet and cancer, ischemic heart disease, and all-cause mortality in non-Hispanic white California Seventh-Day Adventists. Am J Clin Nutr. 1999; 70(Suppl 3):S532-38.

[11] Bjelakovic G, Nikolova D, Gluud LL, et al. Mortality in randomized trials of antioxidant supplements for primary and secondary prevention: systematic review and meta- analysis. JAMA. 28 de febrero de 2007; 297(8): 842-57.

[12] Goodman GE. Prevention of lung cancer. Curr Opini Oncol. 1998; 10(2): 122-26.

[13] Omenn GS, Goodman GE, Thornquist MD, et al. Effects of a combination of beta carotene and vitamin A on lung cancer and cardiovascular disease. N Eng J Med. 1996; 334(18): 1150-55; Hennekens CH, Buring JE, Manson JE, et al. Lack of effect of longterm supplementation with betacarotene on the incidence of malignant neoplasms and cardiovascular disease. N Eng J Med. 1996; 334(18): 1145-49.

[14] Albanes D, Heinonen OP, Taylor PR, et al. Alpha- tocopherol and beta-carotene supplements lung cancer incidence in the alphatocopherol, beta-carotene prevention study: effects of baseline characteristics and study compliance. J Natl

*Cancer Inst.* 1996; 8(21): 1560-70; Rapola JM, Virtamo J, Ripatti S, *et al.* Randomized trial of alpha-tocopherol and beta-carotene supplements on incidence of major coronary events in men with previous myocardial infarction. *Lancet.* 1997; 349(9067): 1715-20.

[15] Bjelakovic G, Nikolova D, Gluud LL, *et al.* Mortality in randomized trials of antioxidant supplements for primary and secondary prevention: systematic review and meta-analysis. *JAMA.* 28 de febrero de 2007; 297(8): 842-57.

[16] Nelson NJ. Is chemoprevention research overrated or underfunded? *Primary Care and Cancer.* 1996; 16(8): 29.

[17] Cohen JH, Kristal AR, Stanford JL. Fruit and vegetable intakes and prostate cancer risk. *J Natl Cancer Inst.* 2000; 92(1): 61-68.

[18] Forte A, De Sanctis R, Leonetti G, *et al.* Dietary chemoprevention of colorectal cancer. *Ann Ital Chir.* Julio-agosto de 2008; 79(4): 261-67; Harikumar KB, Aggarwal BB. Resveratrol: a multitargeted agent for age- associated chronic diseases. *Cell Cycle.* 15 de abril de 2008; 7(8): 1020-35; Juge N, Mithen RF, Traka M. Molecular basis for chemoprevention by sulforaphane: a comprehensive review. *Cell Mol Life Sci.* Mayo de 2007; 64(9): 1105-27; Lee ER, Kang GH, Cho SG. Effect of flavonoids on human health: old subjects but new challenges. *Recent Pat Biotechnol.* 2007; 1(2): 139-50; Messina M, Kucuk O, Lampe JW. An overview of the health effects of isoflavones with an emphasis on prostate cancer risk and prostatespecific antigen levels. J AOAC Int. Julio-agosto de 2006; 89(4): 1121-34.

[19] Roa I, Araya JC, Villaseca M, *et al.* Preneoplastic lesions and gallbladder cancer: an estimate of the period required for progression *Gastroenterology.* 1996; 111(1): 232–36; Kashayap V, Das BC. DNA aneuploidy and infection of human papillomavirus type 16 in preneoplastic lesions of the uterine cervix: correlation with progression to malignancy. *Cancer Lett.* 1998; 123(1): 47-52.

[20] Higdon JV, Delage B, Williams DE, Dashwood RH. Cruciferous vegetables and human cancer risk: epidemiologic evidence and mechanistic basis. *Pharmacol* Res. Marzo 2007; 55(3): 224-36; Srivastava SK, Xiao D, Lew KL, *et al.* Allyl isothiocyanate, a constituent of cruciferous vegetables, inhibits growth of PC-3 human prostate cancer xenografts in vivo. *Carcinogenesis.* 24 de octubre de 2003; (10): 1665-70; Rose P, Huang Q, Ong CN, Whiteman M. Broccoli and watercress suppress matrix metalloproteinase- 9 activity and invasiveness of human MDA-MB-231 breast cancer cells. *Toxicol Appl Pharmacol.* 1 de diciembre de 2005; 209(2): 105-13; Ray A. Cancer preventive role of selected dietary factors. *Indian J Cancer.* Enero-marzo de 2005; 42(1): 15-24; Keck AS, Finley JW. Cruciferous vegetables: cancer protective mechanisms of glucosinolate hydrolysis products and selenium. *Integr Cancer Ther.* Marzo 2004; 3(1): 5-12; Seow A, Yuan JM, Sun CL, *et al.* Dietary isothiocyanates, glutathione S-transferase polymorphisms and colorectal cancer risk in the Singapore Chinese Health Study. *Carcinogenesis.* Diciembre de 2002; 23 (12): 2055-61; Johnston N. Sulforaphane halts breast cancer cell growth. *Drug Discov Today.* 1 de noviembre de 2004; 9(21):908.

[21] Basado en los datos de referencia estándar del USDA sobre el chuletón a la plancha y el brócoli congelado picado.

[22] Nutritionist Pro Nutrition Analysis Software, Versions 2.5, 3.1, Axxya Systems, Stafford TX, 2006. Basado en datos de referencia estándar del USDA sobre el brócoli congelado cocido, el chuletón a la plancha, la lechuga romana picada y la col rizada hervida.

[23] Kahn HA, Phillips RL, Snowdon DA, Choi W. Association between reported diet and all- cause mortality: twenty- one- year follow-up on 27,530 adult Seventh Day Adventists. *Am J Epid.* 1984; 119(5): 775-87.

[24] Steinmetz KA, Potter JD. Vegetables, fruit and cancer prevention: a review. *J Am Diet Assoc.* 1996; 96: 1027-39.

[25] A pyramid topples at the USDA. *Consumer Reports.* Octubre de 1991: 663-66.

[26] Harris W. *The scientific basis of vegetarianism.* Honolulu: Hawaii Health Publishers, 1995, 101-6.

[27] Hausman, P. *Jack Sprat's legacy: the science and politics of fat and cholesterol.* New York: Center for Science in the Public Interest; 1981.

[28] USDA Fiscal Year 2007 Budget of the U.S. Government: Mid-Session Review. http://www.fsa.usda.gov/Internet/FSA_File/07midsessionrev.pdf.

[29] Hebert JR, Hurley TG, Olendzki BC, et al. Nutritional and socioeconomic factors in relation to prostate cancer mortality: a cross national study. *J Natl Cancer Inst.* 1998; 90(21): 1637-47.

## CAPÍTULO 4
## EL LADO OSCURO DE LA PROTEÍNA ANIMAL

[1] Brody J. Huge study of diet indicts fat and meat. *New York Times.* 8 de mayo de1990: Science Times: 1.

[2] Chen J, Campbell TC, Li J, Peto R. Diet, life- style and mortality in China: a study of the characteristics of 65 Chinese counties. Oxford: Oxford University Press; 1990, p. 894.

[3] Campbell TC, Parpia B, Chen J. Diet, lifestyle, and the etiology of coronary artery disease: the Cornell China Study. *Am J Cardiol.* 1998; 82(10B): 18-21T.

[4] Thiébaut AC, Jiao L, Silverman DT, et al. Dietary fatty acids and pancreatic cancer in the NIHAARP diet and health study. *J Natl Cancer Inst* . 15 de julio de 2009; 101 (14): 1001-11; Brock KE, Gridley G, Chiu BC, et al. Dietary fat and risk of renal cell carcinoma in the USA: a case-control study. *Br J Nutr.* Abril de 2009; 101(8): 1228-38; Sieri S, Krogh V, Ferrari P, et al. Dietary fat and breast cancer risk in the European Prospective Investigation into Cancer and Nutrition. *Am J Clin Nutr.* Noviembre de 2008; 88(5): 1304-12; Jakobsen MU, O'Reilly EJ, Heitmann BL, et al. Major types of dietary fat and risk of coronary heart disease: a pooled analysis of 11 cohort studies. *Am J Clin Nutr.* Mayo de 2009; 89 (5): 1425-32; Wiviott SD, Cannon CP.

Update on lipid- lowering therapy and LDL- cholesterol targets. *Nat Clin Pract Cardiovasc Med.* Agosto de 2006; 3(8): 424-36; Simopoulos AP. The omega-6/omega-3 fatty acid ratio, genetic variation, and cardiovascular disease. *Asia Pac J Clin Nutr.* 2008;17 (suppl 1): 131-134; Simopoulos AP. Evolutionary aspects of diet, the omega-6/omega-3 ratio and genetic variation: nutritional implications for chronic diseases. *Biomed Pharmacother.* Noviembre de 2006; 60(9): 502-7.

[5] Castro AM, Guerra-Júnior G. [GH/IGF-1 and cancer: what's new in this association]. *Arq Bras Endocrinol Metabol.* Octubre de 2005; 49(5): 833-42; Papatsoris AG, Karamouzis MV, Papavassiliou AG. Novel insights into the implication of the IGF-1 network in prostate cancer. *Trends Mol Med.* Febrero de 2005; 11(2): 52-55; Kaaks R. Nutrition, insulin, IGF-1 metabolism and cancer risk: a summary of epidemiological evidence. *Novartis Found Symp.* 2004; 262: 247-60; discussion 260-68; Lønning PE, Helle SI. IGF-1 and breast cancer. *Novartis Found Symp.* 2004; 262: 205-12; discussion 212-14, 265–68; Roberts CT Jr. IGF-1 and prostate cancer. Novartis *Found Symp.* 2004; 262: 193-99; discussion 199-204, 265-68.

[6] Campbell, TC, Parpia B, Chen J. A plant-enriched diet and long- term health, particularly in reference to China. *Hort Science.* 1990; 25(12): 1512-14.

[7] Andrikoula M, McDowell IF. The contribution of ApoB and ApoA1 measurements to cardiovascular risk assessment. *Diabetes Obes Metab.* Abril de 2008; 10(4): 271-78; Kampoli AM, Tousoulis D, Antoniades C, Siasos G, Stefanadis C. Biomarkers of premature atherosclerosis. *Trends Mol Med.* Julio de 2009; 15(7): 323-32.

[8] Van Ee JH. Soy constituents: modes of action in low- density lipoprotein management. *Nutr Rev.* Abril de 2009; 67(4): 222-34; Kris-Etherton PM, Hu FB, Ros E, Sabaté J. The role of tree nuts and peanuts in the prevention of coronary heart disease: multiple potential mechanisms. *J Nutr.* Septiembre de 2008; 138(9)(suppl): S1746-51; Harland JI, Haffner TA. Systematic review, meta- analysis and regression of randomised controlled trials reporting an association between an intake of circa 25 g soya protein per day and blood cholesterol. *Atherosclerosis.* Septiembre de 2008; 200(1): 13-27; Plant-based proteins lower LDL and overall cholesterol. Plantbased proteins are higher in fiber, with far less fat and cholesterol than animal protein. *Duke Medicine Health News.* Septiembre de 2009; 15(9): 3.

[9] Singh PN, Fraser GE. Dietary risk factors for colon cancer in a lowrisk population. *Am J Epidemiol.* 1998; 148: 761-74.

[10] U.S. Department of Agriculture. Agricultural Research Service. USDA National Nutrient Database for Standard Reference, release 13. 1999. Nutrient Data Laboratory home page, http://www.nal.usda.gov/fnic/foodcomp.

[11] Sinha R, Rothman N, Brown ED, *et al.* High concentrations of the carcinogen 2-amino-1-methyl-6- phenylimidazo-[4,5-b] pyridine (PhIP) occur in chicken but are dependent on the cooking method. *Cancer Res.* 1995; 55(20): 4516-19.

[12] Thomson B. Heterocyclic amine levels in cooked meat and the implication for New Zealanders. *Eur J Cancer Prev.* 1999; 8(3): 201-6.

[13] Davidson MH, Hunninghake D, Maki KC, *et al.* Comparison of the effects of lean red meat vs. lean white meat on serum lipid levels among free- living persons with hypercholesterolemia: a longterm, randomized clinical trial. *Arch Intern Med.* 1999; 159(12): 1331-38.

[14] Campbell TC. Why China holds the key to your health. *Nutrition Advocate.* 1995; 1(1): 7-8.

[15] World Health Statistics Annual, 1999. Available online at http:// www.who.int/ whosis.

[16] Singh PN, Sabaté J, Fraser GE. Does low meat consumption increase life expectancy in humans? *Am J Clin Nutr.* Septiembre de 2003; 78(supl. 3): S526-32; Fraser, GE, Lindsted KD, Beeson WL. Effect of risk factor values on lifetime risk of and age at first coronary event: the Adventist Health Study. *Am J Epidemiol.* 1995; 142(7): 746-58; Fraser, GE. Associations between diet and cancer, ischemic heart disease, and all-cause mortality in non-Hispanic white California Seventh- Day Adventists. *Am J Clin Nutr.* 1999; 70 (supl. 3): S532-38.

[17] Willett, WC, Hunter DJ, Stampfer MJ, *et al.* Dietary fat and fiber in relation to risk of breast cancer: an eight-year follow-up. *JAMA.* 1992; 268: 2037-44.

[18] Campbell TC, Junshi C. Diet and chronic degenerative diseases: perspective from China. *Am J Clin Nutr.* 1994; 59(suppl 5): -S1153-61.

[19] Key TJ, Thorogood AM, Appleby PN, Burr ML. Dietary habits and mortality in 11,000 vegetarians and health conscious people: results of a 17-year follow-up. *BMJ.* 1996; 313: 775-79.

[20] Nelson NJ. Is chemo prevention research overrated or underfunded? *Primary Care and Cancer.* 168: 29-30.

[21] Shu XO, Zheng Y, Cai H, *et al.* Soy food intake and breast cancer survival. *JAMA.* 9 de diciembre de 2009; 302(22): 2437-43; Hwang YW, Kim SY, Jee SH, *et al.* Soy food consumption and risk of prostate cancer: a meta- analysis of observational studies. *Nutr Cancer.* 2009;61(5): 598-606; Aune D, De Stefani E, Ronco A, *et al.* Legume intake and the risk of cancer: a multisite case-control study in Uruguay. *Cancer Causes Control.* Noviembre de 2009; 20(9): 1605-15; Korde LA, Wu AH, Fears T, *et al.* Childhood soy intake and breast cancer risk in Asian American women. Cancer *Epidemiol Biomarkers Prevent.* Abril de 2009; 18(4): 1050-59; Park SY, Murphy SP, Wilkens LR, *et al.* Multiethnic Cohort Study. Legume and isoflavone intake and prostate cancer risk: the Multiethnic Cohort Study. *Int J Cancer.* 15 de agosto de 2008; 123(4): 927-32; Nöthlings U, Schulze MB, Weikert C, *et al.* Intake of vegetables, legumes, and fruit, and risk for all- cause, cardiovascular, and cancer mortality in a European diabetic population. *J Nutr.* Abril de 2008; 138 (4): 775-81.

[22] Chang-Claude J, Frentzel-Beyme R. Dietary and lifestyle determinants of mortality among German vegetarians. *Int J Epidemiol.* 1993; 22(2): 228-36; Kahn HA, Phillips RI, Snowdon DA, Choi W. Association between reported diet and all-cause mortality: twentyone-year follow-up on 27,530 adult Seventh- Day Adventists. *Am J*

*Epidemiol.* 1984; 119(5): 775-87; Nestle M. Animal v. plant foods in human diets and health: is the historical record unequivocal? *Proc Nutr Soc.* 1999; 58(2): 211-28.

[23] Barnard ND, Nicholson A, Howard JL. The medical costs attributed to meat consumption. *Prev Med.* 1995; 24: 646-55; Segasothy M, Phillips PA. Vegetarian diet: panacea for modern lifestyle disease? *QJM.* 1999; 92(9): 531-44.

[24] Rucker C, Hoffman J. *The Seventh- Day Diet.* New York: Random House; 1991.

[25] Kahn HA, Phillips RI, Snowdon DA, Choi W. Association between reported diet and all-cause mortality: twenty- one-year follow-up on 27,530 adult Seventh-Day Adventists. *Am J Epidemiol.* 1984; 119(5): 775-87.

[26] Rodríguez C, Calle EE, Tatheam LM, Wingo PA, *et al.* Family history of breast cancer as a predictor for fatal prostate cancer. *Epidemiology.* 1998; 9(5): 525-29.

[27] Russo J, Russo IH. Differentiation and breast cancer. *Medicina.* 1997; 57(supl. 2): 81-91.

[28] Lautenbach A, Budde A, Wrann CD, *et al.* Obesity and the associated mediators leptin, estrogen and IGF-I enhance the cell proliferation and early tumorigenesis of breast cancer cells. *Nutr Cancer.* 2009; 61(4): 484-91; Pike MC, Spicer DV, Dahmoush L, Press MF. Estrogens, progestogens, normal breast cell proliferation, and breast cancer risk. *Epidemiol Rev.* 1993; 15(1): 17-35.

[29] Vandeloo MJ, Bruckers LM, Janssens JP. Effects of lifestyle on the onset of puberty as determinant for breast cancer. *Eur J Cancer Prev.* Febrero de 2007; 16(1): 17-25; Hamilton AS, Mack TM. Puberty and genetic susceptibility to breast cancer in a case-control study in twins. *N Engl J Med.* 5 de junio de 2003; 348(23): 2313-22; Leung AW, Mak J, Cheung PS, Epstein, RJ. Evidence for a programming effect of early menarche on the rise of breast cancer incidence in Hong Kong. *Cancer Detect Prev.* 2008; 32(2): 156-61.

[30] Anderson AS, Caswell S. Obesity management — an opportunity for cancer prevention. *Surgeon.* Octubre de 2009; 7(5): 282-85; Brown KA, Simpson ER. Obesity and breast cancer: progress to understanding the relationship. *Cancer Res.* 1 de enero de 2010; 70(1): 4-7.

[31] Diamandis EP, Yu H. Does préstate cancer start at puberty? *J Clin Lab Anal.* 1996; 10(6): 468-69; Weir HK, Kreiger N, Marrett LD. Age at puberty and risk of testicular germ cell cancer. *Cancer Causes Control.* 1998; 9(3): 253-58; United Kingdom Testicular Cancer Study Group. Aetiology of testicular cancer: association with congenital abnormalities, age at puberty, infertility, and exercise. *BMJ.* 1994; 308(6941): 1393-99.

[32] Ross MH, Lustbader ED, Bras G. Dietary practices of early life and spontaneous tumors of the rat. *Nutr Cancer.* 1982; 3(3): 150-67.

[33] Tanner JM. Trend toward earlier menarche in London, Oslo, Copenhagen, the Netherlands and Hungary. *Nature.* 1973; 243: 75-76.

[34] Beaton G. *Practical population indicators of health and nutrition.* World Health Organization monograph 1976; 62: 500.

[35] Register, UD, Sonneberg, JA. The vegetarian diet. *J Am Diet Assoc.* 1973; 45:537;

Hardinge MG, Sanchez A, Waters D, *et al*. Possible factors associated with the prevalence of acne vulgaris. *Fed Proc*.1971; 30:300.

[36] Cheek DB. Body composition, hormones, nutrition, and adolescent growth. In: Grumbach, MM, Brace, GD, Mayers, FE, editors. *Control of the onset of puberty*. New York: John Wiley and Sons; 1973, p. 424.

[37] Apter D, Reinila M, Vihko R. Some endocrine characteristics of early menarche, a risk factor for breast cancer, are preserved into adulthood. *Int J Cancer*. 1989; 44(5): 783-87.

[38] Chiaffarino F, Parazzini F, LaVecchia C, *et al*. Diet and uterine myomas. *Obstet Gynecol*. 1999; 94(3): 395-98.

[39] Kralj-Cercek L. The influence of food, body build, and social origin on the age of menarche. *Hum Bio*. 1956; 28: 393; Sánchez A, Kissinger DG, Phillips RI. A hypothesis on the etiological role of diet on age of menarche. *Med Hypothese*. 1981; 7: 1339-45.

[40] Burell RJW, Healy MJR, Tanner JM. Age at menarche in South African Bantu schoolgirls living in the Transkei reserve. *Hum Bio*. 1961; 33: 250.

[41] Guo WD, Chow WH, Zheng W, *et al*. Diet, serum markers and breast cancer mortality in China. *Japan J Cancer Res*. 1994; 85: 572-77.

[42] Hill P, Garbeczewski L, Kasumi F. Plasma testosterone and breast cancer. *Eur J Cancer Clin Oncol*. 1985; 21: 1265-66.

[43] USDA Food Availability (Per Capita) Data System. http://www.ers.usda.gov/amberwaves/february05/f indings /CheeseConsumption.htm.

[44] De Waard F, Trichopoulos D. A unifying concept of the aetiology of breast cancer. *Int J Cancer*. 1998; 41: 666-69.

[45] Decarli A, Favero A, La Vecchia C, *et al*. Macronutrients, energy intake, and breast cancer risk: implications from different models. *Epidemiology*. 1997; 8: 425-28.

[46] Nicholson A. Diet and the prevention and treatment of breast cancer, *Altern Ther Health Med*. 1996; 2(6): 32-38.

[47] Wynder EL, Cohen LA, Muscat JE, *et al*. Breast cancer: weighing the evidence for a promoting role of dietary fat. *J Natl Cancer Inst*. 1997; 89: 766-75.

[48] Ross MH, Lustbader E, Bras G. Dietary practices and growth responses as predictors of longevity. *Nature*. 1976; 262(5569): 548-53.

[49] Comments in: Gunnell DJ, Smith GD, Holly JM, Frankel S. Leg length and risk of cancer in the Boyd Orr cohort. *BMJ*. 1998; 317(7169): 1950-51.

[50] Cheng Z, Hu J, King J, Campbell TC. Inhibition of hepatocellular carcinoma development in hepatitis B virus transfected mice by low dietary casein. *Hepatology*. 1997; 26(5): 1351-54; Torosian MH Effect of protein intake on tumor growth and cell cycle kinetics. *J Surg Res*. 1995; 59(2): 225-28; Youngman LD, Park JY, Ames BN. Protein oxidation associated with aging is reduced by dietary restriction of protein calories. *Proc Nat Acad Sci*. 1992; 89(19): 9112-16.

[51] Hebert JR, Hurley TG, Olendzki BC, *et al*. Nutritional and socioeconomic factors in relation to prostate cancer mortality: a crossnational study. *J Natl Cancer Inst*. 1998; 90(21): 1637-47.

[52] Frentzel-Beyme R, Chang- Claude J. Vegetarian diets and colon cancer: the German experience. *Am J Clin Nutr.* 1994; 59(supl.): S1143-52.

[53] Berkel J, deWaard F. Mortality pattern and life expectancy of Seventh- Day Adventists in the Netherlands. *Int J Epidemiol.* 1983; 12: 455-59; Phillips RL, Snowdon DA. Dietary relationships with fatal colorectal cancer among Seventh- Day Adventists. *J Natl Cancer Inst.* 1985; 74: 307-17.

[54] Corliss J. Pesticide metabolites linked to breast cancer. *J Natl Cancer Inst.* 1993; 85:602.

[55] Dietary carcinogens linked to breast cancer. *Medical World News.* Mayo de 1993: 13.

[56] Fraser GE. Association between diet and cancer, ischemic heart disease, and all-cause mortality in non- Hispanic white California Seventh- Day Adventists. *Am J Clin Nutr.* 1999; 70(supl.3): S532–38; Sarasua S, Savitz DA. Cured and broiled meat consumption in relation to childhood cancer. *Cancer Causes Control.* 1994; 5(2): 141-48; Favero A, Parpinel M, Franceschi S. Diet and risk of breast cancer: major findings from an Italian case- control study. *Biomed Pharmacother* . 1998;52(3): 109-15; Levi F, Pasche C, La Vecchia C, Lucchini F, Franceschi S. Food groups and colorectal cancer risk. *Br J Cancer.* 1999; 79(7-8): 1283-87; Steinmetz KA, Potter JD. Food-group consumption and colon cancer in the Adelaide Case-Control Study: meat, poultry, seafood, dairy foods and eggs. *Int J Cancer.* 1993;53(5): 720-27; Levi F, Franceschi S, Negri E, La Vecchia C. Dietary factors and the risk of endometrial cancer. *Cancer.* 1993; 71(11): 3575-81; Negri E, Bosetti C, La Vecchia C, *et al.* Risk factors for adenocarcinoma of the small intestine. *Int J Cancer* .1999;82(2): 171-74; Chow WH, Gridley G, McLoughlin JK, *et al.* Protein intake and risk of renal cell cancer. *J Natl Cancer Inst.* 1994; 86: 1131-39; Kwiatkowski A. Dietary and other environmental risk factors in acute leukemias: a case-control study of 119 patients. Eur J Cancer Prev. 1993;2(2): 139-46; National Institutes of Health. National Cancer Institute. *Cancer rates and risks: cancer death rates among 50 countries (age adjusted to the world standard).* 4th ed. U.S. Department of Health and Human Services; 1996. Lung cancer, p. 39. Source: World Health Organization data as adapted by the American Cancer Society; Deneo- Pelligrini H, De Stefani E, Ronco A, *et al.* Meat consumption and risk of lung cancer; a casecontrol study from Uruguay. *Lung Cancer.* 1996;14(2-3): 195-205; Zhang S, Hunter DJ, Rosner BA, *et al.* Greater intake of meats and fats associated with higher risk of non-Hodgkins lymphoma. *J Natl Cancer Inst.* 1999; 91(20): 1751-58; Cunningham AS. Lymphomas and animal- protein consumption. *Lancet.* 1976; 27: 1184-86; Franceschi S, Favero A, Conti E, *et al.* Food groups, oils and butter, and cancer of the oral cavity and pharynx. *Br J Cancer.* 1999; 80(3-4): 614-20; Tominaga S, Aoki K, Fujimoto I, *et al. Cancer mortality and morbidity statistics. Japan and the world — 1994.* Boca Raton, Fla.: CRC Press; 1994, p. 196; Soler M, Chatenoud L, La Vecchia C, *et al.* Diet, alcohol, coffee and pancreatic cancer: final results from an Italian study. *Eur J Cancer Prev.* 1998; 7(6): 455-60; Sung JF, Lin RS, Pu YS, *et al.* Risk factors for prostate carcinoma in Taiwan: a case-control study in a Chinese population. *Cancer.*

1999; 86(3): 484-91; Black HS, Herd JA, Goldberg LH, *et al*. Effect of a lowfat diet on the incidence of actinic keratosis. *New Eng J Med*. 1994; 330: 1272-75.

[57] Peer PG, van Dijck JA, Hendriks JH, *et al*. Age dependent growth rate of primary breast cancer. *Cancer*. 1993; 71(11): 3547-51.

[58] Esserman L, Shieh Y, Thompson I. Rethinking screening for breast cancer and prostate cancer: *JAMA*. 21 de octubre de 2009; 302(15): 1685-92; Wright CJ, Mueller CB. Screening mammography and public health policy: the need for perspective. *Lancet*. 1995; 346(8966): 29-32; Neugut AI, Jacobson JS. The limitations of breast cancer screening for first-degree relatives of breast cancer patients. *Am J Public Health*. 1995; 85(6): 832-34; Olsen O, Gotzzsche PC. Cochrane review on screening for breast cancer with mammography. *Lancet*. 2001; 358: 1340-42.

[59] Le Marchand L, Hankin JH, Bach F, *et al*. An ecological study of diet and lung cancer in the South Pacific. *Int J Cancer*. 1995; 63(1): 18-23.

[60] Gao CM, Tajima K, Kuroishi T, *et al*. Protective effects of raw vegetables and fruit against lung cancer among smokers and ex-smokers: a case-control study in the Tokai area of Japan. *Japan J Cancer Res*. 1993; 84(6): 594-600.

[61] Verreault R, Brisson J, Deschenes L, *et al*. Dietary fat in relation to prognostic indicators in breast cancer. *J Natl Cancer Inst*. 1988; 89: 819-25.

[62] Gregorio DI, Emrich LJ, Graham S, *et al*. Dietary fat consumption and survival among women with breast cancer. *J Natl Cancer Inst*. 1985; 75: 37-41.

[63] Kwan ML, Weltzien E, Kushi LH, *et al*. Dietary patterns and breast cancer recurrence and survival among women with early-stage breast cancer. *J Clin Oncol*. 20 de febrero de 2009; 27(6): 919-26; Dal Maso L, Zucchetto A, Talamini R, *et al*. Effect of obesity and other lifestyle factors on mortality in women with breast cancer. *Int J Cancer*. 1 de noviembre de 2008; 123(9): 2188-94; Kellen E, Vansant G, Christiaens MR, *et al*. Lifestyle changes and breast cancer prognosis: a review. *Breast Cancer Res Treat*. Marzo de 2009; 114(1): 13-22.

[64] Berkow SE, Barnard ND, Saxe GA, Ankerberg- Nobis T. Diet and survival after prostate cancer diagnosis. *Nutr Rev*. Septiembre de 2007; 65(9): 391-403.

[65] Giem P, Beeson WL, Fraser GE. The incidence of dementia and intake of animal products: preliminary fi ndings from the Adventist Health Study. *Neuroepidemiology*. 1993; 12: 28-36.

[66] Wynn E, Krieg MA, Lanham-New SA, *et al*. Postgraduate symposium: positive influence of nutritional alkalinity on bone health. *Proc Nutr Soc*. Febrero de 2010; 69(1): 166-73; Siener R. Impact of dietary habits on stone incidence. *Urol Res*. Abril de 2006; 34(2): 131-33; Motokawa M, Fukuda M, Muramatsu W, *et al*. Regional differences in end-stage renal disease and amount of protein intake in Japan. *J Ren Nutr*. Marzo de 2007; 17(2): 118-25; Frank H, Graf J, Amann- Gassner U, *et al*. Effect of short-term high-protein compared with normal-protein diets on renal hemodynamics and associated variables in healthy young men. *Am J Clin Nutr*. Diciembre de 2009; 90(6): 1509-16; Blumenthal JA, Babyak MA, Hinderliter A, *et al*. Effects of the DASH diet *al*one and in combination with exercise and weight loss on

blood pressure and cardiovascular biomarkers in men and women with high blood pressure: the ENCORE study. *Arch Intern Med.* 25 de enero 2010; 170(2): 126-35; Todd AS, Macginley RJ, Schollum JB, *et al.* Dietary salt loading impairs arterial vascular reactivity. *Am J Clin Nutr.* Marzo de 2010; 91(3): 557-64; Sluijs I, Beulens JW, van der A DL, *et al.* Dietary intake of total, animal, and vegetable protein and risk of type 2 diabetes in the European Prospective Investigation into Cancer and Nutrition (EPIC)-NL Study. *Diabetes Care.* Enero de 2010; 33(1): 43-48; Bogardus ST Jr. What do we know about diverticular disease? A brief overview. *J Clin Gastroenterol.* Agosto de 2006; 40(supl. 3): S108-11; Chiaffarino F, Parazzini F, La Vecchia C, *et al.* Diet and uterine myomas. *Obstet Gynecol.* Septiembre de 1999; 94(3): 395-98; Nordoy A, Goodnight SH. Dietary lipids and thrombosis: relationship to atherosclerosis. *Arteriosclerosis.* 1990; 10(2): 149-63.

[67] Maggi S, Kelsey JL, Litvak J, Hayes SP. Incidence of hip fractures in the elderly: a crossnational analysis. *Osteoporosis Int.* 1991; 1: 232-41.

[68] Feskanich D, Willett WC, Stampfer MJ, Colditz GA. Milk, dietary calcium, and bone fractures in women: a 12-year prospective study. *Am J Public Health.* 1997; 87: 992-97.

[69] Chen YM, Ho SC, Woo JL. Greater fruit and vegetable intake is associated with increased bone mass among postmenopausal Chinese women. *Br J Nutr.* Octubre de 2006; 96(4): 745-51; Prynne CJ, Mishra GD, O'Connell MA, *et al.* Fruit and vegetable intakes and bone mineral status: a cross sectional study in 5 age and sex cohorts. *Am J Clin Nutr.* Junio de 2006; 83(6): 1420-28; McGartland CP, Robson PJ, Murray LJ, *et al.* Fruit and vegetable consumption and bone mineral density: the Northern Ireland Young Hearts Project. *Am J Clin Nutr.* Octubre de 2004; 80(4): 1019–23; Tylavsky FA, Holliday K, Danish R, *et al.* Fruit and vegetable intakes are an independent predictor of bone size in early pubertal children. *Am J Clin Nutr.* Febrero de 2004; 79(2): 311-17; Tucker KL, Hannan MT, Chen H, *et al.* Potassium, magnesium, and fruit vegetable intakes are associated with greater bone mineral density in elderly men and women. *Am J Clin Nutr.* 1999; 68(4): 727-36.

[70] Kerstetter JE, Wall DE, O'Brien KO, *et al.* Meat and soy protein affect calcium homeostasis in healthy women. *J Nutr.* Julio de 2006;136(7): 1890-5; Massey LK. Dietary animal and plant protein and human bone health: a whole foods approach. *J Nutr.* Marzo de 2003; 133(3)(suppl): S862-65; Nowson CA, Patchett A, Wattanapenpaiboon N. The effects of a low-sodium base-producing diet including red meat compared with a high-carbohydrate, low-fat diet on bone turnover markers in women aged 45-75 years. *Br J Nutr.* Octubre de 2009; 102(8): 1161-70; Teucher B, Dainty JR, Spinks CA. Sodium and bone health: impact of moderately high and low salt intakes on calcium metabolism in postmenopausal women. *J Bone Miner Res.* Septiembre de 2008; 23(9): 1477-85; Siener R, Schade N, Nicolay C, *et al.* The efficacy of dietary intervention on urinary risk factors for stone formation in recurrent calcium oxalate stone patients. *J Urol.* Mayo de 2005; 173(5): 1601-5; Yildirim ZK, Büyükavci M, Eren S, *et al.* Late side effects of highdose steroid therapy on skeletal sys-

tem in children with idiopathic thrombocytopenic purpura. *J Pediatr Hematol Oncol.* Octubre de 2008; 30(10): 749-53; Karner I, Hrgovi c Z, Sijanovi c S, *et al.* Bone mineral density changes and bone turnover in thyroid carcinoma patients treated with supraphysiologic doses of thyroxine. *Eur J Med Res.* Noviembre de 2005, 16; 10(11): 480-88; Lim LS, Harnack LJ, Lazovich D, Folsom AR. Vitamin A intake and the risk of hip fracture in postmenopausal women: the Iowa Women's Health Study. *Osteoporos Int.* Julio de 2004;1 5(7): 552-59; Caire-Juvera G, Ritenbaugh C, Wactawski- Wende J, *et al.* Vitamin A and retinol intakes and the risk of fractures among participants of the Women's Health Initiative Observational Study. *Am J Clin Nutr.* Enero de 2009; 89(1): 323-30; Massey LK, Whiting SJ. Caffeine, urinary calcium, calcium metabolism and bone. *J Nutr.* Septiembre de 1993; 123(9): 1611-14; Harris SS, Dawson-Hughes B. Caffeine and bone loss in healthy postmenopausal women. *Am J Clin Nutr.* 1994; 60(4): 573-78; Nguyen NU, Dumoulin G, Wolf JP, Berthelay S. Urinary calcium and oxalate excretion during oral fructose or glucose load in man. *Horm Metab Res.* 1989; 21(2): 96-99; Sampson HW. Alcohol, osteoporosis, and bone regulating hormones. *Alcohol Clin Exp Res.*1997; 21(3): 400-3; Wolinsky- Friedland M. Druginduced metabolic bone disease. *Endocrinol Metab Clin North Am.* 1995; 24(2): 395-420; Melhus H, Michaelson K, Kindmark A, *et al.* Excessive dietary intake of vitamin A is associated with reduced bone mineral density and increased risk of hip fracture. *Ann Intern Med.* 1998; 129(10): 770-78.

[71] Sellmeyer DE, Stone KL, Sebastian A, Cummings SR. A high ratio of dietary animal to vegetable protein increases the rate of bone loss and the risk of fracture in postmenopausal women: study of Osteoporotic Fractures Research Group. *Am J Clin Nutr.* Enero de 2001; 73(1): 118-22.

[72] Jajoo R, Song L, Rasmussen H, *et al.* Dietary acid- base balance, bone resorption, and calcium excretion. *J Am Coll Nutr.* Junio de 2006; 25(3): 224-30; Nowson CA, Patchett A, Wattanapenpaiboon N. The effects of a low-sodium base- producing diet including red meat compared with a high- carbohydrate, low-fat diet on bone turnover markers in women aged 45-75 years. *Br J Nutr.* Octubre de 2009; 102(8): 1161-70; Barzel US, Massey LK. Excess dietary protein can adversely affect bone. *J Nutr.* 1998; 128(6): 1051-53; Remer T, Mantz F. Estimation of the renal net acid excretion by adults consuming diets containing variable amounts of protein. *Am J Clin Nutr.* 1994; 59: 1356-61.

[73] Feskanich D, Willett WC, Stampfer MJ, Colditz GA. Milk, dietary calcium, and bone fractures in women: a 12-year prospective study. *Am J Public Health.* 1997; 87: 992-97.

[74] Abelow BJ, Holford TR, Insogna KL. Cross-cultural association between dietary animal protein and hip fracture: a hypothesis. *Calcif Tissue Int.* 1992; 50(1): 14-18.

[75] Wynn E, Krieg MA, Lanham-New SA, *et al.* Postgraduate symposium: positive influence of nutritional alkalinity on bone health. *Proc Nutr Soc.* Febrero de 2010; 69(1): 166-73.

[76] Dawson-Hughes B. Interaction of dietary calcium and protein in bone health in humans. *J Nutr*. Marzo de 2003; 133(3) (suppl): S852–54; Dawson- Hughes B. Calcium and protein in bone health. *Proc Nutr Soc*. Mayo de 2003; 62(2): 505-9.

[77] Whiting SJ, Lemke B. Excess retinol intake may explain the high incidence of osteoporosis in northern Europe. *Nutr Rev*. 1999; 57(6): 192-95.

[78] Mazess RB, Mather W. Bone mineral content of North Alaskan Eskimos. *Am J Clin Nutr*. 1997; 27(9): 916-25; Pawson IG. Radiographic determination of excessive bone loss in Alaskan Eskimos. *Hum Biol*. 1974; 46(3): 369-80.

[79] Weaver CM. Choices for achieving adequate dietary calcium with a vegetarian diet. *Am J Clin Nutr*. 1999; 70(supl.): S543-48.

[80] Tucker KL. Osteoporosis prevention and nutrition. *Curr Osteoporos Rep*. Diciembre de 2009; 7(4): 111-17; Lanou AJ. Should dairy be recommended as part of a healthy vegetarian diet? Counterpoint. *Am J Clin Nutr*. Mayo de 2009; 89(5)(suppl): S1638-42; Yang Z, Zhang Z, Penniston KL, *et al*. Serum carotenoid concentrations in postmenopausal women from the United States with and without osteoporosis. *Int J Vitam Nutr Res*. Mayo de 2008; 78(3): 105-11; Tucker KL, Hannan MT, Chen H, *et al*. Potassium, magnesium, and fruit and vegetable intakes are associated with greater mineral density in elderly men and women. *Am J Clin Nutr*. 1999; 69(4): 727-36; New SA, Robins SP, Campbell MK, *et al*. Dietary influences on bone mass and bone metabolism: further evidence of a positive link between fruit and vegetable consumption and bone health? *Am J Clin Nutr*. 2000; 71(1): 142-51.

[81] Bügel S. Vitamin K and bone health in adult humans. *Vitam Horm*. 2008;78: 393-416; Feskanich D, Weber P, Willett WC, *et al*. Vitamin K intake and hip fractures in women: a prospective study. *Am J Clin Nutr*. 1999; 69(1): 74-79.

[82] Bischoff- Ferrari H. Vitamin D: what is an adequate vitamin D level and how much supplementation is necessary? *Best Pract Res Clin Rheumatol*. Diciembre de 2009; 23(6): 789-95.

[83] Reginster J. The high prevalence of inadequate serum vitamin D levels and implications for bone health. *Curr Med Res Opin*. 2005; 21(4): 579-85.

[84] 84. Bischoff- Ferrari HA, Willet WC, Wong JB, *et al*. Fracture prevention with vitamin D supplementation: a meta-analysis of randomized controlled trials. *JAMA*. 2005; 292 (18): 2257-64.

[85] Jain P, Jain P, Bhandari S, Siddhu A. A case-control study of risk factors for coronary heart disease in urban Indian middle- aged males. *Indian Heart J*. Mayo-junio de 2008; 60(3): 233-40; Grant WB. Milk and other dietary influences on coronary heart disease. *Altern Med Rev*. 1998;3: 281-94; Segall JJ. Epidemiological evidence for the link between dietary lactose and atherosclerosis. In: Colaco, C., editor. *The glycation hypothesis of atherosclerosis*. Austin, Tex.: Landes Bioscience; 1997. pp. 185-209; Artad-Wild SM, Connor SL, Sexton G, *et al*. Differences in coronary mortality can be explained by differences in cholesterol and saturated fat intakes in 40 countries but not in France and Finland: a paradox. *Circulation*. 1993; 88: 2771-79.

[86] Keszei AP, Schouten LJ, Goldbohm RA, *et al*. Dairy intake and the risk of

bladder cancer in the Netherlands Cohort Study on Diet and Cancer. *Am J Epidemiol*. 30 de diciembre de 2009; Kurahashi N, Inoue M, Iwasaki M, *et al*. Dairy product, saturated fatty acid, and calcium intake and prostate cancer in a prospective cohort of Japanese men. *Cancer Epidemiol Biomarkers Prevent*. Abril de 2008; 17(4): 930-37; van der Pols JC, Bain C, Gunnell D, *et al*. Childhood dairy intake and adult cancer risk: 65-y follow-up of the Boyd Orr cohort. *Am J Clin Nutr* . Diciembre de 2007; 86(6): 1722-29; Park Y, Mitrou PN, Kipnis V, *et al*. Calcium, dairy foods, and risk of incident and fatal prostate cancer: the NIH- AARP Diet and Health Study. *Am J Epidemiol*. Diciembre de 2007 1;166(11): 1270-79; Rohrmann S, Platz EA, Kavanaugh CJ, *et al*. Meat and dairy consumption and subsequent risk of prostate cancer in a US cohort study. *Cancer Causes Control*. Febrero de 2007; 18(1): 41-50; Davies TW, Palmer CR, Ruja E, Lipscombe JM. Adolescent milk, dairy products and fruit consumption and testicular cancer. *Br J Cancer*. 1996; 74(4): 657-60.

[87] Charnley G, Doull J. Human exposure to dioxins from food, 1999-2002. *Food Chem Toxicol*. Mayo de 2005; 43(5): 671-79.

[88] U.S. Environmental Protection Agency. National Center for Environmental Assessment. Dioxin. http://cfpub.epa.gov/ncea/CFM/nceaQFind.cfm?keyword= Dioxin; Skrzycki C, Warrick J. EPA report ratchets up dioxin peril. *Washington Post*. 17 de mayo de 2000.

[89] Welch AA, Mulligan A, Bingham SA, *et al*. Urine pH is an indicator of dietary acid-base load, fruit and vegetables and meat intakes: results from the European Prospective Investigation into Cancer and Nutrition (EPIC)–Norfolk population study. *Br J Nutr*. Junio de 2008; 99(6): 1335-43; Alexy U, Kersting M, Remer T. Potential renal acid load in the diet of children and adolescents: impact of food groups, age and time trends. *Public Health Nutr*. Marzo de 2008; 11(3): 300-6.

[90] Ma RW, Chapman K. A systematic review of the effect of diet in prostate cancer prevention and treatment. *J Hum Nutr Diet*. Junio de 2009; 22(3): 187-99; quiz 200-2; Kurahashi N, Inoue M, Iwasaki M. Dairy product, saturated fatty acid, and calcium intake and prostate cancer in a prospective cohort of Japanese men. *Cancer Epidemiol Biomarkers Prevent*. Abril de 2008; 17(4): 930-37; Allen NE, Key TJ, Appleby PN, *et al*. Animal foods, protein, calcium and prostate cancer risk: the European Prospective Investigation into Cancer and Nutrition. *Br J Cancer*. 6 de mayo de 2008; 98(9): 1574-81; Ahn J, Albanes D, Peters U, *et al*. Dairy products, calcium intake, and risk of prostate cancer in the prostate, lung, colorectal, and ovarian cancer screening trial. *Cancer Epidemiol Biomarkers Prevent*. Diciembre de 2007; 16(12): 2623-30; Qin LQ, Xu JY, Wang PY, *et al*. Milk consumption is a risk factor for prostate cancer in Western countries: evidence from cohort studies. *Asia Pac J Clin Nutr*. 2007; 16(3): 467-76; Ganmaa D, Sato A. The possible role of female sex hormones in milk from pregnant cows in the development of breast, ovarian and corpus uteri cancers. *Med Hypotheses*. 2005; 65(6): 1028-37; Genkinger JM, Hunter DJ, Spiegelman D, *et al*. Dairy products and ovarian cancer: a pooled analysis of 12 cohort studies. *Cancer Epidemiol Biomarkers Prevent*. Febrero de 2006; 15(2): 364-72; Larsson SC, Orsini N, Wolk A.

Milk, milk products and lactose intake and ovarian cancer risk: a metaanalysis of epidemiological studies. *Int J Cancer.* 15 de enero de 2006; 118(2): 431-41; Qin LQ, Xu JY, Wang PY, *et al.* Milk/dairy products consumption, galactose metabolism and ovarian cancer: meta-analysis of epidemiological studies. *Eur J Cancer Prev.* Febrero de 2005; 14(1): 13-19; Larsson SC, Bergkvist L, Wolk A. Milk and lactose intakes and ovarian cancer risk in the Swedish Mammography Cohort. *Am J Clin Nutr.* Noviembre de 2004; 80(5): 1353-57; Fair-fi eld KM, Hunter DJ, Colditz GA, *et al.* A prospective study of dietary lactose and ovarian cancer. *Int J Cancer.* 10 de junio de 2004; 110(2): 271-77.

[91] Chan JM, Stampfer MJ, Ma J, *et al.* Dairy products, calcium, and prostate cancer risk in the Physicians' Health Study. Presentation. American Association for Cancer Research, San Francisco, abril de 2000.

[92] Bosetti C, Tzonou A, Lagiou P, *et al.* Fraction of prostate cancer attributed to diet in Athens, Greece. *Eur J Cancer Prev.* 2000; 9(2): 119-23.

[93] Tseng M, Breslow RA, Graubard BI, Ziegler RG. Dairy, calcium and vitamin D intakes and prostate cancer risk in the National Health and Nutrition Examination Epidemiologic Follow-up Study cohort. *Am J Clin Nutr.* 2005; (81) 1147-54. Park S, Murphy S, Wilkens L, Stram D, *et al.* Calcium, vitamin D, and dairy product intake and prostate cancer risk: the Multiethnic Cohort Study. *Am J Epidemiol.* 2007; 166(11) 1259-69.

[94] Voskuil DW, Vrieling A, van't Veer LJ, Kampman E, Rookus MA. The insulin-like growth factor system in cancer prevention: potential of dietary intervention strategies. *Cancer Epidemiol Biomarkers Prevent.* Enero de 2005; 14(1): 195-203.

[95] Cohen P. Serum insulin- like growth factor 1 levels and prostate cancer risk — interpreting the evidence. *J Natl Cancer Inst.* 1998(90): 876-79.

[96] Chan JM, Stampfer MJ, Giovannucci E, *et al.* Plasma insulin- like growth factor-I and prostate risk: a prospective study. *Science.* 1998(279): 563-65.

[97] Fairfield K. Annual meeting of the Society for General Internal Medicine: Dairy products linked to ovarian cancer risk. *Family Practice News.* 11 de junio de 2000: 8.

## CAPÍTULO 5
## LA INFORMACIÓN NUTRICIONAL TE HACE ADELGAZAR

[1] Rolls BJ. The relationship between dietary energy density and energy intake. *Physiol Behav.* 14 de julio de 2009; 97(5): 609-15; Duncan K. The effects of high- and low- energydensity diets of satiety, energy intake, and eating time of obese and non-obese subjects. *Am J Clin Nutr.* 1983; 37:763.

[2] Mangels AR, Holden JM, Beecher GR, *et al.* Carotenoid content of fruits and vegetables: an evaluation of analytic data. *J Am Diet Assoc.* 1993; 93(3): 284-96.

[3] Bernstein PS, Delori FC, Richer S, *et al.* The value of measurement of macular

carotenoid pigment optical densities and distributions in age- related macular degeneration and other retinal disorders. *Vision Res.* 31 de marzo de 2010; 50(7): 716-28; Carpentier S, Knaus M, Suh M. Associations between lutein, zeaxanthin, and age-related macular degeneration: an overview. *Crit Rev Food Sci Nutr.* Abril de 2009; 49(4): 313-26.

[4] Dwyer JH, Paul- Labrador MJ, Fan J, *et al.* Progression of carotid intima-media thickness and plasma antioxidants: the Los Ángeles Atherosclerosis Study. *Arterioscler Thromb Vasc Biol.* Febrero de 2004; 24(2): 313-19; Dwyer JH, Navab M, Dwyer KM, *et al.* Oxygenated carotenoid lutein and progression of early atherosclerosis: the Los Ángeles Atherosclerosis Study. *Circulation.* 2001; 103(24): 2922-27.

[5] Harris W. Less grains, more greens. VigSource.com. Publicado el 11 de junio de 2000. Ya no se encuentra disponible *on line.*

[6] Harris W. The scientific basis of vegetarianism. Honolulu: *Hawaii Health Publishers.* 2000, pp. 98-100.

[7] Lee JH, O'Keefe JH, Lavie CJ, Harris WS. Omega-3 fatty acids: cardiovascular benefi ts, sources and sustainability. *Nat Rev Cardiol.* Diciembre de 2009; 6(12): 753-58; Lavie CJ, Milani RV, Mehra MR, Ventura HO. Omega-3 polyunsaturated fatty acids and cardiovascular diseases. *J Am Coll Cardiol.* 11 de agosto de 2009; 54(7): 585-94; Cole GM, Ma QL, Frautschy SA. Omega-3 fatty acids and dementia. *Prostaglandins Leukot Essent Fatty Acids.* Agosto-septiembre de 2009; 81( 2-3): 213-21; Wendel M, Heller AR. Anticancer actions of omega-3 fatty acids — current state and future perspectives. *Anti Canc Agents Med Chem.* 9 de mayo de 2009; 9(4): 457-70; Calder PC, Yaqoob P. Omega-3 polyunsaturated fatty acids and human health outcomes. *Biofactors.* Mayo-junio 2009; 35(3): 266-72; Yashodhara BM, Umakanth S, Pappachan JM, *et al.* Omega-3 fatty acids: a comprehensive review of their role in health and disease. *Postgrad Med J.* Febrero de 2009; 85(1000): 84-90; Cakiner- Egilmez T. Omega 3 fatty acids and the eye. Insight. Octubre-diciembre 2008; 33(4): 20-5; quiz 26-27; Das UN. Essential fatty acids — a review. *Curr Pharm Biotechnol.* Diciembre de 2006; 7(6): 467-82; Smith WL. Nutritionally essential fatty acids and biologically indispensable cyclooxygenases. *Trends Biochem Sci.* Enero de 2008; 33(1): 27-37.

[8] Simopoulos AP. The importance of the omega-6/omega-3 fatty acid ratio in cardiovascular disease and other chronic diseases. *Exp Biol Med* (Maywood). Junio de 2008; 233(6): 674-88; Miyake Y, Sasaki S, Tanaka K, *et al.* Relationship between dietary fat and fish intake and the prevalence of atopic eczema in pregnant Japanese females: baseline data from the Osaka Maternal and Child Health Study. *Asia Pac J Clin Nutr.* 2008; 17(4): 612-19; Koch C, Dölle S, Metzger M, *et al.* Docosahexaenoic acid (DHA) supplementation in atopic eczema: a randomized, double-blind, controlled trial. *Br J Dermatol.* Abril de 2008; 158(4): 786-92; Freeman MP. Omega-3 fatty acids in major depressive disorder. *J Clin Psychiatry.* 2009; 70(suppl 5): S7-11; Thiébaut AC, Chajès V, Gerber M, *et al.* Dietary intakes of omega-6 and omega-3 polyunsaturated fatty acids and the risk of breast cancer. *Int J Cancer.* 15

de febrero de 2009; 124(4): 924-31; Berquin IM, Edwards IJ, Chen YQ. Multitargeted therapy of cancer by omega-3 fatty acids. *Cancer Lett.* 8 de octubre de 2008; 269(2): 363-77.

⁹ Simopoulos AP. The importance of the omega-6/omega-3 fatty acid ratio in cardiovascular disease and other chronic diseases. *Exp Biol Med* (Maywood). Junio de 2008; 233(6): 674-88; Sartorelli DS, Damião R, Chaim R, *et al.* Dietary omega-3 fatty acid and omega-3: omega-6 fatty acid ratio predict improvement in glucose disturbances in Japanese Brazilians. *Nutrition.* Febrero de 2010; 26(2): 184-91; Simopoulos AP. Essential fatty acids in health and chronic disease. *Am J Clin Nutr.* 1999; 70(3): 560-69.

¹⁰ CBS News: Health-Lawsuit: Disclose PCB Levels in Fish Oil. 2 de marzo de 2010; http://www.cbsnews.com /stories/2010/03/02/health/main6259938.shtml.

¹¹ Waitzberg DL, Torrinhas RS. Fish oil lipid emulsions and immune response: what clinicians need to know. *Nutr Clin Pract.* Agosto-septiembre de 2009; 24(4): 487-99; Mori TA, Beilin LJ. Omega-3 fatty acids and inflammation. *Curr Atheroscler Rep.* Noviembre de 2004; 6(6): 461-67; Fernandes G. Progress in nutritional immunology. *Immunol Res.* 2008; 40(3): 244-61. Huges DA, Pinder AC. N-3 polyunsaturated fatty acids inhibit the antigen - presenting function of human monocytes. *Am J Clin Nutr.* 2000; 71(suppl 1): S357-60; Purasiri P, McKechnie A, Heys SD, Eremin O. Modulation in vitro of human natural cytotoxicity, lymphocyte proliferation response to mitogens and cytokine production by essential fatty acids. *Immunology.* 1997; 92(2): 166-72.

¹² Sijben JW, Calder PC. Differential immunomodulation with longchain n-3 PUFA in health and chronic disease. *Proc Nutr Soc.* Mayo de 2007; 66(2): 237-59; Simopoulos AP. Omega-3 fatty acids in inflammation and autoimmune diseases. *J Am Coll Nutr.* Diciembre de 2002; 21(6): 495-505.

¹³ Joseph A. Manifestations of coronary atherosclerosis in young trauma victims — an autopsy study. *J Am Coll Cardiol.* 1993; 22:459.

¹⁴ Virtanen JK, Mozaffarian D, Chiuve SE, Rimm EB. Fish consumption and risk of major chronic disease in men. *Am J Clin Nutr.* Diciembre de 2008; 88(6): 1618-25; Harris WS, Kris-Etherton PM, Harris KA. Intakes of long- chain omega-3 fatty acid associated with reduced risk for death from coronary heart disease in healthy adults. *Curr Atheroscler Rep.* Diciembre de 2008; 10(6): 503-9.

¹⁵ Vrablík M, Prusíková M, Snejdrlová M, Zlatohlávek L. Omega-3 fatty acids and cardiovascular disease risk: do we understand the relationship? *Physiol Res.* 2009; 58 (supl. 1): S19-26; Lee JH, O'Keefe JH, Lavie CJ, Harris WS. Omega-3 fatty acids: cardiovascular benefits, sources and sustainability. *Nat Rev Cardiol.* Diciembre de 2009; 6(12): 753–58; Lavie CJ, Milani RV, Mehra MR, Ventura HO. Omega-3 polyunsaturated fatty acids and cardiovascular diseases. *J Am Coll Cardiol.* 11 de agosto de 2009; 54(7): 585–94; Holub BJ. Docosahexaenoic acid (DHA) and cardiovascular disease risk factors. *Prostaglandins Leukot Essent Fatty Acids.* Agosto-septiembre de 2009; 81( 2-3): 199-204.

[16] Siguel EN. Dietary sources of long- chain n-3 polyunsaturated fatty acids. *JAMA*. 1996; 275:836.

[17] Marangoni F, Colombo C, Martiello A, *et al*. Levels of the n-3 fatty acid eicosapentaenoic acid in addition to those of alpha linolenic acid are significantly raised in blood lipids by the intake of four walnuts a day in humans. *Nutr Metab Cardiovasc Dis*. Julio de 2007; 17(6): 457-61; Harnack K, Andersen G, Somoza V. Quantitation of alpha-linolenic acid elongation to eicosapentaenoic and docosahexaenoic acid as affected by the ratio of n6/n3 fatty acids. *Nutr Metab (Lond)*. 19 de febrero de 2009; 6:8; Siguel EN, Macture M. Relative enzyme activity of unsaturated fatty acid metabolic pathways in humans. *Metabolism*. 1987; 36: 664-69.

[18] Mozaffarian D, Rimm EB. Fish intake, contaminants, and human health: evaluating the risks and the benefits. *JAMA*. 18 de octubre de 2006; 296(15): 1885-99; Salonen JT, Seppanen K, Nyyssonen K, *et al*. Intake of mercury from fish, lipid peroxidation, and the risk of myocardial infarction and coronary, cardiovascular, and any death in eastern Finnish men. *Circulation*. 1995; 91: 645-55.

[19] Virtanen JK, Voutilainen S, Rissanen TH, *et al*. Mercury, fish oils, and risk of acute coronary events and cardiovascular disease, coronary heart disease, and all-cause mortality in men in eastern Finland. *Arterioscler Thromb Vasc Biol*. Enero de 2005; 25(1): 228-33; Ihanainen M, Salonen R, Seppanen R, Salonen JT. Nutrition data collection in the Kuopio Ischaemic Heart Disease Risk Factor Study: nutrient intake of middle-aged eastern Finnish men. *Nutr Res*. 1989; 9: 597-604; WHO Monica Project: assessing CHD mortality and morbidity. *Int J Epidemiol*. 1989; 18 (supl.): S38-45; Salonen JT, Seppanen K, Nyyssonen K, *et al*. Intake of mercury from fish, lipid peroxidation, and the risk of myocardial infarction and coronary, cardiovascular, and any death in eastern Finnish men. *Circulation*. 1995; 91: 645-55.

[20] Wiggers GA, Peçanha FM, Briones AM, *et al*. Low mercury concentrations cause oxidative stress and endothelial dysfunction in conductance and resistance arteries. *Am J Physiol Heart Circ Physiol*. Septiembre de 2008; 295(3): H1033-43.

[21] Black JJ, Bauman PC. Carcinogens and cancers in freshwater fishes. *Environ Health Perspec*. 1991; 90: 27-33.

[22] Oken E, Bellinger DC. Fish consumption, methylmercury and child neurodevelopment. *Curr Opin Pediatr*. Abril de 2008; 20(2): 178-83; Murata K, Dakeishi M, Shimada M, *et al*. Assessment of intrauterine methylmercury exposure affecting child development: messages from the newborn. *Tohoku J Exp Med*. Noviembre de 2007; 213(3): 187-202; Jedrychowski W, Perera F, Jankowski J, *et al*. Fish consumption in pregnancy, cord blood mercury level and cognitive and psychomotor development of infants followed over the first three years of life: Krakow epidemiologic study. *Environ Int*. Noviembre de 2007; 33(8): 1057-62; Gilbertson M. Male cerebral palsy hospitalization as a potential indicator of neurological effects of methylmercury exposure in Great Lakes communities. *Environ Res*. Julio de 2004; 95(3): 375-84; Rylander L, Stromberg U, Hagmar L. Dietary intake of fish contaminated with persistent organochlorine compounds in relation to low birthweight. *Scand J*

*Work Environ Health*. 1996; 2(4): 260-66; Does methylmercury have a role in causing developmental disabilities in children? *Environ Health Perspect*. 2000; 108(supl. 3): S413-20.

[23] Clarkson TW. The toxicology of mercury. *Crit Rev Clin Lab Sci*. 1997; 34(4): 369-403.

[24] Calder PC. Immunomodulation by omega-3 fatty acids. *Prostaglandins Leukot Essent Fatty Acids*. Noviembre-diciembre de 2007; 77( 5-6): 327-35; Wang H, Hao Q, Li QR, *et al*. Omega-3 polyunsaturated fatty acids affect lipopolysaccharide- induced maturation of dendritic cells through mitogen-activated protein kinases p38. *Nutrition*. Junio de 2007; 23(6): 474-82; Meydani SN, Lichtenstein AH, Cornwall S, *et al*. Immunologic effects of national cholesterol education panel step-2 diets with and without fi shderived n-3 fatty acid enrichment. *J Clin Invest*. 1993; 92(1): 105-13.

[25] Roy J, Pallepati P, Bettaieb A, *et al*. Acrolein induces a cellular stress response and triggers mitochondrial apoptosis in A549 cells. *Chem Biol Interact* . 7 de octubre de 2009; 181(2): 154-67; Dung CH, Wu SC, Yen GC. Genotoxicity and oxidative stress of the mutagenic compounds formed in fumes of heated soybean oil, sunflower oil and lard. *Toxicol In Vitro*. Junio de 2006; 20(4): 439-47; Chiang TA, Wu PF, Wang LF, *et al*. Mutagenicity and polycyclic aromatic hydrocarbon content of fumes from heated cooking oils produced in Taiwan. *Mutat Res*. 1997; 381(2): 157-61; Sheerin AN, Silwood C, Lynch E, Grootveld M. Production of lipid peroxidation products in culinary oils and fats during episodes of thermal stressing: a high fi eld 1H NMR investigation. *Biochem Soc Trans*. 1997; 25(3) Suplemento: 5495. Warner K. Impact of high- temperature food processing on fats and oils. *Adv Exp Med Biol*. 1999; 459: 67-77.

[26] Kurth T, Moore SC, Gaziano JM, *et al*. Healthy lifestyle and the risk of stroke in women. *Arch Intern Med*. 10 de julio de 2006; 166(13): 1403-9; Posner B, Cobb JL, Belanger A, *et al*. Dietary lipid predictors of coronary heart disease in men. *Arch Intern Med*. 1991; 151: 1181-87; Gillman MW, Cupples LA, Millen BE, *et al*. Inverse association of dietary fat with development of ischemic stroke in men. *JAMA*. 1997; 278: 2145-50; Iso H, Stampfer MJ. A study of fat and protein intake and risk of intraparenchymal hemorrhage in women. *Circulation*. 2001; 103:856.

[27] Dauchet L, Amollye P, Dallongeville J. Fruit and vegetable consumption and risk of stroke: a meta-analysis of cohort studies. *Neurology*. 25 de octubre de 2005; 65(8): 1193-97; Mizrahi A, Knekt P, Montonen J, *et al*. Plant foods and the risk of cerebrovascular diseases: a potential protection of fruit consumption. *Br J Nutr*. Octubre de 2009; 102(7): 1075-83; Nagura J, Iso H, Watanabe Y, *et al*. Fruit, vegetable and bean intake and mortality from cardiovascular disease among Japanese men and women: the JACC Study. *Br J Nutr*. Julio de 2009; 102(2): 285-92.

[28] Woo D, Haverbusch M, Sekar P, *et al*. Effect of untreated hypertension on hemorrhagic stroke. *Stroke*. Julio de 2004; 35(7): 1703-8; Perry HM Jr., Davis BR, Price TR, *et al*. Effects of treating isolated systolic hypertension on the risk of developing various types and subtypes of stroke: the Systolic Hypertension in the Elderly Program (SHEP). *JAMA*. 2000; 284(4): 465-71.

[29] Park Y, Park S, Yi H, *et al*. Low level of n-3 polyunsaturated fatty acids in erythrocytes is a risk factor for both acute ischemic and hemorrhagic stroke in Koreans. *Nutr Res*. Diciembre de 2009; 29(12): 825-30; Simon JA, Fong J, Bernert JT Jr., Browner WS. Serum fatty acids and the risk of stroke. *Stroke*. 1995; 26: 778-82; Shimokawa T, Moriuchi A, Hori T, *et al*. Effect of dietary alpha- linolenate/linoleate balance on mean survival time, incidence of stroke and blood pressure of spontaneously hypertensive rats. *Life Sci*. 1988; 43: 2067-75.

[30] Kurth T, Moore SC, Gaziano JM, *et al*. Healthy lifestyle and the risk of stroke in women. *Arch Intern Med*. 10 de julio de 2006; 166(13): 1403-9; Sasaki S, Zhang XH, Kesteloot H. Dietary sodium, potassium, saturated fat, alcohol, and stroke mortality. *Stroke*. 1995; 26(5): 783-89.

[31] Bos MB, de Vries JH, Feskens EJ, *et al*. Effect of a high monounsaturated fatty acids diet and a Mediterranean diet on serum lipids and insulin sensitivity in adults with mild abdominal obesity. *Nutr Metab Cardiovasc Dis*. 17 de agosto de 2009. [Publicación electrónica previa a la impresión]; Rallidis LS, Lekakis J, Kolomvotsou A, *et al*. Close adherence to a Mediterranean diet improves endothelial function in subjects with abdominal obesity. *Am J Clin Nutr*. Agosto de 2009; 90(2): 263-68; Perez- Jimenez F, Castro P, López-Miranda J, *et al*. Circulating levels of endothelial function are modulated by dietary monounsaturated fat. *Atherosclerosis*. 1999; 145(2): 351-58.

[32] Nettleton JA, Polak JF, Tracy R, *et al*. Dietary patterns and incident cardiovascular disease in the Multi-Ethnic Study of Atherosclerosis. *Am J Clin Nutr*. Septiembre de 2009; 90(3): 647-54; Sinha R, Cross AJ, Graubard BI, *et al*. Meat intake and mortality: a prospective study of over half a million people. *Arch Intern Med*. 23 de marzo de 2009; 169(6): 562-71; Sabaté J, Ang Y. Nuts and health outcomes: new epidemiologic evidence. *Am J Clin Nutr*. Mayo de 2009; 89(5)(supl.): S1643-48; Ros E. Nuts and novel biomarkers of cardiovascular disease. *Am J Clin Nutr*. Mayo de 2009; 89(5)(supl.): S1649-56; Nash SD, Nash DT. Nuts as part of a healthy cardiovascular diet. *Curr Atheroscler Rep*. Diciembre de 2008; 10(6): 529-35; Fraser GE. Association between diet and cancer, ischemic heart disease, and all-cause mortality in non-Hispanic white California Seventh- Day Adventists. *Am J Clin Nutr*. 1999; 70(supp. 3): S532-38.

[33] Hu FB, Stampfer MJ. Nut consumption and risk of coronary heart disease: a review of epidemiologic evidence. *Curr Atheroscler Rep*. Noviembre de 1999; 1(3): 204-9.

[34] Mukuddem- Petersen J, Oosthuizen W, Jerling JC. A systematic review of the effects of nuts on blood lipid profi les in humans. *J Nutr*. 2005; 135(9): 2082-89.

[35] Lamarche B, Desroche S, Jenkins DJ, *et al*. Combined effects of a dietary portfolio of plant sterols, vegetable protein, viscous fiber and almonds on LDL particle size. *Br J Nutr*. 2004; 92(4): 654-63.

[36] Ellsworth JL, Kushi LH, Folsom AR. Frequent nut intake and risk of death from coronary heart disease and all causes in postmenopausal women: the Iowa Women's Health Study. *Nutr Metab Cardiovasc Dis*. 2001; 11(6): 372-77.

[37] Yuen AW, Sander JW. Is omega-3 fatty acid defi ciency a factor contributing to refractory seizures and SUDEP? A hypothesis. *Seizure*. Marzo de 2004; 13(2): 104-7.

[38] Coates AM, Howe PR. Edible nuts and metabolic health. *Curr Opin Lipidol*. 2007; 18(1): 25-30; Segura R, Javierre C, Lizarraga MA, Ros E. Other relevant components of nuts: phytosterols, folate and minerals. *Br J Nutr*. 2006; 96 (supl. 2): S36-44.

[39] Rajaram S, Sabat AJ. Nuts, body weight and insulin resistance. *Br J Nutr*. 2006; 96(suppl 2): S79-86; Sabat ÃJ. Nut consumption and body weight. *Am J Clin Nutr*. 2003; 78(suppl 3): S647-50; Bes-Rastrollo M, Sabat ÃJ, Gamez- Gracia E, *et al*. Nut consumption and weight gain in a Mediterranean cohort: the SUN study. *Obesity*. 2007; 15(1): 107-16; Garca-Lorda P, Megias Rangil I, Salas-Salvada J. Nut consumption, body weight and insulin resistance. *Eur J Clin Nutr*. 2003; 57(supl. 1): S8–11; Megas-Rangil I, Garca-Lorda P, Torres-Moreno M, *et al*. Nutrient content and health effects of nuts. *Arch Latinoam Nutr*. 2004; 54(2)(supl. 1): 83-6.

[40] Ascherio A, Willett WC. Health effects of trans fatty acids. *Am J Clin Nutr*. 1997; 66(suppl 4): S1006-10.

[41] Mozaffarian D, Aro A, Willett WC. Health effects of trans-fatty acids: experimental and observational evidence. *Eur J Clin Nutr*. Mayo de 2009; 63(supl. 2): S5-21.

[42] Willett WC. Trans fatty acids and cardiovascular disease — epidemiological data. *Atheroscler Suppl*. Mayo de 2006; 7(2): 5-8; de Roos NM, Bots ML, Katan MB. Replacement of dietary saturated fatty acids by trans fatty acids lowers serum HDL cholesterol and impairs endothelial function in healthy men and women. *Arterioscler Thromb Vasc Biol*. Julio de 2001; 21(7): 1233-37.

[43] Mozaffarian D, Aro A, Willett WC. Health effects of trans-fatty acids: experimental and observational evidence. *Eur J Clin Nutr*. Mayo de 2009; 63(supl. 2): S5-21; Willett WC, Stampfer MJ, Manson JE, *et al*. Intake of trans fatty acids and risk of coronary heart disease among women. *Lancet*. 1993; 341: 581-85; Ascherio A, Hennekens CH, Buring JE, *et al*. Trans-fatty acids intake and risk of myocardial infarction. *Circulation*. 1994; 89(1): 94-101; Lichtenstein AH. Trans fatty acids and cardiovascular disease risk. *Curr Opin Lipidol*. 2000; 11(1): 37-42.

[44] Chajès V, Thiébaut AC, Rotival M, *et al*. Association between serum trans-monounsaturated fatty acids and breast cancer risk in the E3NEPIC Study. *Am J Epidemiol*. 1 de junio de 2008; 167(11): 1312-20.

[45] National Academy of Sciences, Food and Nutrition Board. Dietary Reference Intakes for Energy, Carbohydrates, Fiber, Fat, Protein and Amino Acids (Macronutrients). 2005: 500-589.

[46] Hegsted D. Minimum protein requirements of adults. *Am J Clin Nutr*. 1968; 21: 3520.

[47] Suárez López MM, Kizlansky A, López LB. [Assessment of protein quality in foods by calculating the amino acids score corrected by digestibility]. Nutr Hosp. Enero-febrero de 2006; 21(1): 47-51; Schaafsma G. The protein digestibility-corrected amino acid score. *J Nutr*. 2000; 130(7)(suppl): S1865-67; Henley EC,

Kuster JM. Protein quality evaluation by protein digestibility corrected amino acid scoring. *Food Technol.* 1994; 48(4): 74-77.

## CAPÍTULO 6
## CÓMO LIBRARSE DE LA ADICCIÓN A LA COMIDA

[1] Vives-Bauza C, Anand M, Shirazi AK, *et al.* The age lipid A2E and mitochondrial dysfunction synergistically impair phagocytosis by retinal pigment epithelial cells. *J Biol Chem.* 2008; 283(36): 24770-80.

[2] Chinmay P, Husam G, Shreyas R, *et al.* Prolonged reactive oxygen species generation and nuclear factor-B activation after a highfat, high-carbohydrate meal in the obese. *J Clin Endocrinol Metab.* 2007; 92(11): 4476-79.

[3] Peairs AT, Rankin JW. Infl ammatory response to a high- fat, lowcarbohydrate weight loss diet: effect of antioxidants. *Obesity.* 2008; 16(7): 1573-78.

[4] Scanlan N. Compromised hepatic detoxification in companion animals and its correction via nutritional supplementation and modifi ed fasting. *Altern Med Rev.* 2001; 6(suppl): S24-37.

[5] Bes-Rastrollo M, Sánchez- Villegas A, Basterra-Gortari FJ. Prospective study of self- reported usual snacking and weight gain in a Mediterranean cohort: the SUN Project. *Clin Nutr.* Junio de 2010; 29(3): 323-30.

[6] Mattson MP, Wan R. Benefi cial effects of intermittent fasting and caloric restriction on the cardiovascular and cerebrovascular systems. *J Nutr Biochem.* 2005; 16(3): 129-37.

[7] Preboth MA, Wright S. Quantum suffi cit. *Am Fam Physician.* 1998: 58(3); 639.

[8] Mokdad, AH, Serdula MK, Dietz WH, *et al.* The spread of the obesity epidemic in the United States, 1991-1998. *JAMA.* 1999; 282(16): 1519-22.

[9] Food and Agriculture Organization and World Health Organization. Human vitamin and mineral requirements. Informe 2002. Disponible *on line* en http://www.fao.org/docrep/004/Y2809E/y2809e08.htm#bm08.

[10] Golay A, Guy-Grand B. Are diets fattening? *Ann Endocrinol.* 2002; 63(6):2.

[11] Hernández TL, Sutherland JP, Wolfe P, *et al.* Lack of suppression of circulating free fatty acids and hypercholesterolemia during weight loss on a high-fat, lowcarbohydrate diet. *Am J Clin Nutr.* 2010; 91(3): 578-85; Brinkworth GD, Noakes M, Buckley JD, *et al.* Long- term effects of a very- lowcarbohydrate weight loss diet compared with an isocaloric lowfat diet after 12 mo. *Am J Clin Nutr.* 2009; 90(1): 23-32; Wycherley TP, Brinkworth GD, Keogh JB, *et al.* Long- term effects of weight loss with a very low carbohydrate and low fat diet on vascular function in overweight and obese patients. *J Intern Med.* Mayo de 2010; 267(5): 452-61.

[12] Key TJA, Thorogood M, Appleby PN, Burr ML. Dietary habits and mortality in 11,000 vegetarians and health conscious people: results of a 17-year follow up. *BMJ.* 1996; 313: 775-79.

[13] Stevens A, Robinson DP, Turpin J, et al. Sudden cardiac death of an adolescent during [Atkins] dieting. *South Med J.* 2002; 95: 1047.

[14] Zhang ZJ, Croft JB, Gilles WH, Mensah GA. Sudden cardiac death in the United States, 1989 to 1998. *Circulation.* 30 de octubre de 2001; 104(18): 2158-63.

[15] Surawicz B, Waller BF. The enigma of sudden cardiac death related to diet. *Can J Cardiol.* 1995; 11(3): 228-31.

[16] Best TH, Franz DN, Gilbert DL, et al. Cardiac complications in pediatric patients on the ketogenic diet. *Neurology.* 2000; 54(12): 2328-30.

[17] De Stefani E, Fierro L, Mendilaharsu M, et al. Meat intake, "mate" drinking and renal cell cancer in Uruguay: a case-control study. *Br J Cancer.* 1998; 78(9): 1239-43; Risch HA, Jain M, Marrett LD, Howe GR. Dietary fat intake and risk of epithelial ovarian cancer. *J Natl Cancer Inst.* 1994; 86(18): 1409-15; Pillow PC, Hursting SD, Duphorne CM, et al. Case-control assessment of diet and lung cancer risk in African Americans and Mexican Americans. *Nutr Cancer.* 1997; 29(2): 169-73; Alavanja MC, Brown CC, Swanson C, Brownson RC. Saturated fat intake and lung cancer risk among nonsmoking women in Missouri. *J Natl Cancer Inst.* 1993; 85(23): 1906-16.

[18] Nöthlings U, Wilkens, LR, Murphy SP, et al. Meat and fat intake as risk factors for pancreatic cancer: the Multiethnic Cohort Study. *J Natl Cancer Inst.* 5 de octubre de 2005; 97(19): 1458-65.

[19] O'Keefe SJ, Kidd M, Espitalier NG, Owira P. Rarity of colon cancer in Africans is associated with low animal product consumption, not fi ber. *Am J Gastroenterol.* 1999; 94(5): 1373-80.

[20] Brown LM, Swanson CA, Gridley G, et al. Dietary factors and the risk of squamous cell esophageal cancer among black and white men in the United States. *Cancer Causes Control.* 1998; 9(5): 467-74; Cheng KK, Day NE. Nutrition and esophageal cancer. *Cancer Causes Control.* 1996; 7(1): 33-40; Hirohata T, Kono S. Diet/nutrition and stomach cancer in Japan. *Int J Cancer.* 1997; (supl. 10): 34-36; Kono S, Hirohata T. Nutrition and stomach cancer. *Cancer Causes Control.* 1996; 7(1): 41-45; Terry P, Nyren O, Yuen J. Protective effect of fruits and vegetables on stomach cancer in a cohort of Swedish twins. *Int J Cancer.* 1998; 76(1): 35-37.

[21] Willett WC, Trichopoulos D. Nutrition and cancer: a summary of the evidence. *Cancer Causes Control.* 7: 178-80; La Vecchia C, Tavani A. Fruit and vegetables, and human cancer. *Eur J Cancer Prev.* 1998; 7(1): 3-8; Tavani A, La Vecchia C. Fruit and vegetable consumption and cancer risk in a Mediterranean population. *Am J Clin Nutr.* 1995; 61(6)(suppl): S1374-77.

[22] Torosian MH. Effect of protein intake on tumor growth and cell cycle kinetics. *J Surg Res.* 1995; 59(2): 225-28; Youngman LD, Park JY, Ames BN. Protein oxidation associated with aging is reduced by dietary restriction of protein or calories. *Proc Nat Acad Sci.* 1992; 89(19): 9112-16; Carroll KK. Hypercholesterolemia and atherosclerosis: effects of dietary protein. *Fed Proc.* 1982; 41(11): 2792-96; Carroll KK. Dietary proteins and amino acids — their effects on cholesterol metabolism. In: Gibney MJ, Kritchevshy D, editors. *Animal and vegetable proteins in lipid metabolism and atherosclerosis.*

New York: Liss; 1993, pp. 9-17; Willett WC. Nutrition and cancer. *Salud Publica Mex.* 1997; 39(4): 298-309.

[23] Tavani A, La Vecchia C, Gallus S, *et al.* Red meat and cancer risk: a study in Italy. *Int J Cancer.* 2000; 86(3): 425-28; Kuller LH. Dietary fat and chronic diseases: epidemiologic overview. *J Am Diet Assoc.* 1997; 97(supl. 7): S9-15; Willett WC. Nutrition and cancer. *Salud Publica Mex.* 1997; 39(4): 298-309; La Vecchia C. Cancer associated with high-fat diets. *J Natl Cancer Inst Monogr.* 1992; 12: 79-85; Steinmetz KA, Potter JD. Vegetables, fruit, and cancer prevention: a review. *J Am Diet Assoc.* 1996; 96(10): 1027-39.

[24] Fontana L, Weiss EP, Villareal DT, *et al.* Long-term effects of calorie or protein restriction on serum IGF-1 and IGFBP-3 concentration in humans. *Aging Cell.* 2008; 7: 681-87.

[25] Sherwood NE, Jeffery RW, French SA, *et al.* Predictors of weight gain in the Pound of Prevention study. *Int J Obes Relat Metab Disord.* 2000; 24(4): 395-403; Astrup A. Macronutrient balances and obesity: the role of diet and physical activity. *Public Health Nutr.* 1999; 2(3A): 341-47.

[26] Kahn HS, Tatham LM, Rodriguez C, *et al.* Stable behaviors associated with adults' 10-year change in body mass index and likelihood of gain at the waist. *Am J Public Health.* 1997; 87(5): 747-57.

[27] Kasiske BL, Lakatua JD, Ma JZ, Louis TA. A meta-analysis of the effects of dietary protein restriction on the rate of decline in renal function. *Am J Kidney Dis.* 1998; 31(6): 954-61; Holm EA, Solling K. Dietary protein restriction and the progression of chronic renal insufficiency: a review of the literature. *J Intern Med.* 1996; 239(2): 99-104; Brenner BM, Meyer TW, Hostetter TH. Dietary protein intake and the progressive nature of kidney disease: the role of the hemodynamically mediated glomerular injury in the pathogenisis of progressive glomerular sclerosis in aging, renal ablation and intrinsic renal disease. *N Eng J Med.* 1982; 307(11): 652-59.

[28] Licata AA, Bow E, Bartler FC, *et al.* Effect of dietary protein on urinary calcium in normal subjects and in patients with nephrolithiasis. *Metabolism.* 1979; 28: 895; Robertson WG, Heyburn J, Peacock M, *et al.* The effect of high animal protein intake on the risk of calcium stone formation in the urinary tract. *Clin Sci.* 1979; 57: 285; Brokis JG, Levitt AS, Cruthers SM. The effects of vegetable and animal protein diets on calcium, urate and oxalate excretion. *Br J Urol.* 1982; 54: 590; Robertson WG, Peacock M, Heyburn PJ, *et al.* The risk of calcium stone formation in relation to affluence and dietary animal protein. In: Brokis JG, Finlayson B, editors. *Urinary calculus: International Urinary Stone Conference.* Littleton, Mass.: PSG Publishing; 1981, p. 3; Atkins diet raises concerns. Cortland Forum abril de 2004: 22.

[29] Knight EL, Stampfer MJ, Hankinson SE, *et al.* The impact of protein on renal function decline in women with normal renal function or mild renal insufficiency. *Ann Int Med.* 2003; 138: 460-67.

[30] Gin H, Rigalleau V, Aparicio M. Lipids, protein intake, and diabetic nephropathy. *Diabetes Metab.* 2000; 26(supl. 4): S45-53.

[31] Pedrini MT, Levey AS, Lau J, *et al*. The effect of dietary protein on the progression of diabetic and nondiabetic renal disease: a metaanalysis. *Ann Intern Med*. 1996; 124(7): 627–32.

[32] Jenkins DJ, Kendall CW, Popovich DG, *et al*. Effect of a veryhigh- fiber vegetable, fruit, and nut diet on serum lipids and colonic function. *Metabolism*. Abril de 2001; 50(4): 494-503.

[33] Sarter B, Campbell TC, Fuhrman J. Effect of a high nutrient diet on long term weight loss: a retrospective chart review. *Altern Ther Health Med*. 2008; 14(3): 48-53; Foster GD, Wyatt HR, Hill JO, *et al*. Weight and metabolic outcomes after 2 years on a lowcarbohydrate *versus* low-fat diet: a randomized trial. *Ann Intern Med*. 3 de agosto de 2010; 153(3): 147-57. Brinkworth GD, Noakes M, Buckley JD, *et al*. Long- term effects of a very-low-carbohydrate weight loss diet compared with an isocaloric low-fat diet after 12 mo. *Am J Clin Nutr*. Julio de 2009; 90(1): 23-32. Sacks FM, Bray GA, Carey VJ, *et al*. Comparison of weightloss diets with different compositions of fat, protein, and carbohydrates. *N Eng J Med*. 26 de febrero de 2009; 360(9): 859-73. Jiménez-Cruz A, Jiménez AB, Pichardo-Osuna A, *et al*. Long term effect of Mediterranean diet on weight loss. *Nutr Hosp*. Noviembre-diciembre de 2009; 24(6): 753-54.

## CAPÍTULO 7
### *COMER PARA VIVIR* PLANTA CARA A LA ENFERMEDAD

[1] Allen S, Britton JR, Leonardi- Bee JA. Association between antioxidant vitamins and asthma outcome measures: systematic review and meta- analysis. *Thorax*. Julio de 2009; 64(7): 610-19; Wood LG, Gibson PG. Dietary factors lead to innate immune activation in asthma. *Pharmacol Ther*. Julio de 2009; 123(1): 37-53; Bacopoulou F, Veltsista A, Vassi I, *et al*. Can we be optimistic about asthma in childhood? A Greek cohort study. *J Asthma*. Marzo de 2009; 46(2): 171-47; Delgado J, Barranco P, Quirce S. Obesity and asthma. *J Investig Allergol Clin Immunol*. 2008; 18(6): 420-52; Carnargro CA, Weiss DY, Zhang D, *et al*. Prospective study of body mass index, weight change, and risk of adult-onset asthma in women. *Arch Intern Med*. 1999; 159: 2582-88.

[2] American Heart Association. Heart Attack and Angina Statistics. 2006. http://www.american- he a r t .or g/pr e s ent e r. jhtml?identifierr=4591.

[3] Berenson GS, Wattigney WA, Bao W, Srinivasan SR, Radhakrishnamurthy B. Rationale to study the early natural history of heart disease: the Bogalusa Heart Study. *Am J Med Sci*. 1995; 310(suppl): S22-28.

[4] Marrugat J, Sala J, Masia R, *et al*. Mortality differences between men and women following first myocardial infarction. *JAMA*. 1998; 280: 1405-9.

[5] Hanekamp C, Koolen J, Bonnier H, *et al*. Randomized comparison of balloon angioplasty versus silicon carbon-coated stent implantation for de novo lesions in small coronary arteries. *Am J Cardiol*. 15 de mayo de 2004; 93(10): 1233-37.

[6] Ramsey LE, Yeo WW, Jackson PR. Dietary reduction of serum cholesterol concentration: time to think again. *BMJ*. 1991; 303: 953-57.

[7] Ferdowsian HR, Barnard ND. Effects of plant- based diets on plasma lipids. *Am J Cardiol*. 1 de octubre de 2009; 104(7): 947-56; Dod HS, Bhardwaj R, Sajja V, *et al*. Effect of intensive lifestyle changes on endothelial function and on inflammatory markers of atherosclerosis. *Am J Cardiol*. 1 de febrero de 2010; 105(3): 362-76; Frattaroli J, Weidner G, Merritt- Worden TA, *et al*. Angina pectoris and atherosclerotic risk factors in the multisite cardiac lifestyle intervention program. *Am J Cardiol*. 1 de abril de 2008; 101(7): 911-18; Ornish D, Brown SE, Scherwitz LW, *et al*. Can lifestyle changes reverse coronary heart disease? *Lancet*. 1990; 336(8708): 129-33; Ellis F. Angina and vegan diet. *Am Heart J*. 1997; 93(6): 803-5.

[8] Davidson MH, Hunninghake D, Maki KC, *et al*. Comparison of the effects of lean red meat vs. lean white meat on serum lipid levels among free- living persons with hypercholesterolemia: a long-term, randomized clinical trial. *Arch Intern Med*. 1999; 159(12): 1331-38.

[9] Fraser GE. Association between diet and cancer, ischemic heart disease, and all-cause mortality in non-Hispanic white California Seventh-Day Adventists. *Am J Clin Nutr*. 1999; 70(supl. 3): S532-38.

[10] Ros E. Nuts and novel biomarkers of cardiovascular disease. *Am J Clin Nutr*. Mayo de 2009; 89(5)(suppl): S1649-56; Nash SD, Nash DT. Nuts as part of a healthy cardiovascular diet. *Curr Atheroscler Rep*. Diciembre de 2008; 10(6): 529-35; Gebauer SK, West SG, Kay CD, *et al*. Effects of pistachios on cardiovascular disease risk factors and potential mechanisms of action: a doseresponse study. *Am J Clin Nutr*. Septiembre de 2008; 88(3): 651-59; Ma Y, Njike VY, Millet J, *et al*. Effects of walnut consumption on endothelial function in type 2 diabetic subjects: a randomized controlled crossover trial. *Diabetes Care*. Febrero de 2010; 33(2): 227-32; Banel DK, Hu FB. Effects of walnut consumption on blood lipids and other cardiovascular risk factors: a metaanalysis and systematic review. *Am J Clin Nutr*. Julio de 2009; 90(1): 56-63; Spaccarotella KJ, Kris-Etherton PM, Stone WL, *et al*. The effect of walnut intake on factors related to prostate and vascular health in older men. *Nutr J*. 2 de mayo de 2008; 7:13; Ros E, Mataix J. Fatty acid composition of nuts — implications for cardiovascular health. *Br J Nutr*. Noviembre de 2006; 96(supl. 2): S29-35.

[11] Mozaffarian D. Does alphalinolenic acid intake reduce the risk of coronary heart disease? A review of the evidence. *Altern Ther Health Med*. Mayo-junio de 2005; 11(3): 24-30; quiz 31, 79.

[12] Stefanick ML, Mackey S, Sheehan M, *et al*. Effects of diet and exercise in men and postmenopausal women with low levels of HDL cholesterol and high levels of LDL cholesterol. *N Eng J Med*. 339: 12-20.

[13] Kodama S, Saito K, Tanaka S, *et al*. Infl uence of fat and carbohydrate proportions on the metabolic profile in patients with type 2 diabetes: a meta- analysis. *Diabetes Care*. Mayo de 2009; 32(5): 959-65; Lichtenstein AH, Van Horn L. Very low fat diets. *Circulation*. 1 de septiembre de1998; 98(9): 935-39.

[14] McKeown NM, Meigs JB, Liu S, *et al*. Dietary carbohydrates and cardiovascular disease risk factors in the Framingham offspring cohort. *J Am Coll Nutr*. Abril de 2009; 28(2): 150-58; Siri- Tarino PW, Sun Q, Hu FB, Krauss RM. Saturated fat, carbohydrate, and cardiovascular disease. *Am J Clin Nutr*. Marzo de 2010; 91(3): 502-9.

[15] De Natale C, Annuzzi G, Bozzetto L, *et al*. Effects of a plant-based high-carbohydrate/high-fi ber diet *versus* high-monounsaturated fat/low-carbohydrate diet on postprandial lipids in type 2 diabetic patients. *Diabetes Care*. Diciembre de 2009; 32(12): 2168-73; Anderson JW. Dietary fi ber prevents carbohydrate-induced hypertriglyceridemia. *Curr Atheroscler Rep*. Noviembre de 2000; 2(6): 536-41; Turley ML, Skeaff CM, Mann JI, Cox B. The effect of low- fat, high-carbohydrate diet on serum high density lipoprotein cholesterol and triglycerides. *Eur J Clin Nutr*. 1998; 52(10): 728-32.

[16] Jenkins DJ, Kendall CW, Popovich DG. Effects of a very- high-fiber vegetable, fruit, and nut diet on serum lipids and colonic function. *Metabolism*. 2001; 50 (4): 494-503.

[17] Lichtenstein AH, Van Horn L. Very low fat diets. *Circulation*. 1 de septiembre de 1998; 98(9): 935-39.

[18] Ivanov AN, Medkova IL, Mosiakina LI. The effect of antiatherogenic vegetarian diet on the clinico-hemodynamic and biochemical indices in elderly patients with ischemic heart disease. *Ter Arkh*. 1999; 71(2): 75-78.

[19] Ishikawa T. Postprandial lipemia as an atherosclerotic risk factor and fat tolerance test. *Nippon Rinsho*. 1999; 57(12): 2668-72.

[20] Koeford BC, Gullov AL, Peterson P. Cerebral complications of surgery using cardiopulmonary bypass. *Ugeskr Laeger*. 1995; 157(6) 728-34.

[21] Joshi B, Brady K, Lee J, *et al*. Impaired autoregulation of cerebral blood flow during rewarming from hypothermic cardiopulmonary bypass and its potential association with stroke. *Anesth Analg*. Febrero de 2010; 110(2): 321-28; Chauhan S. Brain, cardiopulmonary bypass and temperature: what should we be doing? *Ann Card Anaesth*. Julio-diciembre de 2009; 12(2): 104-6; Brain damage and open-heart surgery. *Lancet*. 12 de agosto de 1989; 2(8659): 364-66.

[22] Hanekamp C, Koolen J, Bonnier H, *et al*. Randomized comparison of balloon angioplasty versus silicon carbon-coated stent implantation for de novo lesions in small coronary arteries. *Am J Cardiol*. 15 de mayo de 2004; 93(10): 1233-37.

[23] Agostoni P, Valgimigli M, Biondi- Zoccai GG, *et al*. Clinical effectiveness of bare-metal stenting compared with balloon angioplasty in total coronary occlusions: insights from a systematic overview of randomized trials in light of the drug-eluting stent era. *Am Heart J*. Marzo de 2006; 151(3): 682-89.

[24] Stähli BE, Camici GG, Tanner FC. Drug-eluting stent thrombosis. *Ther Adv Cardiovasc Dis*. Febrero de 2009; 3(1): 45-52; Lüscher TF, Steffel J, Eberli FR, *et al*. Drug-eluting stent and coronary thrombosis: biological mechanisms and clinical implications. *Circulation*. 27 de febrero de 2007; 115(8): 1051-58.

[25] Bates B. Angiograms miss most atheromas. *Family Practice News*. 15 de julio de 2001; 31(14): 1, 4.

[26] Nissen SE. Pathobiology, not angiography, should guide management in acute coronary syndrome/ non-ST-segment elevation myocardial infarction: the noninterventionist's perspective. *J Am Coll Cardiol*. 19 de febrero de 2003; 41(4) (supl. S): S103-12; Schoenhagen P, Ziada KM, Vince DG, Nissen SE, Tuzcu EM. Arterial remodeling and coronary artery disease: the concept of "dilated" versus "obstructive" coronary atherosclerosis. *J Am Coll Cardiol*. Agosto de 2001; 38(2): 297-306.

[27] Shrihari JS, Roy A, Prabhakaran D, Reddy KS. Role of EDTA chelation therapy in cardiovascular diseases. *Natl Med J India*. Enero-febrero de 2006; 19(1): 24-26; Seely DM, Wu P, Mills EJ. EDTA chelation therapy for cardiovascular disease: a systematic review. *BMC Cardiovasc Disord*. 1 de noviembre de 2005; 5:32.

[28] Gould KL. New concepts and paradigms in cardiovascular medicine: the noninvasive management of coronary artery disease. *Am J Med*. 1998; 104(6A)(supl.): S2-17; Franklin BA, Kahn JK. Delayed progression or regression of coronary atherosclerosis with intensive risk factor modification: effects of diet, drugs, and exercise. *Sports Med*. 1996; 22(5): 306-20.

[29] Kannel WB. Range of serum cholesterol values in the population developing coronary artery disease. *Am J Cardiol*. 1995; 76(9): 69c-77c; Castelli WP, Anderson K, Wilson PW, Levy D. Lipids and the risk of coronary heart disease: the Framingham Study. *Ann Epidemiol*. 1992; 2( 1-2): 23-28.

[30] Cooper R, otimi C, Ataman S, *et al*. The prevalence of hypertension in seven populations of west African origin. *Am J Public Health*. Febrero de 1997; 87(2): 160-8. He J, Klag MJ, Whelton PK, *et al*. Body mass and blood pressure in a lean population in southwestern China. *Am J Epidemiol*. 15 de febrero de 1994; 139(4): 380-9.

[31] Fogari R, Zoppi A, Corradi L, *et al*. Effect of body weight loss and normalization on blood pressure in overweight non- obese patients with stage 1 hypertension. *Hypertens Res*. Marzo de 2010; 33(3): 236-42; Sacks FM, Svetkey LP, Vollmer WM, *et al*. Effects on blood pressure of reduced dietary sodium and the Dietary Approaches to Stop Hypertension (DASH) diet. *N Eng J Med*. 4 de enero de 2001; 344(1): 3-10; Haddy FJ, Vanhoutte PM, Feletou M. Role of potassium in regulating blood flow and blood pressure. *Am J Physiol Regul Integr Comp Physiol*. Marzo de 2006; 290(3): R546-52; Wu G, Tian H, Han K, *et al*. Potassium magnesium supplementation for four weeks improves small distal artery compliance and reduces blood pressure in patients with essential hypertension. *Clin Exp Hypertens*. Julio de 2006; 28(5): 489-97; Houston MC, Harper KJ. Potassium, magnesium, and calcium: their role in both the cause and treatment of hypertension. *J Clin Hypertens* (Greenwich). Julio de 2008; 10(7)(supl.) 2): S3-11; Sesso HD, Cook NR, Buring JE, *et al*. Alcohol consumption and the risk of hypertension in women and men. *Hypertension*. Abril de 2008; 51(4): 1080-7; Beilin LJ, Puddey IB. Alcohol and hypertension: an update. *Hypertension*. Junio de 2006; 47(6): 1035-38; Uiterwaal CS, Verschuren WM, Bueno-de-Mesquita HB, *et al*. Coffee intake and incidence of hypertension. *Am J Clin Nutr*. Marzo de 2007; 85(3): 718-23;

Winkelmayer WC, Stampfer MJ, Willett WC, *et al.* Habitual caffeine intake and the risk of hypertension in women. *JAMA.* 9 de noviembre de 2005; 294(18): 2330-35; Flint AJ, Hu FB, Glynn RJ, *et al.* Whole grains and incident hypertension in men. *Am J Clin Nutr.* Septiembre de 2009; 90(3): 493-98; Utsugi MT, Ohkubo T, Kikuya M, *et al.* Fruit and vegetable consumption and the risk of hypertension determined by self measurement of blood pressure at home: the Ohasama study. *Hypertens Res.* Julio de 2008; 31(7): 1435-43; Owen A, Wiles J, Swaine I. Effect of isometric exercise on resting blood pressure: a meta analysis. *J Hum Hypertens.* 25 de febrero de 2010. [Publicación electrónica previa a la impresión]; Chen YL, Liu YF, Huang CY, *et al.* Normalization effect of sports training on blood pressure in hypertensives. *J Sports Sci.* Febrero de 2010; 19: 1-7.

[32] Jablonski KL, Gates PE, Pierce GL, Seals DR. Low dietary sodium intake is associated with enhanced vascular endothelial function in middle-aged and older adults with elevated systolic blood pressure. *Ther Adv Cardiovasc Dis.* Octubre de 2009; 3(5): 347-56; Padiyar A. Nonpharmacologic management of hypertension in the elderly. *Clin Geriatr Med.* Mayo de 2009; 25(2): 213-19; Whelton PK, Appel LI, Espeland MA, *et al.* Sodium reduction and weight loss in the treatment of hypertension in older persons: a randomized controlled trial of nonpharmacologic interventions in the elderly. *JAMA.* 1998; 279: 839-46.

[33] Stafford RS, Blumenthal D. Specialty differences in cardiovascular disease prevention practices. *J Am Coll Cardiol.* 1998; 32(5): 1238-43.

[34] American Diabetes Association: Diabetes Statistics. http://www.diabetes.org/diabetes-basics/diabetes-statistics.

[35] American Diabetes Association. Diabetes Statistics. http://www.diabetes.org/diabetes- basics /diabetes- statistics/.

[36] Eppens MC, Craig ME, Cusumano J, *et al.* Prevalence of diabetes complications in adolescents with type 2 compared with type 1 diabetes. *Diabetes Care.* Junio de 2006; 29: 1300-6; Gaster B, Hirsh IB. The effects of improved glucose control on complications in type 2 diabetes. *Arch Intern Med.* 1998; 158: 34-40.

[37] Ioacara S, Lichiardopol R, Ionescu- Tirgoviste C, *et al.* Improvements in life expectancy in type 1 diabetes patients in the last six decades. *Diabetes Res Clin Pract.* Noviembre de 2009; 86(2): 146-51; Barr EL, Zimmet PZ, Welborn TA, *et al.* Risk of cardiovascular and allcause mortality in individualswith diabetes mellitus, impaired fasting glucose, and impaired glucose tolerance: the Australian Diabetes, Obesity, and Lifestyle Study (AusDiab). *Circulation.* 10 de julio de 2007; 116(2): 151-57; Siscovick DS, Sotoodehnia N, Rea TD, *et al.* Type 2 diabetes mellitus and the risk of sudden cardiac arrest in the community. *Rev Endocr Metab Disord.* Marzo de 2010; 11(1): 53-59; Stamler J, Stamler O, Vaccaro JD. Diabetes, other risk factors, and12-year cardiovascular mortalityfor men screened in the multiplerisk factor intervention trial. *Diabetes Care.* 1993; 16: 434-44; Haffner SM, Lehto S, Ronnemaa T, *et al.* Mortality from coronary heart disease in subjects with type 2 diabetes and in nondiabetic subjects with and without prior myocardial infarction. *N Eng J Med.* 1998; 339(4): 229-34; Janka HU. Increased

cardiovascular morbidity and mortality in diabetesmellitus: identification of the high risk patient. *Diabetes Res Clin Pract.* 1996; 30(supl.): 585-88.

[38] Crane M. Regression of diabetic neuropathy with total vegetarian (vegan) diet. *J Nutr Med.* 1994; 4: 431.

[39] Rector RS, Warner SO, Liu Y, *et al.* Exercise and diet induced weight loss improves measures of oxidative stress and insulin sensitivity in adults with characteristics of the metabolic syndrome. *Am J Physiol Endocrinol Metab.* Agosto de 2007; 293(2): E500-6; Dengel DR, Kelly AS, Olson TP, *et al.* Effects of weight loss on insulin sensitivity and arterial stiffness in overweight adults. Metabolism. Julio de 2006; 55(7): 907-11; Rosenfalck AM, Almdal T, Viggers L, *et al.* A low- fat diet improves peripheral insulin sensitivity in patients with type 1 diabetes. *Diabetic Med.* Abril de 2006; 23(4): 384-92.

[40] Williamson DF, Thompson TJ, Thun M, *et al.* Intentional weight loss and mortality among overweight individuals with diabetes. *Diabetes Care.* 2000; 23(10): 1499-1504; Fujioka K. Benefits of moderate weight loss in patients with type 2 diabetes. *Diabetes Obes Metab.* Marzo de 2010; 12(3): 186-94.

[41] Hinton EC, Parkinson JA, Holland AJ, Arana FS, Roberts AC, Owen AM. Neural contributions to the motivational control of appetite in humans. *Eur J Neurosci.* Septiembre de 2004; 20(5): 1411-18; Tataranni, PA, Gautier JF, Chen K, *et al.* Neuroanatomical correlates of hunger and satiation in humans using positron emission tomography. *Proc Natl Acad Sci. U S A.* 1999; 96(8): 4569-74; Friedman MI, Ulrich P, Mattes RD. A figurative measure of subjective hunger sensations. *Appetite.* 1999; 32(3): 395-404.

[42] Fukui PT, Gonçalves TR, Strabelli CG, *et al.* Trigger factors in migraine patients. *Arq Neuropsiquiatr.* Septiembre de 2008; 66(3A): 494-99; Millichap JG, Yee MM. The diet factor in pediatric and adolescent migraine. *Pediatr Neurol.* Enero de 2003; 28(1): 9-15; Diamond S. Migraine headache: recognizing its peculiarities, precipitants, and prodromes. *Consultant.* Agosto de 1995; 1190-95.

[43] Fuhrman, J. *Fasting and eating for health: a medical doctor's program for conquering disease.* New York: St. Martin's Press; 1995.

[44] Katsarava Z, Holle D, Diener HC. Medication overuse headache. *Curr Neurol Neurosci Rep.* Marzo de 2009; 9(2): 115-19; Stephenson, J. Detox is crucial in chronic daily headache. *Family Practice News.* Julio de 1993: 1, 2.

[45] Hagen KB, Byfuglien MG, Falzon L, *et al.* Dietary interventions for rheumatoid arthritis. *Cochrane Database Syst Rev.* 21 de enero de 2009; (1):CD006400; Proudman SM, Cleland LG, James MJ. Dietary omega-3 fats for treatment of inflammatory joint disease: efficacy and utility. *Rheum Dis Clin North Am.* Mayo de 2008; 34(2): 469-79; Calder PC, Albers R, Antoine JM, *et al.* Inflammatory disease processes and interactions with nutrition. *Br J Nutr.* Mayo de 2009; 101(supl. 1): S1-45; O'Sullivan M. Symposium on "The challenge of translating nutrition research into public health nutrition". Session 3: Joint Nutrition Society and Irish Nutrition and Dietetic Institute Symposium on "Nutrition and autoimmune disease". Nutrition in Crohn's

disease. *Proc Nutr Soc.* Mayo de 2009; 68(2): 127-34; Calder PC. Session 3: Joint Nutrition Society and Irish Nutrition and Dietetic Institute Symposium on "Nutrition and autoimmune disease". PUFA, inflamatory processes and rheumatoid arthritis. *Proc Nutr Soc.* Noviembre de 2008; 67(4): 409-18; Fujita A, Hashimoto Y, Nakahara K, *et al.* Effects of a low-calorie vegan diet on disease activity and general condition in patients with rheumatoid arthritis. *Rinsho Byori.* 1999; 47(6): 554-60; Haugen MA, Kjeldsen- Kragh J, Bjerve KS, *et al.* Changes in plasma phospholipid fatty acids and their relationship to disease activity in rheumatoid arthritis patients treated with a vegetarian diet. *Br J Nutr.* 1994; 72(4): 555-66; Peltonen R, Nenonen M, Helve T, *et al.* Faecal microbial flora and disease activity in rheumatoid arthritis during a vegan diet. *Br J Rheumatol.* 1997; 36(1): 64-68; Kjeldsen- Kragh J. Rheumatoid arthritis treated with vegetarian diets. *Am J Clin Nutr.* 1999; 70(suppl 3): S594-600; Haddad EH, Berk LS, Kettering JD, *et al.* Dietary intake and biochemical, hematologic, and immune status of vegans compared with nonvegetarians. *Am J Clin Nutr.* 1999; 70(supl. 3): S586-93.

[46] Stapel SO, Asero R, Ballmer- Weber BK, *et al.* EAACI Task Force. Testing for IgG4 against foods is not recommended as a diagnostic tool: EAACI Task Force report. *Allergy.* Julio de 2008; 63(7): 793-96; Kurowski K, Boxer RW. Food allergies: detection and management. *Am Fam Physician.* 15 de junio de 2008; 77(12): 1678-86; Kjeldsen- Kragh J, Hvatum M, Haugen, *et al.* Antibodies against dietary antigens in rheumatoid arthritis patients treated with fasting and a one- year vegetarian diet. *Clin Exp Rheumatol.* 1995; 13(2): 167-72.

[47] Scott D, Symmons DP, Coulton BL, Popert AJ. Long-term outcome of treating rheumatoid arthritis: results after 20 years. *Lancet.* 1987; 1(8542): 1108-11.

[48] Jones M, Symmons D, Finn J, Wolfe F. Does exposure to immunosuppressive therapy increase the 10-year malignancy and mortality risk? *Br J Rheum.* 1996; 35(8): 738-45.

[49] Barnard, ND, Scialli AR, Hurlock D, Berton P. Diet and sex-hormone binding globulin, dysmenorrhea, and premenstrual symptoms. *Obstet Gynecol.* 2000; 92(2): 245-50.

[50] Does what you eat cause IBS? Common foods, including chicken, eggs, milk and wheat, may be the culprits. *Health News.* Diciembre de 2005; 11(12): 7-8; King TS, Elia M, Hunter JO. Abnormal colonic fermentation in irritable bowel syndrome. *Lancet.* 1998; 352(9135): 1187-89.

## CAPÍTULO 8
## TU PLAN PARA CONSEGUIR UNA REDUCCIÓN DE PESO CONSIDERABLE

[1] Gustafsson K, Asp NG, Hagander B, *et al.* Influence of processing and cooking of carrots in mixed meals on satiety, glucose and hormonal reponse. *Int J Food Sci Nutr.* 1995; 46(1): 3-12.

[2] Blackberry I, Kouris- Blazos A,    Wahlqvist ML, *et al.* Legumes: the most important dietary predictor of survival in older people of different ethnicities. *Asia Pac J Clin Nutr.* 2004; 13(supl.): S126.

[3] Abdelrahaman SM, Elmaki HB, Idris WH, *et al.* Antinutritional factor content and hydrochloric acid extractability of minerals in pearl millet cultivars as affected by germination. *Int J Food Sci Nutr.* Febrero de 2007; 58(1): 6-17; Kariluoto S, Liukkonen KH, Myllymäki O, *et al.* Effect of germination and thermal treatments on folates in rye. *J Agricult Food Chem.* 13 de diciembre de 2006; 54(25): 9522-28; Xu JG, Tian CR, Hu QP, *et al.* Dynamic changes in phenolic compounds and antioxidant activity in oats (Avena nuda L.) during steeping and germination. *J Agricult Food Chem.* 11 de noviembre de 2009; 57(21): 10392-98; Lintschinger J, Fuchs N, Moser H, *et al.* Uptake of various trace elements during germination of wheat, buckwheat and quinoa. *Plant Foods Hum Nutr.* 1997; 50(3): 223-37.

[4] Wang L, Huang H, Wei Y, *et al.* Characterization and anti- tumor activities of sulfated polysaccharide SRBPS2a obtained from defatted rice bran. *Int J Biol Macromol.* 1 de noviembre de 2009; 45(4): 427-31; Phutthaphadoong S, Yamada Y, Hirata A, *et al.* Chemopreventive effects of fermented brown rice and rice bran against 4-(methylnitrosamino)-1-3-pyridyl)-1-butanone - induced lung tumorigenesis in female A/J mice. *Oncol Rep.* Febrero de 2009; 21(2): 321-27; Kannan A, Hettiarachchy N, Johnson MG, Nannapaneni R. Human colon and liver cancer cell proliferation inhibition by peptide hydrolysates derived from heat- stabilized defatted rice bran. *J Agricult Food Chem.* 24 de diciembre de 2008; 56(24): 11643-37; Hudson EA, Dinh PA, Kokubun T, *et al.* Characterization of potentially chemopreventive phenols in extracts of brown rice that inhibit the growth of human breast and colon cancer cells. *Cancer Epidemiol. Biomarkers Prevent.* 2000; 9(11): 1163-70.

[5] Flood JE, Rolls BJ. Soup preloads in a variety of forms reduce meal energy intake. *Appetite.* Noviembre de 2007; 49(3): 626-34; Jordan HA, Levitz LS, Utgoff KL, *et al.* Role of food characteristics in behavioural change and weight loss. *J Am Diet Assoc.* 1981; 79:24; Foreyt JP, Reeves RS, Darnell LS, *et al.* Soup consumption as a behavioural weight-loss strategy. *J Am Diet Assoc.* 1986; 86: 524-26.

[6] Yashodhara BM, Umakanth S, Pappanchan JM, *et al.* Omega-3 fatty acids: a comprehensive review of their role in health and disease. *Postgrad Med J.* Febrero de 2009; 85(1000): 84-90.

[7] Sabaté J, Ang Y. Nuts and health outcomes: new epidemiologic evidence. *Am J Clin Nutr.* Mayo de 2009; 89(5)(suppl): S1643-48; Ros E. Nuts and novel biomarkers of cardiovascular disease. *Am J Clin Nutr.* Mayo de 2009; 89(5)(supl.): S1649-56.

[8] Jedrychowski W, Maugeri U, Popieta T, *et al.* Case-control study on beneficial effect of regular consumption of apples on colorectal cancer risk in a population with relatively low intake of fruits and vegetables. *Eur J Cancer Prev.* Enero de 2010; 19(1): 42-47; Foschi R, Pelucchi C, Dal Maso L, *et al.* Citrus fruit and cancer risk in a network of case-control studies. *Cancer Causes Control.* Febrero de 2010; 21(2): 237-42; van Duijnhoven FJ Buenn-de-Plesquita HB, Ferrori P, *et al.* Fruit, vegetables, and

colorectal cancer risk: the European Prospective Investigation into Cancer and Nutrition. *Am J Clin Nutr*. Mayo de 2009; 89(5): 1441-52; Maynard M, Gunnell D, Emmett P, *et al*. Fruit, vegetables and antioxidants in childhood and risk of cancer: the Boyd Orr cohort. *J Epidimiol Community Health*. 2003; 57: 219-25.

⁹ National Heart, Lung, and Blood Institute. National Institute of Diabetes and Digestive and Kidney Diseases. *Clinical guidelines on the identification, evaluation, and treatment of overweight and obesity in adults*. National Heart, Lung, and Blood Institute reprint. Bethesda, Md.: National Institutes of Health. http://www.nhlbi.nih.gov/ guidelines/obesity/ob_gdlns.htm.

## CAPÍTULO 10
## PREGUNTAS FRECUENTES

¹ Ginde AA, Lill MC, Camargo CA Jr. Demographic differences and trends of vitamin D insufficiency in the US population, 1988-2004. *Arch Intern Med*. 2009; 169(6): 626-32.

² Oregon State University. Linus Pauling Institute. Micronutrient Information Center. Vitamin D. http:1pi.oregonstate.edu/infocenter/vitamins/vitaminD.

³ Chen P, Hup, Xie D, Qin Y, Wang F, Wang H. Meta- analysis of vitamin D, calcium and the prevention of breast cancer. *Breast Cancer Res Treat*. 23 de octubre de 2009. [Publicación electrónica previa a la impression.]

⁴ Zhou G, Stoitzfus J, Swan BA. Optimizing vitamin D status to reduce colorectal cancer risk: an evidentiary review. *Clin J Oncol Nurs*. Agosto de 2009; 13(4): E3-17.

⁵ National Institutes of Health. Office of Dietary Supplements. Dietary Supplement Fact Sheet: Vitamin B12. 2010.

⁶ Mayne ST. Beta-carotene, carotenoids, and disease prevention in humans. *FASEB J*. 1996; 10(7): 690-701; Goodman GE. Prevention of lung cancer. *Curr Opin Oncol*. 1998; 10(2): 122-26; Kolata G. Studies find beta carotene, taken by millions, can't forestall cancer or heart disease. *New York Times*. 19 de enero de 1996. Omenn GS, Goodman GE, Thornquist MD, *et al*. Effects of a combination of beta carotene and vitamin A on lung cancer and cardiovascular disease. *N Eng J Med*. 1996; 334(18); 1150-55; Hennekens CH, Buring JE, Manson JE, *et al*. Lack of effect of long-term supplementation with beta-carotene on the incidence of malignant neoplasms and cardiovascular disease. *N Eng J Med*. 1996; 334(18): 1145-49; Albanes D, Heinonen OP, Taylor PR, *et al*. Alpha- tocopherol and beta-carotene supplements and lung cancer incidence in the alphatocopherol, beta-carotene cancer prevention study: effects of baseline characteristics and study compliance. *J Natl Cancer Inst*. 1996; 88(21): 1560-70; Rapola JM, Virtamo J, Ripatti S, *et al*. Randomized trial of alpha- tocopherol and betacarotene supplements on incidence of major coronary events in men with previous myocardial infarction. *Lancet*. 1997; 349(9067): 1715-20; Bjelakovic G, Nikolova D, Gluud LL, *et al*. Antioxidant supplements for prevention of mortality in healthy

participants and patients with various diseases. *Cochrane Database Syst Rev.* 2008 Adr 16; (2): CD007176.

[7] Harvard School of Public Health. The Nutrition Source. Keep the Multi, Skip the Heavily Fortified Foods. http://www.hsph.harvard.edu/nutritionsource/ whatshould-you-eat/folic-acid/.

[8] Yi K. Does a high folate intake increase the risk of breast cancer? *Nutr Rev.* 2006; 64(10 Pt 1): 468-75; Cole B, Baron J, Sandler R, *et al.* Folic acid for the prevention of colorectal adenomas. *JAMA.* 2007; 297(21): 2351-59; Stolzenberg-Solomon R, Chang S, Leitzman M. Folate intake, alcohol use and postmenopausal breast cancer risk in the Prostate, Lung, Colorectal and Ovarian Cancer Screening Trial. *Am J Clin Nutr.* 2006; 3: 895-904; Smith AD, Kim Y, Refsuh H. Is folic acid good for everyone? *Am J Clin Nutr.* 2008; 87(3): 517; Kim Y. Role of folate in colon cancer development and progression. *J Nutr.* 2003; 133(11) (suppl 1): S3731-39; Guelpen BV, Hultdin J, Johansson I, *et al.* Low folate levels may protect against colorectal cancer. *Gut.* 2006; 55: 1461-66.

[9] Heymsfi eld SB, Allison DB, Vasselli JR, *et al.* Garcinia cambogia (hydroxycitric acid) as a potential antiobesity agent. *JAMA.* 1998; 280(18): 1596-1600.

[10] Jull AB, Ni Mhurchu C, Bennett DA, *et al.* Chitosan for overweight or obesity. *Cochrane Database Syst Rev.* 16 de julio de 2008; (3): CD003892.

[11] Andraws R, Chawla P, Brown DL. Cardiovascular effects of ephedra alkaloids: a comprehensive review. *Prog Cardiovasc Dis.* Enero-febrero de 2005; 47(4): 217-25.

[12] Robinson JR, Niswender KD. What are the risks and the benefits of current and emerging weight-loss medications? *Curr Diab Rep.* Octubre de 2009; 9(5): 368-75; Bray GA. Medications for obesity: mechanisms and applications. *Clin Chest Med.* Septiembre de 2009; 30(3): 525-38, ix.

[13] Chiesa A, Serretti A. Mindfulnessbased stress reduction for stress management in healthy people: a review and meta-analysis. *J Altern Complement Med.* Mayo de 2009; 15(5):593-600; Walton KG, Schneider RH, Nidich S. Review of controlled research on the transcendental meditation program and cardiovascular disease. Risk factors, morbidity, and mortality. *Cardiol Rev.* Septiembre-octubre 2004; 12(5): 262-66; Everly GS. *A clinical guide to the treatment of the human stress response.* New York: Plenum Press; 1989.

[14] Butryn ML, Phelan S, Hill JO, Wing RR. Consistent self-monitoring of weight: a key component of successful weight loss maintenance. *Obesity* (Silver Spring). Diciembre de 2007; 15(12): 3091-96; Boutelle, KN, Kirschenbaum DS Further support for consistent self-monitoring as a vital component of successful weight control. *Obes Res.* 1998; 6: 219-24.

[15] Mangat I. Do vegetarians have to eat fish for optimal cardiovascular protection? *Am J Clin Nutr.* Mayo de 2009; 89(5)(supl.): S1597-1601; Davis BC, Kris-Etherton PM. Achieving optimal essential fatty acid status in vegetarians: current knowledge and practical implications. *Am J Clin Nutr.* Septiembre de 2003; 78(supl. 3): S640-46; Pauletto P, Puato, M Caroli MG, *et al.* Blood pressure and atherogenic lipoprotein

profiles of fish- diet and vegetarian villagers in Tanzania: the Lugaiawa Study. *Lancet.* 1996; 348: 784-88; Key TJ, Fraser GE, Thorogood M, *et al.* Mortality in vegetarians and nonvegetarians: detailed findings from a collaborative analysis of 5 prospective studies. *Am J Clin Nutr.* 1999; 70(3)(supl.): S516-24.

16 Steenland K, Bertazzi P, Baccarelli A, Kogevinas M. Dioxin revisited: developments since the 1997 IARC classification of dioxin as a human carcinogen. *Environ Health Perspect.* Septiembre de 2004; 112(13): 1265-68; EPA report ratchets up dioxin peril. *Washington Post.* 17 de mayo de 2000.

17 Environmental Working Group. Shopper's Guide to Pesticides. http://www.foodnews.org/walletguide.php.

18 Bjelakovic G, Nikolova D, Gluud LL, *et al.* Antioxidant supplements for prevention of mortality in healthy participants and patients with various diseases. *Cochrane Database Syst Rev.* 16 de abril de 2008; (2): CD007176.

19 Report from Loma Linda University's Carbophobia Conference. *Vegetarian Nutrition and Health Letter,* 2000; 3(5): 4.

20 Lichtenstein AH, Ausman LM, Jalbert SM, Schaefer EJ. Effects of different forms of dietary hydrogenated fats on serum lipoprotein cholesterol levels. *N Eng J Med.* 1999; 340: 1933-40.

21 Lee S, Xiao-Ou S, Honglan L, *et al.* Adolescent and adult soy food intake and breast cancer risk: results from the Shanghai Women's Health Study. *Am J Clin Nutr.* 2009; 89: 1920-26.

22 Tsugane S, Sasazuki S. Diet and the risk of gastric cancer. *Gastric Cancer.* 2007; 10(2): 75-83; Strazzullo P, D'Elia L, Ngianga- Bakwin K, Cappucio FP. Salt intake, stroke, and cardiovascular disease: meta-analysis of prospective studies *BMJ.* 2009; 339: b4567

23 Obarzanek E, Sacks FM, Moore TJ, *et al.* Dietary approaches to stop hypertension (DASH) — sodium trial. Paper. American Society of Hypertension, New York, 17 de mayo de 2000.

24 Nowson CA, Patchett A, Wattanapenpaiboon N. The effects of a low-sodium base-producing diet including red meat compared with a high-carbohydrate, low-fat diet on bone turnover markers in women aged 45-75 years. *Br J Nutr.* Octubre de 2009; 102(8): 1161-70; Itoh R, Suyama Y. Sodium excretion in relation to calcium and hydroxyproline excretion in a healthy Japanese population. *Am J Clin Nutr.* 1996; 63(5): 735-40.

25 Tuomilehto J, Jousilahti P, Rastenyte D, *et al.* Urinary sodium excretion and cardiovascular mortality in Finland: a prospective study. *Lancet.* 2001; 357(9259): 848-51.

26 Mehta A, Jain AC, Mehta MC, Billie M. Caffeine and cardiac arrhythmias: an experimental study in dogs with review of literature. *Acta Cardiol.* 1997; 52(3): 273-83.

27 Riksen NP, Rongen GA, Smits P. Acute and long-term cardiovascular effects of coffee: implications for coronary heart disease. *Pharmacol Ther.* Febrero de 2009;121(2):

185-91; Nurminen ML, Niittymen L, Korpela R, Vapaatalo H. Coffee, caffeine and blood pressure: a critical review. *Eur J Clin Nutr.* 1999; 53(11): 831-39; Christensen B, Mosdol A, Retterstol L, *et al.* Abstention from filtered coffee reduces the concentration of plasma homocysteine and serum cholesterol — a randomized controlled trial. *Am J Clin Nutr.* 2001; 74(3): 302-7.

[28] Van Cauter E, Spiegel K, Tasali E, Leproult R. Metabolic consequences of sleep and sleep loss. *Sleep Med.* Septiembre de 2008; 9(supl. 1): S23-28.

[29] Ferreira MG, Valente JG, Gonçalves-Silva RM, Sichieri R. Alcohol consumption and abdominal fat in blood donors. *Rev Saude Publica.* Diciembre de 2008; 42(6): 1067-73; Sesso HD, Cook NR, Buring JE, *et al.* Alcohol consumption and the risk of hypertension in women and men. *Hypertension.* Abril de 2008; 51(4): 1080-7.

[30] Singletary KW, Gapstur SM. Alcohol and breast cancer: review of epidemiologic and experimental evidence and potential mechanisms. *JAMA.* 7 de noviembre de 2001; 286(17): 2143-51; George A, Figueredo VM. Alcohol and arrhythmias: a comprehensive review. *J Cardiovasc Med (Hagerstown).* Abril de 2010; 11(4): 221-28.

[31] Lavin JH, French SJ, Read NW. The effect of sucrose- and aspartame-sweetened drinks on energy intake, hunger and food choice of female, moderately restrained eaters. *Int J Obes Relat Metab Disord.* 1997; 21(1): 37-42.

[32] Swithers SE, Martin AA, Davidson TL. High-intensity sweeteners and energy balance. *Physiol Behav.* 26 de abril de 2010; 100(1): 55-62. Bellisle F, Drewnowski A. Intense sweeteners, energy intake and the control of body weight. *Eur J Clin Nutr.* Junio de 2007; 61(6): 691-700; Mattes RD, Popkin BM. Nonnutritive sweetener consumption in humans: effects on appetite and food intake and their putative mechanisms. *Am J Clin Nutr.* Enero de 2009; 89(1): 1-14.

[33] Bray G. How bad is fructose? *Am J Clin Nutr.* 2007; 86(4): 895-96; Tappy L, Lê KA. Metabolic effects of fructose and the worldwide increase in obesity. *Physiol Rev.* Enero de 2010; 90(1): 23-46.

# Índice temático

## A

aceite
de alazor (cártamo), 190
de girasol, 190
de maíz, 190
de oliva, 78, 80 y ss., 115, 177, 190,
201, 244, 294, 324, 363, 374,
393, 396, 400
de pescado, 191 y ss., 295
de soja, 190
hidrogenado, 189, 314, 429
monoinsaturado, 190
parcialmente hidrogenado, 189, 205
y ss.
refinado, 43, 68, 197, 205 y ss., 261
y ss., 329, 428, 440
ácido
araquidónico, 133, 155, 185, 188,
295
fólico, 66, 104, 407-408
grasos esenciales, 100, 141, 184 y
ss., 197, 260, 295, 407
grasos omega-3, 194, 207, 260, 295,
405 y ss.
grasos omega-6, 199, 207
adicciones, 8, 32, 129, 233 y ss., 305
ADN, 53, 103, 109 y ss.
agave, néctar de, 440
aguacate, 86, 190, 198 y ss., 312 y ss.,

351 y ss., 384 y ss., 422 y ss.
alcohol, 18, 108, 159, 229 y ss., 273 y
ss., 435-436
alergias, 27, 193, 253, 295, 305, 417,
421
alimentos
de origen animal, 96, 102, 110, 130,
137 y ss., 174, 202, 216, 247,
259, 406
de origen vegetal, 76, 87 y ss., 100 y
ss., 130, 175, 194, 202, 206, 213
y ss., 236, 244, 259, 319
procesados, 17, 65 y ss., 95 y ss.,
104, 118, 137 y ss., 155, 168,
174, 189 y ss., 199, 210, 229,
233, 244 y ss., 259, 278, 291,
323 y ss., 357, 430
refinados, 43 y ss., 58, 66-78, 91-
102, 117, 125, 136, 141 y ss.,
159, 163, 174, 181, 193, 197,
205, 261, 278, 284 y ss., 317 y
ss., 325 y ss., 425 y ss., 440
aminoácidos, 115, 130, 160, 210, 226,
438
angina, 26 y ss., 92, 253, 270 y ss., 445
angioplastia, 27, 92, 257, 267, 266,
270 y ss., 445
anorexia, 48
ansiedad, 76, 254, 411

antioxidantes, 105, 113, 117, 133, 155, 181, 198, 202, 216, 225, 260, 325, 343, 356, 404
apetito, 29, 51, 63, 75 y ss., 118, 176 y ss., 204, 215, 222, 230, 289, 315 y ss., 410 y ss., 448
arroz
    integral, 66, 180, 212, 291, 294, 313, 317, 353, 381, 391, 398
    salvaje, 313, 381
artritis reumatoide, 8, 127, 192, 253, 255, 294, 297 y ss.
asaí, bayas de, 409
asma, 27, 133, 253, 295
aspartamo, 439 y ss.
ataque cardíaco, 67, 99, 137, 142, 193-197, 204, 238 y ss., 256 y ss., 268 y ss., 274, 277, 333
ateromas, 268 y ss.
aterosclerosis, 256-257
azúcar, 17, 63, 102, 124, 159, 175, 225, 277, 284, 308, 311, 318, 323, 329, 337

**B**

brócoli, 103, 108, 112, 114 y ss., 168, 211 y ss., 294, 308, 316 y ss., 342 y ss.

**C**

café, 223, 247, 286 y ss., 290 y ss., 433 y ss.
cafeína, 159 y ss., 223, 229, 273, 287 y ss., 336-337, 433
calcio, 96, 113, 130, 156 y ss., 273, 409, 430 y ss.
calorías
    deficiencia de, 116
    densidad de, 55, 84, 116, 176 y ss., 235, 422
    en aceites, 29, 43 y ss.,76 y ss., 98, 116 y ss., 123, 137, 174, 176, 188, 205, 233

en alimentos de origen vegetal, 100, 110
    líquidas, 57
cáncer
    de colon, 25, 85, 88, 90, 96 ,134, 151, 239, 309
    de mama, 54, 68, 82, 137, 144, 152, 207, 299, 406, 430, 436
    de próstata, 54, 106, 125, 144, 151 y ss., 166
    de pulmón, 106, 137, 152 y ss.
carbohidratos
    procesados, 65, 72
    refinados, 43, 66, 76 y ss., 95 y ss., 146, 176, 207, 265, 285, 290, 329
cardiopatía coronaria, 41, 133, 194, 204, 253 y ss., 266 y ss., 284, 327, 432
carne
    blanca, 134, 178, 323, 343
    roja, 112, 130, 134, 141, 151, 168, 181, 188, 214, 259, 323, 425
carotenoides, 105, 181, 408
casos de estudio, 296, 449
CDR (cantidad diaria recomendada), 116, 213 y ss., 330
ceguera, 181, 277
cereales
    refinados, 66, 91, 117, 141, 163, 181, 278, 290, 299, 317, 325, 428
    integrales, 75, 89, 96, 175, 178, 180, 207, 215, 312 y ss., 326, 343
cerebro, 55, 152, 156, 200, 226, 254, 287
cinc, 66, 75, 78, 96, 113, 405
cirugía de bypass, 27, 42, 266, 448
colesterol, 27, 39, 53, 61, 74, 82, 88, 113, 120, 127, 133, 142, 155, 173, 188, 200, 236, 251
comida basura, 39, 46, 234, 290, 332, 412, 444
comida rápida, 45, 97, 189, 230, 247

**D**

deficiencia
calórica, 116
de minerales, 70
de vitamina B$_{12}$, 42
de vitamina D, 163 y ss., 406
nutricional, 71, 99, 118, 183, 336
proteínica, 437
degeneración macular, 181, 253
densidad nutricional, 71, 110 y ss., 125,
177, 217, 233, 262, 318, 374, 430
DHA (ácido docosahexaenoico), 185,
193, 207, 295, 319
diabetes, 18, 41, 61, 97, 127, 186, 242,
253, 276, 309, 327
dieta
Atkins, 237
norteamericana, 37 y ss., 61 y ss.,
95, 117, 162, 208, 216, 329
South Beach, 237 y ss.
vegana, 242, 279, 291
vegetariana, 73, 139, 141, 151, 210,
259, 299, 327, 419
digestión, 88, 158, 191, 210, 223, 305,
437
dioxina, 165 y ss., 425
diverticulosis, 156, 237, 253
dolor de cabeza, 223 y ss., 253, 286,
305, 411, 436

**E**

ecuación de la salud, 28
ejercicio, 51, 83, 123, 152, 199, 215,
230, 273, 285, 306, 325 y ss., 333,
412 y ss.
enfermedades
autoinmunes, 35, 163, 185, 192,
255, 294 y ss.
cardíacas, 35, 41, 47 y ss, 68, 81, 98,
106, 116, 121, 139, 150, 185,
193, 202, 257, 426, 431
inflamatorias, 186, 193, 298

ensaladas, 73, 83, 143, 199, 310, 320,
342, 354, 359, 370
envejecimiento, 39, 53, 65, 109, 151,
155, 165, 181, 207, 252, 277
enzimas, 53, 84, 108, 135, 186, 194,
228
EPA (ácido eicospentaenoico), 185, 191,
319
estreñimiento, 87, 237, 253, 305, 411
estrés oxidativo, 53, 225
excelencia nutricional, 45, 63, 179,
241, 299, 436, 443

**F**

fibra, 39, 64, 87, 95, 133, 174, 234,
260, 273, 309
folato, 113, 133, 140, 260, 330, 408,
447
fitoquímicos, 59, 67, 83, 93, 179,
198, 216, 241, 260, 321, 328, 430,
446
fruta, 57, 67, 83, 98, 101, 122, 139,
157, 163, 174, 180, 199, 217, 261,
291, 310, 326, 340
frutos secos y semillas, 70, 89, 202,
244, 260, 312, 320, 343, 357, 422

**G**

glucosa, 67, 176, 203, 224, 263, 268,
277, 282, 307, 434, 446
grasa
abdominal, 51, 264
DHA, 186, 188, 419
hidrogenada, 189
insaturada, 191
monoinsaturada, 190, 201
poliinsaturada, 190
saturada, 79, 97, 113, 121, 133,
149, 154, 166, 183, 190, 201,
260, 336, 428
trans, 46, 80, 125, 152, 188, 205,
289, 314, 429

**H**

hambre tóxica, 35, 222, 226
hambre verdadera, 35, 52, 222, 226, 287
hipertensión, 22, 41, 61, 142, 200, 251, 272, 305, 446
huevos, 98, 124, 130, 141, 168, 178, 188, 214, 237, 326, 343

**I**

ictus, 97, 184, 193, 200 y ss., 242, 253, 273
IMC (índice de masa corporal), 50, 250
índice metabólico, 43, 54, 58
insulina, 67, 77, 91, 127, 255, 277,

**J**

judías/legumbres, 70, 81, 88, 95, 123, 133, 162, 175, 188, 198, 212, 285, 308, 318, 326, 437

**L**

leche
   de almendra, 347, 359
   de cáñamo, 346, 359
   de soja, 346
lista de la compra semanal, 344
longevidad, 34, 49, 54, 64, 114, 142, 322, 327, 413

**M**

macronutrientes, 175, 217, 447
menarquía, 146
menú no vegetariano para siete días, 350
menú vegetariano para siete días, 346
menús, 339-403
micronutrientes, 83, 175, 222, 304, 408, 447
migrañas, 291, 440
minerales, 29, 65, 70, 104, 179, 405

**N**

nueces, 180, 260, 314, 344
nutrientes por caloría, 30, 60, 87, 115, 176, 183, 262, 304

**O**

obesidad, 18, 34, 40 y ss., 67, 85, 121, 142, 207, 225, 276, 443
OMS (Organización Mundial de la Salud), 99, 233
osteoporosis, 130, 156, 253, 406, 431

**P**

páncreas, 67, 101, 277, 439
pasta, 65, 124, 141, 212, 284, 324, 350 y ss.
pescado, 81, 130, 168, 191, 207, 285, 295, 319, 324, 343, 350, 419
peso
   corporal, 19, 31, 48, 58, 78, 126, 146, 201, 232, 254, 318
   ganar, 51, 232, 320, 421
   perder, 40, 68, 78, 141, 204, 222, 235, 312, 327, 409
   sobrepeso, 18, 41, 77, 129, 224, 269, 330, 414, 431, 441
pirámide de los alimentos
   del Dr. Fuhrman, 326
   del USDA, 117, 122
   MiPirámide, 122
plan *Comer para vivir,* 29, 35, 242, 329
   Plan de Seis Semanas, 36, 304, 315
   Plan de Vida, 304, 318, 322
planes dietéticos, 35, 248
pollo, 110, 130, 162, 178, 208, 244, 323, 324
productos lácteos, 91, 122, 141, 156, 237, 319, 323, 425
proteína, 29, 79, 112, 175, 209, 288, 293, 337, 409, 429, 436
Proyecto China-Cornell-Oxford, 130 y ss.

**Q**

quelación, 269, 447

queso, 81, 97, 120, 149, 165, 191, 208, 293, 326, 388

**R**

radicales libres, 181, 225

recetas cremas, aliños y salsas

aliño cremoso de arándanos, 349, 354, 365

aliño de tarta de manzana, 347, 362

aliño saludable Mil Islas (salsa rosa), 350, 366

aliño/crema de dátiles y Dijon, 347, 365

aliño/crema ranchera de tofu, 346, 352, 369

aliño/crema para ensalada César, 351, 364, 390

guacamole simple, 348, 369

hummus de alubias blancas y hierbas, 350, 352, 367

hummus de judías negras, 349, 363

salsa de lentejas rojas, 346, 367

salsa de mango, 353, 368

salsa de sésamo y jengibre, 346, 368

vinagreta balsámica, 351, 363

recetas desayuno

avena azul con manzana y frutos secos, 348, 361

desayuno rápido de plátano, 346, 362

rollito de lechuga con plátano y anacardos, 252, 361

recetas ensaladas

ensalada de espárragos y setas shiitake con aliño cremoso de sésamo, 351, 370

ensalada de judías negras y mango, 347, 372

ensalada verde con nueces y peras, 374

mezcla de hojas verdes al estilo sureño, 352, 373

recetas platos principales

albóndigas sin carne, 351, 390

burrito vegetal con judías, 351, 398

chili vegetal sencillo de tres legumbres, 349, 386

col rizada con salsa cremosa de anacardos, 390

coles y zanahorias con uvas pasas, 348, 386

curry tailandés de verduras, 348, 397

enchiladas de judías, 348, 383

hamburguesas sencillas de judías, 348, 395

hojas verdes fantásticas, 349, 389

lasaña vegetal sin pasta, 352, 392

marinara de espinacas y coles de Bruselas, 351, 396

pita de champiñón portobello y pimiento rojo, 346, 394

pita rellena de hojas verdes y aliño ruso de higo, 352, 393

pizza vegetal sencilla, 352, 387

popurrí de acelga y verduras, 347, 385

rollitos de berenjena, 349, 388

rollitos de lechuga y judías negras, 350, 384

sofrito vegetal asiático, 350, 381

tortilla vegetal, 351, 399

recetas postres

crema de almendras y chocolate, 350, 400

el strudel de manzana de Cara, 352, 401

deliciosas barritas de avena y plátano, 351, 403

granizado de melón, 348, 401

helado de chocolate y cerezas, 353, 402

helado de plátano y nuez, 349, 400

el melocotón congelado de Jenna,
347, 403
recetas smoothies y ensalada batida
ensalada batida de mango, 353, 359
smoothie cremoso de frutas y bayas,
348, 360
smoothie de chocolate, 351, 359
smoothie de frutas y verduras, 347, 360
recetas sopas y guisos
bisque de tomate, 351, 380
crema Selva Negra de sopa de setas,
352, 374
el adorable guiso de lentejas de Lisa,
354, 379
guiso vegetal de crucíferas, 352, 378
la famosa sopa anticancerígena del
Dr. Fuhrman, 347, 376
sopa crema austríaca de coliflor
dorada, 346, 377
refrescos, 57, 97, 181, 223, 229, 247, 440
restenosis, 267

**S**

S = N/C, 295, 332, 420
sal, 69, 155, 200, 229, 291, 302, 306,
314, 357, 431
semillas de lino (linaza), 73, 168, 186,
198, 207, 260, 312, 319, 344, 438
semillas y frutos secos, 83, 204
setas, 165, 244, 307, 311, 318, 344 y
ss., 429

síndrome del colon irritable, 253, 299,
420
síntomas de abstinencia, 225, 234, 287,
336, 434 y ss.
sistema inmune, 87, 135, 196, 285,
308, 316, 357
soja, 168, 186, 310, 359 y ss., 429
sopa, 104, 321, 342 y ss., 354, 374
stevia, 439
sueño, 41, 303, 337, 434
suplementos
de ácido fólico, 408
dietéticos, 408
nutricionales, 71, 104, 245, 271,
405, 421
vitamínicos, 405, 408

**T**

triglicéridos, 53, 67, 74, 251, 261, 285,
305, 441, 447
trombosis, 156, 188, 267

**V**

verduras de hoja verde, 69, 95, 108,
132, 175
verduras ricas en almidón, 175, 312,
317, 343
vitaminas, 65, 104, 141, 175, 404

**Y**

yo-yo, efecto, 232

# Sinónimos Latinoamericanos

Achicoria (radicheta)

Aguacate (avocado, palta, cura, abacate)

Albaricoque (damasco, chabacano)

Arándanos rojos (cranberries)

Batata (camote, boniato)

Bayas asai (fruto palma murraco o naidi)

Bok choy (col china)

Brócoli (brécol)

Calabaza (zapallo, ayote, auyamas)

Calabacín (zucchini)

Caqui (kaki)

Carambola (tamarindo, fruta estrella)

Cilantro (culantro)

Col (repollo)

Diente de león (achicoria amarga)

Echinacea (equinácea)

Frambuesa (sangüesa, altimora, chardonera)

Guisante (arveja, chícharo)

Hierba de trigo (wheat grass)

Hierbabuena (batán)

Judías (frijoles, alubias, porotos)

Judías verdes (ejote, chaucha)

Linaza (semillas de lino)

Lombarda (col morada)

Mandarina (tangerina, clementina)

Mango (melocotón de los trópicos)

Melocotón (durazno)

Menta (mastranto)

Mostaza parda (mostaza oriental, china o de la india)

Nectarina (briñón, griñón, albérchigo, paraguaya)

Papaya (fruta bomba, abahai, mamón, lechosa)

Pepino (cogombro)

Pimienta de cayena (chile o ají en polvo, merquén)

Pimiento (chile o ají)

Piña (anana, ananás)

Pipas (semillas o pepitas de girasol)

Plátano (banana, cambur, topocho, guineo)

Pomelo (toronja)

Remolacha (betabel)

Rúcula (arugula)

Salsa de soja (shoyu)

Sésamo (ajonjolí)

Sandía (melón de agua, patilla)

Tabasco (salsa picante)

Tomate (jitomate)

Yaca (panapén)

Zumo (jugo)

*Otros libros editados*
*en esta misma colección*